Franz Hauleitner

Dolomiten-Höhenwege 1–3

Alle Etappen

ROTHER BERGVERLAG

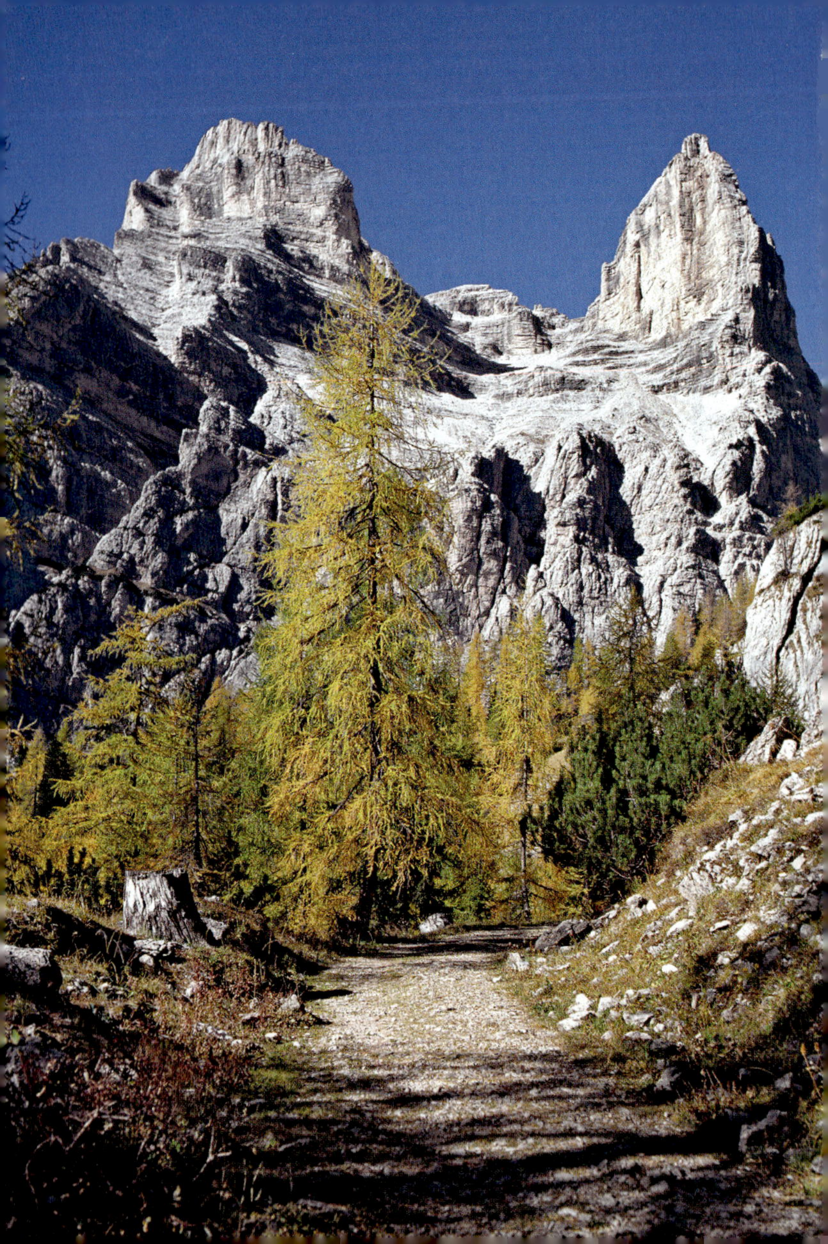

Vorwort

Die zehn Dolomiten-Höhenwege gehören zu den großartigsten und beliebtesten Unternehmungen dieser Art im Alpenraum, ihre Begehung zum festen Repertoire jedes ambitionierten Wanderers.
Mit der vorliegenden sechzehnten Auflage erreicht der Wanderführer Dolomiten-Höhenwege 1–3 sein neunundvierzigstes Bestandsjahr (1. Auflage 1975). Er hat Abertausende von Wanderfreunden durch die Dolomiten geleitet. Nachstehende Ausführungen und Wegbeschreibungen sind das Ergebnis persönlicher Erkundungen des Verfassers. Dennoch war auch ich des Öfteren auf die Unterstützung verschiedener kompetenter Personen angewiesen. Hier soll daher jenen gedankt sein, die mir im Gelände wie am Schreibtisch hilfsbereit zur Seite gestanden sind: Gleich zu Beginn und allen voran dem Garmischer Bergschriftsteller Sigi Lechner, der mich seinerzeit mit diesen Wegen vertraut gemacht hat. Ferner den Gebiets- und Höhenweg-Spezialisten für wichtige Hinweise und Ratschläge, den Hüttenleuten für wertvolle Auskünfte, meiner Gattin Renate und meinem Bruder Rudolf Hauleitner für die Mitarbeit bei der Erkundung anspruchsvoller Wegpassagen.
In der vorliegenden Auflage wurden alle mir bekannt gewordenen Veränderungen sowie etliche Verbesserungsvorschläge berücksichtigt.
Obwohl der Wanderführer mit größter Sorgfalt abgefasst wurde, können sich Fehler eingeschlichen, aber auch kurzfristig Veränderungen im Gelände ergeben haben. Verlag und Autor sind deshalb allen Benutzern für Verbesserungsvorschläge und konstruktive Kritik dankbar.
Möge dieses Buch allen bergbegeisterten Weitwanderern weiterhin ein treuer, verlässlicher Begleiter auf ihren Streifzügen durch die Dolomiten sein.

Wien, im Sommer 2024
Dr. Franz Hauleitner

Auf Dolomiten-Höhenweg Nr. 3, Variante 8a unterwegs vom Rifugio Venezia zum Rifugio Dolomites. Rückblick aus den Südhängen des Monte Penna auf die imposante Felsgestalt des Monte Pelmo.

Inhaltsverzeichnis

Dolomiten-Höhenweg Nr. 3, Etappe 11: Im Anstieg zur Porta de la Serra (Bosconerogruppe). Rückblick auf die Rocchetta Alta rechts.

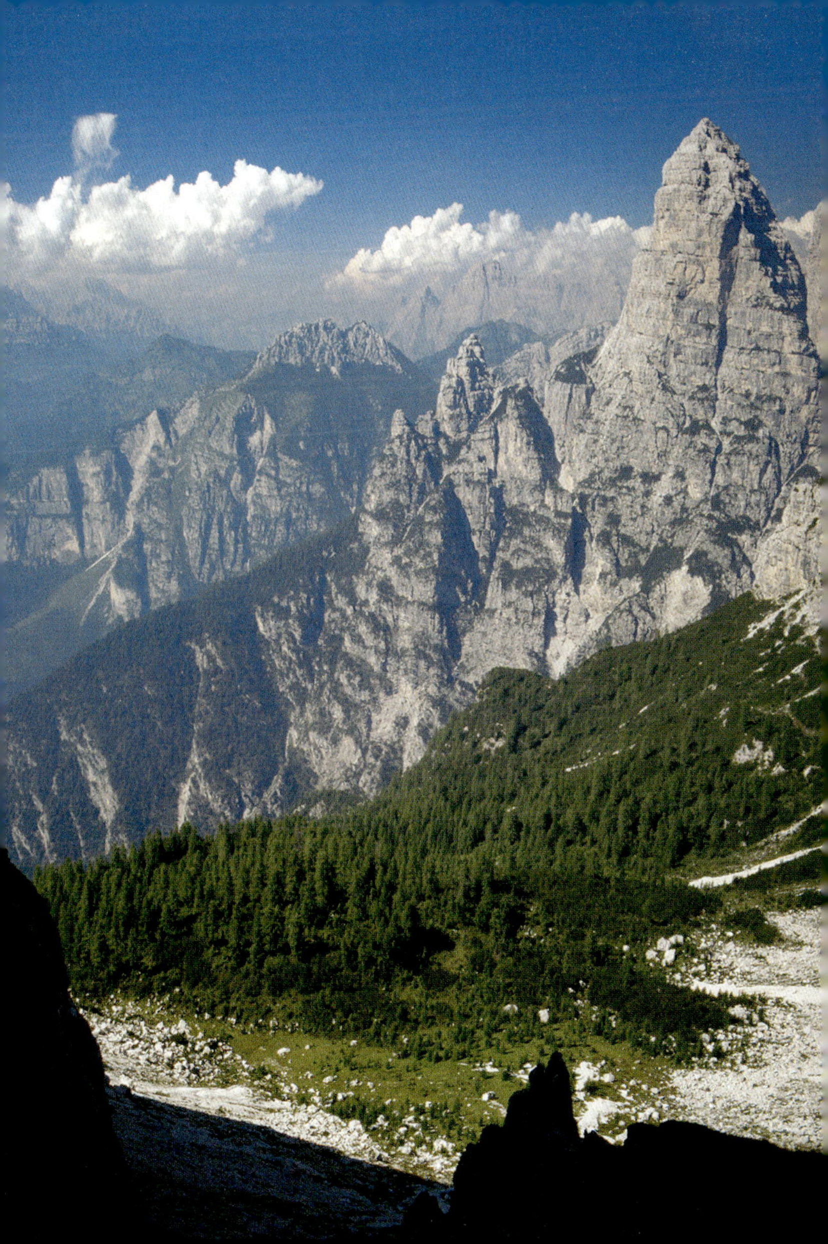

Praktische Hinweise

Nach Hinweisen zur Anreise zum Ausgangsort werden die drei Höhenwege in Etappen dargestellt. Die Beschreibung der Hauptroute und eventueller Varianten erfolgt in Abschnitten von Hütte zu Hütte (kein Tagespensum!), sodass man nach eigenem Ermessen einige Teilstrecken zu einer Tageswanderung zusammenfassen kann. Innerhalb der Wegbeschreibung findet man Anmerkungen über Stützpunkte (Lage, Vereinszugehörigkeit, Bettenzahl, Bewirtschaftungszeit, Winterraum, Telefon, Anschrift usw.), über die Landschaft am Wege sowie über die Rundsicht von besonderen Aussichtspunkten. Nach der Hauptroute folgen noch Hinweise über die Rückreise zum Ausgangsort.

- Bei den **Zeitangaben** handelt es sich um Zeitsummen, also um die vom jeweils letzten Etappenstützpunkt bis zur betreffenden Stelle benötigte Zeit. Es ist dabei stets die reine Gehzeit (Unterbrechungen oder durch Übermüdung bedingte Verlangsamung der Gehgeschwindigkeit werden nicht berücksichtigt!) zu verstehen.
- **Höhenunterschiede.** Unter dieser Angabe (↗↘) ist nicht die Meterdifferenz (Hm) zwischen dem höchsten und tiefsten Punkt eines Abschnitts zu verstehen, sondern stets die Summe der in einer Etappe im Anstieg bzw. im Abstieg zu bewältigenden Höhenunterschiede. Gegensteigungen unterwegs werden also berücksichtigt!
- **Über den Verlauf aller zehn Dolomiten-Höhenwege** informiert eine Übersichtskarte am Ende des Buches. In die Wanderkarten im Maßstab 1:50.000 ist der genaue Routenverlauf eingezeichnet.
- **Die Begehung eines Höhenweges in größeren Teilstrecken** kann aus verschiedenen Gründen (Zeitmangel, schlechtes Wetter usw.) nötig sein. Vorschläge dazu finden sich am Beginn jeder Routenbeschreibung. Es wurde darauf geachtet, dass vom Endpunkt jeder Strecke eine Rückreisemöglichkeit mit Bus oder Bahn zum Ausgangsort, also zum eventuellen Abstellplatz des eigenen Kfz, besteht.
- **Gipfelbesteigungen.** Als ausgesprochener Höhenwegführer enthält dieses Buch keine Beschreibung irgendwelcher Gipfeltouren. Falls man solche beabsichtigt, ziehe man bitte die Spezialliteratur (s. Führer-Literatur) zu Rate.
- **Wege, Markierungen.** Der Zustand der Wege, Markierungen und Beschilderungen ist ständigen, teils natur- oder zeitbedingten, teils von der Tätigkeit alpiner Vereine abhängenden Veränderungen unterworfen. Die diesbezüglichen Angaben im Wanderführer werden bei jeder neuen Auflage ergänzt bzw. korrigiert.
- **An- und Abreise.** Fahrpläne findet man unter folgenden Internet-Adressen: fahrplan-online.de (europaweit), sii.bz.it oder sad.it (Online-Fahrplan

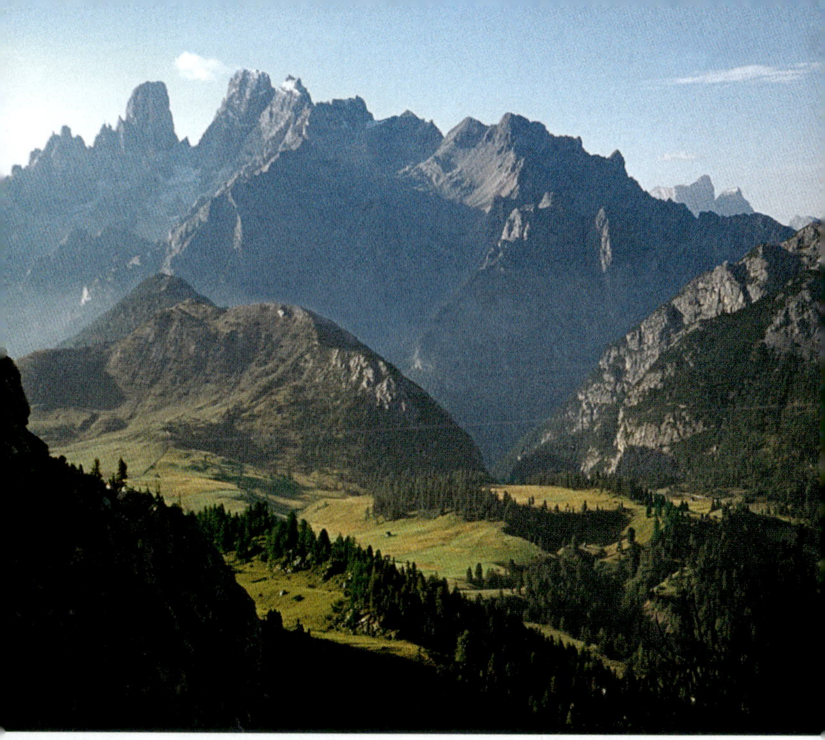

Dolomiten-Höhenweg Nr. 3, Etappe 1: Die Passlandschaft der Plätzwiese mit Blick nach Süden zur Cristallogruppe.

des SAD/Südtirol), dolomitibus.it (Verkehrsverbund Belluno), atap.pn.it (Verkehr Region Pordenone) und ttspa.it (Verkehrsverbund Trentino).

- **Telefon.** Es gelten folgende Landesvorwahlen: Aus Deutschland, Österreich und der Schweiz nach Italien +39. Bei der darauffolgenden Ortsnummer die erste Null nicht weglassen! Bei den Handy-Vorwahlnummern in Italien gibt es keine führende Null. Aus Italien nach Deutschland +49, nach Österreich +43 und in die Schweiz +41. Bei der darauffolgenden Ortsnummer entfällt die erste Null!
- **Wetter-Informationen und Vorhersagen** für das Bergwetter in den Dolomiten können telefonisch oder über das Internet abgefragt werden: Tonbanddienst des Hydrografischen Amtes der Provinz Bozen, Tel. +39/0471/271177 oder +39/0471/270555, provinz.bz.it/wetter. Persönliche Beratungsstelle der Zentralanstalt für Meteorologie und Geo-

dynamik, Dienststelle Tirol, Tel. 0900-566-566-6 (nur aus Österreich!), zamg.ac.at. Eine Fünftagesprognose für Venetien und das Dolomitengebiet findet man unter arpa.veneto.it, 15-tägige Mittelfristvorhersagen unter ilmeteo.it/meteo/Arabba. Wettervorhersagen des Alpenwetters gibt es außerdem auf den Internetseiten alpenvereinaktiv.com/de/bergwetter, alpenverein.de und alpenverein.at.

Abkürzungen und Symbole

A	= Abschnitt
AVS	= Alpenverein Südtirol
B.	= Betten
bew.	= bewirtschaftet
bez.	= bezeichnet
Bhf.	= Bahnhof
Biv.	= Bivacco
C.	= Cima, Cime
CAI	= Club Alpino Italiano
Camp.	= Campanile
Cap.	= Capanna
Cas.	= Casera

Almfrieden, wo könnte man ihn intensiver erleben, als auf mehrwöchigen Höhenwanderungen im Reich der Dolomiten!

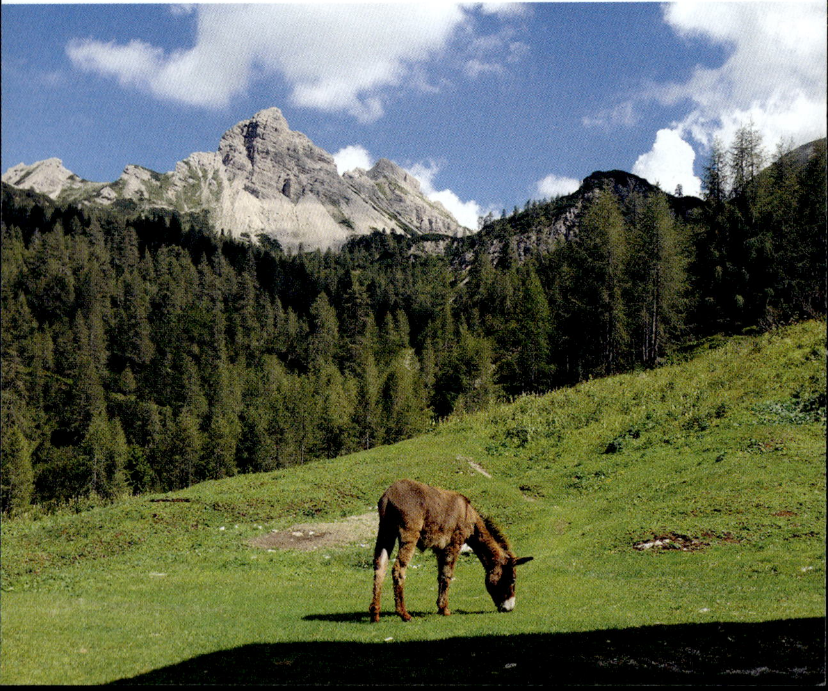

DAV	= Deutscher Alpenverein
Et.	= Etappe
Forc.	= Forcella
ganzj.	= ganzjährig
Gb.	= Gipfelbesteigung(en)
Ghf.	= Gasthaus, Gasthof
gr.	= große/großer
Hm	= Höhenmeter
HW	= Höhenweg
Int.	= Internet-Adresse
Jh.	= Jahrhundert
Jst.	= Jausenstation
Kfz	= Kraftfahrzeug
L.	= Lager
M.	= Monte
Mga.	= Malga
Min.	= Minute(n)
N	= Norden
O	= Osten
ÖAV	= Österreichischer Alpenverein
orogr.	= orographisch, talabwärts
P	= Punkt, Höhenkote
Pkw	= Personenkraftwagen
PLZ	= Postleitzahl
Pta.	= Punta
Ric.	= Ricovero
Rif.	= Rifugio
S	= Süden
SAT	= Società degli Alpinisti Tridentini
Sent.	= Sentiero
Std.	= Stunde(n)
TCI	= Touring Club Italiano
V	= Variante
W	= Westen
↗↘	= Höhenmeter im An- und Abstieg

Einige italienische alpine Begriffe

Acqua	Wasser
Albergo	Hotel
Alta, Alto	Hohe(r)
Alta Via delle Dolomiti	Dolomiten-Höhenweg
Bàita	Bar, Unterstand
Banca	breites Geröllband, Terrassenband
Bassa, Basso	Tiefe(r), Niedrige(r)
Bivacco	Biwak, Biwakschachtel
Bocca	Scharte
Bocchetta	kleine Scharte
Busa	Bergkessel, Kar
Cadin	Kar
Campanile	Turm, Felsturm
Capanna	Hütte
Casera	Almhütte
Cengia	Band
Cima	Spitze
Cocca	Kerbe, Senke, Sattel
Col	Hügel
Cresta	Grat
Croda	steiler Felsgipfel
Dos, Dosso	Rücken, Hügel, Berg
Est	Osten
Fiume	Fluss
Fonte	Quelle
Forcella	Sattel, Scharte
Funivia	Seilbahn
Ghiacciaio	Gletscher
Guglia	Turm, Felsnadel
Lago	See
Malga	Alm
Monte	Berg
Nord	Norden
Ovest	Westen
Passo	Joch, Pass
Pian, Piano	Ebene, Fläche
Piz, Pizzo	Spitze
Ponte	Brücke
Porta	Tor, Felstor, Scharte
Pra, Prato	Wiese
Punta	Gipfel, Spitze
Rifugio	Schutzhütte

Rio, Rivo	Fluss, Bach	Telecabina	Gondelbahn, Stehgondelbahn
Sass, Sasso	Fels, Felsberg	Teleferica	Seilschwebebahn
Seggiovia	Sessellift	Torre	Turm, Felsturm
Sella	Schulter, Sattel	Torrente	Bach
Sentiero	Pfad, Steig	Val, Valle	Tal
Sentiero attrezzato	gesicherter Steig	Van, Vant	Bergkessel, Kar
Soccorso alpino	Bergrettung	Vedretta	kleiner Gletscher
Sorgente	Quelle	Vetta	Gipfel
Spallone	große Bergschulter	Via	Weg, Steig
Spigolo	Kante, Bergkante	Via Ferrata	gesicherter Steig, Klettersteig
Sud	Süden		
Tabià	Heustadel		

Dolomiten-Höhenweg Nr. 1, Etappe 19: Die Nordseite des Monte Schiara aus der Umgebung der Forc. Lavaretta.

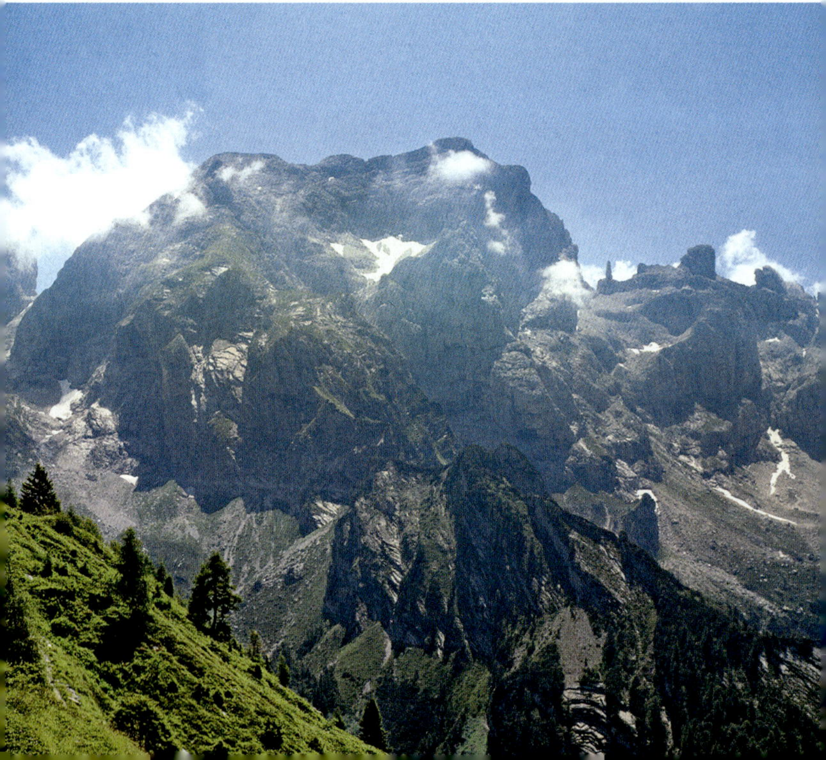

Allgemeiner Teil

Dolomiten-Höhenwege, Planung und Entstehung

Um 1965 legten Gebietskenner aus Belluno Entwürfe für sechs Höhenwege durch die schönsten Gebiete der Dolomiten und deren Randbereiche vor. Diese Wege sollten von Nord nach Süd bis fast an die oberitalienische Tiefebene führen. Dass das Verkehrsamt in Belluno diese Idee nicht ohne Hintergedanken unterstützt hat, soll nicht verschwiegen werden, war man doch gerade dort an einem größeren Zustrom vor allem deutscher und österreichischer Bergsteiger interessiert.

Aber die Höhenwegidee ist alt, die Herren aus Belluno hatten sie nur auf ihr Gebiet übertragen, mit dem Vorteil, über ein Bergland verfügen zu können, das für solche Wege geradezu geschaffen ist. Auch war es meist nicht notwendig, neue Steige anzulegen, man musste nur die bereits bestehenden zu einem einheitlichen Wegband vereinen. Eine Ausnahme machten dabei die südlichen Dolomitengruppen, in denen es stellenweise nur verfallene oder gar keine Steige gab. Neben den Bellunesern Giovanni Angelini, Mario Brovelli, Piero Fain, Piero Rossi, Toni Sanmarchi und Bruno Tolòt sind maßgebende Arbeiten den Deutschen Toni Hiebeler und Sigi Lechner zu verdanken. Das Ziel dieser Bestrebungen war, vorläufig sechs Dolomiten-Höhenwege (»Alte Vie delle Dolomiti«) gleichermaßen für Wanderer und anspruchsvolle Bergsteiger zu schaffen und diese mit einer einheitlichen Markierung zu versehen. Sie besteht aus einem verschiedenfarbigen, liegenden Dreieck mit eingeschlossener Wegnummer. Diese sechs Höhenwege sind heute längst fertiggestellt. Die beiden Routen Nr. 1 und 2 werden bereits seit 1966 bzw. 1969 begangen, zumal darüber frühzeitig mehrsprachige Abhandlungen und Führerwerke erschienen sind. In der Folge wurden die Höhenrouten Nr. 6 (1972), Nr. 4 und Nr. 5 (1973) sowie Nr. 3 (1975) der Öffentlichkeit vorgestellt. Mit Propagierung einer besonders anspruchsvollen Route Nr. 7 durch die weltferne Hochregion der Col-Nudo-/Monte-Cavallo-Gruppe

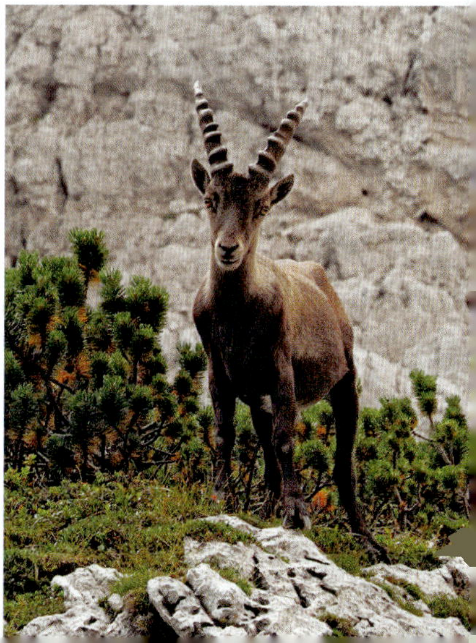

Auch Steinböcke kann man auf den Dolomiten-Höhenwegen zu Gesicht bekommen.

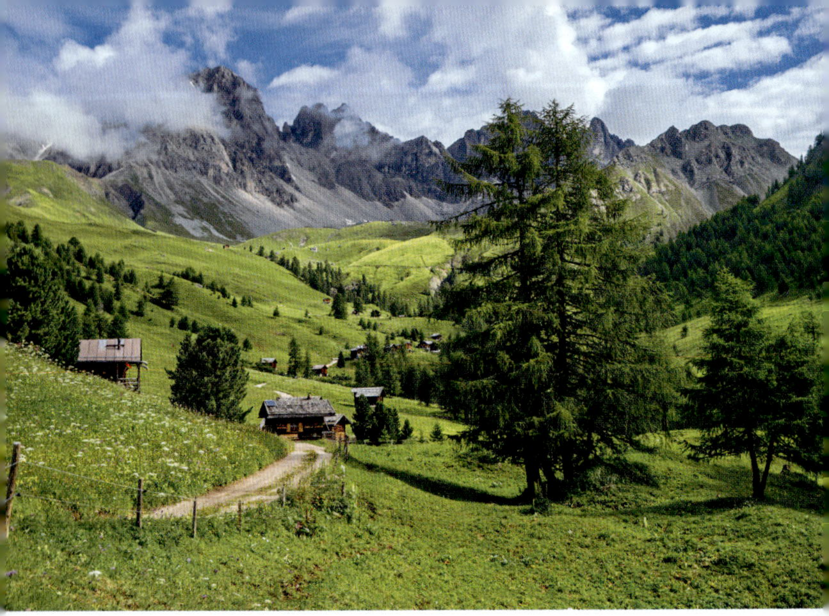

Zauberhaftes Valfredda! Unter den Felsmassiven der südlichen Marmoladagruppe führt Dolomiten-Höhenweg Nr. 2 Etappe 10 vom Passo di Forca Rossa nach Fuciade.

waren 1976 sämtliche von Belluneser Gebietsspezialisten ausgedachten Höhenwegprojekte verwirklicht worden. Verständlicherweise hatten sich diese Routen im Wesentlichen auf den Bergraum der Provinz Belluno beschränkt. Im Zuge der Erweiterung des Höhenwegvorhabens auf bisher noch nicht berührte, aber besonders reizvolle Gebiete entstanden nach Plänen des Autors und in Zusammenarbeit mit Verkehrsämtern und alpinen Organisationen drei großzügige, neue Weitwanderwege: Eine Route Nr. 8 (1981) von Brixen nach Salurn entlang der westlichsten Dolomitenkette, ein West-Ost-Weg Nr. 9 (1983) aus dem Etschtal in das Piavetal sowie – in Analogie zur Alta Via Nr. 6 – eine Hochroute Nr. 10 (1985) durch die Gebiete westlich des Etschtales von Bozen zum Gardasee.
Der ständige Wechsel der Landschaftsbilder, die weit reichenden Fernblicke, die oft kulissenartig gestaffelten Dolomitenmassen, die prächtigen Wiesenmatten oder der schier undurchdringliche südliche Sträucherdschungel – all dies macht die Begehung auch nur eines einzigen Weges zu einem großen Erlebnis. Hinzu kommt das große Plus, dass man häufig auf die Mitnahme größerer Proviantmengen verzichten kann, da sich viele Wegabschnitte zwischen zwei bewirtschafteten Stützpunkten bewegen.

Dennoch sei ausdrücklich darauf hingewiesen, dass es sich bei diesen Höhenrouten um keine Promenadenwege handelt. Bei allen ist ein gewisses Maß an Ausdauer, Trittsicherheit, Schwindelfreiheit, Kletterkönnen, kurz, an bergsteigerischer Erfahrung notwendig. Doch sind die gestellten Anforderungen von Weg zu Weg verschieden: Handelt es sich bei den Höhenwegen Nr. 1 und 2 weitgehend um einfache Unternehmungen, also um Weitwanderwege im herkömmlichen Sinn, so stellt Route Nr. 3 bereits höhere Anforderungen, sowohl was technisches Können (mehrfach Klettersteigbegehungen!) als auch was Orientierungsvermögen und Ausdauer betrifft. Dieser Trend, nämlich der einer steten Steigerung der gestellten Ansprüche, wird bei den sieben Belluneser Höhenwegen von Nummer zu Nummer fortgesetzt. Bei Weg Nr. 5 kommen als Erschwernisse zahlreiche freie Kletterpassagen, entlegenes hochalpines Felsgelände sowie ein gewisser Mangel an bewirtschafteten Stützpunkten hinzu. Route Nr. 6 hat als zusätzliche Belastungen nur wenige bewirtschaftete Standorte, einige besonders lange, beschwerliche Etappen sowie absolut einsames, wildes Gelände. Bei Höhenweg Nr. 7 werden diese Anforderungen auf die Spitze getrieben. Hier handelt es sich um eine zwar nur sechstägige, aber besonders anspruchsvolle hochalpine Gratüberschreitung, verschärft durch Übernachtungen in einfachen Biwakhütten (entlang der Hauptroute zusätzlich ein Freibiwak), durch eine Via ferrata sowie durch zahlreiche Kletterpassagen in großer Ausgesetztheit.

Im Gegensatz dazu präsentieren sich die Alte Vie Nr. 8 und 9 als weitgehend problemlose, ideale Höhenwege. Sie stehen, was die Schwierigkeit anlangt, etwa auf einer Ebene mit den Routen 1 und 2. Bei Höhenweg Nr. 10 werden zwar nicht die technischen Schwierigkeiten, dafür aber die Anforderungen an Durchhalte- und Orientierungsvermögen gesteigert. Vor allem die südlichen Abschnitte dieser Route führen vielfach durch unerschlossenes, einsames Bergland. Hinzu kommen etliche lange, anstrengende Etappen mit beachtlichen Höhenunterschieden.

Die durchwanderten Landschaften sind so unterschiedlich, dass man die Wege nicht miteinander vergleichen kann. Es gibt keine schönste oder eindruckvollste Dolomiten-Höhenroute,

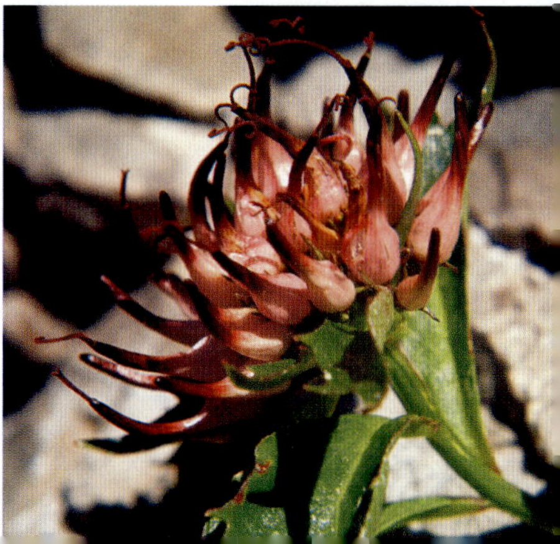

Die Schopfige Teufelskralle (Physoplexis comosa) wächst in Felsspalten und Felsnischen vor allem in den südlichen Dolomiten.

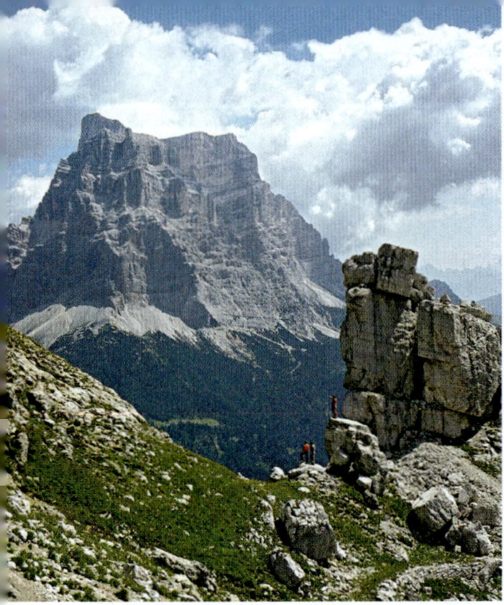

Dolomiten-Höhenweg Nr. 1, Etappe 12: Der M. Pelmo vom Anstieg auf den M. Coldai.

durch deren Begehung man sich sozusagen alle übrigen ersparen könnte. Jeder Weg ist in seinem Charakter einzigartig, und wer sagen kann, einen Großteil dieser Routen zu kennen, hat sicherlich einen umfassenden Einblick in die Dolomiten, den vielleicht großartigsten Bergraum Europas, erhalten.

Voraussetzungen, Training

Für die Begehung der Dolomiten-Höhenwege sollte eine mindestens siebenstündige Strecke ohne große Ermüdungserscheinungen bewältigt werden können. Vorbereitendes Training ist in Form von Joggen, anstrengenden Mittelgebirgswanderungen, Gymnastik, Schwimmen usw. zu empfehlen. An wiederholt vorkommenden exponierten Passagen sind absolute Schwindelfreiheit und Trittsicherheit unerlässlich. Bei allen Höhenrouten gibt es gesicherte Wegstrecken (»Vie ferrate«), aber auch frei zu bewältigende Kletterstellen bis zum Schwierigkeitsgrad II (UIAA-Skala). Hier sind Übung und Erfahrung im steilen Felsgelände erforderlich! Die Höhenwege Nr. 3, 4, 5, 6, 7 und 10 stellen höhere Anforderungen an Ausdauer und bergsteigerisches Können als die Routen 1, 2, 8 und 9.

Ausrüstung, Proviant

Wie bei allen Touren im Hochgebirge ist auch hier die Ausrüstung auf mutmaßlich schlechteste Verhältnisse abzustimmen. Bei nicht allzu frühen Begehungen (Juni) sind Pickel und Steigeisen nicht erforderlich, hingegen leistet an ausgesetzten Stellen ein Seil zur Nachsicherung weniger geübter Begleiter gute Dienste.

An allen Höhenwegen kommen gesicherte Steiganlagen, also durch Drahtseile usw. abgesicherte Wegpassagen vor. Hier wird die Verwendung eines Klettersteig-Sets nach aktuellem technischen Stand dringend empfohlen. Zur sicheren Handhabung eines Klettersteigsets sollte entsprechende Erfahrung vorliegen oder vor dem Einsatz ein Klettersteigkurs besucht werden. Die Selbstsicherung mit Klettersteig-Sets ist auch an Leitern und Eisenklammern anwendbar. Dass an Klettersteigen bzw. überhaupt an Felspassagen ein Steinschlaghelm getragen wird, müsste für jeden selbstverständlich sein!

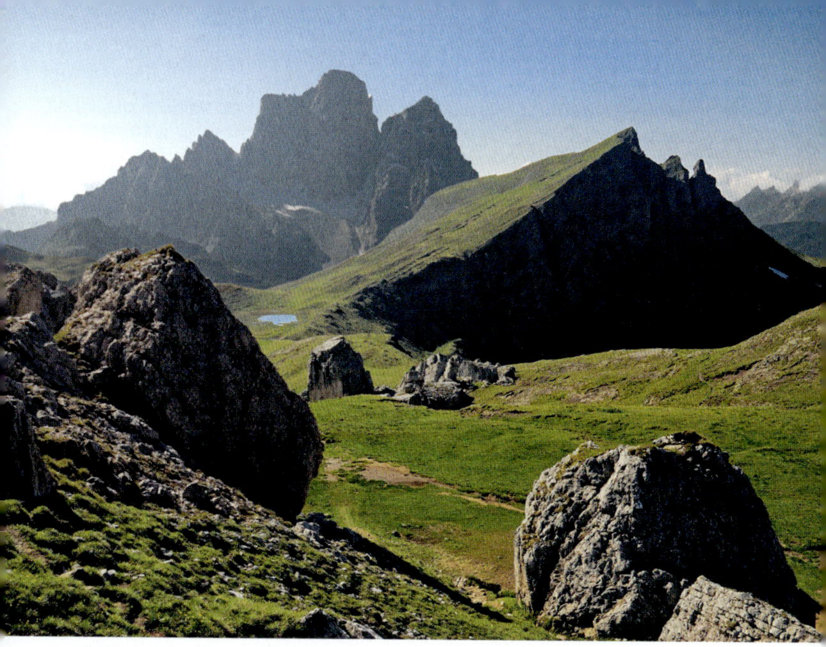

Dolomiten-Höhenweg Nr. 1, Variante 8: An der Forcella di Giau mit Blick nach Südosten gegen den M. Pelmo und auf das Graspult des M. Mondeval rechts davor.

Unbedingt mitzunehmen sind ferner Wetterschutz und Biwaksack für allfällige Gewitter und unvorhergesehene Biwaknächte. Nach Kaltfrontdurchgängen mit Schneefällen wird man warme Unterwäsche, Fleece-Pulli, Handschuhe, Mütze und Outdoor-Jacke ganz besonders schätzen. Wichtig sind ferner Kompass, Taschenlampe, Kerzen und Streichhölzer, Verbandzeug, Sonnencreme, Sonnenbrille, Wasserflasche, Nähzeug, Fotoapparat und ein Handy (zur Quartierreservierung und für etwaige Notfälle). Manche Biwakhütten besitzen keine Kochgelegenheit, außerdem sind Schlafdecken oft Mangelware. Es empfiehlt sich daher die Mitnah-

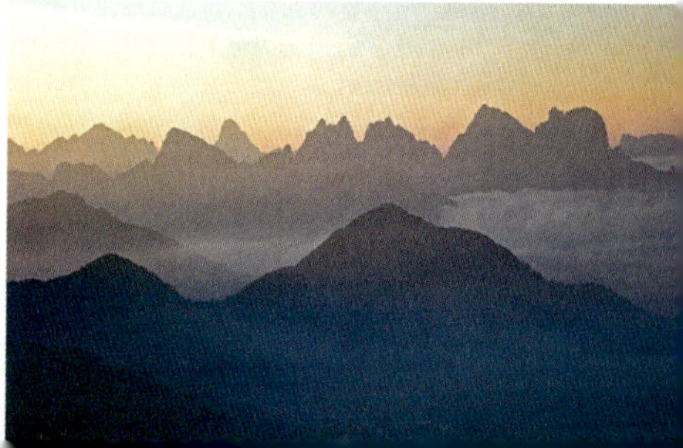

Morgenstimmung an der Coldaihütte (Höhenweg Nr. 1, Etappe 12). Über der Talschaft des Zoldin die Bosconerogruppe, dahinter die Friulaner Dolomiten.

me eines Benzin- oder Gaskochers bzw. eines Schlafsackes. Bei den meisten Höhenrouten sind größere Proviantmengen nicht nötig, wenn man in den empfohlenen Sommermonaten (Juli bis September) wandert, in denen alle Hütten geöffnet sind. Für Nächtigungen in Biwakschachteln sollte man eine entsprechende Verpflegungsration (Schlechtwettertage einkalkulieren!) bei sich haben, die man auch vom Wirt der letzten bewirtschafteten Hütte beziehen kann. Als Tagesverpflegung seien je nach Geschmack Speck, Wurst, Aufstriche, Brot, Dörrobst usw. empfohlen. Auf Höhenweg Nr. 7 muss entlang der Hauptroute einmal im Freien genächtigt werden (vollständige Biwakausrüstung mit Leichtzelt, Schlaf- und Biwaksack, Isoliermatte, Benzin- oder Gaskocher), außerdem ist an diesem Höhenweg das Mittragen einer größeren Proviant- und Wassermenge unerlässlich.

Sprache, Ermäßigungen

In dem hier behandelten Gebiet werden zwei Sprachen gesprochen: in der nördlich gelegenen Provinz Bozen deutsch und italienisch, in den übrigen Provinzen ausschließlich italienisch. Alle Dolomiten-Höhenwege führen durch italienisches Staatsgebiet. An den Schutzhütten des CAI erhalten Mitglieder sämtlicher alpiner Vereine (z. B. CAS, CAF, BAC, AVS, DAV, ÖAV usw.) Ermäßigungen.

Abzeichen

Den Begehern der Dolomiten-Höhenrouten Nr. 1, 2 und 3 wird auf Vorweis der entsprechenden Hüttenstempel beim Verkehrsamt des jeweiligen Zielortes ein Abzeichen verliehen. Man kann natürlich auch jede Höhenroute abschnittsweise begehen und sich nach Erlangung sämtlicher Hüttenstempel das Abzeichen holen.

GPS-Tracks und Koordinaten der Ausgangspunkte

Auf **gps.rother.de** stehen zu diesem Wanderführer GPS-Tracks und die Koordinaten der Ausgangspunkte zum kostenlosen Download bereit. Dieser QR-Code führt direkt zum Download.
16. Auflage, Passwort: 310316dks
Die GPS-Tracks können in die **Rother App** importiert werden. In der App kann man unterwegs stets sehen, wo man gerade ist und wo es langgeht. **Anleitungen dazu: rother.de/gps**
Trotz sorgfältiger Prüfung können wir Fehler und zwischenzeitliche Veränderungen nicht ausschließen. Verlassen Sie sich für die Orientierung niemals einzig und allein auf die GPS-Daten, sondern beurteilen Sie die Verhältnisse vor Ort.

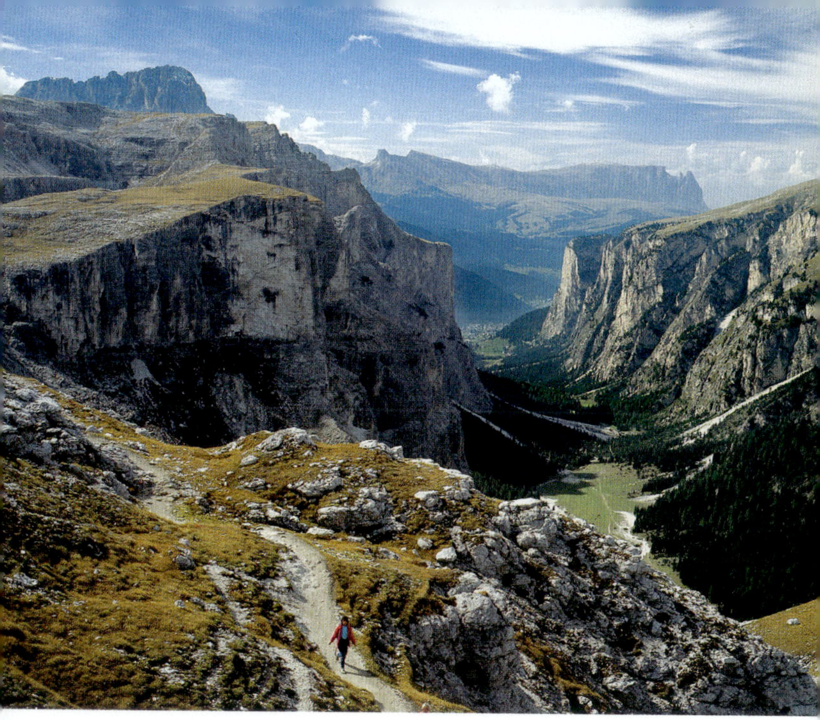

Dolomiten-Höhenweg Nr. 2, Etappe 4: Tiefblick von der Puez-Hochfläche in das Langental mit Seiseralm und Schlern in der Ferne.

Günstigste Jahreszeit, Wetter

Die Hochregion der Dolomiten apert erst gegen Mitte Juli vollständig aus. Deshalb und wegen der üblichen Öffnungszeiten der Schutzhütten (um den 20. Juni) sind Begehungen vor dem 1. Juli nicht zu empfehlen. Den stärksten Besuch erhalten die Höhenwege zwischen dem 15. Juli und dem 20. September. Danach schließen die meisten Hütten (abweichende Öffnungszeiten sind bei den einzelnen Stützpunkten vermerkt), wie es den Vorgaben der Alpenvereine und des Club Alpino Italiano (CAI) entspricht, obgleich gerade zu dieser Zeit oft sichere Wetterverhältnisse anzutreffen wären (anhaltende Schönwetterperioden manchmal bis Ende Oktober, angenehm warme Tage, weite Fernsichten usw.). Ausdauernde Wanderer können sich dann so behelfen, dass zwischen den noch bewirtschafteten Hütten oder den Unterkünften mit vorhandenen, ständig geöffneten Winterräumen längere Wegstrecken eingelegt werden.

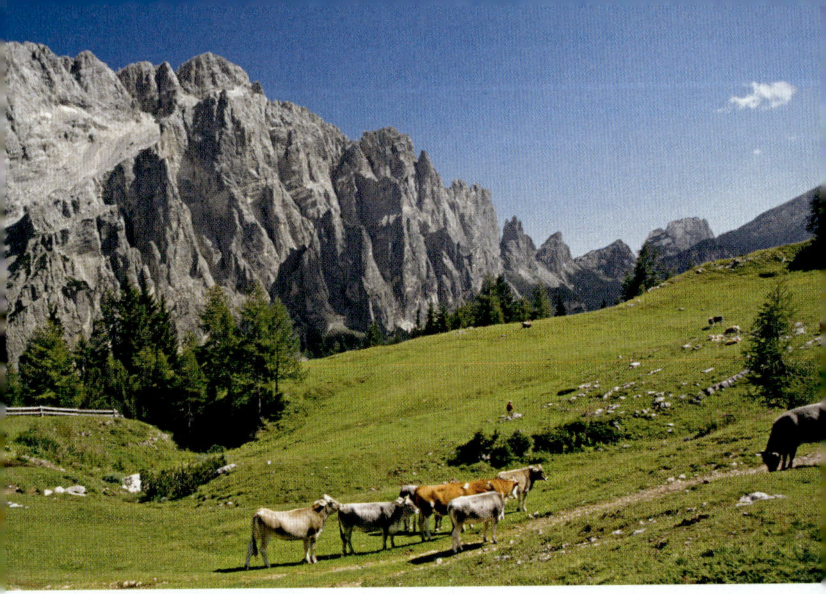

Die Almweiden der Casera di Pelsa vor den Westabstürzen der Moiazzagruppe. Dolomiten-Höhenweg Nr. 1 (Etappe 15) führt unter den Wänden entlang zur Carestiatohütte.

Das Wetter in den Dolomiten bringt im Sommer tagsüber relativ starke Bewölkung (Konvektionsbewölkung) auch bei Hochdrucklagen. In den südlichen Regionen treten dann, besonders bei Südströmung, Nebel, Niederschläge und nachmittags heftige Gewitter auf. Die Verhältnisse bessern sich bereits Anfang September im Norden, aber erst Ende September im Süden. Mit Gewittern ist in den Dolomiten den ganzen Sommer über zu rechnen. Auffallend sind die in südlichen Regionen überaus empfindlichen Temperaturrückgänge bei Kaltfrontpassagen (Schneefälle!).

Gefahren

Der Steinschlag gehört zu den größten Gefahren, denen der Begeher von Höhenwegen ausgesetzt ist. Daher besondere Vorsicht beim Queren steiler Bergflanken oder bei Begehung gesicherter Steiganlagen (Steinschlaghelm tragen!). Durch längere Regenfälle können sich Wegtrassen stückweise von der Unterlage (Berghang) lösen. Zum Absturz der Trasse genügt dann oft nur eine geringe Belastung. Man prüfe deshalb verdächtige Stellen vorher gründlich auf ihre Festigkeit! Im Frühsommer ist die Abrutschgefahr an steilen, noch schneegefüllten Rinnen ziemlich groß. Neben einer guten Ausrüstung (Pickel, Steigeisen, eventuell Seil) ist hier die Technik der richtigen Ge-

wichtsverlagerung von Bedeutung. Es ist außerdem vorteilhaft, solche Stellen erst nach gründlichem Auffirnen, also in den Nachmittagsstunden zu passieren. Bei schlechtem Wetter vermehren sich im Gebirge die Gefahren beträchtlich: so sollte man sich während eines Gewitters niemals an einer mit Eisenstiften oder Drahtseilen gesicherten Steiganlage befinden. Besonders heikel erweisen sich Querungen regennasser, steiler Wiesenhänge. An sich leichtes Felsgelände kann bei Schneelage oder Vereisung zu einem auch für geübte Kletterer fast unüberwindlichen Hindernis werden. Die meisten Abschnitte der Dolomiten-Höhenwege sind so gut bezeichnet, dass ein Verirren bei Nebel kaum möglich ist. Wo solche Gefahren bestehen, wurde im Text darauf hingewiesen.
Aufmerksam soll auf das relativ häufige Vorkommen von Giftschlangen (Vipera aspis, Vipera berus, Vipera ammodytes) in den südlicheren Dolomitengruppen gemacht werden. Diese Tiere sind sehr erschütterungsempfindlich, sodass bei einiger Kenntnis kaum Gefahr besteht. Sollte man dennoch von einer Schlange gebissen werden, ist vorrangig die Bergrettung zu verständigen. Nach dem letzten Wissensstand sollte als erste Maßnahme die entsprechende Extremität nur ruhig gestellt, keinesfalls aber abgebunden werden. Von kühlenden Umschlägen abgesehen sind Manipulationen an der Bissstelle wie Aussaugen, Ausschneiden oder Ausbrennen zu vermeiden. Die Verabreichung eines Schmerzmittels sowie einer Kreislaufstabilisierung sind zu empfehlen. Das Gehen zu zweit oder in Gruppen vermindert die Gefahr, da in solchen Notfällen rasch Hilfe herbeigeholt werden kann.

Alpines Notsignal, Notrufnummern

Bergsteiger, die sich in Notlage befinden und Hilfe benötigen, bedienen sich des Alpinen Notsignals, eines sechsmal in der Minute (alle 10 Sekunden ein Signal) abgegebenen optischen oder akustischen Zeichens. Nach einer Pause von einer Minute wird dieses wiederholt, bis Antwort erfolgt. Sie besteht aus einem dreimal in der Minute (alle 20 Sekunden ein Signal) abgegebenen Zeichen.
Wichtig! In Italien kann über die Telefonnummer 118 (kostenlos, keine Vorwahl) die Bergrettung verständigt werden. Sollte bei einem Handy über den eigenen Netzbetreiber keine Verbindung zustande kommen, wähle man den Europäischen Notruf 112 (ebenfalls kostenlos, keine Vorwahl). Diese Nummer ermöglicht den automatischen Zugriff auf alle Netzbetreiber gleichzeitig, allerdings nur dann, wenn der PIN-Code vorher nicht eingegeben wurde.

Einige Ratschläge

- Dolomiten-Höhenwege sind Routen, auf denen der Wanderer die Schönheit der Gebirgsnatur kennenlernen kann und soll. Es wird aber auch nötig sein, sich schon vor Antritt der Tour durch Studium der einschlägigen Literatur auf dieses Erlebnis vorzubereiten. Eine Bergtour bereitet nur dann wirklich Freude, wenn man über den technischen Schwierigkeiten steht, sich also voll auf die Landschaft konzentrieren kann.

- Hütten und Gasthöfe können im Hochsommer voll belegt sein. Vor allem bei privaten Beherbungsbetrieben wie Almen, Baitas usw. (in der Vor- und Nachsaison oft vorübergehende Schließungen, zusätzliche Ruhetage) empfiehlt sich zur Absicherung und Reservierung ein vorheriger Anruf.
- Die in diesem Buch gewürdigten Dolomiten-Höhenwege Nr. 1–3 werden von Nord nach Süd beschrieben. Sie können natürlich auch in umgekehrter Richtung (meist anstrengender und weniger lohnend) begangen werden, wie es vielfach Bergsteiger tun, die nach Beendigung einer Tour auf einer anderen Route wieder nach Norden zurückkehren.
- Anhaltende Schönwetterperioden, grenzenlose Stille und Einsamkeit, einzigartige Blumenpracht oder herbstliche Verfärbung lassen Höhenweg-Begehungen im Frühsommer und Herbst (vor dem 20. Juni bzw. nach dem 20. September) für Individualisten unter den Bergwanderern interessant erscheinen. Da aber die vorhandenen Schutzhütten dann meist geschlossen sind, ist man gezwungen, vorwiegend im Tal, in unbewirtschafteten Biwakhütten oder in ständig geöffneten Winterräumen (sofern vorhanden) zu nächtigen. Dabei ist das Mitführen einer entsprechenden Ausrüstung (Proviant, Pickel, Steigeisen, Isomatte oder Schaumstoff- bzw. Thermarest-Unterlage, Schlaf- und Biwaksack usw.) unerlässlich. Außerdem dürfen mögliche Gefahrenquellen wie Schneelage, Vereisung, keine Hilfe bei irgendwelchen Unfällen, nicht unterschätzt werden.

Führer-Literatur

Es werden nachfolgend nur solche Werke angeführt, die eine Ergänzung zum vorliegenden Wanderführer darstellen, also auch Anstiegsbeschreibungen zu den Gipfeln am Rande dieser Weitwanderrouten enthalten.

- R. Goedeke: Alpenvereinsführer Dolomiten – Sella und Langkofel extrem, Rother Bergverlag, München 2001.
- R. Goedeke: Alpenvereinsführer Dolomiten – Sextener Dolomiten extrem, Rother Bergverlag, München 2003.
- F. Hauleitner: Wanderführer-Dolomiten (neun Bände), Rother Bergverlag, München.
- F. Hauleitner: Dolomiten (Rother Wanderbuch), Rother Bergverlag, München 2015.
- M. Zahel: Klettersteige Dolomiten – Brenta – Gardasee, Rother Bergverlag, München 2023.

Karten

Für die Begehung der Hauptrouten genügen die abgebildeten Kartenausschnitte im Maßstab 1:50.000. Für Varianten oder zum Studium der weiteren Umgebung werden je nach Höhenweg zusätzlich folgende Karten empfohlen:

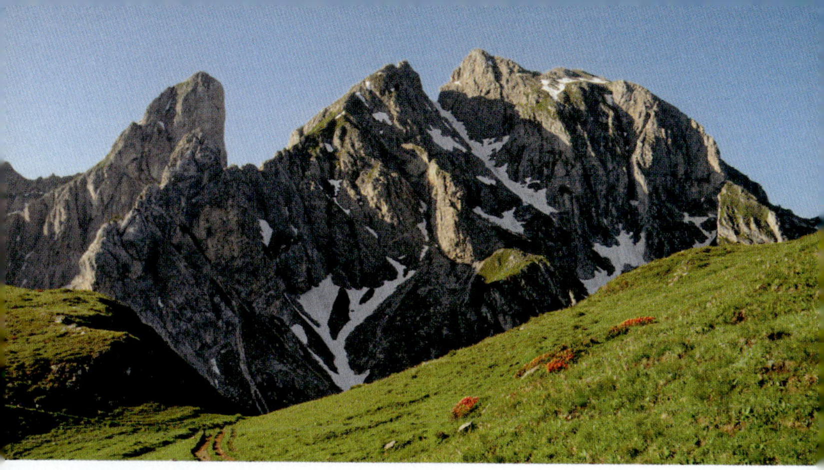

Der markante Torre Dusso mit dem Cernerastock von Norden, von der Forcella di Zònia (Dolomiten-Höhenweg 1, Variante 8).

Höhenweg Nr. 1:

- Kompass-Wanderkarte 1:50.000, Blätter 55 und 57.
- Tabacco-Wanderkarte 1:25.000, Blätter 031, 03, 024 und 025.

Höhenweg Nr. 2:

- Kompass-Wanderkarte 1:50.000, Blätter 56, 59 und 76.
- Tabacco-Wanderkarte 1:25.000, Blätter 030, 06, 07, 022 und 023.

Höhenweg Nr. 3:

- Kompass-Wanderkarte 1:50.000, Blätter 55 und 57.
- Tabacco-Wanderkarte 1:25.000, Blätter 010, 03 und 025.

Wichtige Internet-Adressen

- dolomitibus.it und sii.bz.it (Fahrpläne der Busse und Bahnen im Dolomitengebiet).
- fahrplan-online.de, pro-bahn.de (internationale Fahrpläne für die An- und Abreise).
- messner-mountain-museum.it/de/dolomites/museum/ (Moutain Museum Dolomites am M. Rite).
- alpenverein.de, alpenverein.at, alpenverein.it (alpine Auskünfte, Wege- und Hütteninfos, Wetter, Bergrettung, Versicherung).
- cai.it (Club alpino italiano)

Folgende Doppelseite: Die Südwände der Lastoni di Formin vom M. Mondeval. Links die Forc. di Giau, von der Höhenweg Nr. 1, Variante 8 über die geneigte Mondeval-Hochfläche nach rechts zur Forc. d'Ambrizzola führt.

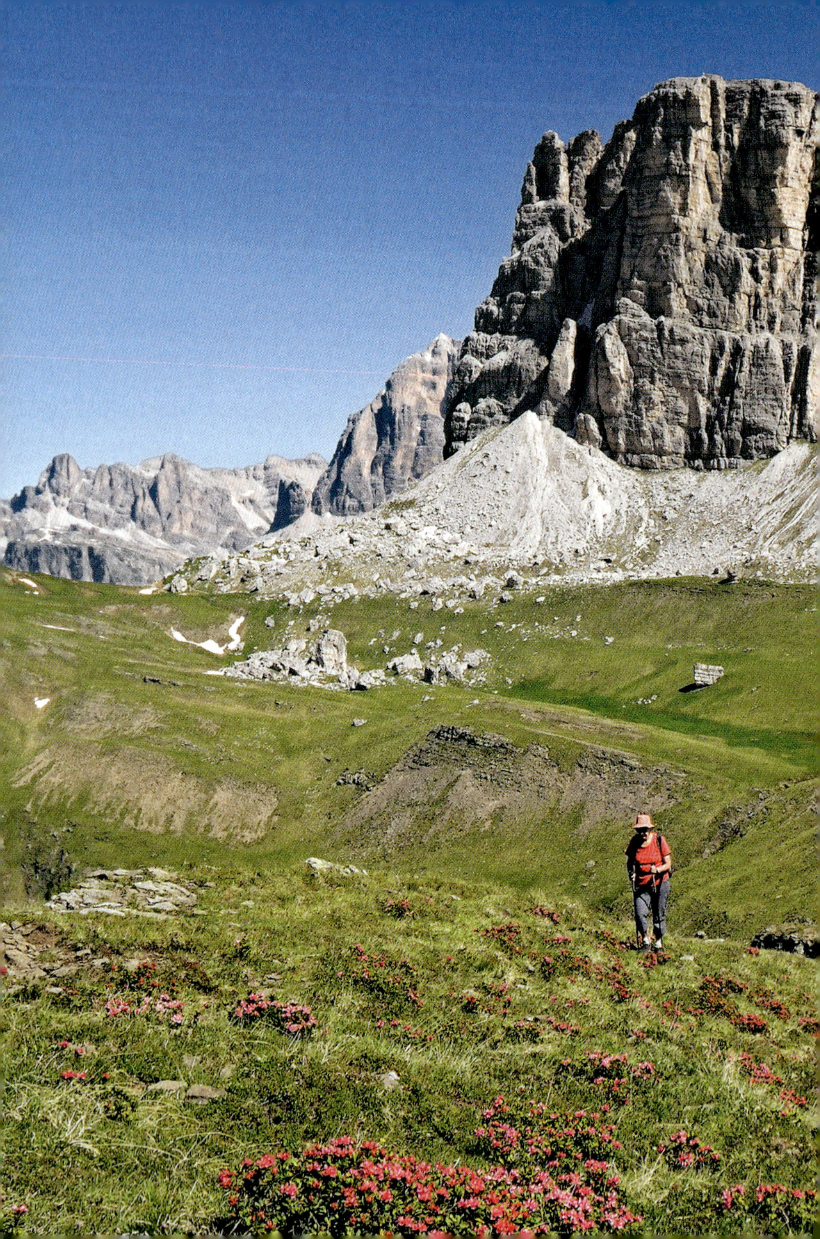

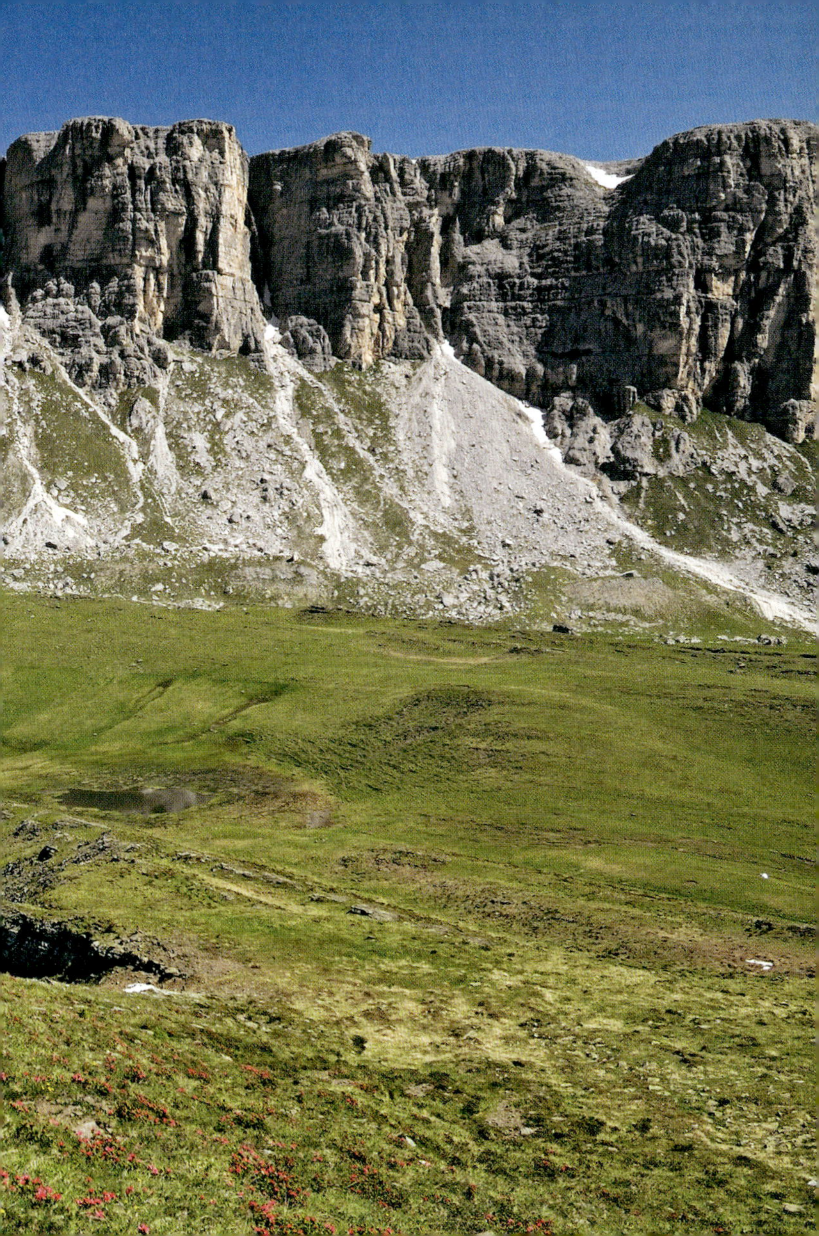

1

Dolomiten-Höhenweg Nr. 1

Vom Pragser Wildsee nach Belluno

Dieser zuerst entstandene Dolomiten-Höhenweg verdankt seinen Ruf der idealen Linienführung und vor allem den außergewöhnlichen landschaftlichen Schönheiten, werden doch im Lauf der Wanderung gerade die interessantesten Gebiete der östlichen Dolomiten durchstreift. Der Weg beginnt im Pustertal, genauer am Pragser Wildsee, und führt an den Hauptkämmen der wichtigsten Dolomitengruppen entlang bis zu der am Alpensüdrand gelegenen Stadt Belluno. Somit stellt dieser Weg die von der Natur vorgezeichnete Nord-Süd-Route durch die östlichen Dolomiten dar.

Die Länge des Weges beträgt rund 150 km (60 km Luftlinie); für die Begehung rechnet man mindestens 10, meist jedoch 13 Tage und mehr. Auf der Hauptroute werden dabei insgesamt elf größere Dolomitengruppen (Pragser und Enneberger Dolomiten, Fanes, Fanis, Nuvolau, Croda da Lago, Rocchetta, Pelmo, Civetta, Moiazza, Prampèr-Dolomiten, Schiara), 18 bewirtschaftete Hütten und eine Biwakschachtel berührt. Drei große Dolomitenpässe (Passo Falzarego, Passo Staulanza, Passo Duran) werden passiert. Die Hauptroute bewegt sich in einer durchschnittlichen Höhe von 2000 m – es ist also mit hochalpinen Verhältnissen zu rechnen! Die gut angelegten Wegtrassen sind mit rot-weiß-roter Markierung und dem Dreieckszeichen der Dolomiten-Höhenroute Nr. 1 (eine 1 im blauen Dreieck) versehen; gefährlichere, ausgesetzte Stellen sind durch Drahtseile gesichert. Mit Ausnahme der letzten Teilstrecke gibt es für einigermaßen ausdauernde und geübte Wanderer kaum Schwierigkeiten. Bis zum Rif. Pian de Fontana darf Route 1 als leichtester aller Dolomiten-Höhenwege gelten.

Die abschließenden Etappen 19 und 20 liegen jedoch technisch weit über den Anforderungen des übrigen Höhenweges und verlangen absolute Trittsicherheit und Schwindelfreiheit, Klettersteigerfahrung und die Beherrschung des Schwierigkeitsgrades II nach der UIAA-Skala (Kletterpassagen!). Alle jene, die sich diesen Schwierigkeiten nicht gewachsen fühlen, seien auf die leichte Umgehungsvariante V7 verwiesen.

Die Landschaft an der Alta Via 1 erfährt eine stete Steigerung bis zum großartigen Höhepunkt, der Durchwanderung des Pelmo- und Civettagebietes. Nicht minder schön ist der zweite Abschnitt der Route durch die südlichen, bisher wenig bekannten Dolomitengebiete von Moiazza, Tàmer, Prampèr, Talvena und Schiara. Die Etappe vom Rif. Pian de Fontana zum Biv. Màrmol (Et. 19), besonders aber der Abstieg vom Biv. Màrmol zum Rif. 7° Alpini (Et. 20) mag viele abschrecken, doch für den geübten Bergsteiger ist dies ein letzter Höhepunkt und würdiger Abschluss dieses einzigartigen Höhenweges.

In Belluno erhält man in der Touristeninformation (Piazza Duomo, I-32100 Belluno, Eingang Lambioi-Rolltreppen, Tel. +39/334/2813222, dolomitiprealpi.it, Mittwoch geschlossen, sonst täglich geöffnet 10–13 Uhr, Samstag und Sonntag auch 14–17 Uhr) nach Vorzeigen der Hüttenstempel ein Abzeichen.
Bei Begehung in umgekehrter Richtung erhält man es am Hotel Pragser Wildsee.

Für eine Begehung des Dolomiten-Höhenweges Nr. 1 in Teilstrecken ergeben sich folgende Möglichkeiten:

- Pragser Wildsee – Passo Falzarego (Et. 1–7). Rückkehr mit Bus (mehrmals umsteigen) über Cortina, Toblach und Niederdorf oder über Andraz, Corvara, Bruneck und Welsberg zum Pragser Wildsee.
- Passo Falzarego – Alleghe (Et. 7–12 bis zum Rif. Coldai, von dort Abstieg nach Alleghe). Rückfahrt mit Bus über Andraz.
- Alleghe – Passo Duran (Liftbenützung und Anstieg von Alleghe zum Rif. Coldai, weiter auf Et. 12–16). Rückkehr vom Passo Duran (Taxi mieten!) nach Agordo und mit Bus nach Alleghe.
- Passo Duran – Belluno (Et. 16–22). Rückkehr mit Bus nach Agordo und von dort per Taxi zum Passo Duran.

Ausgangspunkt Pragser Wildsee (Lago di Braies)

Mit den grandiosen Nordwänden des Seekofels als Kulisse einer der schönsten natürlichen Bergseen der Dolomiten. Viel besuchtes Ausflugsziel.

Hotel Pragser Wildsee, 1494 m

Großes, mehrstöckiges Gebäude am Nordufer des Sees. Privatbesitz. Vor dem Haus Großparkplatz (an Wochenenden meist überfüllt!). Möglichkeit des Dauerparkens, eventuell Garage mieten (Gebühr 10 Euro pro Tag). 160 B., bew. vom 1./5. Mai bis 1./5. November. Kein Winterraum. Tel. +39/0474/748602, lagodibraies.com. Anschrift: Hotel Pragser Wildsee, I-39030 Prags (Braies)/Südtirol. Gb.: Seekofel, 2810 m.

Anreise

Zufahrt mit dem Pkw oder dem Bus (Linie 442 Toblach – Niederdorf – Prags – Pragser Wildsee) aus dem Pustertal (12 km ab Niederdorf bzw. Welsberg). Abzweigung der asphaltierten Straße in das Pragser Tal zwischen den im Pustertal gelegenen Orten Welsberg und Niederdorf.
Achtung! Vom 10. Juli bis 10. September gilt für das Pragsertal eine Verkehrsregelung. In dieser Zeit ist das Tal zwischen 9.30 und 16 Uhr nur mit öffentlichen Verkehrsmitteln, zu Fuß, mit dem Fahrrad oder gegen Vorweis einer Online-Reservierung erreichbar.

1 Pragser Wildsee – Nabiges Loch – Seekofelhütte

3.20 Std. ↗900 Hm ↘70 Hm

Diese erste Teilstrecke ist wegen des zu bewältigenden Höhenunterschiedes eine der anstrengendsten der gesamten Route. Sie führt mitten hinein in den herrlichen »Naturpark Fanes-Sennes-Prags«.

Vom **Hotel Pragser Wildsee (1)** am westlichen Ufer des von den mächtigen Nordwänden des Seekofels und der Senneser Karspitze überragten dunkelgrünen Sees in bequemer Wanderung (Weg Nr. 1) zur Wegteilung an seinem Südwestende, 15 Min. Hier links, ostwärts, am Seeufer entlang in wenigen Min. zu neuerlicher Verzweigung **(2)**: Rechts, südwärts, über Geröll, später durch Latschen auf gutem Steig das Hochtal zwischen Seekofel rechts und Kl. Roßkofel links aufwärts. Weiter oben führt der Steig links der Talsohle vorerst durch Latschen, dann über einen begrünten Felsaufschwung in steilen Kehren empor (schöner Tiefblick zum See!). Kurz nach rechts absteigend erreicht man den oberen flachen Talboden **(3)**, 2034 m (»Nabiges Loch«), 2.05 Std.

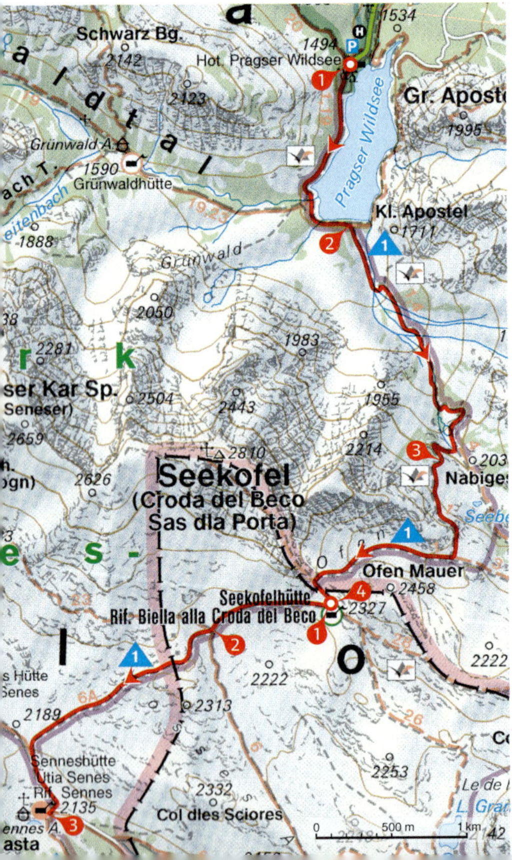

Nun an der rechten Talseite westwärts einen bewaldeten Rücken in Kehren hoch, dann durch lichten Lärchenbestand und über Schutt unter der Wand des Seekofel-Ostsporns nach links (SO) empor. Der Weg (Nr. 1) führt schließlich über eine Steilstufe (Drahtseil) um den Sporn herum nach rechts in das große Felskar »Ofen« (Forno). Durch dieses (schöner Rückblick nach O gegen Dürrenstein und Drei Zinnen!) auf gutem Weg westwärts zur Scharte Porta Sora al Forn, 2388 m, zwischen Seekofel rechts und Ofenmauer links, 3.15 Std.

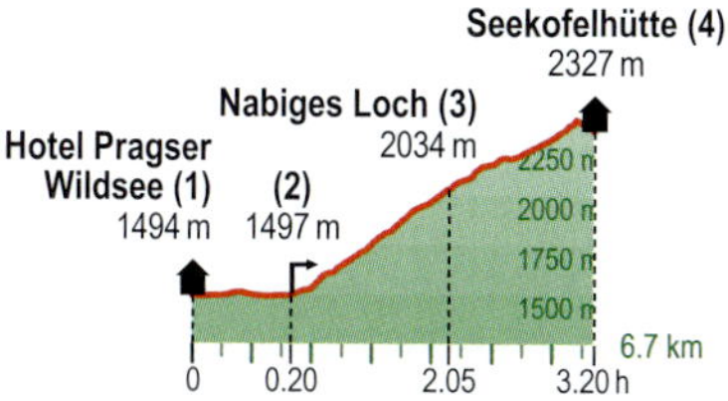

Rundsicht: Von dort prachtvolle Schau auf Hohe Gaisl (O), Cristallo und Pomagagnon (SO), Bosconero, Pelmo, Tofanen (S), die Berge der Sennesalm (Croda-Camin-Gruppe), Kreuzkofelgruppe, Geislergruppe (W) und Seekofel (NW). Jenseits der Scharte nach links (SO) hinab zur **Seekofelhütte (4)**; (ca. 5 Min.).

Seekofelhütte (Rif. Biella), 2327 m

Südlich unterhalb der Porta Sora al Forn auf der großen Fossesalm gelegene private Hütte. 42 B.; bew. 15. Juni–5./10. Oktober. Winterraum (6 L.) vorhanden. Tel.+39/349/2890550 und +39/335/1431251, rifugiobiella.it. Anschrift: Rifugio Biella (Seekofelhütte), I-32043 Cortina d'Ampezzo (Belluno). In der Umgebung der Hütte leben Steinbock-Kolonien. Für Trittsichere empfiehlt sich eine Besteigung des aussichtsreichen Seekofels, 2810 m (insgesamt 2.30 Std.).

2 Seekofelhütte – Senneshütte

1 Std. ↗90 Hm ↘300 Hm

Bequeme, aussichtsreiche Höhenwanderung über das weite Sennesplateau.

Von der **Hütte (1)** auf gutem Karrenweg (Nr. 6) westwärts, am Südfuß des Seekofels (Einblick in seine gewaltige Südwand!) entlang, durch eine Block- und Bergsturzzone sanft abwärts zur Rechtsabzweigung **(2)** eines bez. Steiges (Nr. 6), 15 Min. Auf ihm über felsdurchsetzte Wiesen aufwärts (SW) zur Anhöhe des Col di Siòres (von dem nach links vorgeschobenen höchsten Punkt schöner Rundblick!). Hier über kupierte Wiesenflächen im Auf und Ab dahin, zuletzt steiler hinunter zu querender Naturstraße. Auf ihr kurz nach links (S) abwärts zur **Senneshütte (3)**.

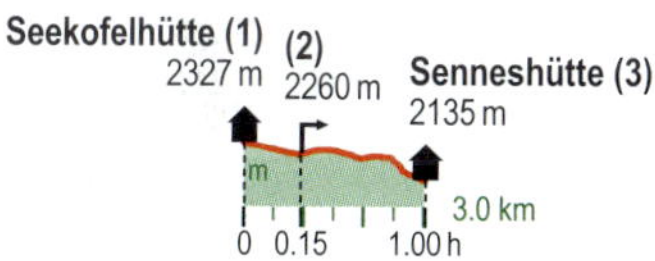

Senneshütte (Rif. Sennes), 2135 m

Im Zentrum der Sennes-Hochfläche, am Nordrand einer seichten grünen Dolinenmulde gelegenes, privates Schutzhaus. Bei längerem Aufenthalt auf Anfrage Jeep-Abholservice vom Berggasthaus Pederü (Et. 4) bzw. von Cortina. 60 B.; bew. je nach Schneelage vom 1. (10.) Juni bis 15./20. Oktober. Kein Winterraum. Tel.: +39/0474/646355 und +39/328/7945579 (mobil), sennes.

com. Anschrift: Senneshütte, I–39030 St. Vigil/Südtirol. Gb.: M. Sella di Sennes, 2787 m.

Rundsicht: Durch Muldenlage eingeengt. Im NO und O der kahle Rücken des Col di Siòres. Rechts dahinter die Hohe Gaisl und weiter rechts die Cristallogruppe. Im SO in der Ferne das mächtige Sorapiss-Massiv mit den Zacken des Pomagagnon davor. Im S die durch viele Kare gegliederte Croda-Camin-Gruppe (Lavinores) mit dem breiten Rücken des Sasso della Para links.

Anmerkung: Ist das Haus voll, lohnt der Abstecher (15 Gehminuten entlang der Bergstraße) zur gemütlichen Munt-de-Sennes-Hütte auf der gleichnamigen Alm (Rif. Munt de Sennes, 2176 m; privat, 15 B., vom 1. Juli bis 25. Sept. geöffnet, Tel. +39/0474/501311, mobil +39/347/5440445).

3 Senneshütte – Schutzhaus Fodara Vedla

0.45 Std. ↘150 Hm

Einfache Plateauwanderung auf Fahrstraße bzw. gut bez. Weg.

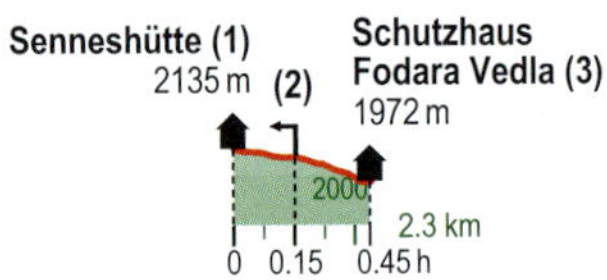

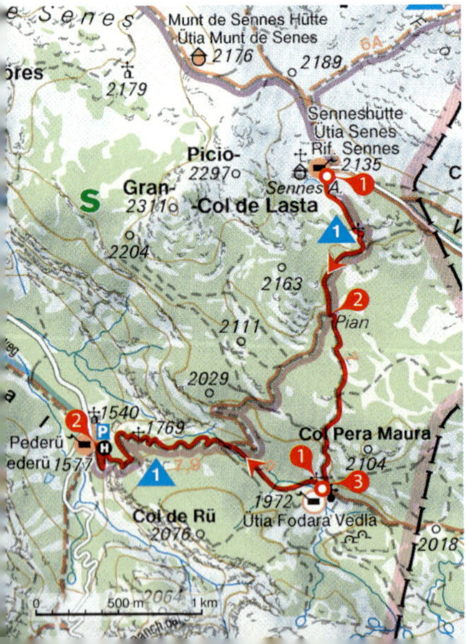

Von der **Senneshütte (1)**, (Tafel) entlang der Naturstraße (Weg Nr. 7) nach Pederü zunächst in Südostrichtung eben über einen Wiesenboden, dann etwas abwärts zu querender Straße. Auf ihr geradeaus, südwärts, über das gewellte Sennesplateau zu markanter Rechtskurve, 15 Min. Hier werden im SW die Berge von Fanes (Cunturines, Lavarella, Antonispitze, Eisengabelspitze) sichtbar.

Links von der Straße ab **(2)**, (Tafel) und auf bez. Weg (ohne Nummer) südwärts durch Latschen und Zirbenbestand, der Croda-Camin-Gruppe entgegen, abwärts, später nach rechts (SW) steiler hinunter und wieder zur Sennes-Straße. Auf ihr nach links zum **Schutzhaus Fodara Vedla (3)**.

Schutzhaus Fodara Vedla (Rif. Fodara Vedla), 1972 m

In einer lieblichen grünen Dolinenmulde am Nordfuß der Croda-Camin-Gruppe gelegene, große, einla-

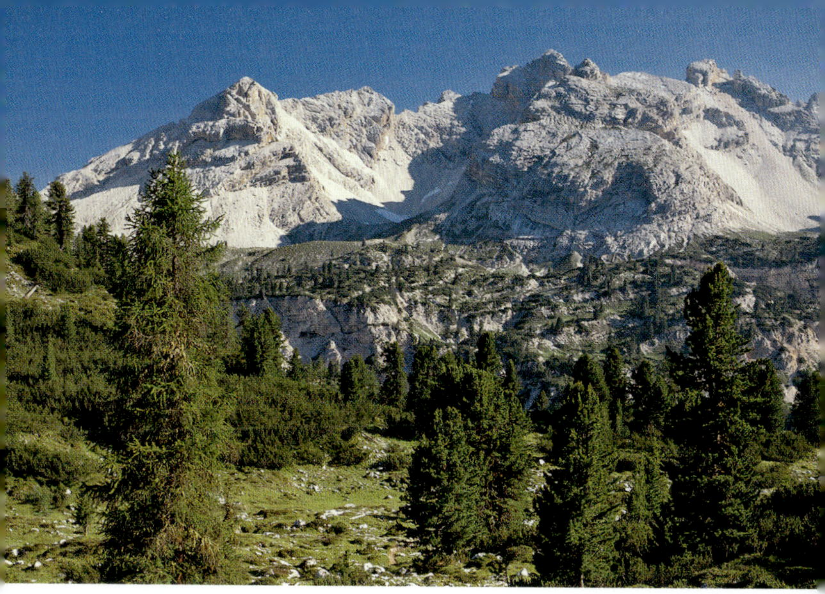

Im Bereich der Sennes-Hochfläche unterwegs zum Schutzhaus Fodara Vedla. Im Süden die Croda-Camin-Gruppe.

dende Hütte. Für einen längeren Aufenthalt geeignet. Bei längerem Aufenthalt auf Anfrage Jeep-Abholservice vom Berggasthaus Pederü (Et. 4) bzw. von Cortina. 32 B., 12 L.; bew. vom 15./20. Mai bis 1./5. November (bei schönem Wetter auch länger). Kein Winterraum. Tel. +39/348/8537471 (Handy). Anschrift: Schutzhaus Fodara Vedla, I–39030 St. Vigil/Südtirol. Gb.: Sasso della Para, 2462 m (Lavinores), Croda Ciamin, 2610 m, M. Sella di Sennes, 2787 m. Infolge Muldenlage keine Rundschau!

4 Schutzhaus Fodara Vedla – Berggasthaus Pederü

1 Std. ↘420 Hm

Abstieg von der Sennes-Hochfläche zu dem im inneren canyonartigen Rautal gelegenen Berggasthaus Pederü. Gute Bergstraße.

Vom **Schutzhaus (1)** auf Fahrstraße (Weg Nr. 9) in Westrichtung vorerst etwas aufwärts, dann an der linken Seite eines gegen das Rautal absinkenden Grabens durch schönen Zirbenbestand mäßig steil hinunter zur Einmündung des rot bez. Karrenweges Nr. 7 von rechts. Geradeaus weiter zum Steilabfall gegen das innere Rautal. Hier zunächst in steilen Kehren über eine bewaldete Rippe, dann (eindrucksvoller Tiefblick auf das Berghotel Pe-

Schutzhaus Fodara Vedla – Berggasthaus Pederü

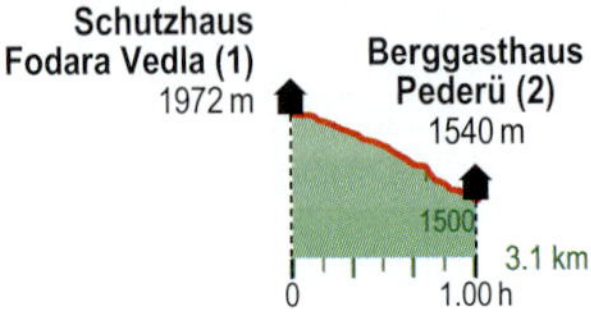

derü direkt unter uns!) in einer von Felswänden flankierten gerölligen Steilschlucht auf kühn angelegter Straße (teils steile Schotterpiste, zuletzt Beton) in ganz engen Kehren abwärts in das Rautal und zum **Berggasthaus Pederü (2)**.

Berggasthaus Pederü (Albergo Alpino Pederü), 1540 m

Großer, gepflegter, privater Gasthof im Talschluss des langen schluchtartigen Rautales (Vallone di Rudo). Vor dem Haus Großparkplatz. Asphaltierte Zufahrtsstraße von St. Vigil (12 km, Busverkehr zweimal täglich in der Zeit vom 1. Juli bis 13. September). Bei längerem Aufenthalt auf Anfrage Jeep-Auffahrt zu den Hütten Munt de Sennes, Sennes, Fodara Vedla, Lavarella und Fanes. 22 B., 15 L.; bew. vom 1./5. Juni bis 25./30. Oktober. Kein Winterraum. Tel. +39/0474/834316, pederue.it. Anschrift: Berggasthaus Pederü, I–39030 St. Vigil/Südtirol.

5 Berggasthaus Pederü – Lavarella- / Faneshütte

2.15 Std. ↗520 Hm

Einfache Wanderung durch das Vallone di Rudo aufwärts zur Faneshütte und zur Lavarella-Hütte auf der Kleinen Fanesalm.

Vom **Berggasthaus Pederü (1)**, rechts der Straße nach Kleinfanes, auf bez. Weg Nr. 7 durch Latschen in Südrichtung sanft aufwärts, später einen steilen Schutthang in Kehren gegen das Vallone di Rudo empor auf einen blocküberätsen Moränenrücken im flachen mittleren Talabschnitt. Jenseits kurz abwärts, dann durch Latschen eben zur Fanesstraße nahe dem **Pischodelsee (2)**, 1.15 Std. Linkseinmündung von Variante 1.

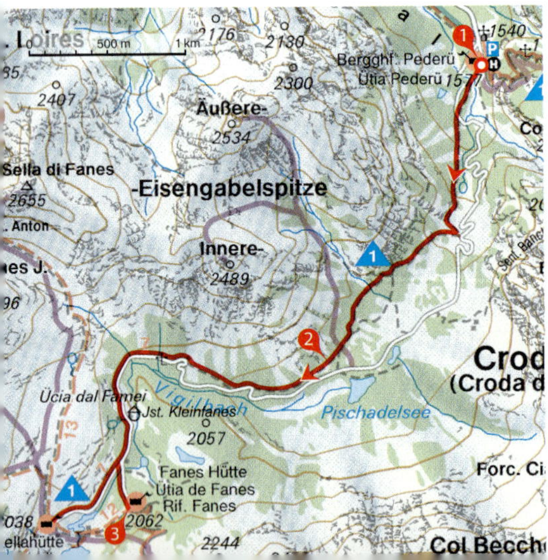

Die Straße 150 m weiter, dann rechts ab und im Vallone di Rudo auf dem breiten Weg Nr. 7 durch Wald und Latschen nach Westen aufwärts und

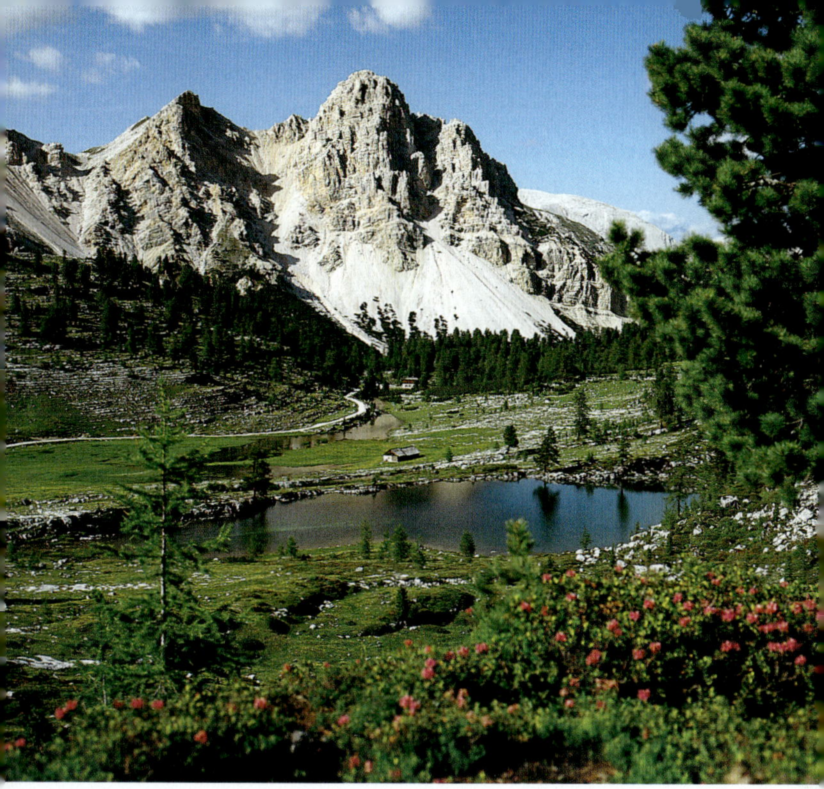

Grünsee und Eisengabelspitze auf der Kleinen Fanesalm.

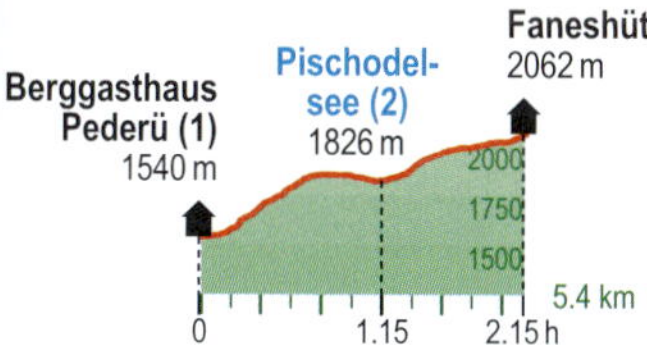

wieder zur Straße. Auf ihr zu einer energischen Linkskurve, danach im engen Talgraben über dem rauschenden Vigilbach nach Süden empor und, an der **Jst. Kleinfanes** (»Ucia Pices Fanes«, 2000 m; 10 L. in Ferienwohnung, bew. vom 20. Juni bis 20. Sept., Tel. +39/346/3543254 und +39/0474/830467) vorbei, zu der im Paromtal gelegenen Kleinen Fanesalm mit Straßenteilung.

Entweder nach rechts zur gemütlichen **Lavarella-Hütte** oder links haltend hinauf zu der in lichtem Zirbenbestand gelegenen **Faneshütte (3)**.

Lavarella-Hütte (Rif. Lavarella), 2038 m

Privatbesitz. 26 B., 20 L.; bew. vom 5./10. Juni bis 10./15. Oktober. Kein Winterraum, selbstgebrautes Bier. Tel. +39/0474/501079 (Hütte) und 501094 (Tal), lavarella.it; Anschrift: Lavarella-Hütte, I–39030 St. Vigil/ Südtirol.

Faneshütte (Rif. Fanes), 2062 m

Privates Haus im Paromtal, nördlich unter dem Limojoch, auf der Kleinen Fanesalm mit eindrucksvoller Umgebung (Eisengabelspitze im N, Kreuzkofelgruppe im W). 66 B., 11 L.; bew. vom 5./10. Juni bis 15. Oktober. Tel. +39/0474/453001, +39/348/3900660 und +39/0474/501097, rifugiofanes.com. Anschrift: Faneshütte, I–39030 St. Vigil/Südtirol. Bei längerem Aufenthalt gibt es auf Anfrage einen Abholservice vom Berggasthaus Pederü (Et. 4) bzw. von Cortina. Lohnender Ausflug zum nahen Grünsee! Gb.: Antonispitze, 2654 m, Pareispitze, 2794 m (Col Becchei), Heiligkreuzkofel, 2907 m, Zehnerspitze, 3026 m, Lavarella, 3055 m, M. Cavallo, 2912 m.

Aufblick vom Lagazuoisee zur Forc. del Lago mit der C. del Lago links.

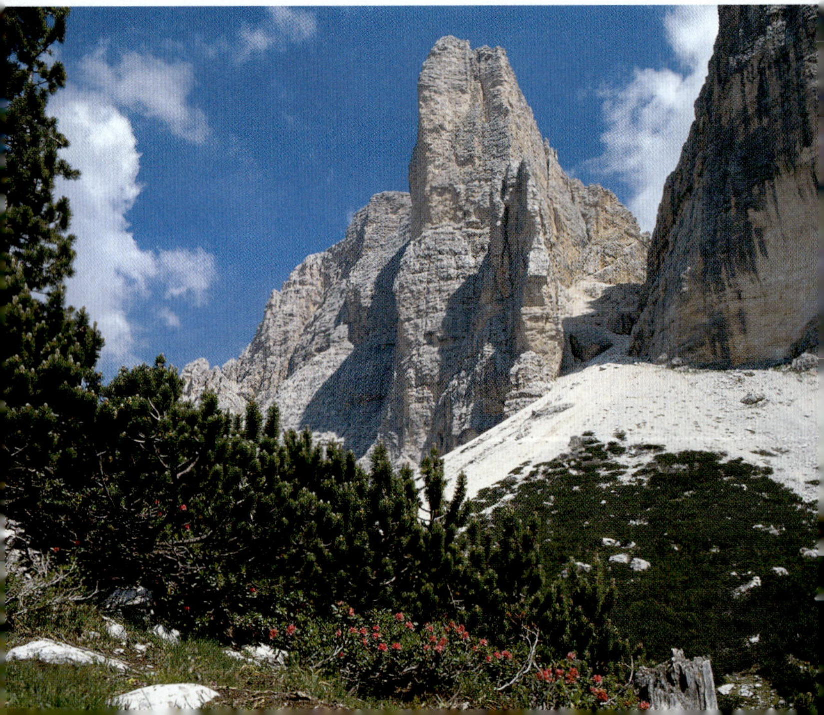

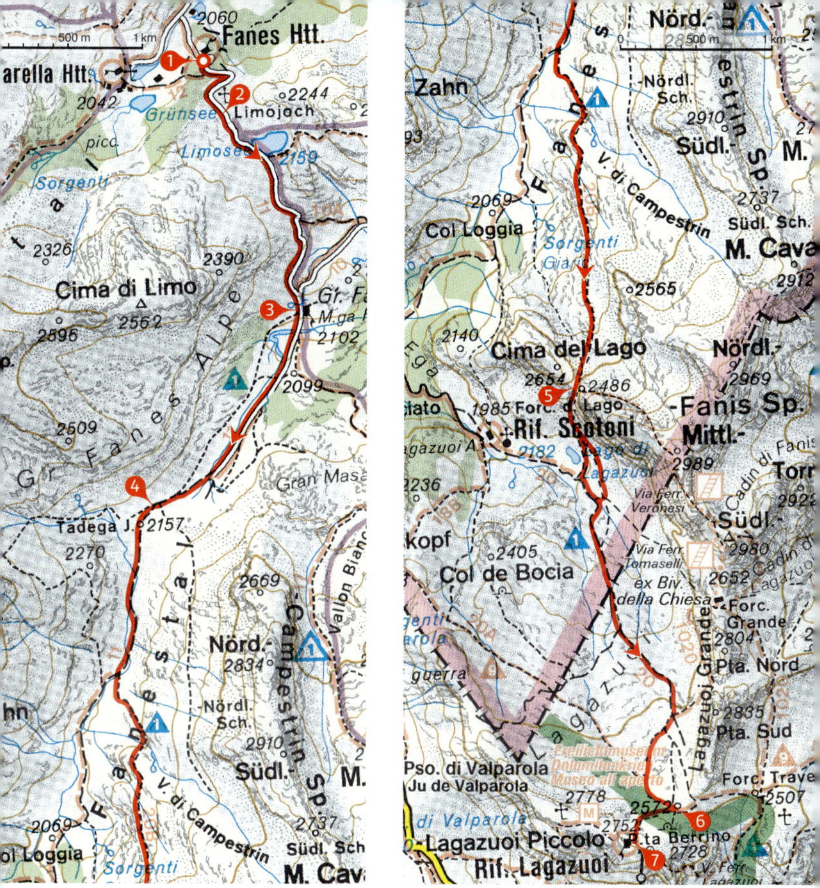

6 Faneshütte – Forc. del Lago – Rif. Lagazuoi

5.30 Std. ↗1100 Hm ↘400 Hm

Landschaftlich sehr abwechslungsreiche, aber auch lange Etappe über mehrere Scharten und Pässe. Im Frühsommer ist an Altschneeresten in der steilen Rinne südlich der Forc. del Lago Vorsicht geboten (Pickel empfehlenswert!).

Von der **Faneshütte (1)** südwärts auf Naturstraße (Nr. 10 und 11) in einigen Kehren oder auf abkürzendem Weg direkt zum **Limojoch (2)**, 2174 m, empor, 20 Min. Sehr schöner Blick nach N zurück zur Eisengabelspitze (rechts dahinter das Sennesplateau mit dem plattengepanzerten Seekofel), nach W

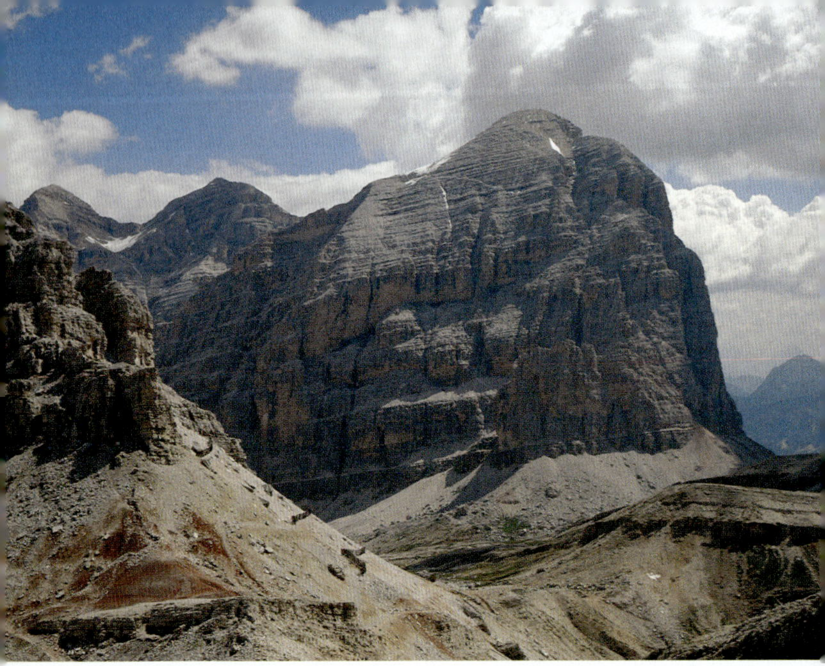

Die wuchtigen Felsmassive der Tofanen von Westen, vom Kleinen Lagazuoi.

gegen die weiten Geröllfelder, Plateaus und kahlen Gipfelerhebungen der Kreuzkofelgruppe, nach SW zur Lavarella sowie nach S auf Furcia-Rossa-Spitzen mit Tofana di Dentro dahinter.

Über die weite grasige Passhöhe, am Limosee (links) vorbei, dann südostwärts abwärts zur Straßenteilung. Hier rechts und durch die Ostflanke der C. di Limo abwärts zu der auf weitem Wiesenboden gelegenen (45 Min.) **Großen Fanesalm (3)**.

Große Fanesalm, 2102 m: Jausenstation, keine Nächtigung, bewirtschaftet vom 1. Juni bis 20. September. Die Alm wird im S von den eigenartigen Berg-

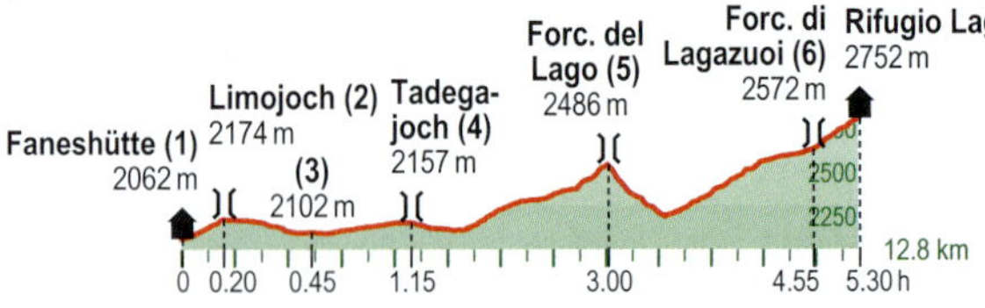

gestalten der Furcia-Rossa- und Campestrin-Spitzen überragt. Schöner Durchblick nach O auf Cristallogruppe mit Pomagagnon davor.
Der breite Karrenweg (Nr. 1) biegt nun mehr nach rechts in das weite, flache, obere Fanestal (im Vorblick ist über dem Tadegajoch das Firnfeld der Marmolada sichtbar!) zwischen C. di Limo rechts und Campestrin-Spitzen links ein. Über die ausgedehnten Wiesen der Großen Fanesalm – 300 m nach den Almhütten zweigt links Variante 1 ab – in angenehmer Wanderung zum breiten **Tadegajoch (4)**, 2157 m, 1.15 Std. Schöner Blick nach S in das almenreiche Val Sarè mit Cunturines rechts und Fanisgruppe links. An der linken Talbegrenzung ist genau im S unser nächstes Ziel, die ausgeprägte Forc. del Lago, sichtbar.
Vom Tadegajoch südwärts auf begrastem Karrenweg durch das breite obere Val Sarè sanft abwärts und nach 10 Min. zur Linksabzweigung des gut bez. Steiges (Weg Nr. 20 B) zur Forc. del Lago, Tafeln. Auf diesem zuerst südostwärts gegen das Vallon di Campestrin, dann mehr rechts auf der das Sarè-Tal östlich begleitenden Hochstufe in südlicher Richtung durch felsdurchsetzte Almwiesen, zuletzt über grobblockiges Geröll steiler zur **Forc. del Lago (5)**, 2486 m, zwischen C. del Lago rechts und C. Scotoni links, empor, 3 Std. Überraschender Blick nach S auf das ausgedehnte Lagazuoi-Plateau. Weiter rechts, über einem scharfen Felsgrat, die herrliche Marmolada. Nun südwärts durch eine steile Block- und Geröllrinne hinunter, dann über Schutthänge hinab zu dem direkt unterhalb der Scharte gelegenen Lago di

Welch eine Hütten-Position! Das Rif. Lagazuoi mit Croda da Lago, Lastoni di Formin, Nuvolaugruppe und M. Pelmo im Süden.

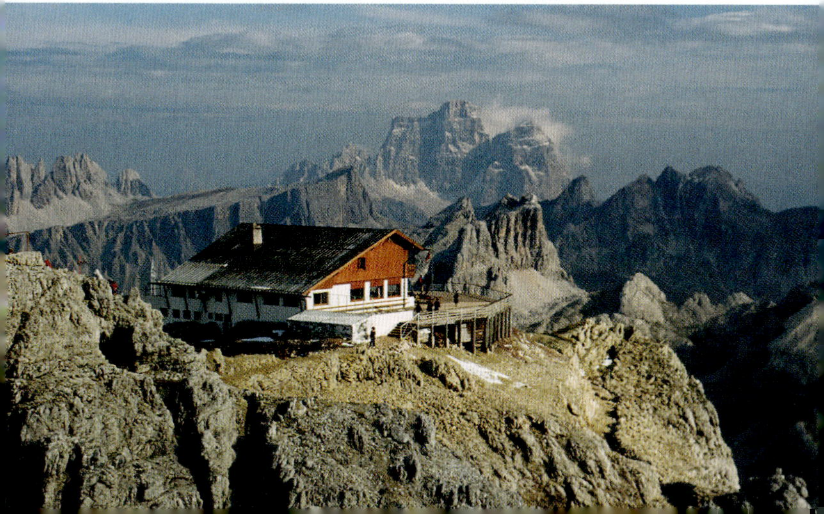

Lagazuoi, 2182 m. Schöner Rastplatz, Bademöglichkeit! Eindrucksvoll die turmförmige C. del Lago und die wuchtige C. Scotoni mit ihrer berühmten Südwestwand, in der sich oft Kletterer befinden.

Anmerkung: Anstatt bis zum Lago di Lagazuoi abzusteigen, kann man (kürzer) aus oben erwähnter Geröllrinne auf Steig nach links (S) queren und unter den Wänden der C. Scotoni ohne jeden Höhenverlust zum Weg Nr. 20 gelangen. Bei einem Schlechtwettereinbruch, aber auch im Falle einer vollen Belegung des Rif. Lagazuoi (Anruf!) empfiehlt sich der kurze Abstieg auf Weg Nr. 20 zum Rif. Scotoni, 1985 m (17 B., vom 20. Juni bis 30. Sept. geöffnet; Tel. +39/0471/847330 und +39/0471/847031, scotoni.it); Abstiegszeit 20 Minuten, Zeit für den Wiederanstieg zum See 30 Min.

Vom Lago di Lagazuoi auf Weg Nr. 20, an der Rechtsabzweigung zum Rif. Scotoni vorbei, über das leicht ansteigende Lagazuoi-Plateau unter den Westwänden der Fanisgruppe zuerst über einen ausgeprägten Geröllrücken, später über das Karrenfeld in Südrichtung aufwärts, zuletzt nach links empor in die **Forc. di Lagazuoi (6)**, 2572 m (Verzweigung, Tafeln) zwischen Kl. und Gr. Lagazuoi, 4.55 Std. Rechts auf dem Weg Nr. 401 über den Nordostrücken des Kl. Lagazuoi, an Stolleneingängen vorbei, über Schutt und Felsstufen knapp rechts der Kammhöhe in Kehren hinauf zur Bergstation der Lagazuoi-Gondelbahn (vom Passo Falzarego her) und kurz weiter zum **Rifugio Lagazuoi (7)**.

Rifugio Lagazuoi, 2752 m

Am flachen Gipfelgrat des Kleinen Lagazuoi, 400 m südöstlich des höchsten Punktes stehendes modernes, privates Schutzhaus mit hotelartigem Betrieb. Tagsüber stark besucht (Seilbahn). Seine Lage zählt zu den eindrucksvollsten und aussichtsreichsten in den Dolomiten! Besonders lohnend ist der Besuch des kreuzgeschmückten Gipfels mit ausgedehnter Rundschau (Steiganlage, 5–10 Min. von der Hütte). 74 B., 56 L.; bew. vom 5./10. Juni bis 5./10. Oktober. Nicht sicher (!) geöffneter Winterraum (2 L., Notproviant und Erste-Hilfe-Paket; keine Heizgelegenheit!). Tel. +39/0436/867303 (Hütte) und +39/340/7195306 (mobil), rifugiolagazuoi.com. Anschrift: Rifugio Lagazuoi, Via Chiave 31, I–32043 Cortina d'Ampezzo/Belluno. Vom Rif. Lagazuoi zum Rif. Nuvolau kann neben Variante 2 (Felstunnel-Abstieg zum Passo Falzarego) auch die zwar schöne, aber weniger direkte, um eine Gehstunde längere Variante 3 eingeschlagen werden.

Rundsicht: Vom Gipfel des Kleinen Lagazuoi, 2778 m, sieht man genau im S die herrliche Civetta mit dem begrünten M. Pore rechts davor. Links hinter der Civetta die Prampèr-Dolomiten, darüber der M. Schiara. Im SO der gewaltige M. Pelmo, ein Glanzstück dieser Rundsicht. Gerade vor ihm die Felsmassive der Nuvolaugruppe. Weiter links die schrägen Platten des M. Formin und die fantastische Zackenreihe des Croda da Lago (rechts dahinter Teile der Bosconerogruppe). Darüber links die Südlichen Karnischen Alpen (C. Preti, M. Duranno) und genau davor das nahe Rif. Lagazuoi. Zur Linken des Val

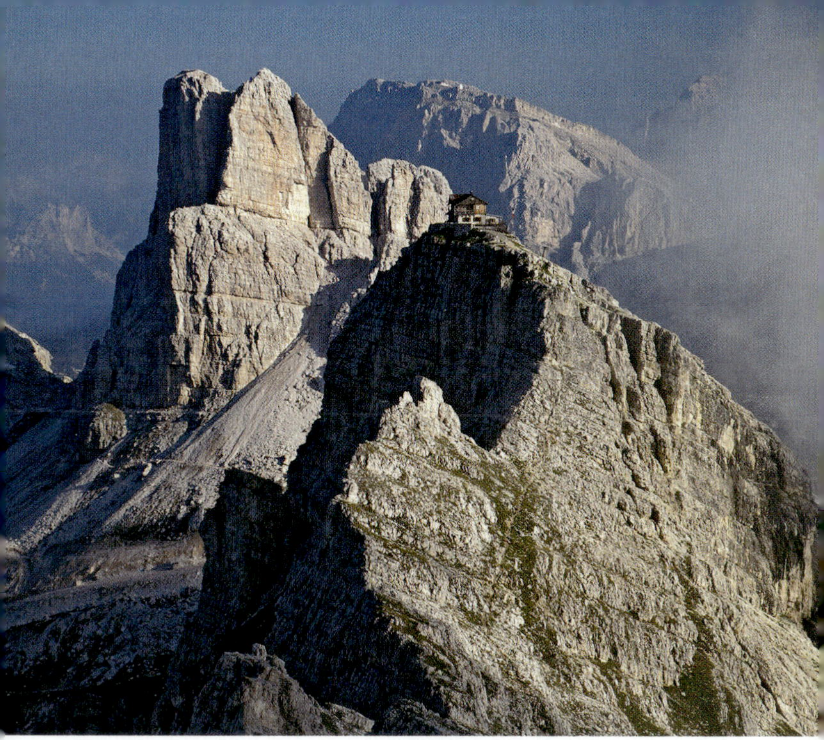

M. Averau, M. Nuvolau und Kl. Lagazuoi (beide mit Hütte) von Südosten, vom M. Gusela.

Boite die schöne Pyramide des Antelao, links von ihr die Marmarole. Im O über dem Becken von Cortina die Sorapissgruppe und links davor, uns direkt gegenüber, die grandiosen Felskolosse der Tofanen. Im NO, vor den Tofanen, die wilde Turmreihe der Fanisgruppe (rechts dahinter die Hohe Gaisl). Im N die Plateauberge von Fanes und Sennes mit dem zerfurchten Massiv der Cunturines links. Im S, rechts hinter der Civetta, die Feltriner Dolomiten. Im WSW die Palagruppe mit den Fleimstaler Alpen rechts. Im SW die herrliche, vergletscherte Marmolada (genau davor der begrünte Col di Lana).
Nun rechts die weniger markanten Bergformen der Padòn- und Pralongià-gruppe. Im W darüber die Sella (links hinter ihr Rosengarten und Latemar). Über dem Grödner Joch Cirspitzen und Puezgruppe mit den wildgezackten Geislerspitzen dahinter. Im NW der isoliert aufragende Peitlerkofel. Rechts von ihm die Senke des Gadertales und im N darüber die Zentralalpen. Schöner Tiefblick nach S zum Falzaregopass.

V6 Faneshütte – Rif. Giussani – Rif. Cinque Torri

11 Std. ↗2030 Hm ↘1930 Hm
Mögliche Aufteilung: Teilstrecke Faneshütte – Rif. Giussani
8 Std. ↗1630 Hm ↘1100 Hm,
Teilstrecke Rif. Giussani – Rif. Cinque Torri
3 Std. ↗400 Hm ↘830 Hm

Landschaftlich zwar großartige, verglichen mit der Hauptroute jedoch weit umständlichere und anspruchsvollere Wegverbindung zwischen der Faneshütte und dem Rif. Cinque Torri. Durch Nächtigung im Rif. Giussani kann die Variante auf zwei Etappen aufgeteilt werden. Als Tagestour kaum gebräuchlich und nur ganz ausdauernden, trainierten Bergsteigern zu empfehlen! Wege besonders nach Regenfällen zum Teil in schlechtem Zustand bzw. mangelhaft markiert.

Von der **Faneshütte (1)** wie bei Et. 6 zur **Großen Fanesalm (2)**, 45 Min., und die Hauptroute in Richtung Tadegajoch noch 300 m weiter zur Linksabzweigung des bez. Weges Nr. 17 (Wegweiser). Auf ihm (Steig) südwärts zu einem quer führenden Karrenweg. Diesen wenige Meter nach links zur Abzweigung eines gelb-orange-gelb bez. Steiges nach rechts (Pfeil). Auf ihm südostwärts über ein geneigtes, von einzelnen Zirben bestandenes Karrenfeld aufwärts zu großer flacher Wiese **(3)**, 1.30 Std. Schöner Tiefblick nach N zur Gr. Fanesalm und zum Limojoch!

Die »Scala del Minighèl« bildet die luftigste Passage im Anstieg zum Rif. Giussani.

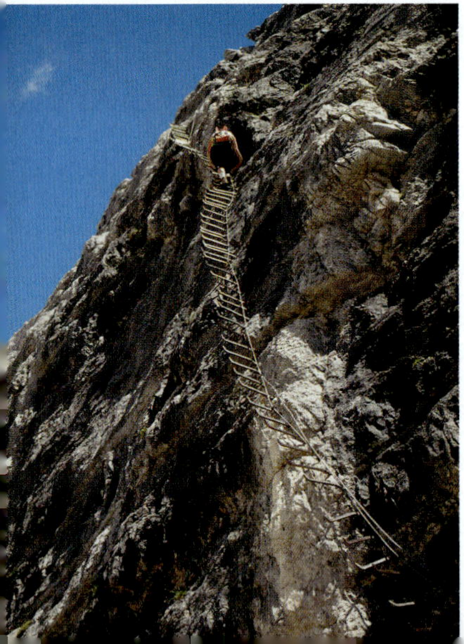

Auf Weg Nr. 17 schräg nach rechts (SW) über eine begrünte Steilstufe in Kehren gegen das Vallon Bianco empor in eine von hohen Blöcken übersäte Mulde direkt unter den Ostwänden der Campestrin-Spitzen. Südwärts zuerst durch die Mulde, später über die kahlen Hänge des oberen Vallon Bianco, zuletzt über einen steilen Geröllhang in Kehren nach links (SO) gegen den Felsturm des M. Castello hinauf und zum **Bivacco della Pace (4)**.

Bivacco della Pace, etwa 2760 m: 3.15 Std. ab Faneshütte. Am Westwandfuß des M. Castello gelegene, aus Holz gefertigte Unterkunft der Associazione Nazionale Alpini. Tisch, Bänke, Sparherd und nötigster Proviant vorhanden. Kein Wasser in der Umgebung! 12 L. (keine Decken!). Die Hütte ist unbewirtschaftet, aber stets geöffnet. Gb.: M. Casale, 2894 m, M. Cavallo, 2912 m, Furcia-Rossa-Spitzen, 2792 m, Campestrin-Spitzen, 2910 m. Prachtvoller Fernblick nach N über die Gr. Fanesalm und die Berge von Sennes hinweg zu den Zentralalpen!

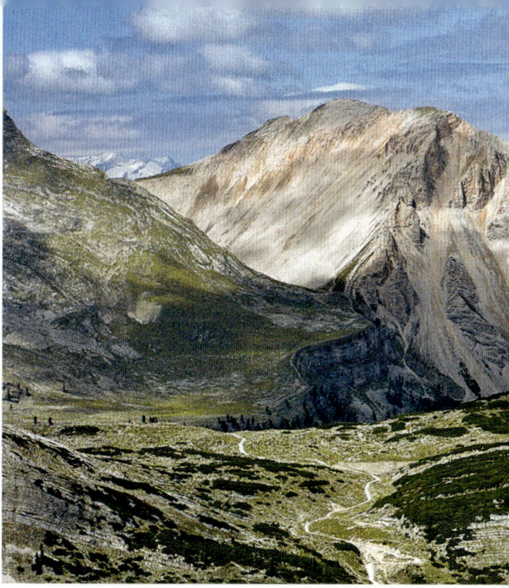

Die Antonispitze über dem Limojoch vom Anstieg zum Biv. Della Pace.

Vom Biv. **(4)** auf gutem Weg (Nr. 17, »Via della Pace«) in der Westseite des Verbindungsgrates M. Castello – M. Cavallo südwärts in Kehren hinauf zum Gipfel des M. Casale, 2894 m (Rundblick!). Jenseits den steilen Gratrücken hinunter zur Forc. Casale, 2850 m (Felsspalt), zwischen M. Casale im N und M. Cavallo im SW, 45 Min. vom Biv della Pace. Hier links, südwärts, über steile Geröllhänge (Abfahren möglich!) meist weglos, später auf Steigspuren hinunter in das großartige Travenanzes-Tal, dessen Talsohle oberhalb der **Malga Travenanzes (5)** bei etwa 1990 m, erreicht wird, 2.15 Std. ab Biv. della Pace. – Auf Weg Nr. 403 und 404 ostwärts über den Travenanzes-Bach an die gegenüberliegende Talseite (Tofanagruppe) und dort zu einer Verzweigung. Zwei Möglichkeiten:

■ Den Weg Nr. 403 (Normalroute) schräg links gegen einen Steilaufschwung empor, mit dem das Hochkar »Masarè« gegen Val Travenanzes abfällt. Über grasdurchsetzte Hänge ostwärts steil hinauf gegen den Felsaufschwung und über ihn (Eisenleitern) empor in das eigentliche Hoch-

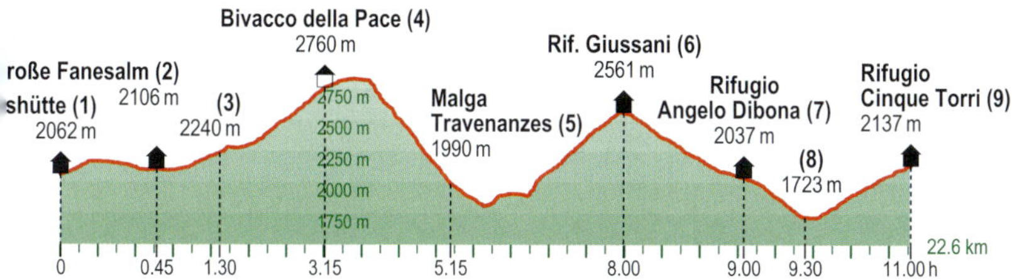

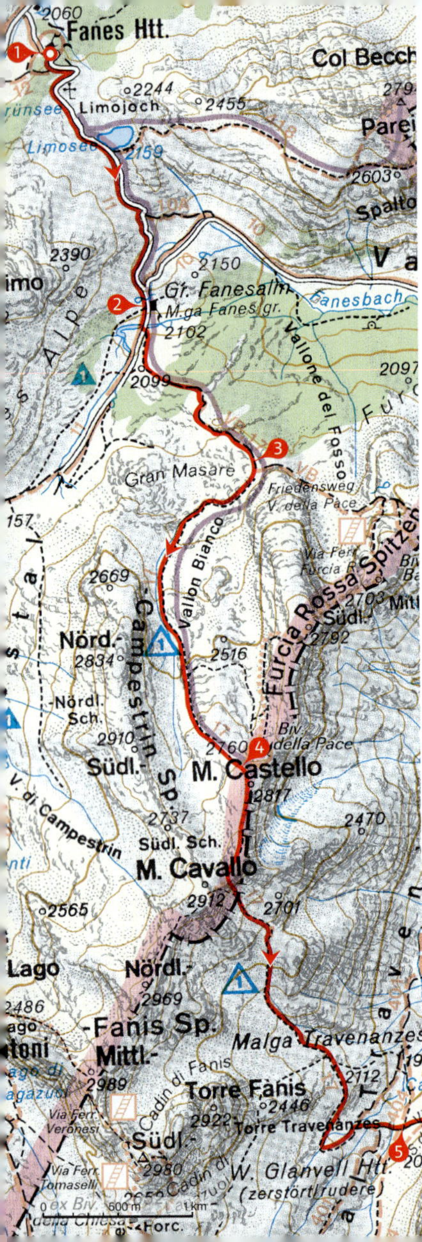

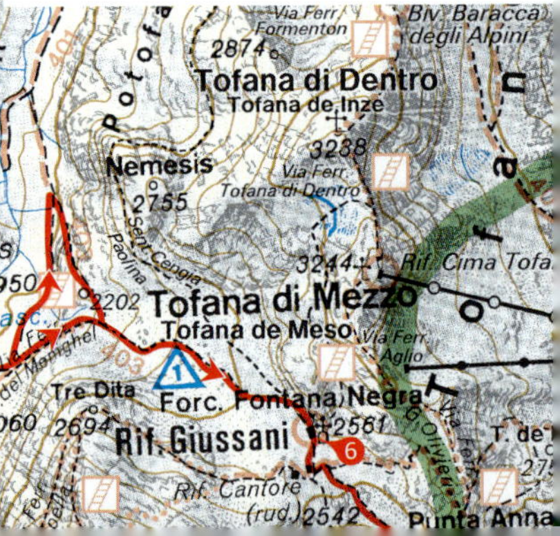

kar »Masarè«. Dort über Geröll und Blockwerk steil nach Südosten hoch, später an die linke Begrenzung des Kares und durch eine Bergsturzzone empor zum **Rif. Giussani (6)**.

■ Den Weg Nr. 404 (anspruchsvoller, aber schöner) das Val Travenanzes nach rechts (Süden) aufwärts zu einer Teilung. Links ab und auf Steig (keine Nummer!) an Schutthängen eben nach Nordosten zu einem Geländerücken unter senkrechter, 100 m hoher Wand (mit Wasserfall). An Eisenstiften und Drahtseilen (»Scala del Minighèl«) über die durch Bänder gegliederte Wand luftig empor in das Kar »Masarè« und wie beschrieben weiter zum (2.45 Std. ab Malga Travenanzes) Rifugio Camillo Giussani.

Rifugio Camillo Giussani, 2561 m: An der Forc. Fontananegra, zwischen Tofana di Rozes im SW und Tofana di Mezzo im N gelegenes, komfortabel eingerichtetes, einstöckiges Schutzhaus des CAI Cortina d'Ampezzo. 48 B., bew. vom 15./20. Juni bis 15./20. September. Winterraum (8 L., Matratzen, Decken, Heizmöglichkeit) am Weg Nr. 403 südlich unterhalb des Hauses in der Dependance des alten (verfallenen) Rif. Cantore. Tel. +39/0436/5740 (Hütte), +39/335/6859430 (mobil) und +39/436/5629 (Tal), rifugiogiussani.com. Anschrift: Rifugio Giussani, I–32043 Cortina d'Ampezzo/Belluno. Gb.: Tofana di Rozes, 3225 m, Tofana di Mezzo, 3244 m.

Von der Hütte auf gutem breitem Weg durch eine steile Mulde in engen Kehren nach S abwärts, später längere Querung nach links (SO), schließlich durch das Schuttkar »Vallon Tofana« wiederum in Kehren hinunter zum (1 Std. ab Rif. Giussani) **Rifugio Angelo Dibona (7)**.

Rifugio Angelo Dibona, 2083 m: Privates Haus in prachtvoller Balkonlage am Südabhang der Tofanen; 56 B., 10 L.; bew. vom 15./20. Juni bis 25./30. September. Tel. +39/0436/860294 (Hütte), +39/333/1434408 (mobil) und +39/0436/5815 (Tal), rifugiodibona.it. Anschrift: Rifugio Dibona, Vallon Tofana, I–32043 Cortina d'Ampezzo/Belluno.

Auf Weg Nr. 442 südwärts in Kehren hinab zur **Gr. Dolomitenstraße (8)**, 1.30 Std. ab Rif. Giussani. Jenseits auf schmaler, steiler Asphaltstraße (Weg Nr. 439) zuerst durch Wald, dann über schöne aussichtsreiche Wiesen (prachtvoller Rückblick nach N zu den Tofanen, Aufblick nach S zu den Cinque Torri) in Kehren und Windungen hinauf zum **Rif. Cinque Torri (9)** (Et. 8), 3 Std. ab Rif. Giussani.

Hinweis: Im letzten Wegabschnitt lohnt der direkt nach SW zum Rif. Cinque Torri führende Abkürzer (Weg Nr. 439).

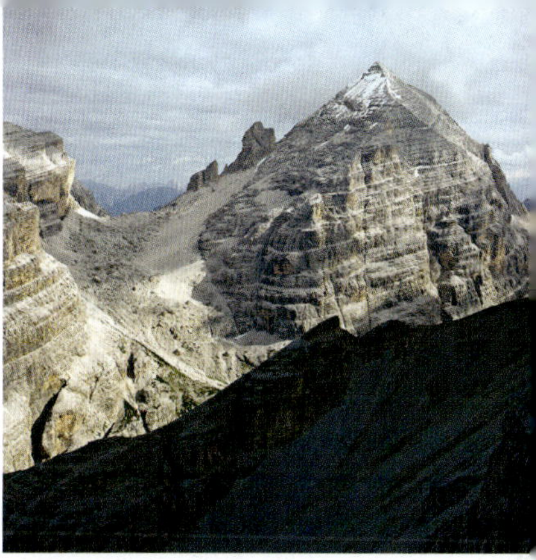

Im Gipfelbereich des M. Casale steht man der Tofana di Rozes erstmals gegenüber.

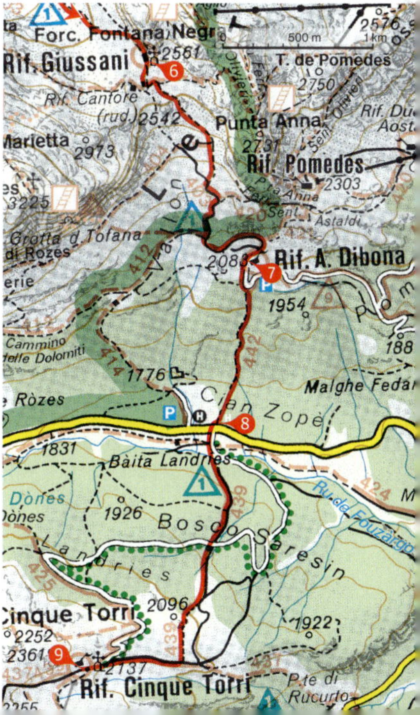

7 Rif. Lagazuoi – Passo Falzarego – Rif. Nuvolau

3.30 Std. ↗490 Hm ↘670 Hm

Einfacher, sehr aussichtsreicher Übergang zu der am Gipfel des M. Nuvolau stehenden gleichnamigen Hütte. Der dabei berührte Passo Falzarego kann vom Rif. Lagazuoi auch durch Abstieg über den berühmten Tunnelsteig (»Galleria del Lagazuoi«, Variante V2) sowie durch Talfahrt mit der Lagazuoi-Gondelbahn (verkehrt zwischen 20./25. Mai bis 20./25. Oktober täglich von 9.00 bis 17.00 Uhr; Fahrt alle 10 bis 15 Minuten ohne Mittagspause) erreicht werden.

Vom **Rif. Lagazuoi (1)** entlang der Anstiegsroute (Weg Nr. 401) wieder hinab in die Forc. di Lagazuoi, 2572 m (Tafeln), 20 Min. Rechts haltend, weiterhin dem Weg Nr. 401 folgend, eine Geröllflanke querend, ostwärts eben und abwärts zur **Forc. Travenanzes (2)**, 2507 m (Linksabzweigung von Variante 2) zwischen Gr. Lagazuoi und C. Falzarego, 30 Min. Rechts ab und auf Weg Nr. 402 an der linken Seite des steilen Gerölltal zwischen Kl. Lagazuoi und C. Falzarego (Abfahrtspiste) nach S bergab, dann quer über die Halde nach rechts unter die Wände der Punta Berrino (Kl. Lagazuoi) und dort, an Schutthängen entlang, in Südrichtung hinunter zu einer Bergsturzzone. Durch sie in steilen Serpentinen gegen eine aussichtsreiche Schulter bergab, jedoch noch oberhalb von ihr nach rechts unter die Südwände des Kl. Lagazuoi. Dort in Querung über angegrünte Schutthänge nach SW abwärts, zuletzt über Wiesen, einen Fahrweg kreuzend, zum (1.15 Std.) **Passo Falzarego (3)**.

Passo Falzarego, 2105 m: Einer der bekanntesten und bedeutendsten Pässe der Dolomiten, zwischen Nuvolaugruppe im S und Fanisgruppe im N. Großparkplatz an der Talstation der Lagazuoi-Seilbahn. Über den Pass führt die Gr. Dolomitenstraße von Cortina (Boitetal) in das Cordevoletal. Außerdem Abzweigung einer Straße über den Passo di Valparola in das Abteital. An der Passhöhe Bushaltestelle, Souvenirläden und Restaurants (keine Nächtigung, Sommerbewirtschaftung). Nächtigungsmöglichkeit in dem 1 km östlich nahe der Gr. Dolomitenstraße gelegenen Rifugio Col Gallina, 2054 m (21 B., vom 15. Juni bis 15. Sept. geöffnet; außer im August am Montag Ruhetag; Tel. +39/339/4425105 und +39/0436/2939, rifugio.colgallina@dolomiti.org, rifugiocolgallina.com; Anschrift: Rif. Col Gallina, Passo Falzarego, I–32040 Cortina d'Ampezzo/Belluno).

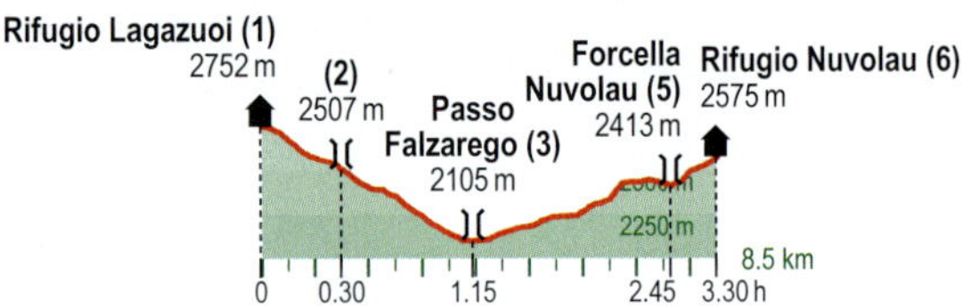

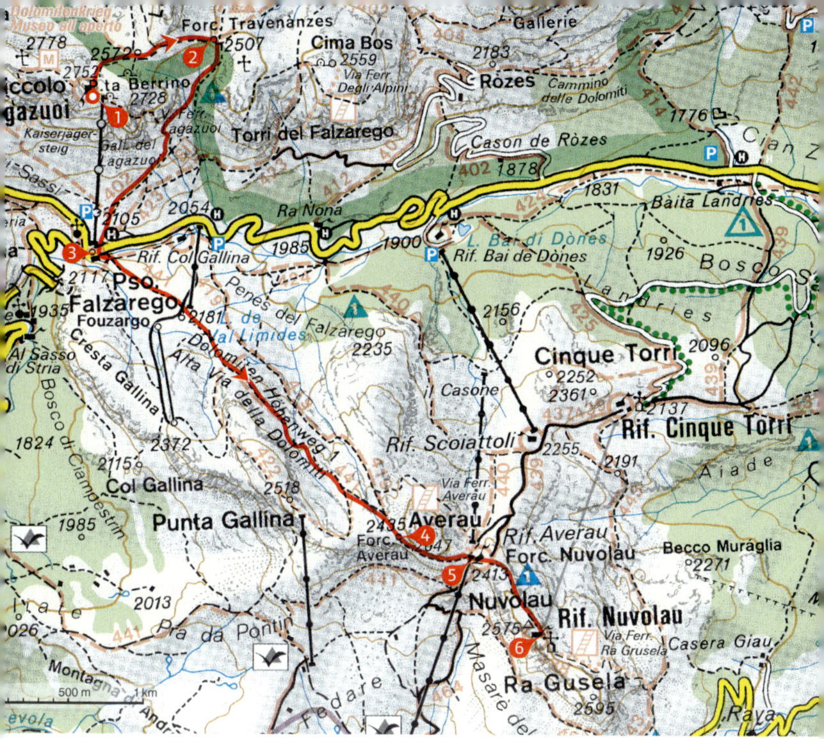

Rundsicht: Im NO die mächtige Tofana di Rozes mit gewaltiger Südwand. Im O, jenseits des Boitetales, das Sorapiss-Massiv, weiter rechts der kühne Torre dei Sabbioni (Marmarole) und der Gipfel des Antelao. Davor die kleine Felsgruppe der Cinque Torri. Im SO der isoliert stehende Stock des M. Averau (Nuvolaugruppe). Im SW die Marmolada. Im W der Sasso di Stria (mit Gipfelkreuz) und weiter rechts im NW der Passo di Valparola mit Straße dorthin.

Von der Passhöhe auf Weg Nr. 441 südostwärts einen begrünten Rücken aufwärts (Blick nach N auf Kl. Lagazuoi, nach NO zu den Tofanen), dann über die begrünte, geneigte Karrenhochfläche in gleicher Richtung (der Lago Limides bleibt links unterhalb) weiter in felsiges Gelände und dort durch mehrere Steilrinnen, zuletzt eben zu der zwischen M. Averau links und Pta. Gallina rechts eingelagerten **Forc. Averau, 2435 m (4)**, (auch Forc. Gallina), 2.15 Std.

Jenseits der Scharte auf gutem Weg direkt unter der mächtigen Südwestwand des M. Averau eben zur Forc. Nuvolau, 2413 m, zwischen M. Averau

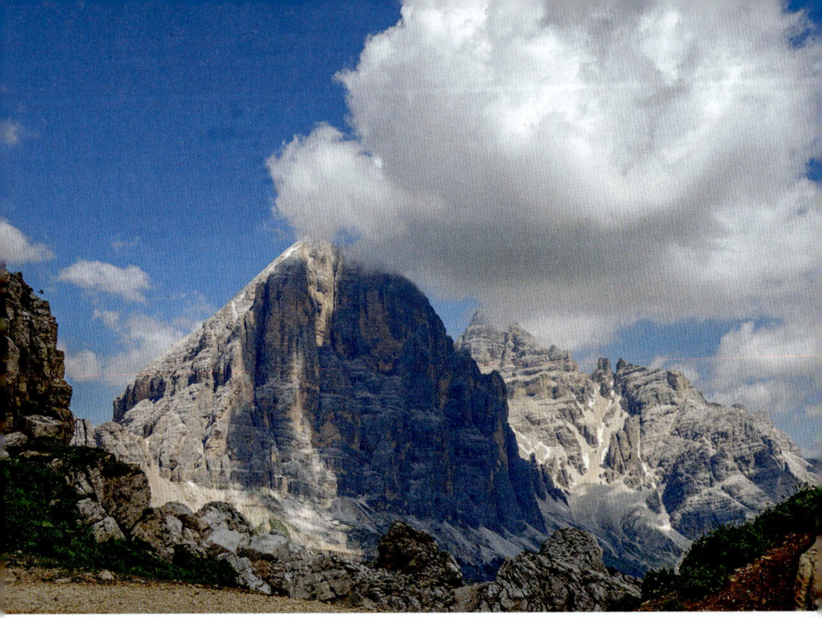

Das mächtige Felsdreieck der Tofana di Rozes von Süden, aus der Forc. Nuvolau.

im NW und M. Nuvolau im SO, 2.45 Std. Bergstation des Nuvolau-Doppelsessellifts von der Südrampe der Giaupassstraße (Rif. Fedare) sowie eines Sessellifts (kein Sommerbetrieb!) vom Rif. Scoiattoli her. An der Scharte **(5)** das **Rifugio Averau**.

Rifugio Averau

Einstöckiges privates Berghaus. 40 B., bew. vom 15. Juni bis 30. Sept./10. Oktober. Kein Winterraum. Tel. +39/0436/4660 (Hütte) und +39/335/6868066 (mobil), rifugioaverau.it. Anschrift: Rifugio Averau, Sandro Siorpaès, Via Alvera 11, I–32043 Cortina d'Ampezzo/Belluno. Gb.: M. Averau, 2647 m (gesicherter Steig), M. Nuvolau, 2575 m.

Vom Rif. Averau ostwärts über einen begrünten Schutthang und eine niedrige Felsstufe nach links hinauf an den Nordwestkamm des M. Nuvolau und dort auf Weg Nr. 439 über geneigte Karrenplatten mäßig steil aufwärts zu dem aussichtsreich am Gipfel stehenden **Rifugio Nuvolau (6)**.

Rifugio Nuvolau, 2575 m

Einstöckiges, etwas veraltetes Haus des CAI Cortina, 24 B.; bew. vom 15./20.

Juni bis zum 20./25. September (je nach Wetter). Kein Winterraum. Tel. +39/0436/867938 (Hütte) und +39/0436/5178 (Tal), rifugionuvolau.it. Anschrift: Rifugio Nuvolau, I–32043 Cortina d'Ampezzo/Belluno. Gb.: M. Averau, 2647 m, M. Gusela, 2595 m.

Rundsicht: Im NW der turmförmige M. Averau, rechts dahinter der Kl. Lagazuoi und die Türme der Fanisgruppe. Im N die Tofanen mit beeindruckenden Südwänden. Im NO das Massiv des M. Cristallo (davor der Pomagagnon) mit Cortina d'Ampezzo zu Füßen. Rechts darüber der Passo Tre Croci, dahinter die Cadini di Misurina. Im O, über dem Val Boite, die Sorapiss- und Antelaogruppe. Rechts davor die Zackenreihe des Croda da Lago. Im SO, über dem spitzen M. Gusela, der M. Pelmo und im S die herrliche Civetta. Im SW die Palagruppe (M. Agner, C. della Vezzana, Cimone della Pala), rechts anschließend die gemäßigten Formen der Bocchegruppe. Im W die vergletscherte Marmolada mit der dunklen Padòngruppe, dem Pordoijoch und dem Sellastock rechts.

V7a Rif. Lagazuoi – Galleria del Lagazuoi – Rif. Nuvolau

3.45 Std. ↘675 Hm ↗780 Hm (1.30 Std. bis Passo Falzarego)

Für den Abstieg vom Kleinen Lagazuoi können Geübte auch die interessante Route durch die Galleria del Lagazuoi wählen, jenen von den Italienern im Dolomitenkrieg innerhalb von sechs Monaten geschaffenen, 1100 m langen Felstunnel, der vom östlichen Vorgipfel durch die lotrechte Südwand hinab zur berühmten Cengia Martini und weiter zum Passo Falzarego führt. Der anspruchsvolle Gang durch den steilen, glitschigen Felsstollen (durchlaufendes Drahtseil) verlangt Trittsicherheit und Schwindelfreiheit und sollte nur mit Taschenlampe oder Fackel (am Rif. Lagazuoi erhältlich) begangen werden. Auf Steinschlaggefahr durch nachkommenden Begeher ist zu achten! Karte S. 48.

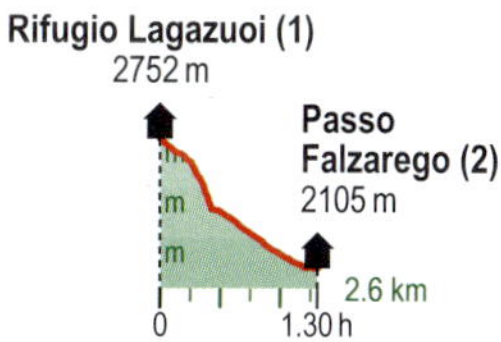

Vom **Rif. Lagazuoi (1)** (Et. 6) kurz hinab zur Bergstation der Lagazuoi-Seilbahn, 2752 m, und von dort den mit »G« (= Galleria) bez. Tunnelsteig über Felsstufen (Drahtseil) nach Süden hinab, dann unter überhängender Felswand nach links abwärts, schließlich rechts hinaus zum Tunneleingang am östlichen Vorgipfel. Den steilen, gewundenen Felstunnel (durchlaufendes Drahtseil; nasser, rutschiger Fels. Vorsicht auf Steinschlag!), an Fenstern und Unterständen vorbei, nach Süden abwärts zur Cengia Martini. Auf dem Band (Steig) nach links in eine steile Geröllschlucht und dort in Serpentinen südwärts hinunter zum Querweg Nr. 402. Diesen über angegrünte Schutthänge nach rechts hinab zum **Falzaregopass (2)**, 2105 m, 1.30 Std. vom Rif. Lagazuoi. Weiter wie auf Et. 7 (s.S. 44) der Hauptroute zum Rif. Nuvolau.

V7b Rif. Lagazuoi – Val Falzarego – Rif. Nuvolau

4.15 Std. ↗600 Hm ↘780 Hm

Unschwierige, landschaftlich sehr schöne Alternative, auf der der wenig attraktive Abstieg zum Passo Falzarego in einer nach Osten ausholenden Schleife gegen Val Falzarego vermieden wird. Um rund eine Gehstunde länger und in der Linienführung nicht ganz so ideal wie Hauptroute Et. 7.

Vom **Rif. Lagazuoi (1)** auf Hauptroute Et. 7 in die **Forc. Travenanzes (2)**, 2507 m (Verzweigung), zwischen Gr. Lagazuoi und C. Falzarego, 30 Min. Links auf Weg Nr. 401 und 402 durch Blockwerk und Geröll den wuchtigen Tofanen entgegen in Nordostrichtung bergab zu wichtiger Verzweigung (Tafeln), 45 Min. Auf Weg Nr. 402 rechts haltend ostwärts, durch Geröll und über Karrenfelsen sanft abwärts in die weite **Forc. Col dei Bos (3)**, 2331 m (Verzweigung, Tafeln) zwischen Tofanen im O und Fanisgruppe im W, 50 Min. Rechts auf Weg Nr. 402 durch ein breites blockiges Hochtal in Südrichtung abwärts zu einer Weggabelung, bald danach zu dritter Verzweigung (Tafeln). Geradeaus auf Weg Nr. 402 das Hochtal in Kehren weiter bergab, später an

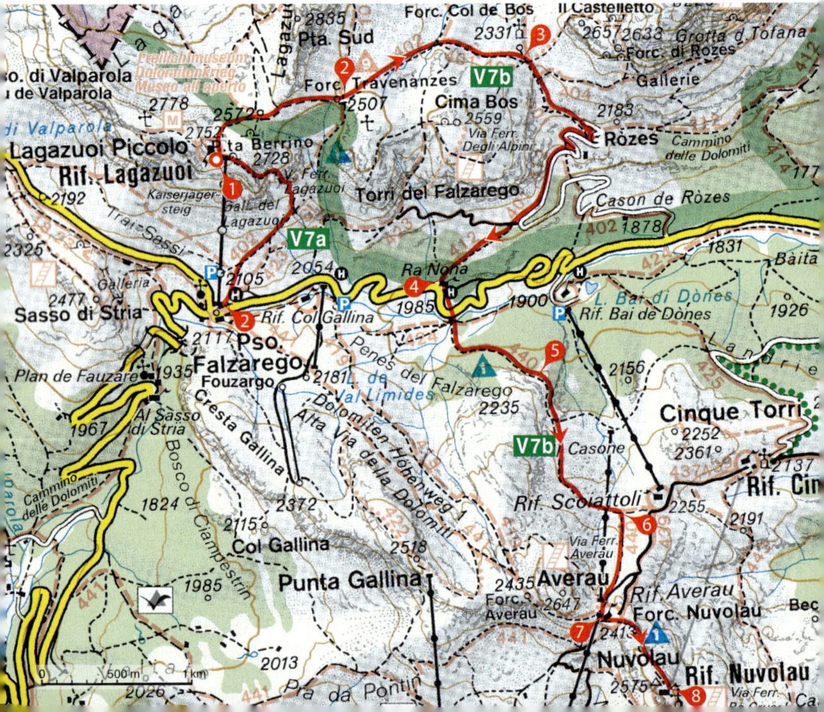

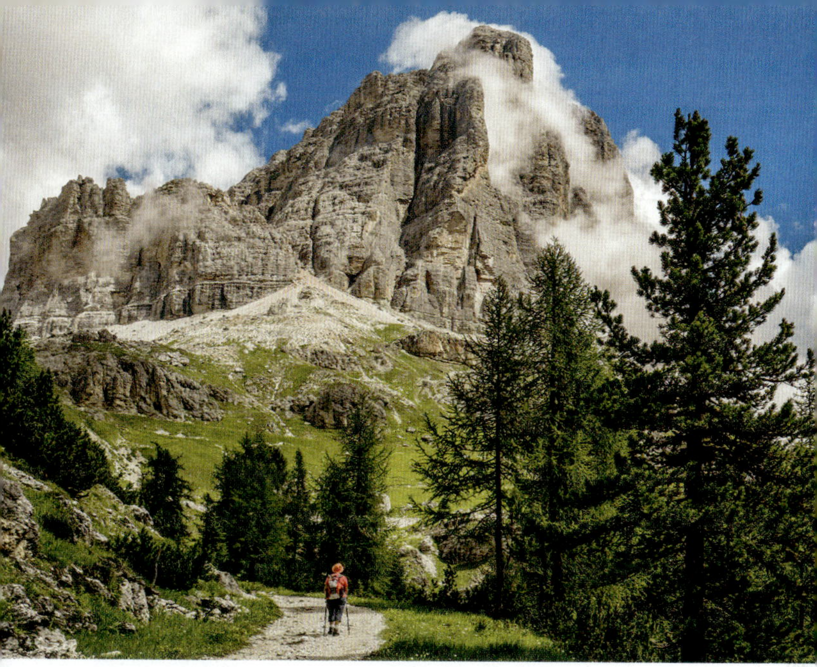

Die wuchtige Tofana di Rozes vom Abstieg in das Val Falzarego.

Wiesenhängen entlang sanft nach links (O) abwärts, bis sich die Wegtrasse an einer Bergkante zu einem Fahrweg (alte Kriegsstraße, Schranke) verbreitert. Auf ihr in Kehren nach S hinunter zur Linkseinmündung von Fußweg Nr. 412 (1.15 Std.) und mit ihm weiterhin entlang der Straße das Hochtal in Kehren abwärts, später, an einer Quelle vorbei, an die rechte Talseite. Dort unter der Wand des Col dei Bos durch einen kurzen Tunnel, danach durch schönen Lärchenwald zu einer Querstraße, 1.45 Std. Auf ihr wenige Meter nach rechts aufwärts zur Verzweigung bei einem Felsblock. Links ab und auf

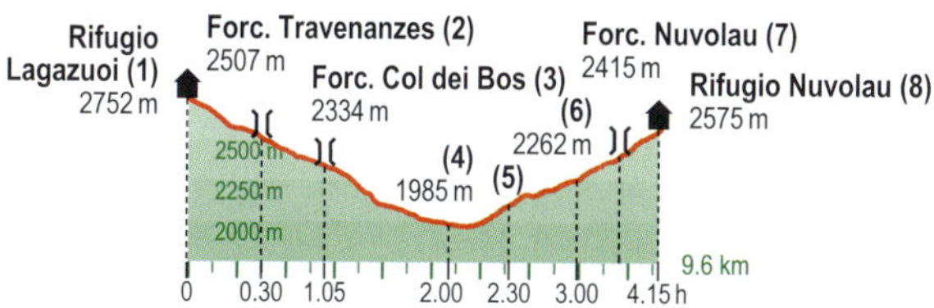

1 Rif. Lagazuoi – Val Falzarego – Rif. Nuvolau

Fußweg Nr. 412 im Bergnadelwald nach Südwesten abwärts in das Val Falzarego und dort zu einem rotfarbenem Haus **(4)**, (ehem. Hospiz »Ra Nona«, 1985 m, Parkplatz) an der Falzaregostraße (Große Dolomitenstraße), 2 Std. Entlang der Autostraße über eine Wiese nach S abwärts scharfer Kurve nach links in den Wald. Rechts ab und auf dem Fußweg Nr. 440 weiter bergab zum Wiesenboden des Pian dei Menis, 1972 m. Dort, Weg Nr. 424 kreuzend, über zwei kleine Brücken, dann am linken Rand der Wiesen in Südrichtung aufwärts in den Wald und dort unterhalb einer langgestreckten Wand mäßig steil nach links (O) aufwärts zu einer **Schulter (5)**, (Aufblick zu den Cinque Torri!), 2.30 Std. Nun in herrlicher Höhenwanderung durch lichten Wald und Almrosen gegen den wuchtigen M. Averau südwärts steiler bergauf, schließlich, einen Blockhang querend, nach links (SO) aufwärts und unterhalb eines Sessellifts (kein Sommerbetrieb!) hindurch zu wichtiger Verzweigung **(6)**, 3 Std. Rechts auf Fußweg Nr. 440 an der rechten Seite einer Geröllmulde mäßig steil nach S empor in die **Forc. Nuvolau (7)**, 2415 m, mit dem Rif. Averau, 3.30 Std. Weiter wie bei Hauptroute Et. 7 zum **Rif. Nuvolau (8)**.

8 Rif. Nuvolau – Rif. Cinque Torri

1 Std. ↘440 Hm

Prachtvolle, aussichtsreiche Wanderung (Abstieg) durch ein im Hochsommer rege frequentiertes Gebiet. Durch Errichtung von Liftanlagen, Skiabfahrtstraßen und Zufahrtsstraßen hat die Gegend stark an Ursprünglichkeit verloren! Vom Rif. Nuvolau zum Rif. Città di Fiume (Et. 10) kann auch die direkte, in Summe aber etwas weniger attraktive Variante V8 benutzt werden.

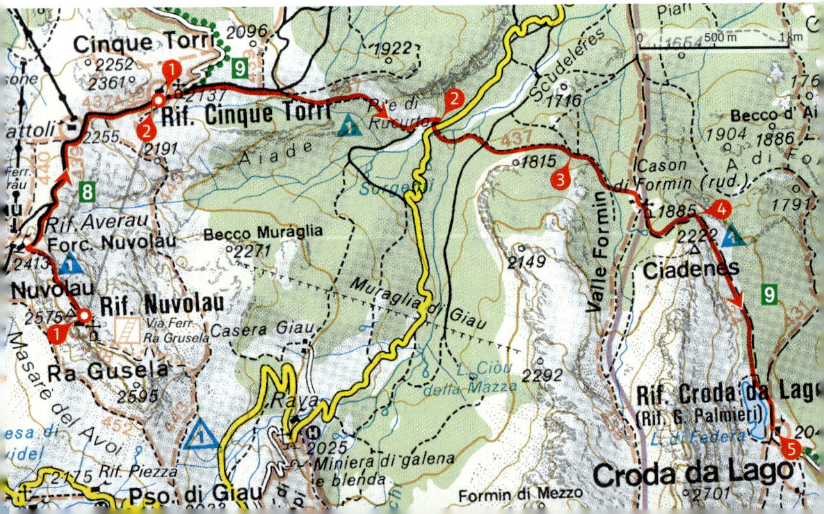

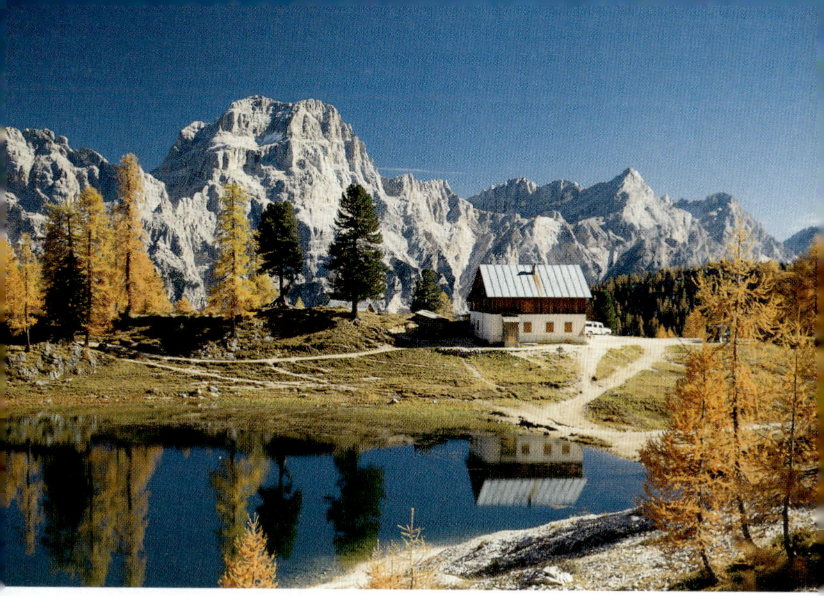

Der malerische Lago Federa mit dem Rif. Croda da Lago, dahinter die Sorapissgruppe.

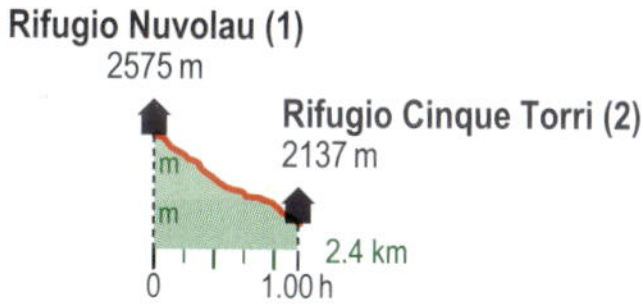

Vom **Rif. Nuvolau (1)** wie bei Et. 7 am Nordwestrücken des Berges hinunter, jedoch nicht bis in die Forc. Nuvolau, sondern schon etwas oberhalb rechts ab (Tafel) und nun entweder dem bez. breiten Weg Nr. 439 oder einer weiter links verlaufenden Naturstraße folgend nordwärts über begrünte Karrenflächen in Windungen abwärts in den Wiesensattel zwischen M. Averau und Cinque Torri mit dem **Rif. Scoiattoli alle Cinque Torri (2)**.

Rif. Scoiattoli alle Cinque Torri, 2255 m: Vor allem tagsüber rege besuchtes, privates Schutzhaus an der Bergstation der Sesselbahn aus dem Val Falzarego (Gr. Dolomitenstraße). Wunderbar aussichtsreiche Lage! 42 B.; bew. vom 15/20. Juni bis 20./30. September (je nach Wetter). Kein Winterraum. Tel. +39/0436/867939 (Hütte) und +39/333/8146960 (mobil), rifugioscoiattoli.it. Anschrift: Rifugio Scoiattoli, I–32043 Cortina d'Ampezzo/Belluno. Gb.: Cinque Torri, 2361 m (Torre Grande), M. Averau, 2647 m (gesicherter Steig), M. Nuvolau, 2575 m.

Vom Rif. Scoiattoli (Tafel) auf Weg Nr. 439 oder entlang einer etwas unterhalb verlaufenden Naturstraße an den grasigen Südhängen des Cinque-Torri-

Massivs in Ostrichtung hinunter zum Rifugio Cinque Torri.

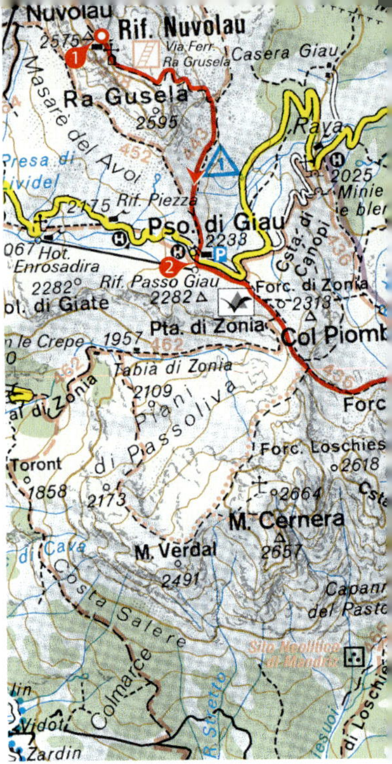

Rifugio Cinque Torri, 2137 m

Südöstlich unter dem großartigen Torre Grande gelegenes, geräumiges, privates Haus. Beliebter, viel besuchter Stützpunkt für Wanderer und Kletterer. Zufahrt mit Jeep oder Kfz aus dem Val Falzarego (Gr. Dolomitenstraße) auf asphaltierter, aber schmaler, steiler Straße (im August von 8.30 bis 16.30 Uhr gesperrt), 4,5 km ab Dolomitenstraße, 15 km von Cortina. 24 B.; bew. vom 15. Juni bis 30. September. Kein Winterraum! Achtung: Die Hütte ist im Hochsommer oft voll belegt!
Tel. +39/0436/2902/866853 (Hütte), 5torri.it/DE/s27-Cinque-TorriHtte. Anschrift: Rifugio Cinque Torri, I–32043 Cortina d'Ampezzo/Belluno. Gb.: M. Averau, 2647 m (gesicherter Steig), Torre Grande, 2361 m.

V8 Rif. Nuvolau – Passo Giau – Rif. Città di Fiume

5.15 Std. ↗320 Hm ↘970 Hm

Schöne, aber anspruchsvolle Variante durch welche die Strecke Rif. Nuvolau – Rif. Città di Fiume bedeutend verkürzt wird. Trotz idealer Linienführung und großartiger Bergszenerien reicht diese stets an der Südseite der Nuvolau-Croda-da-Lago- und Rocchettagruppe entlangführende Variante was Attraktionen und landschaftliche Vielfalt anlangt nicht ganz an die Hauptroute heran. Für den Abstieg vom Rif. Nuvolau entlang der Via ferrata Gusela (Schwierigkeit: KS1/2-B) zum Passo Giau sind Klettersteigerfahrung und entsprechende Ausrüstung (Klettersteigset, Steinschlaghelm usw.) erforderlich.

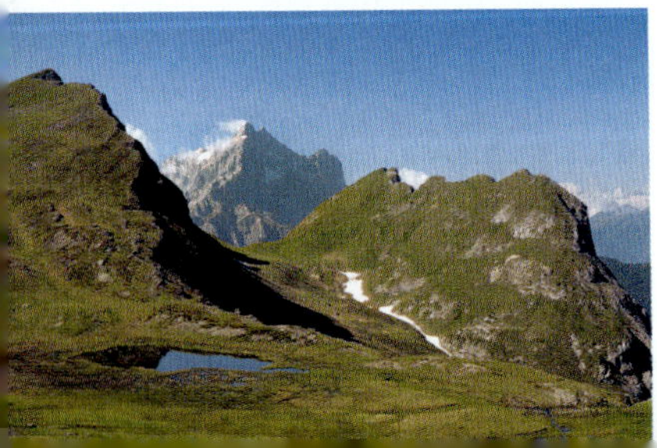

Unterwegs von der Forc. Giau zur Forc. Ambrizzola mit Civetta und M. Mondeval im Süden.

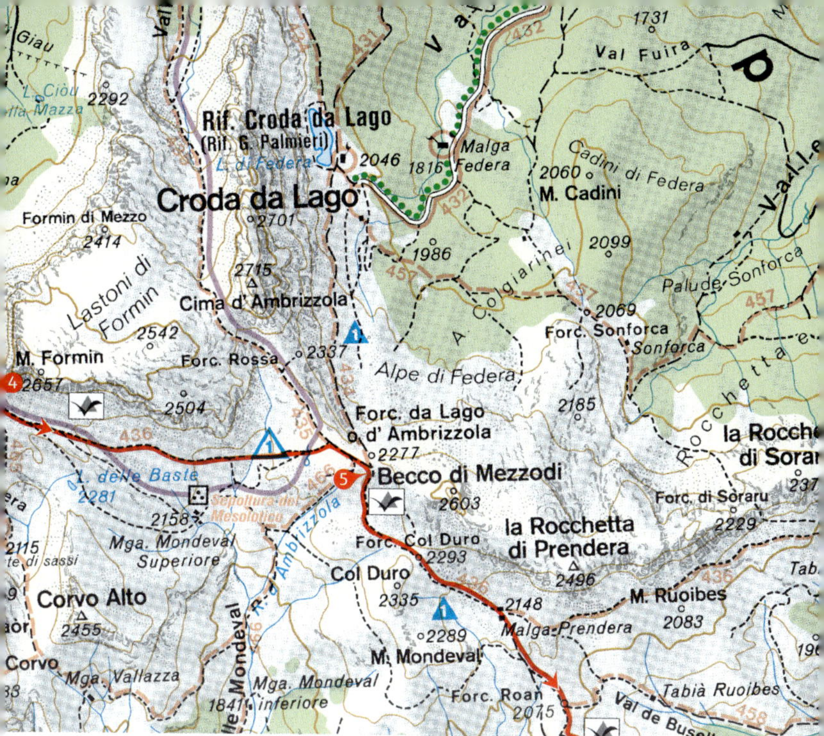

Vom **Rif. Nuvolau (1)** (Et. 7) auf gesichertem Steig Nr. 438 (eine Leiter, mehrere Drahtseile) ein Stück am Südostgrat des M. Nuvolau entlang, dann auf guter Steiganlage quer durch die Südostflanke des M. Gusela hinunter, zuletzt durch eine lange, unangenehm brüchige Steilrinne (Leiter, Drahtseile; Vorsicht Steinschlag!) hinab zu schönen Wiesen und über diese südwärts zum (1.15 Std.) **Passo Giau (2)**.

Albergo Passo Giau, 2233 m: Inmitten herrlicher Bergwiesen am Passo Giau gelegenes Berghotel. 22 B.; bew. vom 1./5. Juni bis 15. Ok-

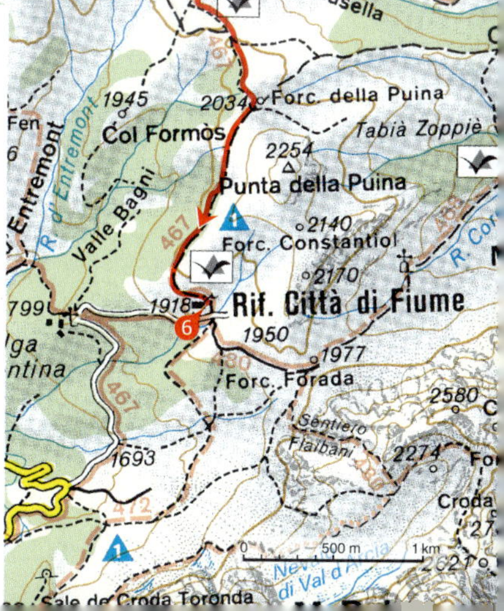

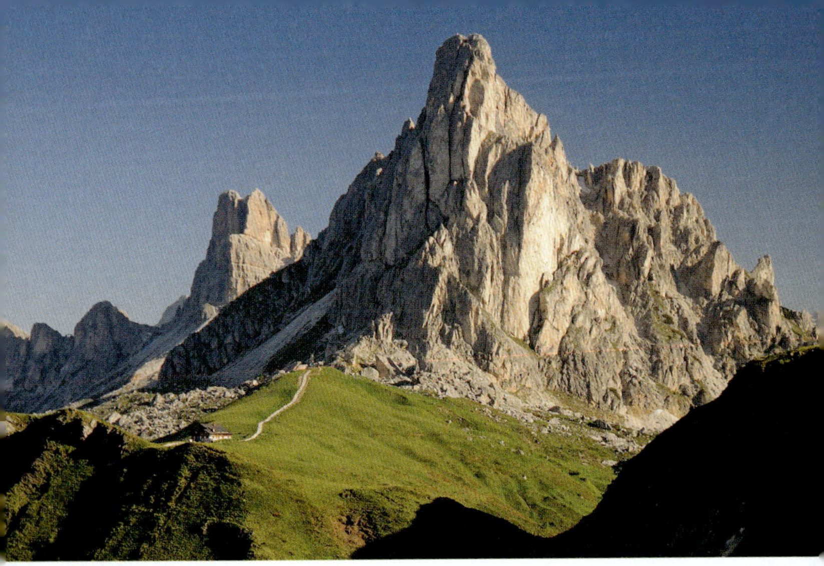

M. Averau und M. Gusela (Nuvolaugruppe) von Süden, aus der Forc. de Col Piombin.

tober. Tel. +39/346/0696745, passogiau.it. Anschrift: Albergo Passo Giau, I–32020 Colle di Santa Lucia/Belluno. Von der Passhöhe beeindruckender Blick. Gb.: M. Gusela, 2595 m, M. Nuvolau, 2575 m, Col Piombin, 2313 m, M. Pore, 2405 m.

Vom Giaupass auf Weg Nr. 436 am Nordhang der Punta di Zónia über Wiesen eben nach Südosten zu einem Sattel, danach leicht fallend in die Forc. di Zónia, 2233 m. Jenseits, an der steilen grasigen Westflanke des Col Piombin entlang (Vorsicht an einer sandigen Stelle!) eben zur Forc. de Col Piombin, 2239 m, zwischen Col Piombin und M. Cernera. Von der Scharte an felsdurchsetzten Grashängen nach links (Südosten) abwärts in das obere Val Cernera. Die grüne Talmulde im Linksbogen ausgehend bergab, später im Kristallingestein zur tiefsten Wegstelle, 2170 m, und kurz hoch zur Linkseinmündung des Weges **(3)** aus dem Val Costeana. Rechts die Nr. 436 durch eine steile grüne

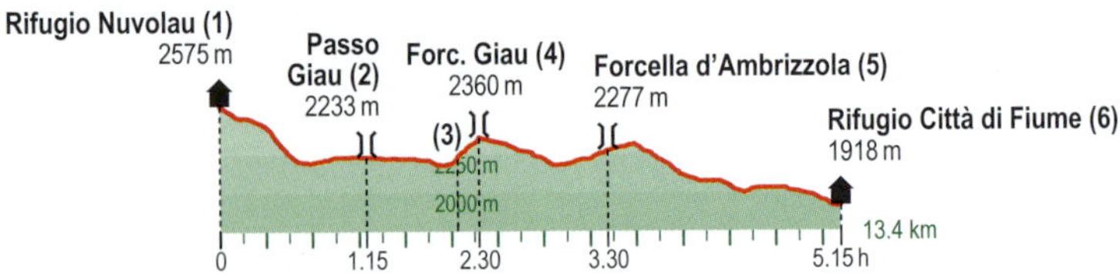

Mulde in Kehren nach Südosten aufwärts, später im steilen gerölligen Terrain empor in die **Forc. Giau (4)**, 2360 m, zwischen Lastoni di Formin links und Cerneragruppe rechts. Überraschender Tiefblick auf das weite Mondeval-Wiesenplateau mit dem pultförmigen grünen M. Mondeval rechts und dem wuchtigen M. Pelmo links darüber. Informativer Rückblick zu den Norddolomiten (Sella, Puez, Nuvolau, Fanis, Tofanen).
Jenseits (Weg Nr. 436) unter den Wänden des M. Formin in prachtvoller aussichtsreicher Höhenwanderung ohne größere Höhenverluste hoch über der Mga. Mondeval – bekannt geworden durch den Skelettfund eines Mannes aus der Mittelsteinzeit (»Mann von Mondeval«) – hinüber zur **Forcella d'Ambrizzola (5)**, 2277 m, 2.15 Std. ab Passo Giau. Weiter zum **Rif. Città di Fiume (6)** Et. 10!

9 Rif. Cinque Torri – Rif. Croda da Lago

3 Std. ↗380 Hm ↘470 Hm

Eine der wenigen Teilstrecken der Höhenroute, die mit einem beträchtlichen Abstieg (400 m Höhenunterschied) beginnen. Bequeme Wanderung, verbunden mit einer steten Steigerung der Landschaftsbilder! (Karte S. 50)

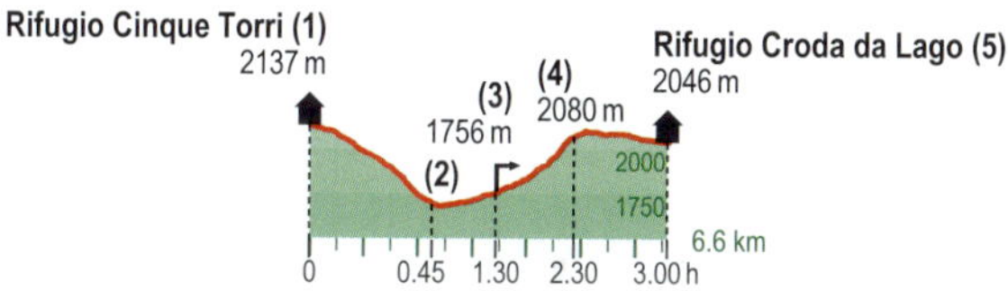

Vom **Rif. Cinque Torri (1)** die asphaltierte Zufahrtsstraße 250 m in Ostrichtung sanft abwärts (Rückblick zu den Cinque Torri!) zur Abzweigung eines Fahrweges halb rechts (Tafeln). Auf ihm (Weg Nr. 437), einem Geländerücken folgend, vorerst über Wiesen, dann im lichten Wald nach Südosten abwärts, schließlich auf Fußweg in Kehren steil zu den Waldwiesen im Talgrund des Val Costeana hinab, wo man die **Straße über den Passo Giau (2)** erreicht, 45 Min. Wir queren die Straße und folgen Weg Nr. 437 (Tafeln) in wenigen steilen Kehren hinunter zum Rio Costeana, der bei der Ponte di Rocurto, 1703 m, überschritten wird. Nun ostwärts durch lichten Nadelwald zunächst zu einer weiteren Brücke, dann sanft aufwärts (schöne Durchblicke nach N und NW auf Cinque Torri und Tofanen!) zu einer kurzen felsigen Steilstufe. Gleich danach biegt der Weg **(3)** rechts in das prachtvolle Valle Formin ein, 1.30 Std. Die schlanken Fichten im Talboden werden im S von den wilden Zacken des Croda da Lago überragt – ein Bild von seltener Schönheit; idealer Rastplatz!
Nach links über den Bach und ostwärts auf gutem Steig durch lichten Nadelwald in Kehren hinauf zur flachen Lärchenwiese um den verfallenen Cason

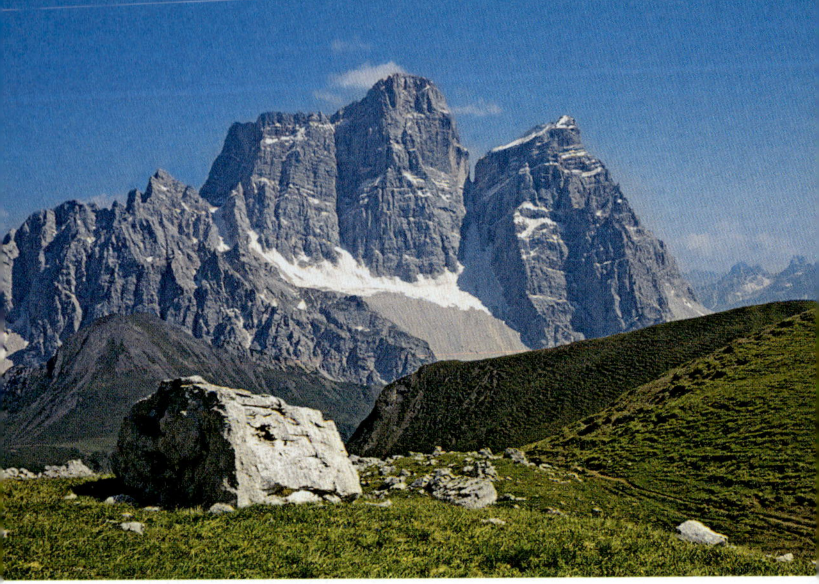

An der Forc. Col Duro präsentiert sich der M. Pelmo im klassischen Profil.

di Formin, 1885 m. Wegverzweigungspunkt (Tafeln). Hier geradeaus auf Weg Nr. 434 über eine steile bewaldete Flanke in vielen Kehren zu einer **Wiesenschulter (4)**, 2080 m, am äußersten Nordausläufer des Croda-da-Lago-Kammes empor, an der sich der Weg nach rechts in die Ostseite des Massivs wendet, 2.30 Std. Prachtvoller Rückblick nach NW zu den Tofanen, rechts darüber die Hohe Gaisl (Croda Rossa). Nordöstlich über Cortina d'Ampezzo der M. Cristallo mit dem niedrigen Pomagagnon-Kamm davor und den Drei Zinnen rechts dahinter. Weiter rechts die Cadini di Misurina, links hinter ihnen der Zwölferkofel (Sextener Dolomiten). Im O, jenseits des Boitetales, das gewaltige Sorapiss-Massiv, weiter rechts der plattengepanzerte Antelao. Im S ist bereits der »Uhrzeiger von Cortina«, der Becco di Mezzodi (dahinter der Gipfel des M. Pelmo), sichtbar.
Auf breiter Terrasse zu Füßen des Croda da Lago durch kurzstämmigen lichten Lärchenwald eben nach S zum einzigartigen Lago Federa (herrliche Bergbilder!) und über den licht bewaldeten Rücken an seinem linken Ufer zum **Rif. Croda da Lago (5)**.

Rif. Croda da Lago, 2046 m

Auf einer Bergschulter unter den himmelragenden Ostwänden des Croda da Lago, am Südostufer des Lago Federa gelegene Hütte des CAI Cortina. Eine der schönsten Hütten-Positionen an dieser Höhenroute! Im Hochsommer tagsüber stark besucht (Jeep-Zubringerdienst von Cortina her). Von einzigartigem Reiz ist eine Wanderung rund um den von malerischem Zirben umstandenen Federasee (Bademöglichkeit!). 51 B., 15 L.; bew. vom 15. Juni bis 30. September. Winterraum (Eingang an der Westseite der Hütte; 2 L., Heizmöglichkeit) vorhanden. Tel. +39/0436/862085 (Hütte), crodadalago.it. Anschrift: Rifugio Croda da Lago, I–32043 Cortina d'Ampezzo/Belluno. Gb.: Croda da Lago, 2701 m, Becco di Mezzodi, 2603 m, M. Formin, 2657 m.

10 Rif. Croda da Lago – Rif. Città di Fiume

2.30 Std. ↗300 Hm ↘430 Hm

Landschaftlich sehr eindrucksvolle, geruhsame Wanderung über weite, aussichtsreiche Bergwiesen, dem kolossalen M. Pelmo entgegen. Leider wurde in den letzten Jahren von der Mag. Prendera (Forc. della Puina) weg eine unschöne Schotterstraße errichtet, die den herrlichen Höhengang beeinträchtigt.

Vom **Rif. Croda da Lago (1)** über den Abfluss des Lago Federa, dann gleich links und auf Weg Nr. 434 über die Schutthänge an der Ostseite des Croda-da-Lago-Massivs nach S aufwärts zur **Forc. d'Ambrizzola (Forc. da Lago) (2)**, 2277 m, zwischen Becco di Mezzodi links und Croda da Lago rechts, 45 Min. Schöner Rückblick gegen den Lago Federa (dahinter die Hohe Gaisl) und auf Cortina d'Ampezzo mit umrahmendem Bergkranz. Überraschender Blick nach SW zur Civetta, weiter links (S) über der Forc. Col Duro der gewaltige M. Pelmo.

Von der Scharte nicht geradeaus abwärts, sondern links, südostwärts, auf Weg Nr. 436, die Geröllhalden unter dem Becco di Mezzodi ansteigend queren, später schräg rechts hinunter zur **Forc. Col Duro (3)**, 2293 m, einem der landschaftlich schönsten Punkte der Route, 1 Std. Großartiger Blick nach S gegen den kolossalen M. Pelmo. Im W die Königin der Dolomiten, die Marmolada, in ungewöhnlicher Perspektive.

Durch eine blockübersäte Wiesenmulde (Weg Nr. 436) unter den Wänden der Rocchette (links), dem M. Pelmo entgegen, abwärts zur **Mga. Prendera (4)**, 2148 m. Auf Weg Nr. 458, knapp rechts des grasigen Verbindungskammes zwischen Rocchette und Pta. della Puina, südwärts unterhalb der Forc. de Col Roan, 2075 m, vorbei, schließlich direkt am Kamm steil hinab in die Forc. Roan, 1999 m, 1.45 Std. Nun auf neuer Schotterstraße in Südrich-

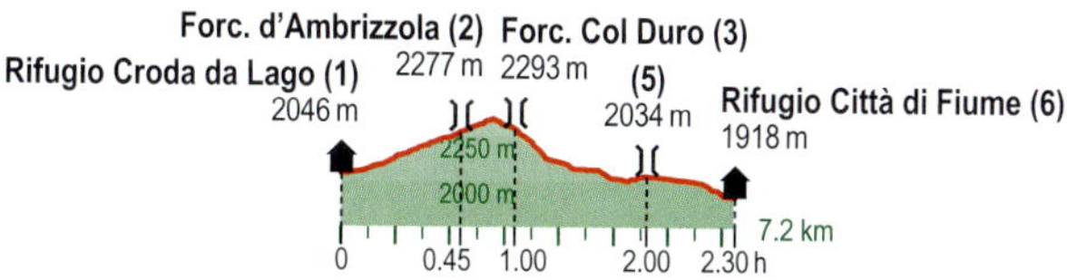

tung aufwärts zur **Forc. della Puina (5)**, 2034 m, 2 Std. Blick nach N gegen den wildgezackten Kamm der Rocchette mit dem isoliert aufragenden Becco di Mezzodi links. Im NO und O, jenseits des Val Boite, die gewaltigen Südabstürze des Sorapiss, der Marmarole und des Antelao. Im W, über dem Val Fiorentina, Marmolada und Civetta.
Weiter die Straße, an der Westflanke der Pta. della Puina entlang, in eindrucksvoller Höhenwanderung meist eben nach S, später sanft abwärts und um eine Ecke herum (überwältigender Aufblick zur Nordwand des Pelmo!) zum **Rifugio Città di Fiume (6)**.

Rifugio Città di Fiume, 1918 m

Am Nordfuß des M. Pelmo, an der Stelle der früheren Mga. Durona gelegene Hütte des CAI Fiume. 20 B.; bew. 5./10. Juni bis 30. September. Winterraum (8 L.; nur auf Voranmeldung geöffnet!) an der Südwestseite der Hütte. Tel. +39/0437/720268 (Hütte) und +39/320/0377432 (mobil), rifugiocittadifiume.it. Anschrift: Rifugio Città di Fiume, I-32020 Selva di Cadore/Belluno. Gb.: Pta. della Puina, 2254 m, La Rocchetta, 2496 m. Weiter zum Rif. Coldai im Civettagebiet kann auch die wesentlich längere, Variante 5 um den M. Pelmo herum gewählt werden, die vor allem für Pelmo-Anwärter von Interesse ist.
Rundsicht: Im S direkt über der Hütte das großartige Massiv des M. Pelmo. Im SW, jenseits des Passo Staulanza (Straße), die Civettagruppe. Im W über dem Val Fiorentina die Marmolada.

11 Rif. Città di Fiume – Passo Staulanza

1 Std. ↗50 Hm ↘200 Hm
Kurze, ganz bequeme Teilstrecke an den Geröllfeldern unterhalb der Nordabstürze des M. Pelmo entlang. Karte S. 60.

Vom **Rif. Città di Fiume (1)** die Zufahrtsstraße über Wiesen 50 m nach SO zu Rechtskurve mit Linksabzweigung eines Karrenweges. Hier den Fußweg Nr. 472 geradeaus und über einen Bach (kleine Holzbrücke), dann rechts haltend, südwärts, im schönen Bergnadelwald eben dahin, zuletzt steil hinab zu den teils begrünten, latschenbewachsenen Schuttfeldern zu Füßen der grandiosen Pelmo-Nordwände. Hier in Südwestrichtung (unterwegs schöner Tiefblick in das Val Fiorentina mit Marmolada und Sella darüber!) auf und ab dahin, schließlich durch lichten Nadelbestand und Gesträuch zu einer bewaldeten Schulter. Jenseits durch Wald kurz nach W abwärts zu einer Verzweigung (Tafeln). Nun nicht dem Weg 472 weiter zum Rif. Venezia folgen, sondern rechts ab und westwärts etwas steiler hinunter zu den Wiesen am **Passo Staulanza (2)**.

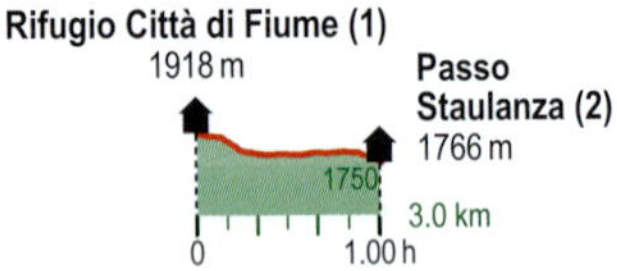

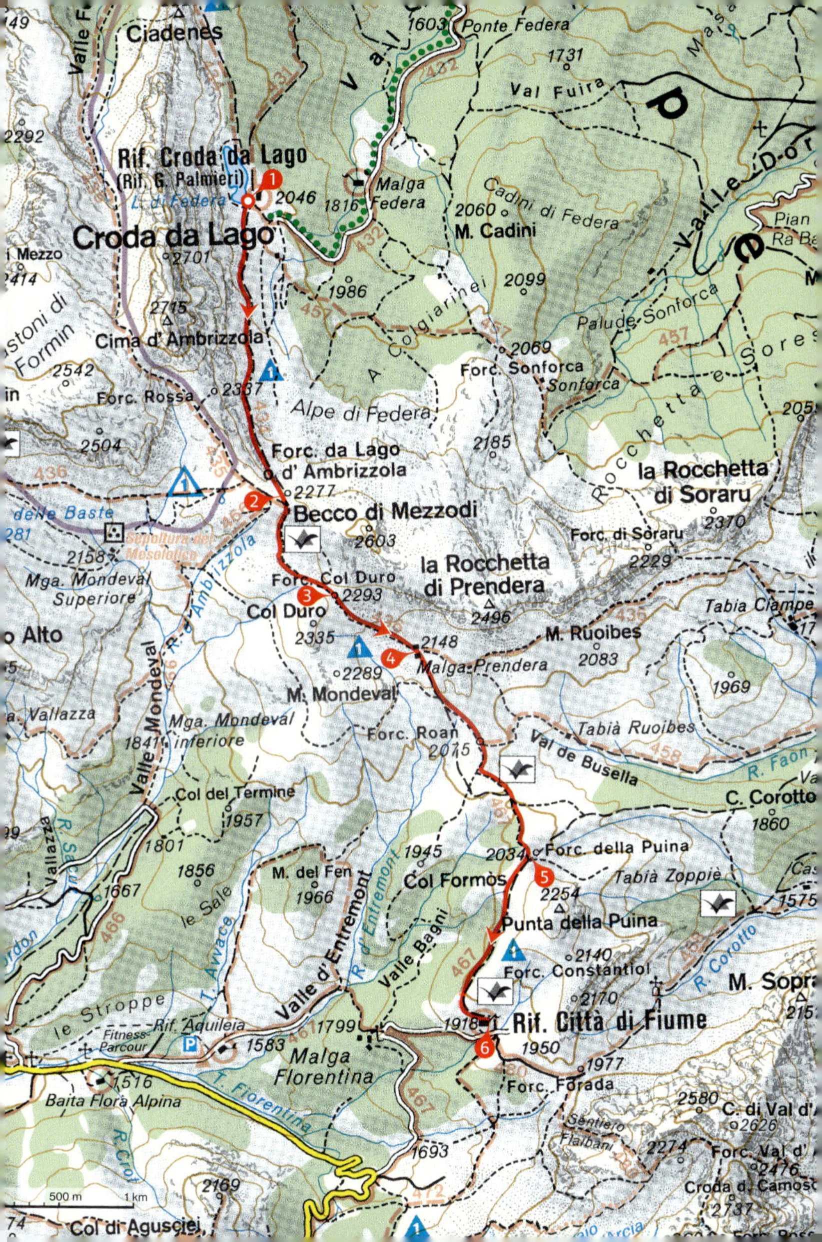

Ciadenes
Rif. Croda da Lago
(Rif. G. Palmieri)
L. di Federa
2046
Croda da Lago
2701
Malga Federa
1816
Ponte Federa
1603
1731
Val Fuira
2060
M. Cadini
Cadini di Federa
1986
2099
Cima d' Ambrizzola
2715
2542
Forc. Rossa
2337
2504
Alpe di Federa
A. Colgiarinei
2069
Forc. Sonforca
Sonforca
Palude Sonforca
2185
Forc. da Lago d' Ambrizzola
2277
Becco di Mezzodi
2603
la Rocchetta di Soraru
2370
Forc. di Soraru
2229
Sepoltura del Mesolitico
2158
Mga. Mondeval Superiore
Forc. Col Duro
2293
Col Duro
la Rocchetta di Prendera
2496
2335
2148
Malga Prendera
M. Ruoibes
2083
Tabia Ciampe
1969
2289
M. Mondeval
Mga. Mondeval inferiore
1841
Valle Mondeval
Forc. Roan
2015
Tabià Ruoibes
Val de Busella
R. Faon
C. Corotto
1860
Col del Termine
1957
1801
1856
1667
M. del Fen
1966
1945
Col Formòs
2034
Forc. della Puina
Tabià Zoppiè
2254
Punta della Puina
2140
Forc. Constantiol
2170
M. Sopra
R. Corotto
Valle d' Entremont
R. d' Entremont
Valle Bagni
le Sale
T. Avvaca
le Stroppe
Rif. Aquileia
Fitness-Parcour
1583
1799
1918
Rif. Città di Fiume
1950
1977
Forc. Forada
Malga Florentina
1516
Baita Flora Alpina
T. Florentina
Sentiero Flaibani
2580
C. di Val d'
2626
2274
Forc. Val d'
2476
Croda d. Camosc
2737
1693
2169
Col di Agusciei
500 m
1 km

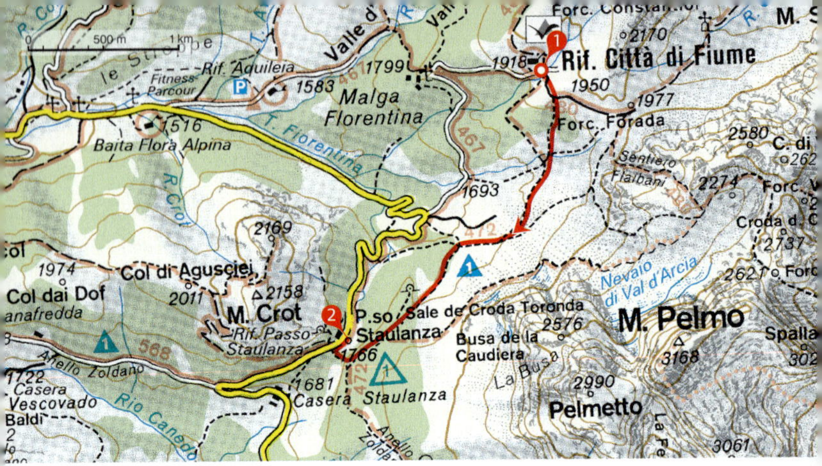

Passo Staulanza, 1766 m: Zwischen M. Pelmo im O und Civettagruppe im W. Die über den Pass führende Staatsstraße Nr. 251 verbindet das Val Fiorentina (im N) mit dem Val Zoldana (im S). Bushaltestelle. Besichtigung der Dinosaurier-Fußabtritte am Pelmetto (1 Std. vom Pass). An der Passhöhe das Rifugio Passo Staulanza.

Rifugio Alpino Passo Staulanza, 1766 m

Nördlich oberhalb der Straße stehende private Hütte. Separates Schlafhaus neben dem Hauptgebäude. Hotelartiger Betrieb. 26 B., 14 L., bew. vom 10. Juni bis 30. September. Kein Winterraum, kein Ruhetag. Tel. +39/338/7900120 und +39/0437/788709, staulanza.it, info@staulanza.it. Anschrift: Rifugio Alpino Passo Staulanza, Passo Staulanza, I–32010 Zoldo Alto/Belluno, Heimanschrift: Sala Marco, Via O. Vareton 70A, I–32040 Borca di Cadore/Belluno, dort Tel. +39/0435/482502. Gb.: M. Crot, 2169 m, M. Fernazza, 2101 m, Roa Bianca, 1960 m.
Rundsicht: Im O direkt über der Passhöhe der gewaltige M. Pelmo. Im N die Türme des Croda da Lago und der Rocchette. Besonders malerisch die breite Civettagruppe im SW.

V11 Rif. Città di Fiume – Rif. Venezia – Rif. Coldai

7.30 Std. ↗1250 Hm ↘1060 Hm

Lange und anstrengende Variante um den M. Pelmo herum, der vom Rif. Venezia auch bestiegen werden kann. Eine Schauwanderung gegenüber den Riesen der Ampezzaner und Zoldiner Dolomiten, noch großartiger, jedoch in der

Das Rif. Città di Fiume unter der Pelmo-Nordwand.

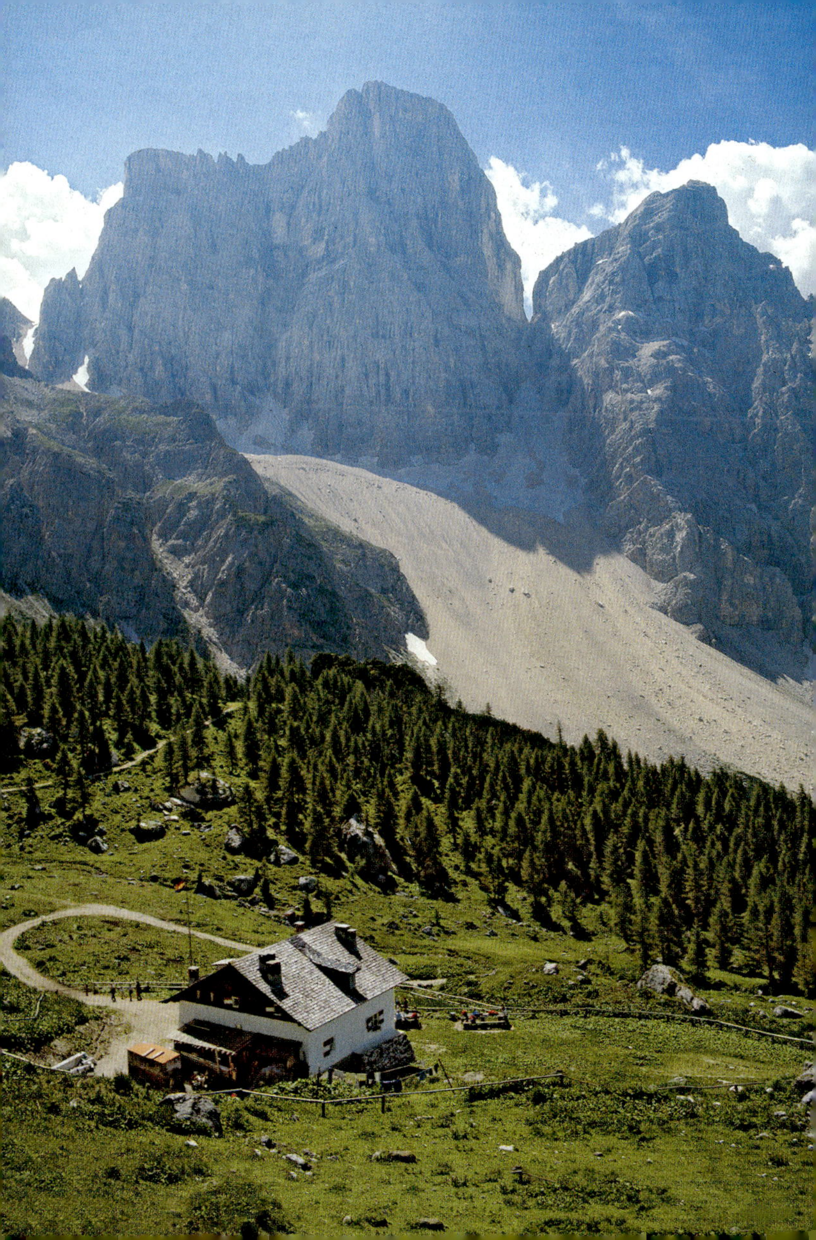

Linienführung weniger ideal als Hauptroute Et. 11–12, mit beträchtlichem Abstieg nach Palafavera (Oberzoldo) verbunden. Am »Sentiero Gino Flaibani« einige teils gesicherte Felspassagen (im Frühsommer an Schneeresten Pickel ratsam), sonst einfache Wanderung auf bez. Wegen. Die siebenstündige Wanderung kann durch Übernachtung am Rif. Venezia oder auf Palafavera (3+4 bzw. 5+2 Gehstunden) auf zwei Tagespensen aufgeteilt werden. Der Anstieg von Palafavera zur Forc. d' Alleghe kann bei Benützung des Doppelsessellifts Pioda (Betrieb 5./10. Juli bis 5./10. Sept. tägl. 8.40 –17.15 Uhr) um 45 Min. verkürzt werden.

Vom **Rif. Città di Fiume (1)** (Et. 10) auf Weg Nr. 480 an den Hängen der Punta della Puina ostwärts hinauf in die Forc. Foràda, 1977 m, zwischen M. Pelmo und Punta della Puina, 15 Min. Ohne die Scharte zu überschreiten auf Weg Nr. 480 (»Sentiero Gino Flaibani«) unter den Pelmo-Wänden nach rechts (Südwesten) abwärts zu einer Verzweigung. Links auf Steigspuren eine steile Schlucht nach Südosten aufwärts, weiter oben die linke Begrenzungsrippe hoch zu einem Wiesenrücken. Der Weg schwenkt nach links in das Val d' Arcia ein. An seiner linken Seite über Schutthänge eben in den Hintergrund des Tales und dort rechts hinauf zur **Forc. Val d'Arcia (2)**, 2476 m, 2 Std. Jenseits eine breite Geröllrinne (Abfahren möglich) hinunter, dann unter den Pelmo Wänden über Schutt und Bänder (Drahtseile) auf und ab nach rechts (Süden) in eine Scharte mit Felsturm. An den Hängen weiter zur Rechtsabzweigung des Pelmo Normalweges. Vorerst steil bergab, dann durch Latschen und Felsblöcke zum **Rif. Venezia (3)** am Ostfuß des M. Pelmo, 3.15 Std.

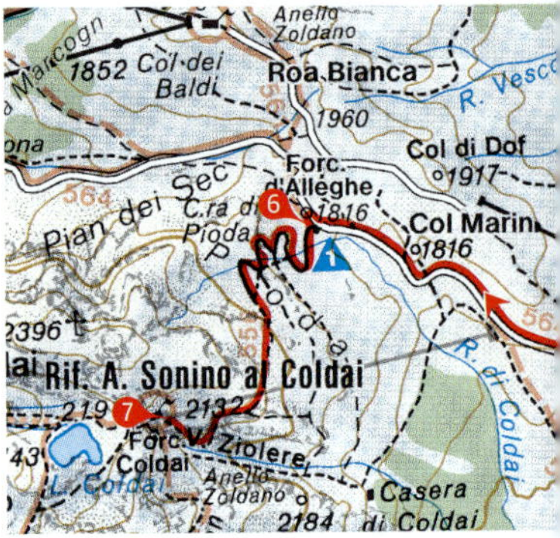

Rifugio Venezia al Pelmo Alba Maria De Luca, 1946 m: Großes gemauertes Haus des CAI Venezia am Ostfuß des M. Pelmo, 300 m nördlich der be-

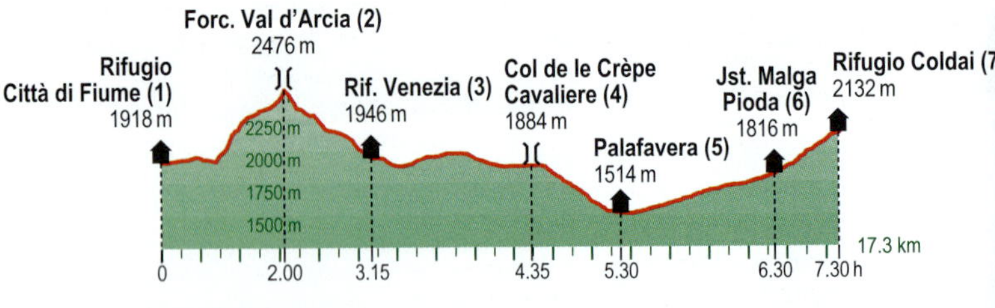

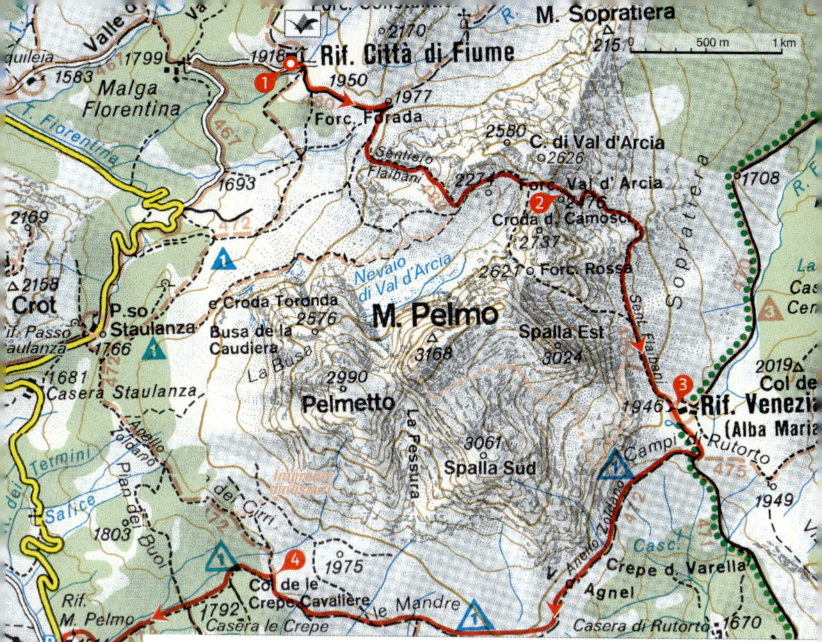

grünten Sella di Rutorto. Besonders tagsüber rege besuchte Unterkunft. Ausgangspunkt für eine Besteigung des M. Pelmo über die Normalroute. 62 B., bew. vom 15./20. Juni bis 20./25. September. Winterraum (10 L., Tisch, Bänke, Sparherd) mit Eingang an der Nordwestecke des Hauses. Tel. +39/0436/9684 und +39/320/0103872 (mobil), rifugiovenezia.it. Anschrift: Rifugio Venezia, I–32040 Borca di Cadore/Belluno. Gb.: M. Pelmo, 3168 m, M. Penna, 2196 m, Col del Fer, 2019 m. Von der nahen Sella di Rutorto bedeutend erweitertes Panorama.

Rundsicht: Großartig der Blick nach N über das Val Boite hinweg zu den Ampezzaner Dolomiten mit Cristallo, Sorapiss, Marmarole und Antelao. Im O über dem Piavetal die Südlichen Karnischen Alpen (Cridola, Monfalconi). Rechts davor das begrünte Trapez des M. Penna. Im S die Prampèr-Dolomiten mit Spiz di Mezzodi, C. di Prampèr (darüber der M. Schiara), M. Talvena und M. Tàmer. Im SW der Passo Duran und weiter rechts die südliche Moiazzagruppe.

Eben nach Süden zur Sella di Rutorto, 1950 m, zwischen M. Pelmo und M. Penna. Jenseits kurz bergab zum Querweg Nr. 472 (»Triòl dei Cavài«). Auf ihm nach rechts hinab zu einem Wiesenboden unter den Pelmo-Wänden. Durch Latschen in Kehren nach Südwesten aufwärts zur Wiesenschulter

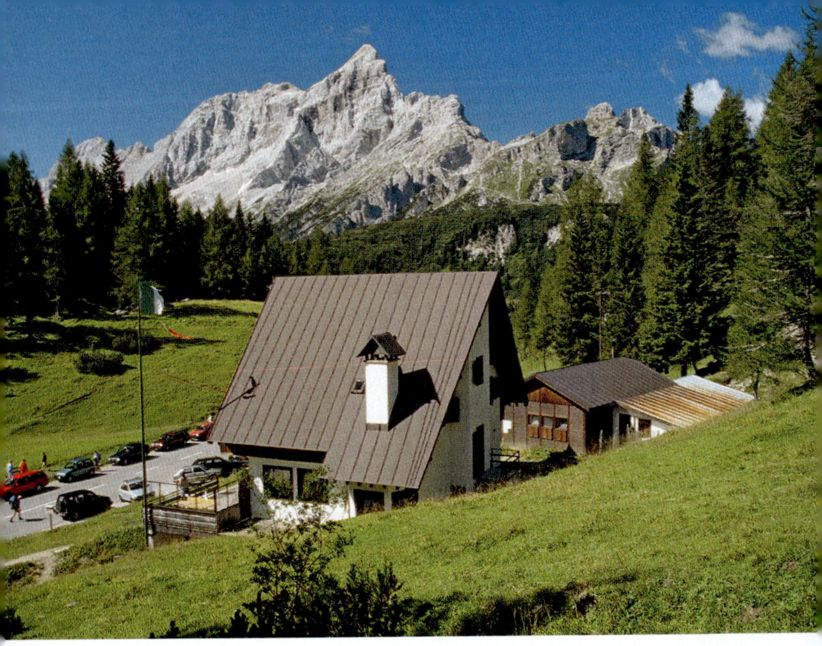

Das Rif. Alpino Passo Staulanza mit dem hellfelsigen Dolomitriff der Civetta dahinter.

I Lac, 1982 m. Nach rechts in die Südseite des Pelmo und dort über die Terrasse »Le Mandre« westwärts sanft bergab zu einer Verzweigung. Den Weg Nr. 472 gerade fort über einen Bach, dann eben zur Schulter **Col de le Crèpe Cavaliere (4)**, 1884 m (Verzweigung, Tafeln), 4.30 Std. Links ab und auf dem Weg Nr. 474 den Graben des Rio Bianco durch sumpfige Wiesen und im Wald nach Südwesten hinunter nach **Palafavera (5)**, 1514 m (Sessellift, Großparkplatz, Campingplatz, zwei Gastbetriebe, Bushalt) im Tal des Rio Canedo auf Oberzoldo an der Staatsstraße Nr. 251 (5.30 Std.).

Rifugio Palafavera: privat, 25 B., bew. 15. Juni bis 20. Sept. offen, Tel. +39/0437/789133 und +39/333/9412459 (mobil), palafavera.com.

Rifugio Monte Pelmo: 9 B., bew. 20. Juni bis 30. Sept. offen, Tel. +39/0437/789359.

Vom Parkplatz Palafavera die Naturstraße mit Weg Nr. 564 durch lichten Nadelwald und über Wiesen nach Westen aufwärts zur Bergstation eines Schlepplifts. Entlang einer Skitrasse, dann an den Südhängen des Col Marin weiter bergauf, zuletzt über einen Bach zur **Jst. Malga Pioda (6)**, 1816 m, nahe der Forc. d'Alleghe (6.30 Std.) und dort links haltend entlang der Hauptroute Etappe 12 zum **Rif. Coldai (7)**, 7.30 Std.

12 Passo Staulanza – Rif. Coldai

2.45 Std. ↗500 Hm ↘130 Hm

Einfache, schöne Wanderung auf teils schlecht bez. Wegen durch ein zwischen M. Pelmo und Civetta eingelagertes Mittelgebirge. Herrliche Landschaftsbilder!

Vom **Passo Staulanza (1)** – Achtung, nicht dem ausgeschilderten links abzweigenden Pfad nach Palafavera folgen! – auf der asphaltierten Straße Nr. 251 1 km westwärts gegen Pecol hinunter zur ersten Linkskehre. Hier zweigt nach rechts eine Naturstraße ab (10 Min., Tafeln). Auf dieser (Weg Nr. 568) durch Wald und Wiesen an der rechten Seite des Val Canedo einwärts zu Straßenteilung (Tafeln), halb links ab, über den Rio Canedo und die andere Talseite empor zur **Malga Vescovà (2),** 1722 m, (bestoßen vom 15. Juni bis 15. September, dann Milch, Butter, Käse), 45 Min. Besonders imposant von hier die Riesenburg des M. Pelmo!

Anmerkung: Das innere Val Canedo wurde mit dem M. Fernazza für den Skilauf erschlossen (mehrere Schleppliftanlagen und Abfahrtstraßen).

Von der Malga nicht dem in Westrichtung sanft ansteigenden Sträßchen zur Passlandschaft »Pra della Costa« folgen, sondern einem rot bez. Steig links davon. Auf ihm (Tafel, Weg Nr. 561) die grasige Nordflanke der Roa Bianca steil schräg nach rechts (W) aufwärts, dann nach links in die Westseite und dort entlang einer begrünten Abfahrtstraße (nicht auf Weg geradeaus zum Ristoro Col di Baldi mit Kabinen-Umlaufbahn von Alleghe her) im weiten Linksbogen hinauf in eine seichte Grasmulde. Durch sie in Südwestrichtung

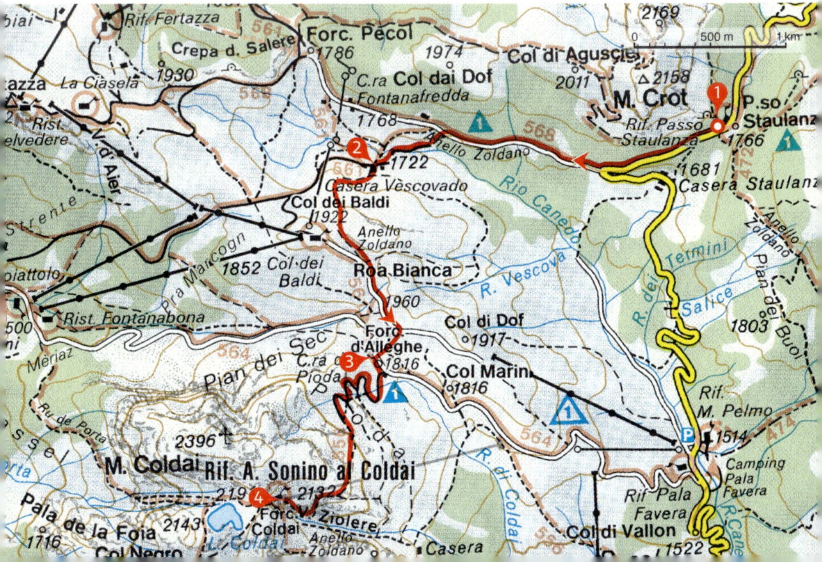

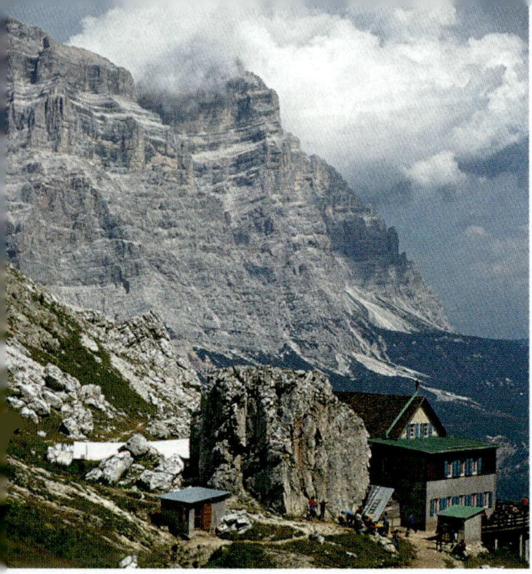

Das Rif. Coldai vor dem felsgewaltigen M. Pelmo.

zum Wiesensattel, 1885 m, zwischen dem Col di Baldi rechts und Roa Bianca links, 1.15 Std. Von hier kann der nach SO vorgeschobene Gipfel der Roa Bianca, 1958 m – ein hervorragender Aussichtsberg – leicht in 15 Min. bestiegen werden.
Vom erwähnten Wiesensattel (mit neuerlicher Rechtsabzweigung zum Ristoro Col di Baldi) den bez. Weg Nr. 561 geradeaus, südostwärts, über Wiesen hinab zur **Forc. d'Alleghe (3)**, 1825 m, am Nordrand der zentralen Civettagruppe und auf Straße links haltend weiter zur nahen Almhütte der Malga Pioda, 1816 m (vom 15. Juni bis 15. September bestoßen, dann Barbetrieb und verschiedene Milchprodukte), 1.30 Std. Für den öffentlichen Verkehr gesperrte Naturstraße von Pecol her. Die tagsüber rege besuchte Alm kann vom Col Marin (dorthin Doppelsessellift von Palafavera her) über einen Fahrweg in 15 Min. Gehzeit erreicht werden. Nach S und SO schöner Blick auf Prampèr- und Bosconerogruppe; im O der mächtige Klotz des Pelmo.
Auf breitem Karrenweg (Nr. 556) in weiten Kehren über die Ostflanke des M. Coldai empor, später mehr nach links hinaus an die Ostkante des Berges, dort durch eine steile Mulde in Kehren hinauf und nach einem kurzen Flachstück zum **Rifugio Adolfo Sonino al Coldai (4)**.

Rifugio Adolfo Sonino al Coldai, 2132 m

Auf einem begrünten Absatz im obersten Val Ziolere östlich unter der Forc. Coldai gelegenes geräumiges Haus des CAI Venezia; 93 B., bew. vom 20. Juni bis 20. Sept. Winterraum im Keller an der Südostecke des Hauses (8 L., Heizgelegenheit). Tel. +39/0437/789160, rifugiocoldai.com. Anschrift: Rifugio Coldai, I–32022 Alleghe/Belluno. Gb.: Civetta, 3220 m, M. Coldai, 2403 m.

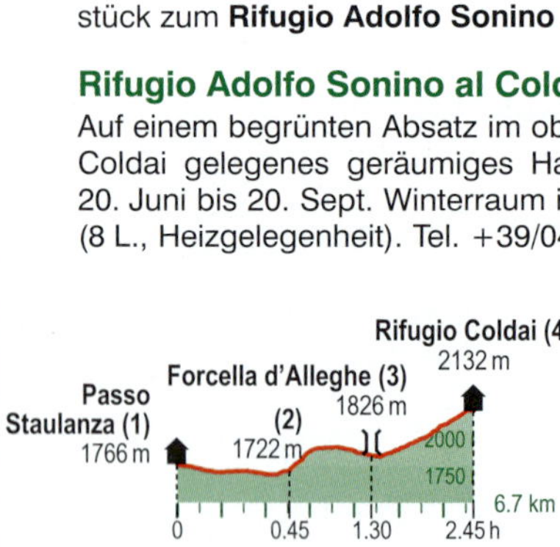

Rundsicht: Im O der gewaltige, breit hingelagerte M. Pelmo, rechts hinter ihm die Bosconero-, im S die einsame Prampèrgruppe. Schöner Tiefblick in das Val Zoldana Alta!

13 Rif. Coldai – Rif. Tissi

2 Std. ↗340 Hm ↘210 Hm

Mit dem folgenden Abschnitt die wohl landschaftlich eindrucksvollste Strecke des Höhenweges Nr. 1, bei der das Civetta-Massiv auf nördlich vorgelagerter Höhenrampe umwandert wird.

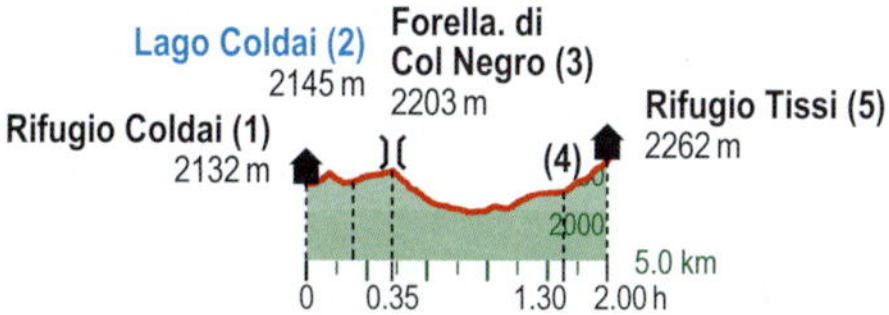

Vom **Rif. Coldai (1)** auf Weg Nr. 560 durch die Geröllmulde des obersten Val Ziolere in 10 Min. westwärts zum Teil in Kehren hinauf zur Forc. Coldai, 2191 m, zwischen M. Coldai rechts und dem eigentlichen Civetta-Massiv links. Von der Scharte bereits Einblick in die Nordwestwände der Civetta-Türme (Torre Coldai, Torre Alleghe, Torre Valgrande usw.) sowie Tiefblick zum herrlichen **Lago Coldai (2)**. Darüber rechts das mächtige Pult der Marmolada.

Jenseits der Scharte über begrünte, blockübersäte Hänge hinunter zum Lago Coldai, der, im S von den Wänden des Torre Coldai überragt, ein prachtvolles Hochgebirgsbild bietet (Frühstücksplatz!). Am Lago Coldai haben wir bereits jene balkonartige breite Rampe (diese selbst liegt 1000 m über dem Cordevoletal!) zu Füßen der mehrere Kilometer breiten und über 1000 m hohen Civetta-Nordwestwand erreicht. Am Nordufer des Sees entlang, dann schräg links (SW) steiler empor zu einem Sattel. Nun einen Schutthang nach W queren und hinauf zur **Forc. di Col Negro (3)**, 2203 m, einer Scharte, die

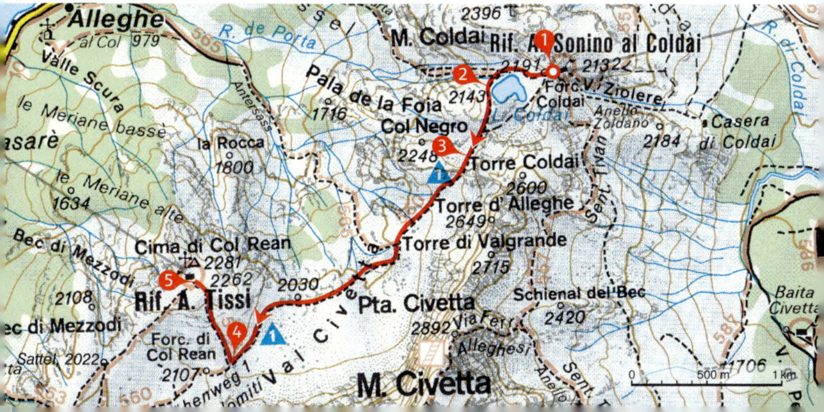

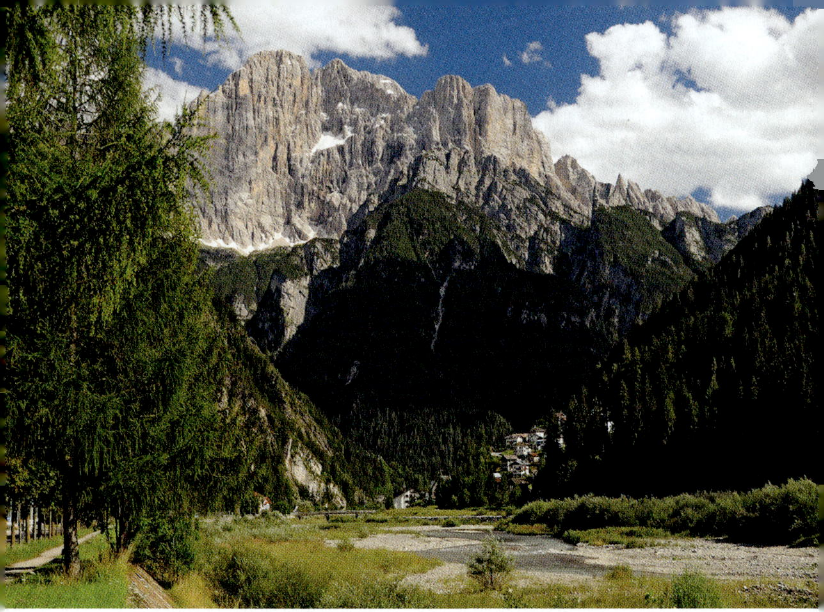

Die Civetta-Nordwestwand über dem Cordevoletal bei Alleghe. Über die Terrasse in halber Höhe verläuft der Höhenweg Nr. 1.

der nach rechts gegen Val Cordevole vorgeschobene Col Negro mit den Civetta-Wänden links bildet, 30 Min. Eindrucksvoller Aufblick zur 1000 m hohen Civetta-Nordwestwand! Jenseits der Forcella auf Weg Nr. 560 in steilen Kehren gegen das Val Civetta hinunter, 2030 m (tiefste Stelle), dann flache Querung, schließlich in Serpentinen wieder über Wiesenhänge aufwärts zu Wegteilung **(4)**, (Pfeil) noch vor der Forc. di Col Rean, 1.30 Std. Hier rechts ab und auf Weg Nr. 563 nordwestwärts steil empor in eine flache Wiesenmulde, dann rechts, nordwärts, weniger steil hinauf zum **Rifugio Attilio Tissi (5)**.

Rifugio Attilio Tissi, 2262 m

Eine der schönstgelegenen Schutzhütten an dieser Höhenroute, wenig südlich unterhalb des Gipfels der C. di Col Rean, 2281 m (in 2–3 Min. auf Steig zu erreichen), gegenüber der großartigen Civetta-Nordwestwand. Hütte des CAI Belluno. 65 L.; bew. vom15./20. Juni bis 20. Sept. Winterraum (12 L., kleiner Herd, Tisch, Stühle) vorhanden. Tel. +39/0437/721644 (Hütte), +39/347/5931833 (mobil) und +39/0437/523083 (Tal), rifugio.tissi@gmail.it, rifugiotissi.com. Anschrift: Rifugio Tissi, I–32022 Alleghe/Belluno.
Rundsicht: Herrlich! Von der C. di Col Rean sieht man im SO die gewaltige

Mauer der Civetta-Nordwestwand, im NO der fantastische Pelmo. Rechts der Civetta die Palagruppe mit dem M. Agner. Schwindelerregender Tiefblick nach N zum Lago Alleghe (Cordevoletal). Darüber rechts die Nuvolaugruppe, weiter links die Sellagruppe und die breite Marmolada-Südwand.

14 Rif. Tissi – Rif. Vazzolèr

1.45 Std. ↗70 Hm ↘620 Hm

Zusammen mit Et. 13 eindrucksvollster Abschnitt der Höhenroute Nr. 1, wobei Anfang und Ende der Strecke landschaftlich besonders schön sind.

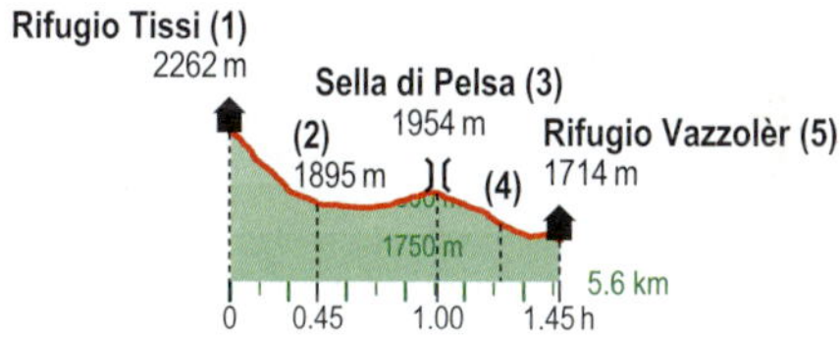

Vom **Rif. Tissi (1)** die grasigen Südhänge der C. di Col Rean auf Weg Nr. 563 in Südwestrichtung (gegen die Cas. Casamatta) queren, später durch Latschen steiler abwärts, schließlich durch Almrosenbestände hinunter in einen Sattel, 2022 m (Wegteilung, Tafeln), 20 Min. Schöner Durchblick nach Norden auf Lagazuoi, Tofanen und Nuvolaugruppe. Nicht auf Weg Nr. 563 geradeaus weiter in Richtung Cas. Casamatta – Masarè, sondern halb links auf bez. Weg ein begrüntes Tälchen nach Südwesten sanft abwärts in das Val Civetta und dort zum Querweg Nr. 560 (Tafeln), 30 Min. Auf dem breiten Weg das weite Hochtal, an lang gestreckten Dolinenmulden vorbei, nach rechts (SW) abwärts und eben zu den verfallenen Almhütten der **Cas. di Col Rean (2)**, 1895 m, 45 Min. Durch eine seichte Mulde über Wiesenmatten neben einem Bächlein nach Südwesten auf-

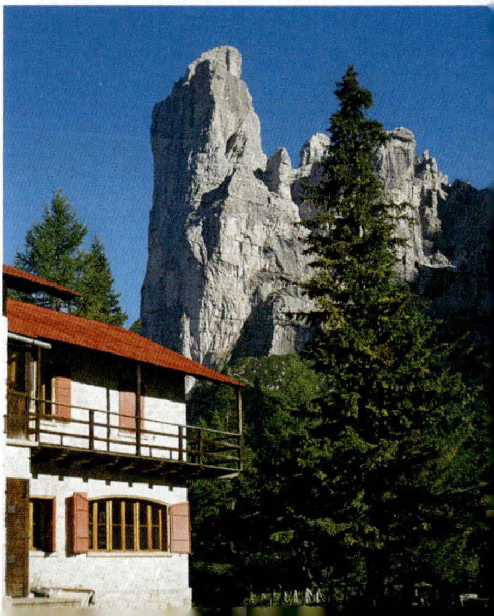

Das Rif. Vazzolèr, überragt von der Felssäule des Torre Venezia.

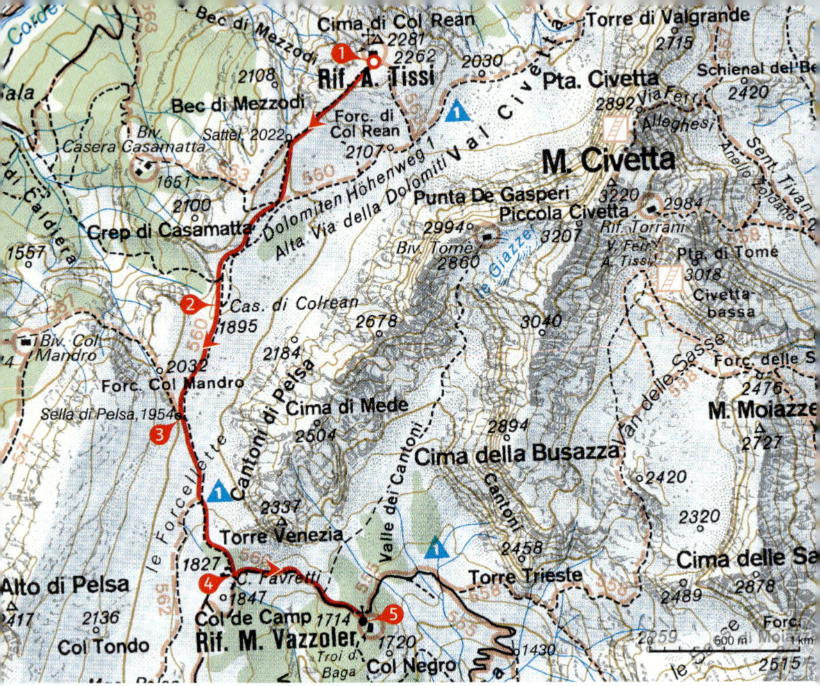

wärts, später in Südrichtung, an hausgroßen Felsblöcken vorbei, hinauf und eben zur **Sella di Pelsa (3)**, 1954 m, zwischen Pelsakamm (mit dem wuchtigen Torre Venezia) links und dem begrünten M. Alto di Pelsa rechts, 1 Std. Überraschender Blick nach S auf Torri del Camp und M. Framont (Moiazzagruppe). Rechts dahinter M. Pizzon (Monti del Sole) und Feltriner Dolomiten. Jenseits der Sella auf gutem Weg (Nr. 560) über Wiesen, weiterhin an hausgroßen Felsblöcken vorbei, in Südrichtung sanft abwärts, später durch Latschen und lichten Baumbestand hinunter zu querendem Fahrweg (Tafel). Auf ihm zunächst südwärts steil hinab zur **Cas. Favretti (4)**, 1827 m (bleibt rechts), dann in Kehren nach links (O) hinunter zu einer Verzweigung (nach rechts auf Fahrweg in 20 Min. zu der im Sommer bewirtschafteten Mga. Pelsa, 1829 m, mit Prachtblick auf die großartige Bergumrahmung des inneren Val Corpassa). Links haltend auf Naturstraße an den Blockhalden zu Füßen des imposanten Torre Venezia in Ostrichtung abwärts (vor uns das Val dei Cantoni mit den übermächtig darüber aufragenden Felsgestalten des Torre Trieste und der C. della Busazza) und in den Wald. Dort in Südostrichtung sanft abwärts zu einer Straßenteilung und rechts haltend weiter zum nahen **Rifugio Mario Vazzolèr (5)**.

Rifugio Mario Vazzolèr, 1714 m

Im inneren Val Corpassa auf dem bewaldeten Col Negro di Pelsa, am südlichen Auslauf des Val dei Cantoni gelegenes Schutzhaus des CAI Conegliano. Die Umgebung des Hauses zählt zu den großartigsten Bergräumen der Alpen! Neben dem Hauptgebäude eine Gedenkkapelle für die im Civettagebiet abgestürzten Bergsteiger sowie eine immer geöffnete Dependance. Südlich der Hütte ein botanischer Garten. Reger Besuch an Wochenenden! 52 B., 34 L.; bew. vom 10./15. Juni bis 30. Sept. Winterraum (6 L.) in der Dependance. Tel. +39/0437/660008 (Hütte) und +39/328/8867114, rifugiovazzoler@gmail.com, caiveneto.it/rifugio/vazzoler. Anschrift: Rifugio Vazzolèr, I–32027 Listolade Agordino/Belluno. Gb.: Civetta, 3220 m, C. delle Sasse, 2878 m, C. Moiazza Sud, 2878 m.

Rundsicht: Im N die gewaltige Turmreihe des Pelsakammes mit dem Torre Venezia als linkem Eckpfeiler. Im NO und O die wuchtige C. della Busazza, vor welche sich rechts der grandiose Torre Trieste schiebt. Nach SO Einblick in die imposante Westwandflucht der Moiazzagruppe. Weiter rechts im S die Torri del Camp. Unter diesen Türmen und Wänden führt die nächste Etappe unseres Höhenweges gegen die (sichtbare) Forc. del Camp empor.

15 Rif. Vazzolèr – Rif. Carestiato

4.15 Std. ↗560 Hm ↘440 Hm

Jetzt haben wir die nördlichen Dolomitengebiete verlassen und wenden uns der südlichen Region, den Bergen von Moiazza, Prampèr und Schiara, zu, die nicht nur weniger bekannt und erschlossen, sondern auch wilder und unwegsamer als die nördliche Gegend ist. Der dschungelartige südliche Busch-, Gras- und Kräuterwuchs (insbesondere auf den stickstoffhaltigen Böden in der näheren Umgebung von Almhütten) kann hier bei Überwucherung von Wegtrassen sogar das Vorwärtskommen erschweren. Bei diesem Übergang handelt es sich um eine relativ lange, aber sehr aussichtsreiche Höhenwanderung.

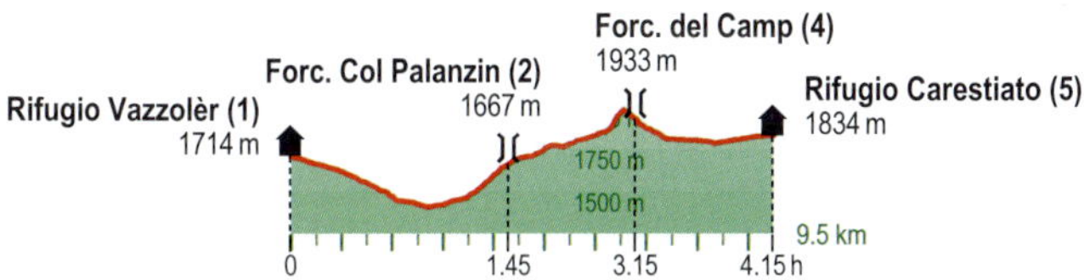

Vom **Rif. Vazzolèr (1)** auf Natursträßchen (Weg Nr. 555), in Ostrichtung durch lichten Nadelwald mehrere Gräben ausgehend, abwärts, später im weiten Rechtsbogen unter der imposanten Südwestwand des Torre Trieste nach S hinab zur Abzweigung von Weg Nr. 558 (Tafel) nach links. Die Naturstraße führt nun in zahlreichen Kehren südwestwärts gegen Valle Corpassa

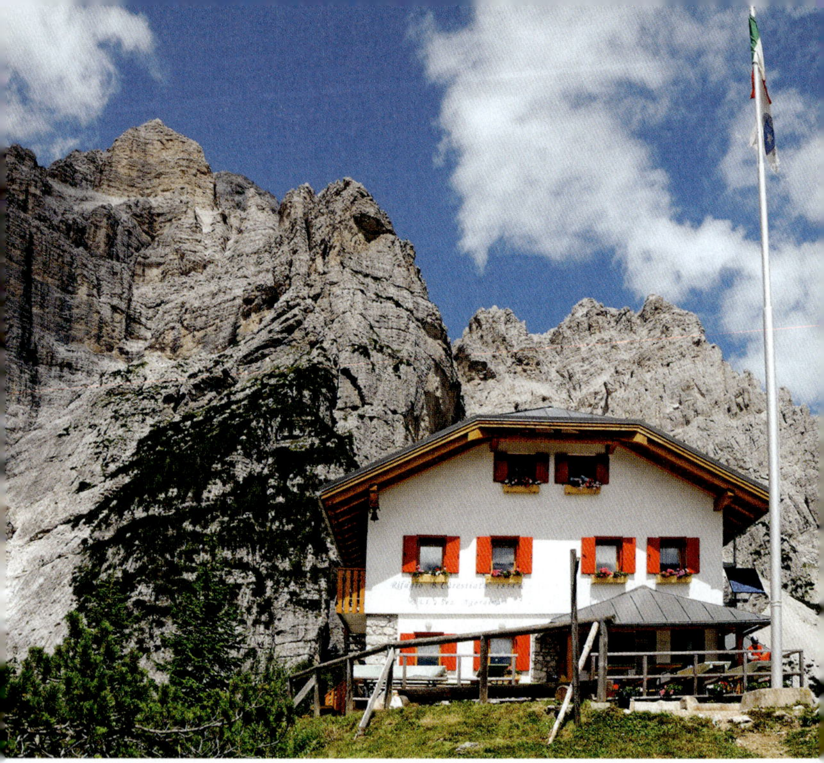

Das Rif. Carestiato unter den Südwänden des Moiazza-Massivs.

hinunter. An der dritten Kehre, 1430 m, zweigt nach links der Weg zum Rif. Carestiato (Tafel) ab, 40 Min. Schöner Tiefblick in das Valle Corpassa mit dem M. Agner (Palagruppe) darüber!
Auf Weg Nr. 554 die gegen Valle Corpassa (W) abfallenden Hänge südwärts auf und ab zu einem Bächlein queren (letztes Wasser vor dem Rif. Carestiato!). Nun durch Latschen und lichten Lärchenbestand unter den Westabstürzen der Moiazzagruppe eben oder sanft aufwärts zu einer von links herabreichenden Geröllhalde. Sie wird schräg nach rechts aufwärts gequert. Am jenseitigen Rand im latschendurchsetzten Lärchenwald nach SO empor, danach ein bewaldetes Tälchen über eine Steilstufe südwärts in Kehren hoch, schließlich weniger steil zur **Forc. Col Palanzin (2)**, (unkotiert) zwischen C. delle Nevère links und Col Palanzin rechts, 1.45 Std. Rückblick auf den Pelsakamm (links der Torre Venezia) sowie zur C. della Busazza mit dem Torre Trieste davor!

Unter den Moiazza-Westwänden südwärts zunächst eben durch Lärchenwald und Latschen, dann über Schutthänge steil schräg nach rechts empor zur **Forc. Col dell'Orso (3)**, (unkotiert), die der Col dell'Orso mit den Moiazza-Wänden links bildet, 2.30 Std. Von der Forc. kurze, etwas ausgesetzte Querung durch Latschen und über ein Felsband (Drahtseil) nach links, dann über begrünte steile Geröllhänge unterhalb der Torri del Camp südwärts hinauf und eben weiter zu einer Wegverzweigung noch vor den verfallenen Hütten der Cas. del Camp, 1861 m (die neue Almhütte liegt rechts unterhalb in der Mulde), 2.45–3.15 Std. Links haltend auf dem bez. Weg zunächst nordostwärts steiler hoch, dann nahezu eben nach rechts (SO) in die **Forc. del Camp (4)**, 1933 m, zwischen den Torri del Camp links und der Untergruppe des M. Framont rechts, 3.15 Std. Interessante Einblick in die Südabstürze der C. Moiazza Sud und des Cresta delle Masenade im NO. Rechts davon (im SO) werden in der Ferne erstmals die Berge der Tàmergruppe (Prampèr-Dolomiten) sichtbar, an deren Westseite Abschnitt Et. 17 entlangführt.
Jenseits der Scharte durch lichten Wald schräg nach links in das oberste Val Framont (Van dei Cantoi) hinab zu einer Wegteilung (Tafeln). Halb links, ostwärts, auf Weg Nr. 554 das Val Framont durch Latschengassen im Auf und Ab queren, später sanft aufwärts zu einer Blockhalde direkt unter den Süd-

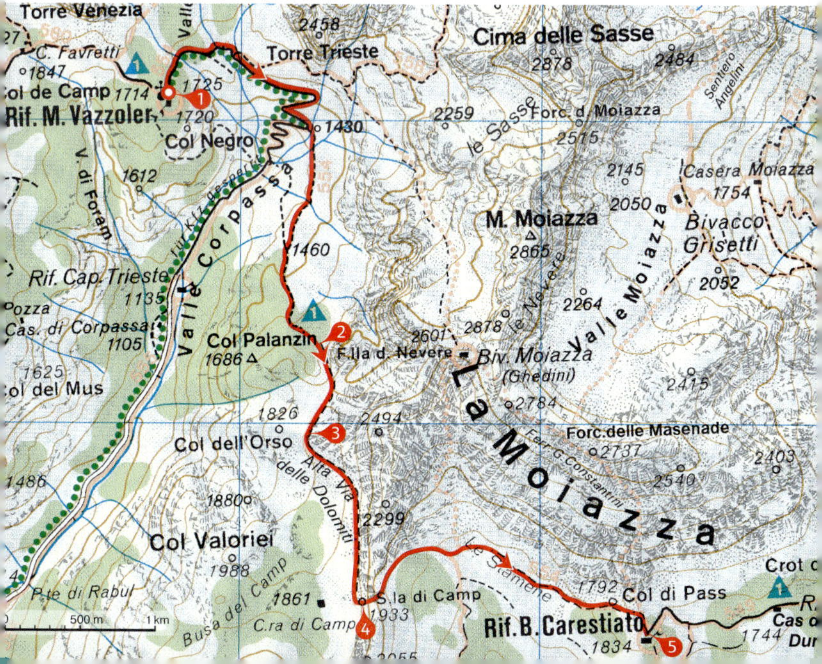

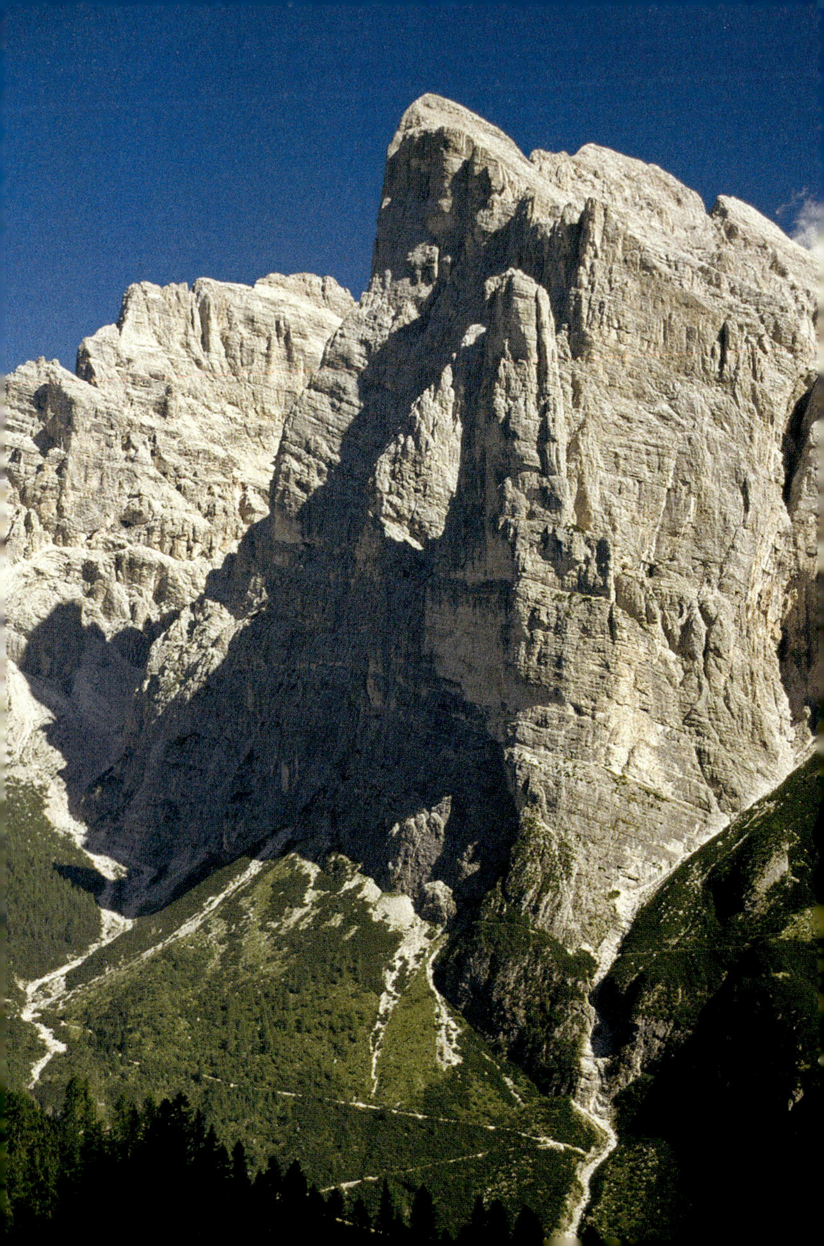

wänden des Cresta delle Masenade. Die Halde wird in Ostrichtung eben zu der vom Masenade-Grat nach S vorspringenden Schulter »Col dei Pass« gequert. Über sie nach rechts hinaus zum **Rifugio Bruto Carestiato (5)**.

Rifugio Bruto Carestiato, 1834 m

An der Südseite der Moiazzagruppe, auf der Schulter des Col dei Pass aussichtsreich gelegene moderne Hütte des CAI Agordina. Besonders an Wochenenden und tagsüber starker Besuch vom Passo Duran her. Ausgangspunkt zur Begehung der berühmten »Via ferrata Costantini«. 40 B., 20 L.; bew. vom 20./25 Mai bis 1./5. Oktober. Stets geöffneter Winterraum an der Ostseite (6 L. mit Decken, kein Herd!). Tel. +39/0437/62949 (Hütte), info@ rifugiocarestiato.com, rifugiocarestiato.com. Anschrift: Rifugio Carestiato, I–32021 Agordo/Belluno. Gb.: Cresta delle Masenade, 2737 m, C. Moiazza Sud, 2878 m, C. di San Sebastian, 2488 m, M. Tàmer, 2547 m.
Rundsicht: Durch Balkonlage an der Südseite der Moiazzagruppe umfassende Schau zu den südl. Dolomitenbezirken! Im O, jenseits des Passo Duran, links die Cridola (Südl. Karnische Alpen), rechts der Sassolungo di Cibiana (Bosconerogruppe). Im SO die Gipfel der Tàmergruppe (C. di San Sebastiano, M. Tàmer, Castello di Moschesin) und rechts anschließend die Gruppe des M. Talvena (dahinter Teile der Schiaragruppe). Im S der begrünte M. Zèlo. Rechts hinter ihm, jenseits des Val Cordevole, die wilden Berggestalten der Monti del Sole. Im SW, über dem Becken von Agordo, die Feltriner Dolomiten mit Cimonegagruppe und Vette Feltrine. Im W die südl. Palagruppe (Croda Grande, M. Agner) und rechts davor die zur Moiazzagruppe gehörende Untergruppe des M. Framont mit Forc. del Camp und Torri del Camp rechts. Eindrucksvoller Aufblick in die Südwände des Cresta delle Masenade, durch welche die kühne Eisenroute »Via ferrata Costantini« emporführt.

16 Rif. Carestiato – Passo Duran

0.45 Std. ↘230 Hm
Problemloser Abstieg entlang einer bez. Naturstraße.

Vom **Rifugio (1)** die Naturstraße mit Weg Nr. 549 im weiten Rechtsbogen oder auf abkürzendem Steig durch Wald nach Osten hinab zu einer Geröllhalde (Abzweigung von Weg Nr. 547 nach rechts in Richtung Agordo, Tafel). Weiter auf dem Sträßchen quer über die Halde, dann durch lichten Wald unter den Moiazza-Südwänden ostwärts eben

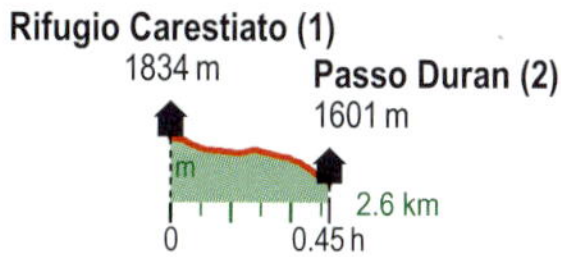

Die C. della Busazza mit dem Torre Trieste von Süden betrachtet.

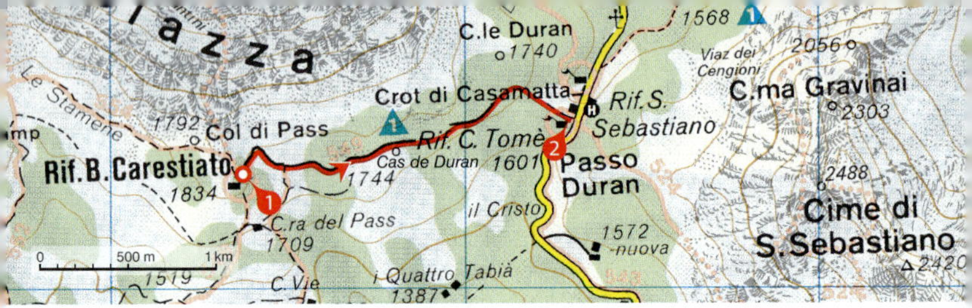

fort zu den freien Wiesen um die Cas. del Duran, 1744 m, 10–15 Min. Die Straße ostwärts durch Wald im Auf und Ab weiter, dann rechts ab und über schöne Lärchenwiesen südostwärts mäßig steil hinunter zum **Passo Duran (2)**.

Passo Duran, 1601 m: Wenig bekannter, aber wichtiger Dolomitenpass zwischen Moiazzagruppe im NW und Prampèr-Dolomiten im SO. Die über den Pass führende Staatsstraße Nr. 347 verbindet das Agordino mit dem Zoldin. Derzeit keine Busverbindung aus den umliegenden Tälern! Abzweigung der lohnenden, im Vergleich zur Hauptroute jedoch wesentlich anspruchsvolleren »Variante Zoldana« (V 6). Direkt an der Passhöhe das nach dem Agordiner Bergsteiger und Erschließer benannte Rifugio Cesare Tomè.
Rifugio Passo Duran (auch Rifugio Casare Tomè): 25 B., 16 L.; vom 15. Juni bis 30. September (bei schönem Wetter schon vorher oder danach geöffnet). Der Winterraum befindet sich in einer separaten Holzhütte nördlich des Hauptgebäudes (Matratzen und Decken für 3 bis 4 Personen, offener Kamin, Wäschedienst!), Tel. +39/379/2501937, info@rifugiopassoduran.it, rifugiopassoduran.it. Anschrift: Rif. C. Tomè, Passo Duran, I–32020 La Valle Agordina/Belluno.
Etwa 100 m nördlich der Passhöhe, links an der Straße in Richtung Forno di Zoldo, das Rifugio San Sebastiano.
Rifugio San Sebastiano: Großes, komfortables, privates Berghaus. Günstig für längeren Aufenthalt. Idealer Ausgangspunkt für Bergtouren

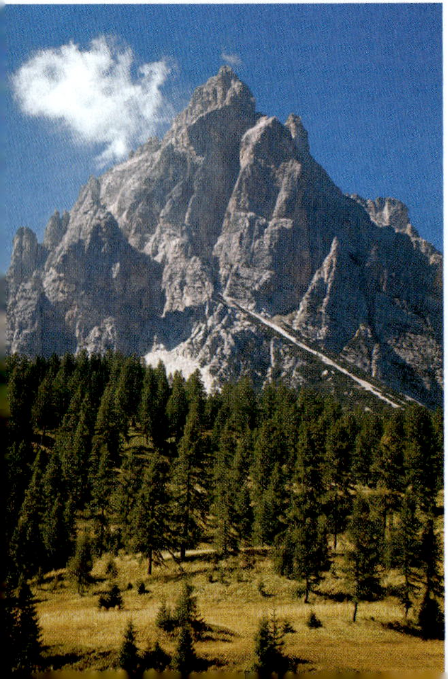

Lärchenwiesen am Passo Duran, mit der C. del Duran (Moiazzagruppe).

in die kaum bekannten Gebiete der Moiazza- und Tàmergruppe. 25 B., 6 L.; bew. vom 1. Juni bis Allerheiligen (im Oktober am Montag Ruhetag!). Kein Winterraum. Tel. +39/0437/62360, info@passoduran.it, passoduran.it. Anschrift: Rifugio San Sebastiano, Passo Duran, I–32010 Goima di Zoldo/Belluno. Gb.: Cresta delle Masenade, 2737 m, C. Moiazza Sud, 2878 m, M. Tàmer, 2547 m, C. Nord di San Sebastiano, 2488 m.
Rundsicht: Von der Passhöhe sieht man im NW die C. del Duran (Moiazza). Weiter rechts, im N über dem begrünten Piz de Zuèl, der wuchtige M. Pelmo. Rechts dahinter Sorapiss, Marmarole und Antelao. Im SO die breite Mauer der C. di San Sebastiano (Tàmergruppe). Schöner Fernblick nach SW über das Agordiner Becken (nicht einsehbar) hinweg zur Palagruppe (M. Agner, Croda Grande) rechts und zu den Feltriner Dolomiten (Cimonega) links.

17 Passo Duran – Forc. Moschesin – Rif. Sommariva

4.30 Std. ↗540 Hm ↘290 Hm
Abwechslungsreicher Höhengang an der Westseite der Tàmergruppe (Prampèr-Dolomiten) entlang. Einfache, aber lange Wanderung. Interessante Einblicke in kaum bekannte Dolomitenbereiche! Die großartige Variante 11 (»Variante Zoldana«) kann nur besonders versierten Gehern empfohlen werden.

Vom **Duranpass (1)** auf Staatsstraße Nr. 347 südwärts in Richtung Agordo hinab in die weite Mulde um die verfallene Cas. Càlleda Vecchia, 1493 m, direkt unter den gewaltigen Westwänden des Sasso di Càlleda, 20 Min.

M. Pelmo und Sorapissstock aus der Cime-Balanzole-Nordflanke.

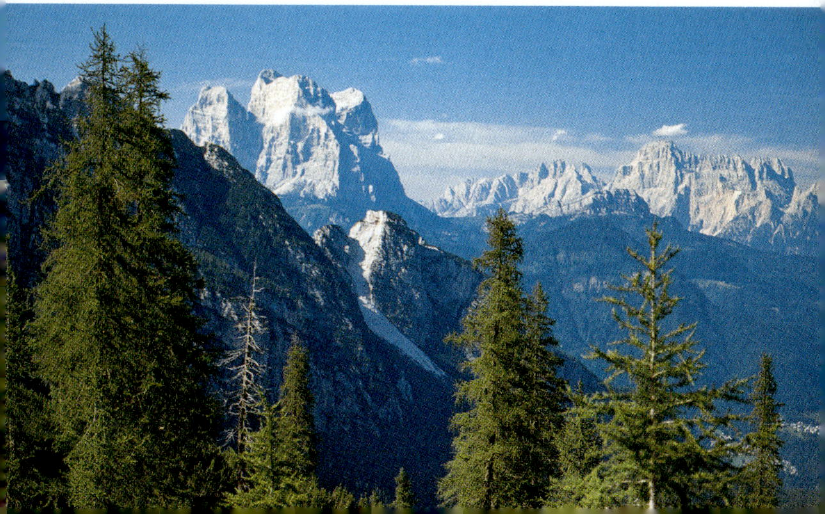

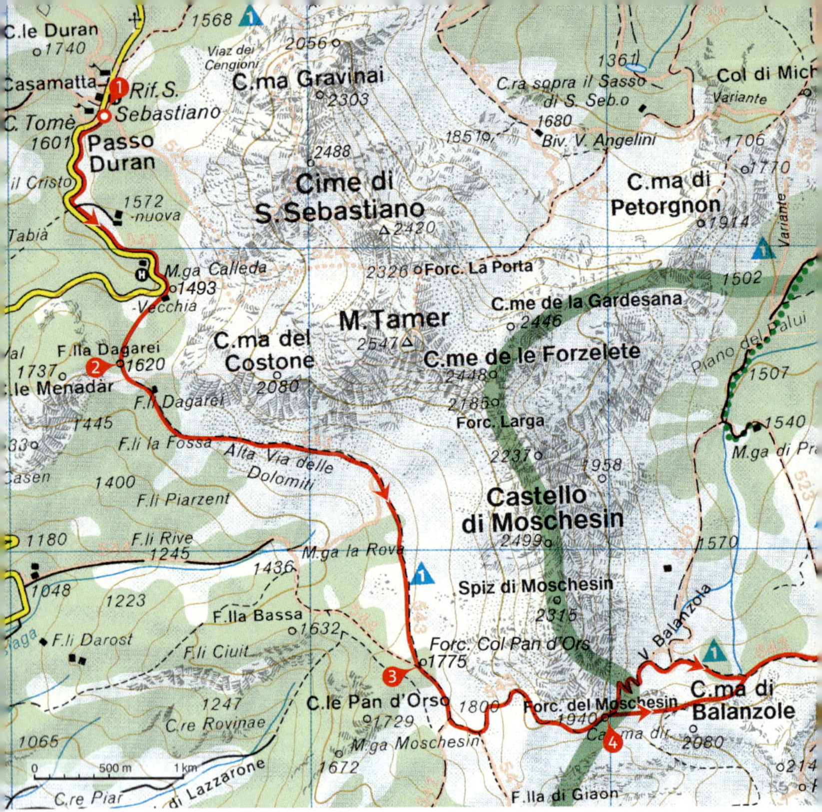

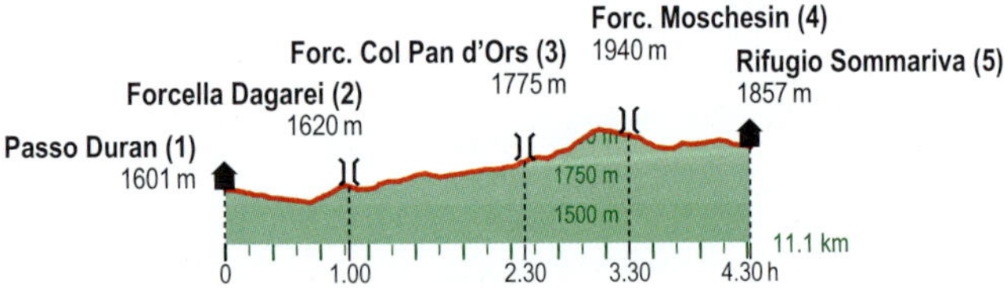

Bei Rechtskurve, gleich nach der Brücke über den Rio Càlleda, links von der Straße ab (Tafeln) und den bez. Weg Nr. 543 durch Wald steil nach S empor, dann in langer Querung bewaldeter Hänge nach rechts (SW) sanft aufwärts zur **Forc. Dagarei (2)**, 1620 m, zwischen Col Menadar rechts und C. del

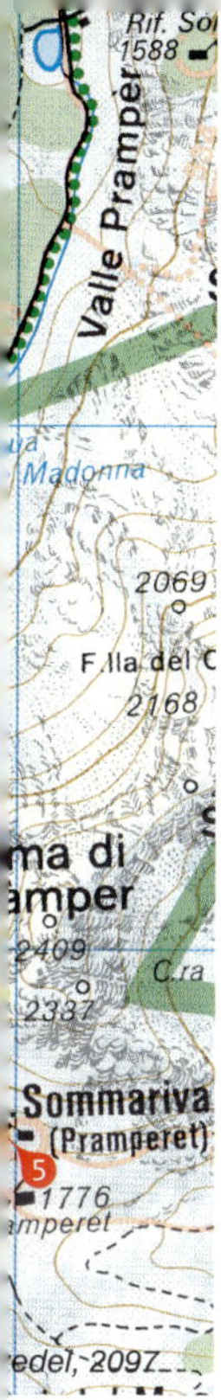

Costone links, 0.45–1 Std. Prächtiger Blick nach SW gegen den M. Pizzon (Monti del Sole) und zur Cimonegagruppe (Feltriner Dolomiten)!

Von der Scharte auf bez., jedoch krautig verwachsenem Weg (Nr. 543) in horizontaler Querung steiler, nach rechts abfallender Grashänge zu einer kleinen verfallenen Hütte. Bald nach ihr durch Wald steiler aufwärts, dann rechts hinaus zu einem Blockfeld unter der C. del Costone. Südostwärts auf gut bez. Steig quer über das Blockfeld, dann kurz durch Wald hinauf zum Beginn der großen Schutthänge unter den Westwänden des Tàmer-Massivs. In Südrichtung, an den Geröllhängen entlang (Aufblick nach links gegen M. Tàmer, C. delle Forzelette, C. di Forcella Stretta und Castello di Moschesin), eben zur Linksabzweigung von Weg Nr. 523 zur Forc. Larga, 1.45–2.15 Std. Südwärts nun durch Latschen und über Geröll, später ziemlich eben durch eine wahre Wildnis aus Latschen und haushohen Felsblöcken, zuletzt durch lichten Wald mehr nach links empor zu einem bewaldeten quer laufenden Rücken mit der **Forc. Col Pan d'Ors (3)**, 1775 m, 2.30 Std.

Jenseits durch Wald hinab zu einem Murbruch, der nach links aufwärts gequert wird. Man gelangt schließlich über eine Wiese zu der von einer Sträucherwildnis umgebenen Cas. Moschesin, 1800 m, 2.45 Std. Das wieder in Stand gesetzte Wohngebäude der Alm bietet Notunterstand (Holzpritsche für 2 Personen ohne Matratzen oder Decken, ferner Tisch, Bänke und offener Kamin). Guter Brunnen!

Rundsicht: Prachtvoller Blick. Im N die Gipfelkrone des Tàmer-Massivs. Im O über uns die plattigen Wände des Spiz di Moschesin. Im W, jenseits des Agordiner Beckens (Val Cordevole), die Palagruppe, im NW die Moiazzagruppe.

Der wuchtige Sasso di Càlleda (Tàmergruppe) von der Cas. Càlleda Vecchia.

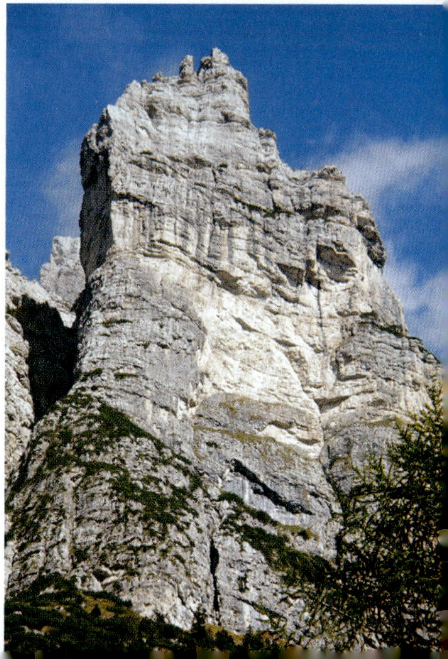

Von der Casera auf breitem Weg über einen steilen, latschenbewachsenen Hang gegen den Spiz di Moschesin in vielen Kehren ostwärts empor, später über felsdurchsetzte Grashänge direkt unter ihren Westwänden nach rechts vor zum Ansatz eines nach S streichenden sekundären Rückens, der im M. Scalabras kulminiert (erstmals Tiefblick in das urwelthafte Val Clusa, das rechts vom erwähnten Rücken, links von den Bergen der Talvenagruppe eingefasst wird); idealer Rastplatz! Nun ostwärts, an den Südhängen des Spiz di Moschesin entlang, zu einer Quelle und weiter zur **Forc. Moschesin (4)**, 1940 m (Hüttenruine), einer markanten Scharte zwischen Tàmergruppe links und Talvenagruppe rechts, 3.30 Std. Jenseits schöner Tiefblick in das stille Val Prampèr mit C. di Prampèr rechts und Spiz di Mezzodi links darüber. Weiter links in der Ferne der Antelao.

Von der Forc. Moschesin zwei Möglichkeiten:

■ Hauptweg Nr. 543 führt halb links (nordostwärts) in Kehren gegen das Val Prampèr hinab zu einer Verzweigung (Tafel). Hier rechts (Weg Nr. 543) über Wiese weiter abwärts, dann an der schrofigen Nordflanke der C. Balanzol kurz nach rechts empor, schließlich in horizontaler Querung der Flanke hoch über dem Val Prampèr durch Latschen ostwärts in eine

Das Rif. Sommariva al Pramperèt, eine zünftige Bergsteigereinkehr.

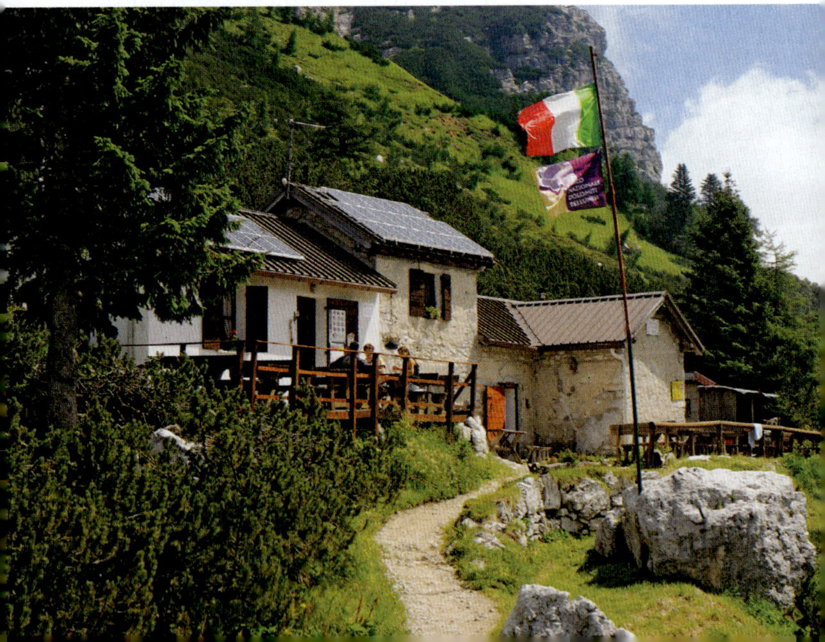

seichte Wiesenmulde mit vereinzelt stehenden Lärchen (Prachtblick nach N gegen den kolossalen M. Pelmo sowie nach NO zur herrlichen Pyramide des Antelao!). Hier mündet die Variante von rechts ein.

■ Auf bez. Steig (»Variante Panoramica«, Weg Nr. 543) durch verschiedene Mulden nach O gegen die C. Balanzol aufwärts, später eine Rinne steiler empor zu aussichtsreicher Schulter, an der sich die Route in die Nordseite der C. Balanzol wendet. Herrliche Schau nach N und O auf Pelmo, Cristallo, Sorapiss, Marmarole und Antelao! Nun zunächst durch Latschen in einigen Kehren abwärts, dann in langer fallender Querung begrünter Hänge ostwärts in eine seichte Wiesenmulde mit vereinzelt stehenden Lärchen. Hier mündet von links der Hauptweg ein.

Gemeinsamer Weiterweg: An den Nordhängen der C. Balanzol in Ostrichtung weiter und bald zum querenden Weg Nr. 514 (Et. 18, Tafel), der nach rechts zum Rif. Pian de Fontana führt. Wir folgen dem Weg nach links (!) hinunter zum weiten Wiesensattel der Forc. di Pramperèt (auch »Pra della Vedova«), 1867 m, zwischen Talvenagruppe im S und Prampèrgruppe im N. Hier kurz nach rechts (O) zum **Rifugio Sommariva al Pramperèt (5)**.

Rifugio Sommariva al Pramperèt, 1857 m

Inmitten eines einsamen, stark vernachlässigten Berggebiets gelegene Schutzhütte des CAI Oderzo. Separates Schlafhaus. 25 B.; bew. vom 20. Juni bis 20./25. September. Winterraum in kleiner Hütte östlich des Hauptgebäudes (Lager und Decken für 5 Personen, ferner Sitzgelegenheit und Herd). Tel. +39/0437/1956153 (Hütte) und +39/0422/716354 (CAI Oderzo), rifugiosommarivaalpramperet.it. Anschrift: Rifugio Sommariva al Pramperèt, I–32012 Forno di Zoldo/Belluno. Gb.: M. Talvena, 2542 m, C. di Prampèr, 2409 m, C. del Coro, 2324 m, C. del Venièr, 2237 m, Castello di Moschesin, 2499 m.

Rundsicht: Im NW über der Forc. di Pramperèt die Tàmergruppe mit Castello di Moschesin und M. Tàmer, im N das Massiv der C. di Prampèr. Eindrucksvoller Tiefblick nach S in die Mulde um die Cas. di Pramperèt mit den begrünten Ostabstürzen der Talvenagruppe rechts darüber. Weiter links über dem tiefen Valle Costa dei Nass die Zackenreihe der C. di Caiada (Schiaragruppe). Darüber die südlichen Karnischen Alpen mit Col Nudo, M. Teverone, M. Messer und M. Cavallo.

Anmerkung: Bei anhaltend schlechtem Wetter oder Zeitmangel empfiehlt sich der Abstieg auf Weg Nr. 523 durch das nach N gerichtete Val Prampèr, an der Malga di Prampèr und dem Kleinod des Piano dei Palui vorbei, nach Forno di Zoldo, 840 m. Gehzeit: 2–2.15 Std. Von dort mit der Dolomitibus-Linie 25 (verkehrt mehrmals täglich, Fahrplan unter dolomitibus.it) über Longarone nach Belluno. Von dem bei Regen heiklen Abstieg (gesicherte Felspassagen) auf Weg Nr. 513 durch das nach Südosten absinkende schluchtartige Val Costa dei Nass nach Soffranco wird abgeraten.

V17 Passo Duran – Rif. Sommariva (»Variante Zoldana«)

6.45 Std. ↗680 Hm ↘420 Hm
Mögliche Aufteilung: Teilstrecke Passo Duran – Biv. Angelini
2.45 Std. ↗180 Hm ↘100Hm
Teilstrecke Biv. Angelini – Rif. Pramperèt
4 Std. ↗500 Hm ↘320 Hm
Ungemein interessante, abenteuerliche Wanderung durch ein noch wenig erschlossenes Gebiet an der Nordseite (Zoldiner Seite) der Tàmergruppe in das Val Pramper und weiter zum Rif. Pramperèt. Anspruchsvoller, nur geübten Bergsteigern zu empfehlender Übergang. Landschaftlich ebenso großartig wie die Hauptroute Et. 17. Seit Errichtung des Biv. Angelini (Wasserstelle! Nächtigung nur mit Biwakausrüstung!) kann diese lange und anstrengende Strecke auch auf zwei Tagesetappen aufgeteilt werden. Großteils nur Steigspuren, aber gut markiert.

Vom **Passo Duran (1)** (siehe Et. 16) auf Staatsstraße Nr. 347 ostwärts in Richtung Forno di Zoldo nach 300 m zur Rechtsabzweigung (Pfeil) von Weg Nr. 536 noch vor einer Brücke. Wir folgen dem Weg anfangs nordostwärts, dann ostwärts unter den Wänden der C. dei Gravinai im Lärchenwald eben dahin, später über zwei Bachläufe und hinauf zur Rechtsabzweigung der »Viaz del Cengioni«, 1610 m. Kurz steil bergab, dann an den Waldhängen eben und aufwärts zur Schulter Col delle Buse, 50 Min. Ostwärts hinunter zu einer Wegteilung und gerade fort zur Schulter **»La Coda« (2)**, 1565 m, mit hausgroßen Felsblöcken, 1 Std. Sehr schöner Blick nach O zu den Spiz di Mezzodi (Prampèrgruppe), zur Bosconerogruppe und zum M. Pelmo im N!

Die Cas. di Prampèr im oberen Prampèrtal mit Sorapiss und Antelao im Hintergrund.

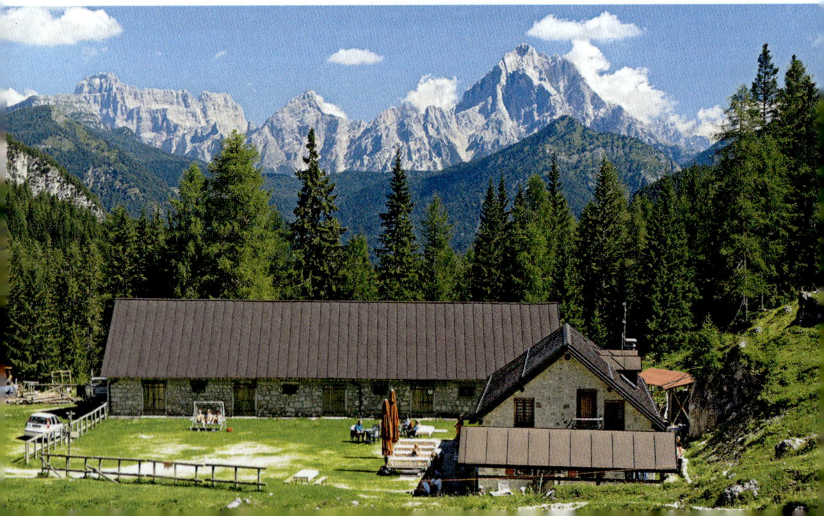

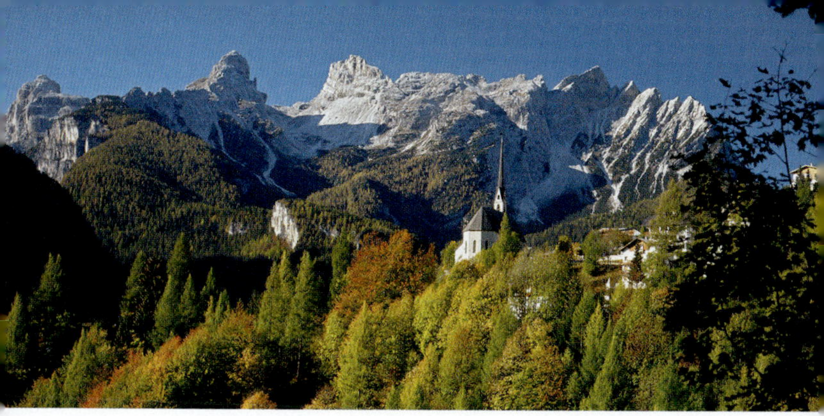

Die Nordseite der Tàmergruppe, deren Flanken die hier beschriebene Variante quert.

Um eine Bergecke nach rechts herum und durch eine seichte grasige Mulde nach Südwesten empor zur Forc. della Val dei Barance, 1688 m (Linksabzweigung des Steiges nach Colcervèr), 2 Std. Durch Wald hinaus in das große Schuttkar Van dei Gravinai, das in Südostrichtung leicht fallend gequert wird, dann durch Latschen in steilen Kehren hoch in die Forc. de le Cáure, 1723 m, 2.30 Std. Jenseits an den Latschenhängen weiter aufwärts, später auf bewachsenen Bändern auf und ab über ein Bächlein (Trinkwasser) zum (2.45 Std.) **Bivacco »Bàita Valentino Angelini« (3)**.

Bivacco »Bàita Valentino Angelini«, 1680 m: Auf aussichtsreicher Schulter hoch über dem Val Malisia gelegene, teils gemauerte, teils aus Holz errichtete, ständig geöffnete, aber nicht bewirtschaftete Unterkunft des CAI Val Zoldana. Platz für 6 Personen. Kamin, Tisch, Bänke und Holzpritschen vorhanden, jedoch keine Matratzen und Decken. Nächtigung nur mit Liegematte und Schlafsack. Hüttenbuch. Wunderbare Schau auf Civetta-Moiazza-Gruppe (NW), gegen den isoliert aufragenden gewaltigen M. Pelmo (N), zur Bosconerogruppe (ONO) und auf die Türmephalanx der Spiz di Mezzodi (O).

Auf dem Weg Nr. 536 im Wald nach Osten hinab zur Verzweigung Sota al Col di Gai, 1630 m (Quelle), und geradeaus in steilen Kehren weiter bergab zur nächsten Teilung. Rechts im Wald unter die Wände der C. Petorgnon und dort

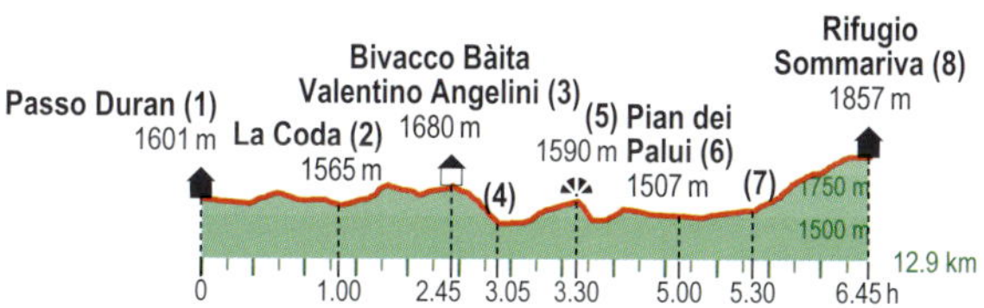

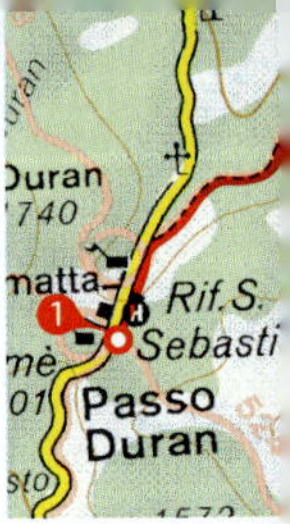

zur Verzweigung **Sora l'Sass de San Sebastian (4)**, 1460 m. Auf bewachsenem Band etwa 100 m quer durch eine senkrechte Wand und nach rechts in eine enge wilde Schlucht. Durch diese (Kletterstellen im Grad I) sehr steil nach Osten hoch, dann (Achtung – die Wegmarkierung ist hier leicht zu übersehen!) nach links auf einen Absatz. Jenseits kurz bergab, dann über einen von Latschen bewachsenen Schrofenhang (leichte Kletterei) nach rechts hoch und nach Querung steiler Waldhänge an den Petorgnon-Nordostrücken mit aussichtsreicher **Felskanzel (5)**, 1590 m (Verzweigung), 3.30 Std. Den Weg Nr. 536 durch Latschen und Wald steil nach rechts (Südosten) gegen das Val Prampèr abwärts und unter den Petorgnon-Wänden in langer Querung nach rechts (Süden) zur Bergsturzzone Masarèi. Dort durch Latschen aufwärts und eben, dann in den Wald und dort bei leichtem Gefälle zur Prampèrtalstraße am **Pian dei Palui (6)**, 1507 m, 5 Std. Einzigartig die wilden Türme der Spiz di Mezzodi über der paradiesischen Wiesenfläche, ein Glanzpunkt der Süddolomiten! Die Naturstraße rechts haltend über die Wiesen, dann durch lichten Baumbestand neben der Prampera südwestwärts weiter, zuletzt nach links über den Bach und nach Osten empor zum Straßenende an der (5.30 Std.) **Malga di Prampèr (7)**.

Malga di Prampèr, 1540 m: Almgaststätte »Agriturismo« mit Milchprodukten und Übernachtungsmöglichkeit; 8 B., vom 15. Juni bis 30. Sept. geöffnet, Taxi-Zubringer von Forno di Zoldo bzw. vom Großparkplatz im unteren Val Prampèr, Tel. +39/329/7862899 (mobil), malga.pramper@gmail.com, caiveneto.it/rifugio/malga-pramper. Prachtvolle Schau nach NO gegen die Türme der Spiz di Mezzodi. Links dahinter das breite Dreieck des Antelao. Aufblick nach Südwesten gegen den wuchtigen Castello di Moschesin.

Den bez. breiten Weg Nr. 523 durch Latschen und lichten Wald anfangs sanft, bald aber steil nach SO aufwärts zu einer wilden Schuttreise von der C. di Prampèr herab. Links des Schuttstroms steil hoch, dann über ihn nach rechts und im Waldgelände weiter zu einem gemauerten Bildstock, 1753 m. Kurz bergab, danach zur Linken eines Tälchens (Felspassage mit kurzem Drahtseil), an einer Gedenktafel vorbei, steil empor in den Wiesensattel der Forc. di Pramperèt, 1860 m (auch »Pra della Vedova«), zwischen Talvena- und Prampèrgruppe. Jenseits, an der Rechtsabzweigung der Wege Nr. 543 und 514 vorbei, durch Wiesen eben nach Osten zum **Rif. Sommariva (8)** (Et. 17).

18 Rif. Sommariva – Rif. Pian de Fontana

3.15 Std. ↗540 Hm ↘760 Hm

Landschaftlich beeindruckende, abenteuerliche Strecke durch die einsame Hochregion der Talvenagruppe, der berühmten Schiaragruppe entgegen. Unschwierige Wanderung auf stets gut bez. Steigen. Trittsicherheit erforderlich. Vorsicht bei Nebel!

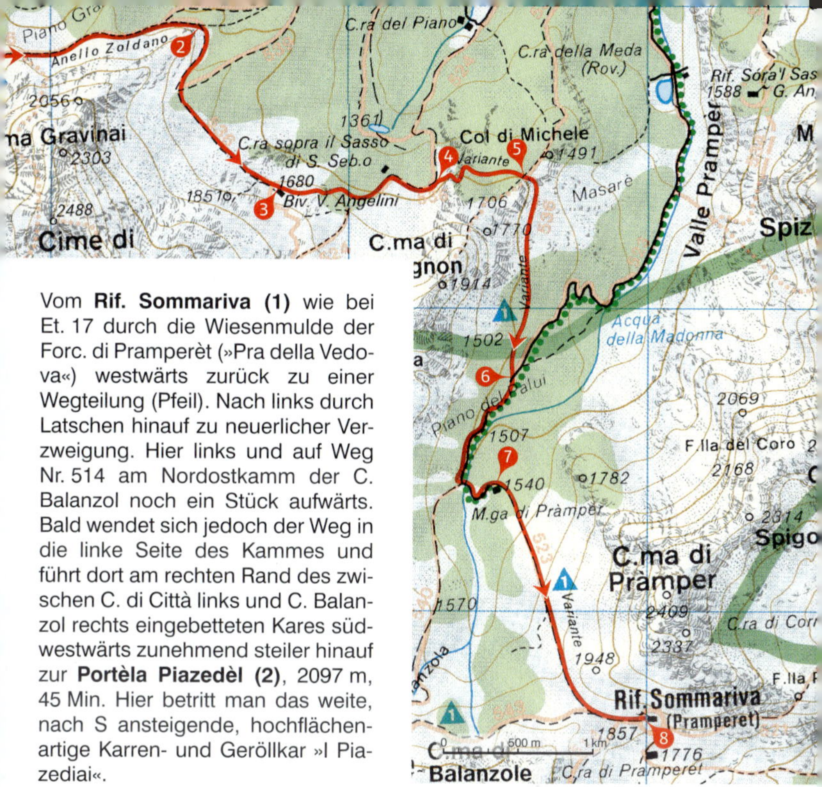

Vom **Rif. Sommariva (1)** wie bei Et. 17 durch die Wiesenmulde der Forc. di Pramperèt (»Pra della Vedova«) westwärts zurück zu einer Wegteilung (Pfeil). Nach links durch Latschen hinauf zu neuerlicher Verzweigung. Hier links und auf Weg Nr. 514 am Nordostkamm der C. Balanzol noch ein Stück aufwärts. Bald wendet sich jedoch der Weg in die linke Seite des Kammes und führt dort am rechten Rand des zwischen C. di Città links und C. Balanzol rechts eingebetteten Kares südwestwärts zunehmend steiler hinauf zur **Portèla Piazedèl (2)**, 2097 m, 45 Min. Hier betritt man das weite, nach S ansteigende, hochflächenartige Karren- und Geröllkar »I Piazediai«.

Von der Scharte entlang der Markierung von Weg Nr. 514 nach links (S) anfangs über Karrenplatten und begrüntes Geröll, dann unter den Westwänden der Cime di Città über steile Schutthänge etwas mühsam aufwärts, schließlich mehr nach rechts (SW) empor zu einer Verflachung. Jetzt südwärts einen sehr steilen begrünten Hang auf bez. Steig in Kehren hinauf zu einer **Scharte (3)**, 2330 m, im Kamm

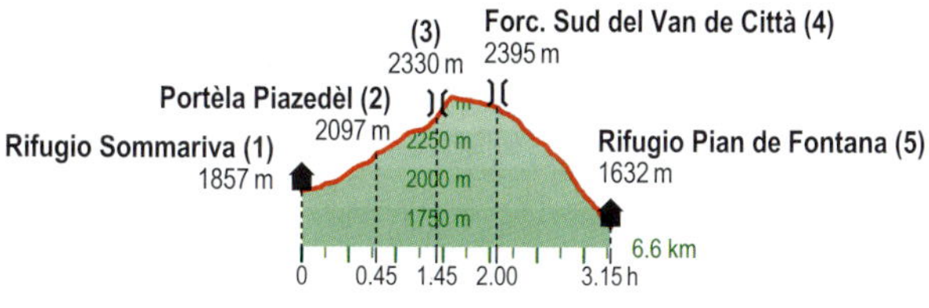

der Cime del Baranciòn, 1.45 Std. Nicht jenseits hinab (!), sondern über den schmalen, schrofigen Grat etwas ausgesetzt nach links (O) gegen die Cime di Città aufwärts, dann die Südflanke (Geröll) der Cima Città di Mezzo ostwärts querend hinauf zur **Forc. Sud del Van de Città (4)**, 2395 m, zwischen Cima Città di Mezzo links und Cima Città Sud rechts, 2 Std.
Überraschender Einblick in das eigenartig zweigeteilte Van de Città. Im O und SO darüber das Gipfelheer der Südlichen Karnischen Alpen mit (von links) Cridola, Monfalconi, Spalti di Toro, C. dei Preti, M. Duranno, Col Nudo, M. Teverone, M. Cavallo und Cansiglio-Plateau. Einzigartig die hier erstmals in Erscheinung tretende Schiaragruppe im Süden!
Jenseits der Forc. auf bez. Steig über Gras und Geröll in das Van de Città hinab und rechts durch den westlichen Teil des Hochkares (»Van de Città de Fora«) abwärts in den sich verflachenden Karboden. Dort auf gutem Steig in Südostrichtung eben weiter, dann in weit ausholendem Linksbogen steiler hinab zu einer Verflachung am Abbruchrand des Kares gegen Val dei Ross.

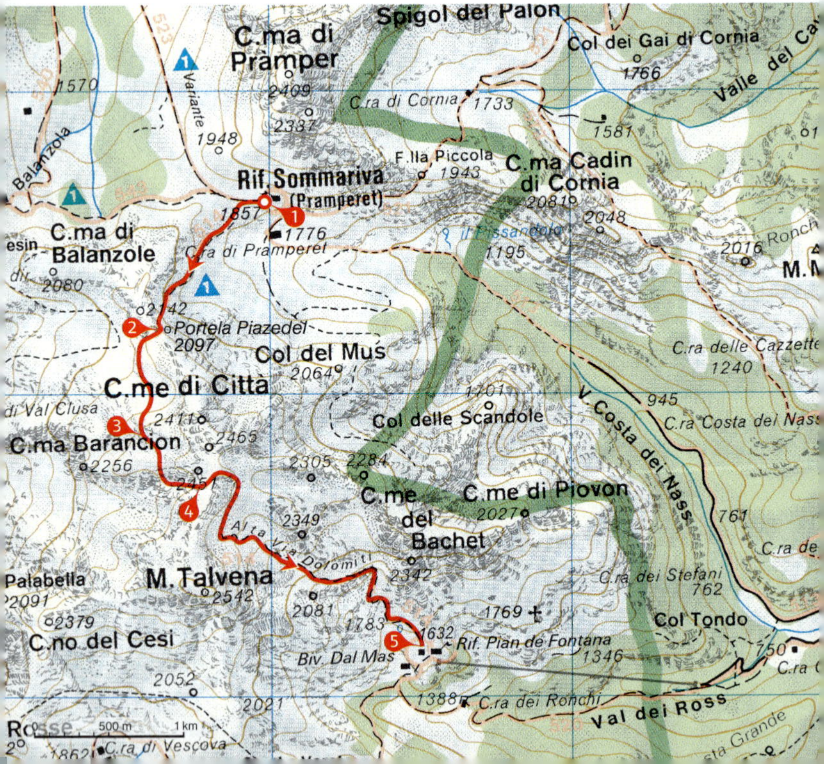

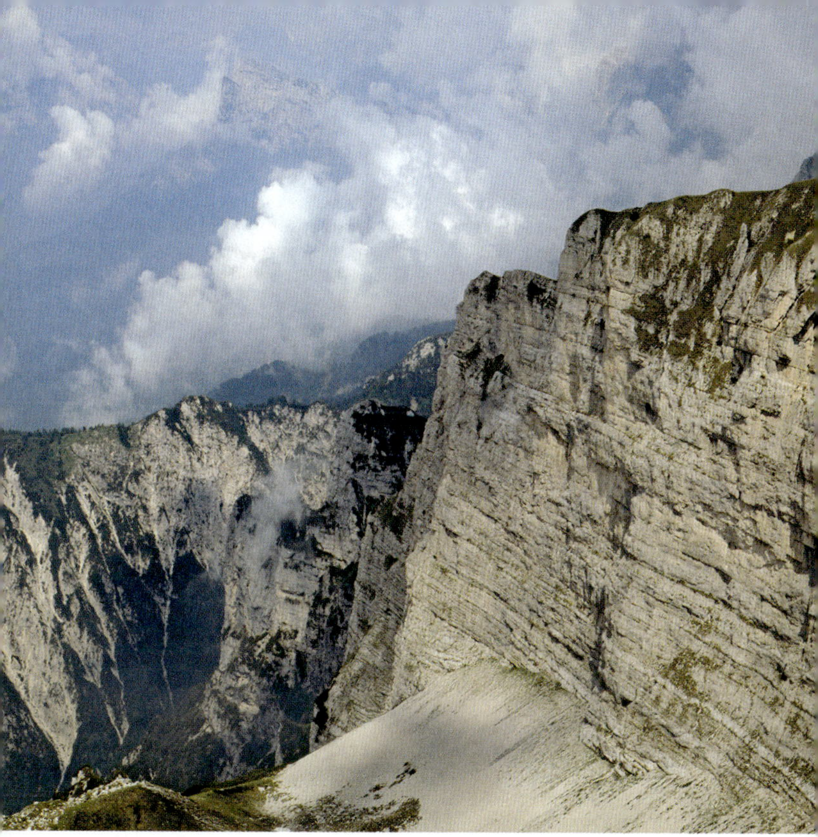

Die Südwände der C. del Barancìon (Talvenagruppe) über dem Val de Erbandoi.

Sehr schöner Blick nach S zur Schiaragruppe! Nun etwas ausgesetzt über die steile, felsdurchsetzte Grasflanke (nachmittags sehr heiß, Vorsicht Vipern!) auf gutem Steig (Nr. 514) in vielen Kehren südostwärts hinab zum **Rifugio Pian de Fontana (5)**.

Rifugio Pian de Fontana, 1632 m

Auf einem Wiesenabsatz (»Pian de Fontana«) in der Südflanke der C. dei Bachet (Talvenagruppe) gelegene Schutzhütte. Besitz der Comune di Longarone, bewirtschaftet von Mitgliedern des CAI Longarone. 24 B., bew. vom 5./10. Juni bis 25./30. September. Reservierung unbedingt erforderlich! Winterraum

im benachbarten Gebäude des Bivacco Dal Mas (12 L.). Tel. +39/0437/1956135 (Hütte) und +39/335/6096819 (mobil), piandefontana.it, Anschrift: Rifugio Pian de Fontana, CAI Longarone, Piazza 1° Novembre, I–32013 Longarone/Belluno. Gb.: M. Talvena, 2542 m, M. Schiara, 2565 m, M. Pelf, 2502 m. Besonders eindrucksvolle, wilde Umgebung!
Rundsicht: Im SW unser nächstes Ziel, die begrünte Forc. La Varetta. Im S über der niedrigen C. de la Scala die Schiaragruppe (M. Schiara, M. Pelf). Im SO die Zackenreihe der C. di Caiada mit Col Nudo und M. Teverone (südliche Karnische Alpen) links darüber. Weiter links die hellen Gesteinsflächen vom Monte-Toc-Erdrutsch (Vajont-Katastrophe).

19 Rif. Pian de Fontana – Biv. Màrmol

3.45 Std. ↗780 Hm ↘130 Hm
Langer und mühsamer Steilanstieg zur Gipfelregion der Schiaragruppe. Mit Abstand weitaus anspruchsvollste Teilstrecke der Höhenroute Nr. 1.

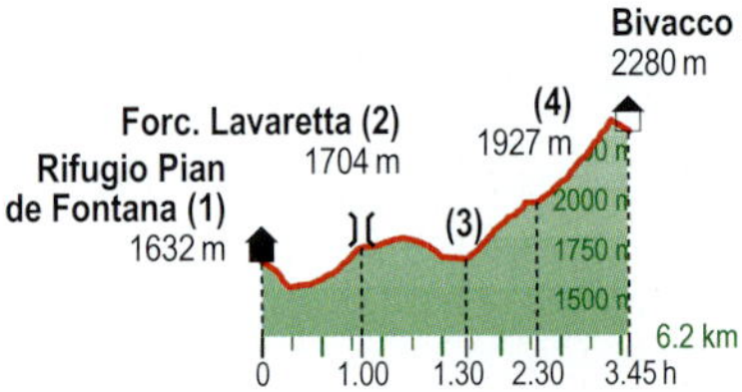

Hinweis: Die Schwierigkeiten dieser beiden Etappen liegen beträchtlich über den Anforderungen des bisherigen Höhenweges. Nur Bergsteiger mit Übung im steilen Felsgelände und Klettererfahrung (Passagen bis zum Schwierigkeitsgrad II) sollten sich daran wagen. Fühlt man sich den Anforderungen nicht gewachsen, so sollte man die problemlose Variante 7 benutzen! Bei herannahendem schlechtem Wetter, bei Regen oder Neuschnee sollte man gar nicht erst bis zum Biv. Màrmol ansteigen, da ein Abstieg von dort nach S zum Rif. 7° Alpini unter den gegebenen Umständen gefährlich werden kann, aber auch der Rückweg über die Forc. del Màrmol ein heikles Unternehmen darstellt.
Vom **Rifugio (1)** auf Weg Nr. 514 südwestwärts über einen Wiesenrücken sanft abwärts, später durch Laubwald und Gesträuch in Kehren westwärts hinunter in das innere Val dei Ross, 7 Min. Über den Bach und jenseits halb rechts (Achtung, nicht dem breiten Weg nach links abwärts folgen!) hinan, später die bewaldeten Südhänge im Talschluss westwärts zu einer Waldblöße queren und gleich danach zu einem zweiten Bach, 10 Min. Nun an den Hängen entlang schräg nach links (S) aufwärts, dann in vielen Kehren durch lichten Lärchenbestand westwärts empor zur **Forc. Lavaretta (2)**, 1704 m

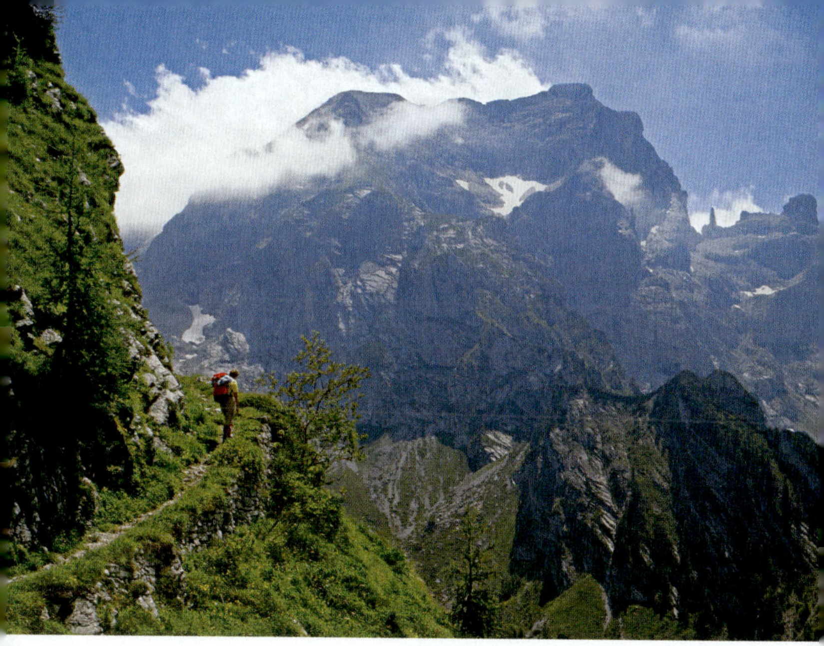

Im Anstieg zum Biv. Màrmol: Die Nordseite des M. Schiara mit der Felsnadel der Gusèla del Vescovà rechts.

(Tafeln), zwischen Talvenagruppe im N und Schiaragruppe im S, 1 Std. Überraschender Blick nach S zur nahen Schiaragruppe mit (von links) M. Pelf, M. Schiara, Gusèla del Vescovà und Pale del Balcòn. Im NW die liebliche Wiesenmulde um die Cas. di Lavaretta zu Füßen des M. Talvena.
Auf breiter Wegtrasse in prachtvoller Höhenwanderung südostwärts an der sehr steilen grasigen Südwestflanke der C. de la Scala (einzigartiger Schiara-Blick sowie Tiefblick nach W in das Val Vescovà!) entlang zunächst leicht aufwärts, später abwärts in eine Mulde, durch welche der Weg nach rechts (W) hinabführt. Nach einigen Kehren zu einer Wegteilung (Tafel) bei großer heller Felsplatte **(3)**, 1.30 Std. Gerade abwärts führt Weg Nr. 518 gegen Val Vescovà (Variante 6), nach links unsere Höhenroute zum Biv. Màrmol.
Hinweis: Wer sich den noch folgenden Wegabschnitten, insbesondere der Via ferrata Piero Rossi ex Màrmol (Et. 20) nicht gewachsen fühlt, möge ab hier Variante 6 benutzen!
Wir halten uns links und gelangen nach 10 Min. horizontaler Querung (Weg Nr. 514) durch Wiesen und Gesträuch zum **Casonet de Nerville**, 1641 m, einem verfallenen Viehunterstand. Über steile Wiesen in Windungen und

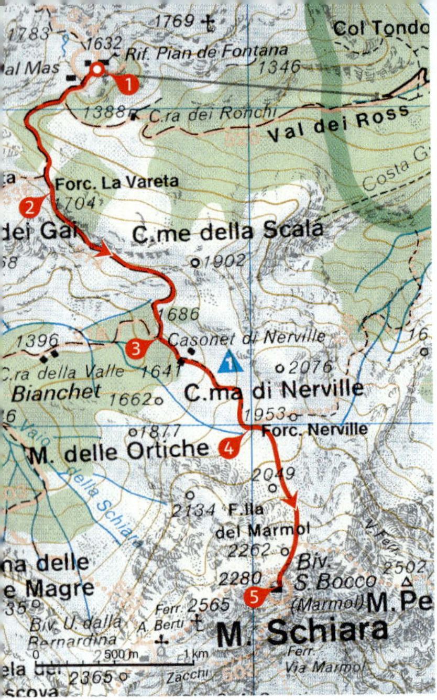

Kehren mühsam nach Osten empor, später weniger steil mehr nach rechts (SO) hoch zu einem Biwakplatz (Überhang unter auffallend großem Stein). Weiter auf bez. Steig ostwärts über einen Grasrücken, dann durch eine Mulde bis fast zur Forc. Nerville, 1953 m, hinauf. Dort rechts **(4)** und durch eine weite Wiesenmulde eben nach S zum Auslauf der von der Forc. del Màrmol herabreichenden breiten Rinne, 2.30 Std. Zu dieser Scharte folgt man nun nicht der Rinne selbst, sondern einer rechts parallel zu ihr verlaufenden Rampe, die ebenfalls zur tief eingeschnittenen Forcella (zwischen M. Pelf links und M. Schiara rechts) emporführt. In Kehren an der schrofigen Rampe hoch, später über Geröll, zuletzt in unterhaltender leichter Kletterei wiederum über Schrofen (bei Nässe oder Vereisung u. U. gefährlich!) und kurz über Schutt zur **Forc. del Màrmol**, 2262 m, 3.30 Std.

Rundschau: Prachtvoll! Im N die Prampèr-Dolomiten mit den Gruppen des M. Tàmer (darüber der M. Pelmo), des M. Talvena und der C. di Prampèr. Rechts in der Ferne Cristallo, Sorapiss und Antelao. Links hinter der Tàmergruppe das Moiazza-Civetta-Massiv. Schöner Tiefblick nach S ins Piavetal mit Belluno, dem Ziel der langen Wanderung.

Achtung! Nicht nach S durch die später ungangbar abfallende Rinne absteigen!

Von der Forc. del Màrmol nach rechts an den steilen Ostgrat des M. Schiara und diesen in anregender, etwas exponierter Kletterei (II; bei Nässe, Schnee oder Vereisung gefährlich!) den Markierungen nach in Windungen empor zu einer Verzweigung (Tafeln), 10 Min. ab Forc. del Màrmol. Links haltend durch eine plattig-schrofige Flanke (Drahtseil) aufwärts an die Abbruchkante der Schiara-Südwand (atemberaubender Tiefblick!) mit neuerlicher Teilung. Jenseits über gegliederte Felsen abwärts, dann eine Bergrippe nach links hinunter und über eine drahtseilgesicherte Felsstufe zum **Bivacco Sandro Bocco al Màrmol (5)**.

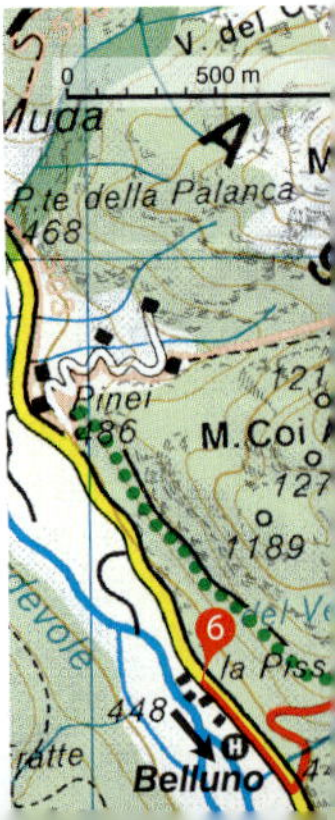

Bivacco Sandro Bocco al Màrmol, 2280 m

Sehr wichtige, wenn auch unbewirtschaftete Unterkunft am Ostgrat des M. Schiara, im Juli 2012 neu errichtet. Im Besitz des CAI Dolo. 9 L., Tisch, zwei Bänke, sonst keine Einrichtungen; ständig offen. Verpflegung (auch Wasser!) muss mitgebracht werden. Gb.: M. Schiara, 2565 m.
Rundsicht: Faszinierender Tiefblick nach S in das Val d'Ardo und hinaus in das Val Belluna (Piavetal) mit der Stadt Belluno. Darüber die Venetianischen Voralpen (Gruppe des Col Visentin). An klaren Tagen ist über diesen die Adria sichtbar! Im W der Gipfel des M. Schiara (Gipfelkreuz), im O die glatte Westwand des M. Pelf.

V19 Rif. Pian de Fontana – Val Cordevole – Belluno

4.30 Std. ↗200 Hm ↘1400 Hm, bis Haltestelle »La Pissa«, dann Busfahrt
Interessante und für alle jene bedeutsame Variante, die sich der Überschreitung des Schiara-Massivs nicht gewachsen fühlen. Wichtig auch dann, wenn man gezwungen ist, unterwegs auf Etappe 19 aus irgendwelchen Gründen aufzugeben. Unschwierige Wanderung bzw. Abstieg durch das großartige Val del Vescovà in das Cordevoletal mit abschließender Busfahrt nach Belluno.

Vom **Rif. Pian de Fontana (1)** auf der Hauptroute Et. 19 zur »Wegteilung (Tafel) bei großer heller Felsplatte« **(3)**, 1.15–1.30 Std. Nun rechts, westwärts, auf Weg Nr. 518 in zahlreichen Kehren durch Gesträuch und Latschen weiter abwärts, später durch Laubwald hinab in ein vom M. Schiara herabreichendes Lawinental. Dort über felsdurchsetzte Wiesen

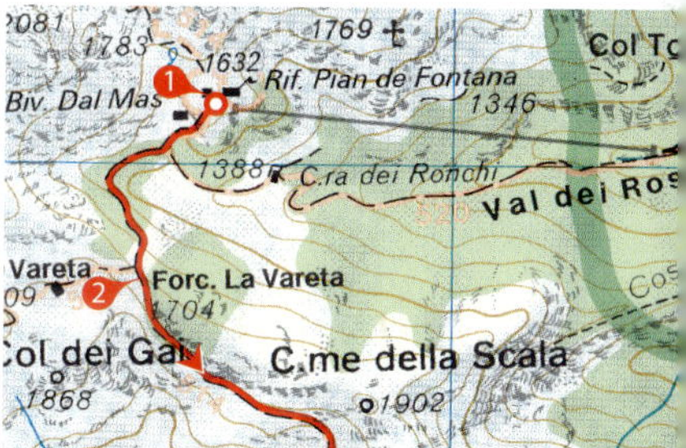

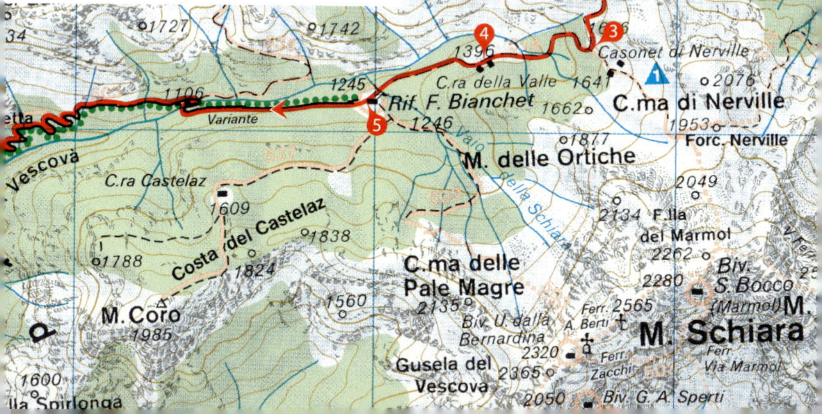

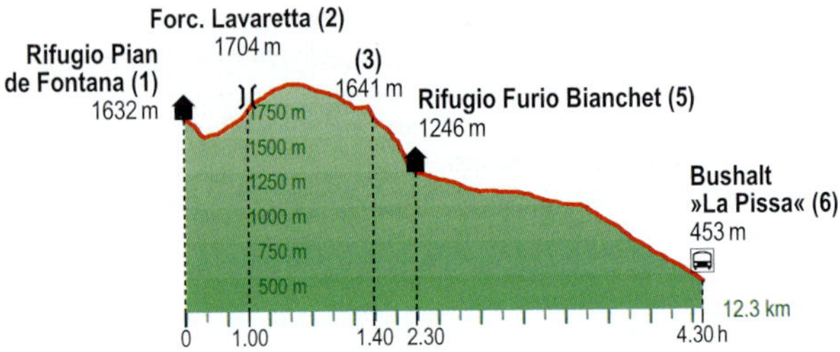

nach rechts (NW) hinab zur verfallenen **Casera della Valle (4)**, 1396 m, 2 Std. Westwärts, an der linken Seite des inneren Val del Vescovà, durch mannshohes Gras und Gesträuch talaus, später durch kurzstämmigen Lärchenwald sanft abwärts zum **Rifugio Furio Bianchet (5)**, 2.30 Std.

Rifugio Furio Bianchet, 1246 m: Schöne einstöckige Schutzhütte am Pian dei Gat im inneren Val del Vescovà, nördlich des Schiara-Massivs. Im Besitz des CAI Belluno und des ASFD (Azienda Stato Forestale Demaniali). Platz für 40 Personen; bew. vom 1. Juni bis 30. September, im April, Mai und Oktober an Wochenenden. Winterraum (6 L. ohne Matratzen und Decken!). Tel. +39/0437/669226 und +39/335/6446975 (mobil), rifugiobianchet@hotmail.com, caibelluno.it. Anschrift: Rifugio Bianchet, Pian dei Gat, I–32025 Mas-Sedico/Belluno. Hervorragend für einen längeren Aufenthalt geeignet. Prachtvoller Blick auf die zentrale Schiaragruppe im SO! Gb.: M. Talvena, 2542 m, M. Schiara, 2565 m.

Vom **Rif. Bianchet (5)** auf der für Kfz gesperrten Naturstraße (Weg Nr. 503) an der linken Seite des bewaldeten Val del Vescovà talaus, später an die rechte Talseite und dort in Kehren und längeren Querungen durch den sich schluchtartig vertiefenden Canyon in beeindruckender Wanderung (Blick gegen den eleganten, in der Gruppe der Monti del Sole aufragenden Felsturm »La Rocchetta« im W sowie auf den gespaltenen Turm »La S'cesora« rechts davor) abwärts. Noch bevor (!) die Straße um eine Bergkante nach rechts herumführt halb links ab und auf steilem Pfad (Weg Nr. 503) durch Buschwerk und Laubwald nach Südwesten hinab in die Talsohle des Val Cordevole direkt an der Mündung des Torrente Vescovà und dort zur Staatsstraße Nr. 203. Auf ihr 300 m nach rechts (flussaufwärts) zur Bedarfshaltestelle **»La Pissa« (6)**, 453 m. Von dort mit dem Bus nach **Belluno** (Et. 22).

20 Biv. Màrmol – Via ferrata Piero Rossi – Rif. 7° Alpini

2 Std. ↘790 Hm

Mit Etappe 19 schwierigste Teilstrecke der Höhenroute!

Hinweis: Der Abstieg durch die Schiara-Südwand entlang der Via ferrata Piero Rossi ex Màrmol erfordert Klettersteigerfahrung (Klettersteig-Schwie-

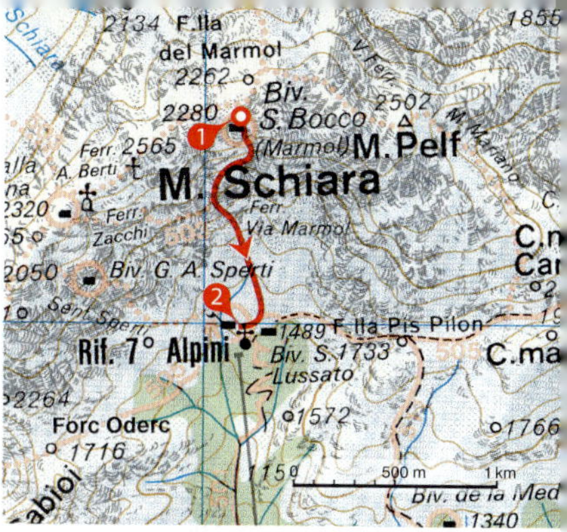

rigkeitsgrad B/C!). Klettersteigset und Steinschlaghelm sowie Seilsicherung für Begleiter mit geringer Bergerfahrung werden empfohlen! Jenen, die sich den Anforderungen nicht gewachsen fühlen, sei Variante 5 empfohlen. Für Geübte ist jedoch die Begehung des Màrmol-Eisenweges ein würdiger Abschluss.

Vom **Biv. Màrmol (1)** auf Steig Nr. 514 westwärts unter einer Wand abwärts, über eine Rinne (Drahtseil), hernach zu einem mehrfach unterbrochenen, 60–80 m hohen Kamin. Durch diesen an Drahtseilen (eine kurze Eisenleiter) hinunter in eine Scharte, 20–30 Min. Hier rechts zuerst durch eine Rinne, dann über einen geröllig-schrofigen Hang und über steile Felsabsätze (mehrere Drahtseile) zum Teil ausgesetzt in Windungen und Kehren hinab in eine Schlucht. An der gegenüberliegenden Wand auf langem Band mit Unterbrechungen (Drahtseile) ausgesetzt nach links, zuletzt über eine Eisenleiter abwärts zu grasiger Schulter (Rastplatz). Tiefblick nach S zum Rif. 7° Alpini und ins grüne Val d'Ardo!

Über schrofigen Rücken und geröllbedeckte Platten vorsichtig gegen einen begrünten Absatz hinunter, aber noch vor ihm rechts über eine Steilstufe (Drahtseile) in Windungen hinab auf ein horizontales Band. Dieses (durchlaufendes Drahtseil) 80 m ausgesetzt nach rechts in den innersten Winkel einer düsteren Schlucht, die oft mit Schneeresten gefüllt ist. An der jenseitigen Wand wiederum auf schönem Felsband (Drahtseil) 60 m nach links vor zu einer Schulter (Rechtsabzweigung der »Via ferrata Zacchi«), 1.15–1.30 Std.

Auf Weg Nr. 514 südostwärts durch Schrofen und Latschen, dann links an Klammern abwärts zu einem Kamin. Diesen unter einem Klemmblock durch hinab zu einem Steilabbruch. An der linken Seite des Kamins an Eisenklammern (Drahtseil) 20 m luftig hinunter zu einem Absatz. Kurz nach rechts, dann über gegliederte Wand (Drahtseil) 10 m abwärts zu einem leicht überhängenden Abbruch. Über diesen an drei Eisenleitern sehr ausgesetzt 15 m hinab zu einem schönen, überdachten Band. Auf diesem (Drahtseil) 30 m nach links in die bereits weiter oben traversierte düstere Schlucht (eindrucksvoller Aufblick gegen das Massiv des M. Pelf!). Im rechten Ast der durch einen Felssporn zweigeteilten Schlucht an zwei Eisenleitern hinunter, dann auf einem Band und

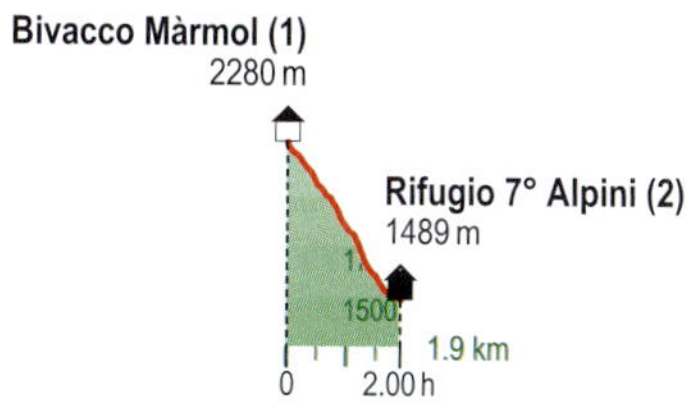

über plattige Felsen (Drahtseil) schräg nach rechts abwärts zum Wandfuß, der neben einem gewaltigen natürlichen Felsportal, 1870 m (»Porton«), erreicht wird, 1.45–2 Std. Ende des Eisenweges. Nun auf gutem Steig (Nr. 514) über steile, felsdurchsetzte Wiesen in zahlreichen Kehren südwärts hinunter zu zwei allein stehenden Bäumen. Weiter über einen grasigen Rücken gegen Val d'Ardo abwärts, schließlich über einen Bach nach links und südwärts vor zum **Rifugio 7° Alpini (2)**.

Rifugio 7° Alpini, 1489 m

Letzter Stützpunkt an der Route Nr. 1. Im inneren Val d'Ardo unter den großartigen Südwänden des Schiara-Massivs gelegene einstöckige Schutzhütte des CAI Belluno. 50 B., bew. vom 10./15. Juni bis 25./30. September, bei schönem Wetter bis zum 1. Sonntag im Oktober. Tel. +39/0437/941631 (Hütte) und +39/3400/016896 (mobil), rifugiosettimoalpini.it, infosettimoalpini@gmail.com. Anschrift: Rifugio 7° Alpini, Pis Pilon, I–32100 Belluno/Belluno. Östlich davon die gemauerte Biwakhütte Capanna Severino Lussato (CAI Belluno; 8 L.; ganzj. geöffnet, aber nicht bewirtschaftet). Oberhalb die stimmungsvolle Kapelle »Pis Pilon«. Gb.: M. Schiara, 2565 m, M. Pelf, 2502 m.

Sonnenaufgang beim Biv. Màrmol mit einem Nebelmeer über dem Piavetal und der Poebene.

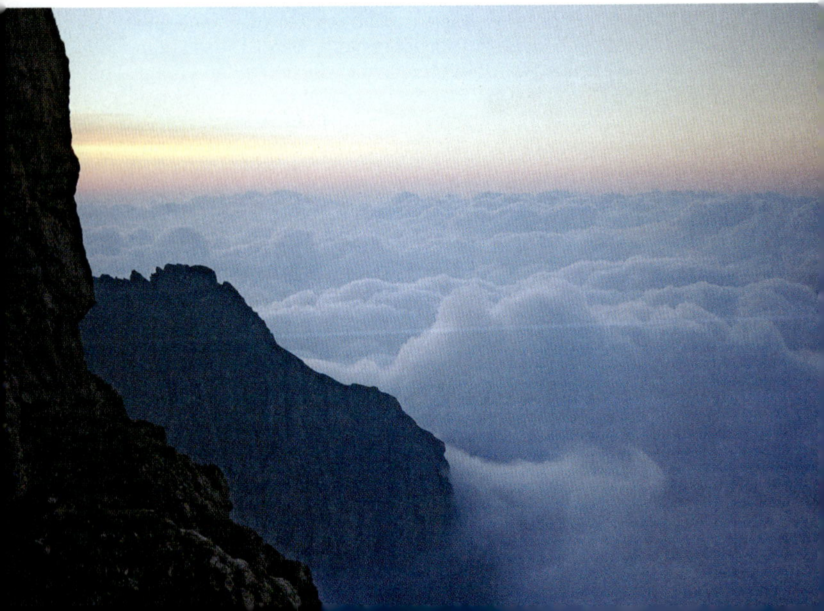

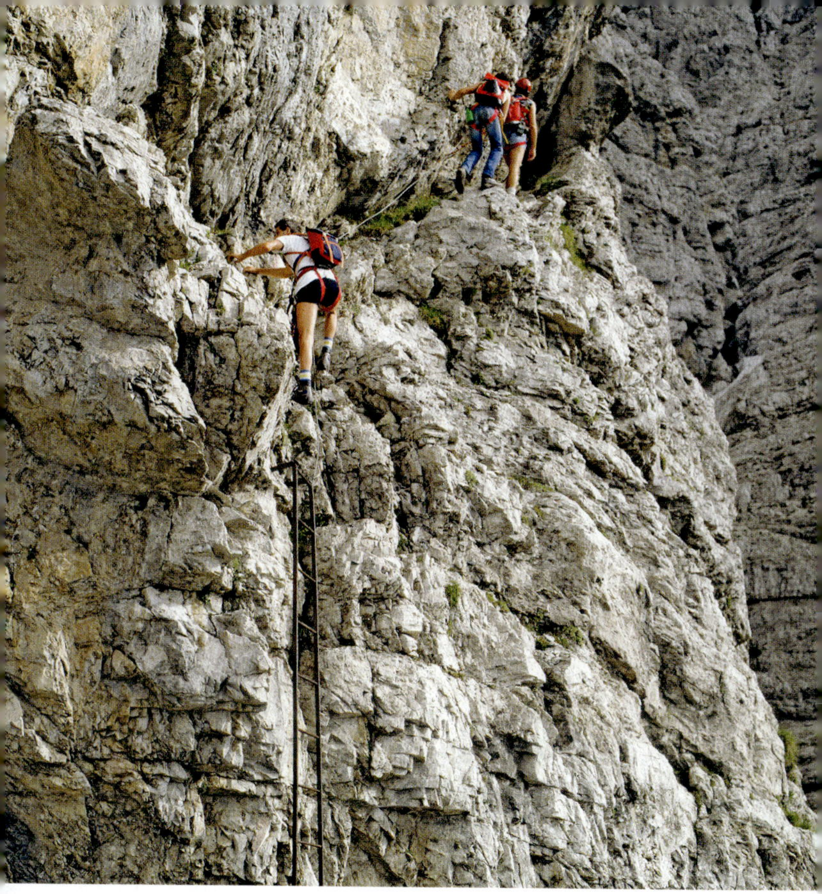

Der Abstieg entlang der Via ferrata Piero Rossi ex Màrmol durch die Schiara-Südwand erfordert konzentriertes, sicheres Gehen.

Rundsicht: Im O die Forc. Pis Pilon mit dem markanten Profil der Pale de la Mòla rechts. Im S die Talschlucht des Val d'Ardo, darüber der sanfte begrünte Höhenzug des Col Visentin (Venetianische Voralpen), darunter das Piavetal mit Teilen der Stadt Belluno. Weiter rechts M. Terne und C. di Sabioi. Im W die Senke der Forc. d'Oderz. Im NW, N und NO das gewaltige Amphitheater der Schiara-Südwände mit (von links) Pale del Balcòn, Gusèla del Vescovà, M. Schiara und M. Pelf.

21 Rif. 7° Alpini – Val d'Ardo – Bolzano Bellunese

3.30 Std. ↗140 Hm ↘1090 Hm

Letzte Gehstrecke am Höhenweg Nr. 1, auf der uns die großartige Wildnis der schon sehr südlich anmutenden Schiaragruppe nochmals vor Augen geführt wird. Langer Abstieg durch die grüne Talschlucht des Val d'Ardo. Stets breiter, zum Teil schlechter, schottriger Weg.

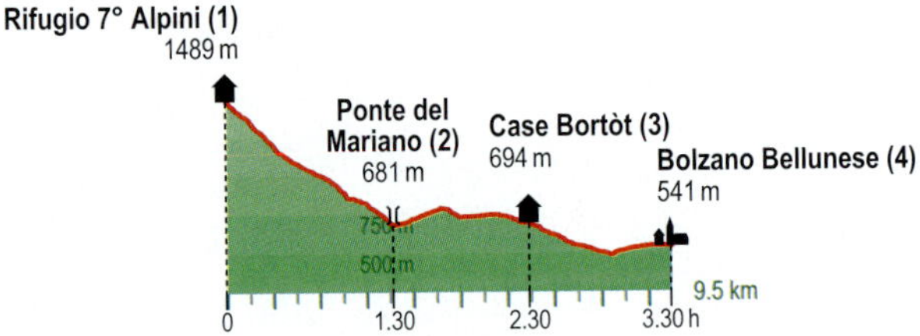

Von der **Hütte (1)** auf Weg Nr. 501 in steilen Kehren über Wiesen, dann durch Laubwald nach Süden hinab in das sich bald schluchtartig verengende wilde Val d'Ardo (schöner Rückblick zu den Südwänden der Schiara!). Über eine Betonbrücke an die rechte Talseite und dort hoch über dem Torrente d'Ardo weiter, dann an die linke Talbegrenzung und im Strächerdschungel talab zur ersten Verbreiterung bei der Lokalität »Mariano«, 693 m (Mauerreste). Linksabzweigung von Weg Nr. 507 und 511 in Richtung Biv. Medassa. Den Weg Nr. 501 geradeaus durch Laubwald und Gesträuch in Kehren hinunter zur **Betonbrücke (2)**, 681 m (»Ponte del Mariano«), über den Torrente d'Ardo, 1.30 Std. Nun auf breitem Weg an der rechten Talseite durch Buschwerk aufwärts, dann in herrlicher Wanderung (ebener Promenadenweg) hoch über der Talsohle (links unterhalb die großartige Schlucht »Bus del Buson«) dahin, bis sich das Tal endgültig weitet. Man erreicht schließlich (2.30 Std.) die freien Wiesen um die **Case Bortòt (3)**.

Case Bortòt, 694 m: Großes, ganzj. geöffnetes Gasthaus, locandacasebortot.it. Denkmal (1985 enthüllt) für die Gründer des Dolomiten-Höhenweges Nr. 1: Mario Brovelli, Toni Hiebeler und Piero Rossi.

Auf Asphaltstraße durch Wiesen und lichten Baumbestand, an Gehöften vorbei, in Windungen nach S abwärts, zuletzt kurz hinauf nach **Bolzano Bellunese (4)**.

Bolzano Bellunese, 541 m

Am Südrand des Schiara-Massivs auf aussichtsreicher Wiesenschulter über dem sonnendurchfluteten Piavetal gelegener Erholungsort. Mehrere Gasthöfe. Zufahrtsstraße von Belluno her. Eigentliche Endstation der langen Wanderung nach dem Süden.

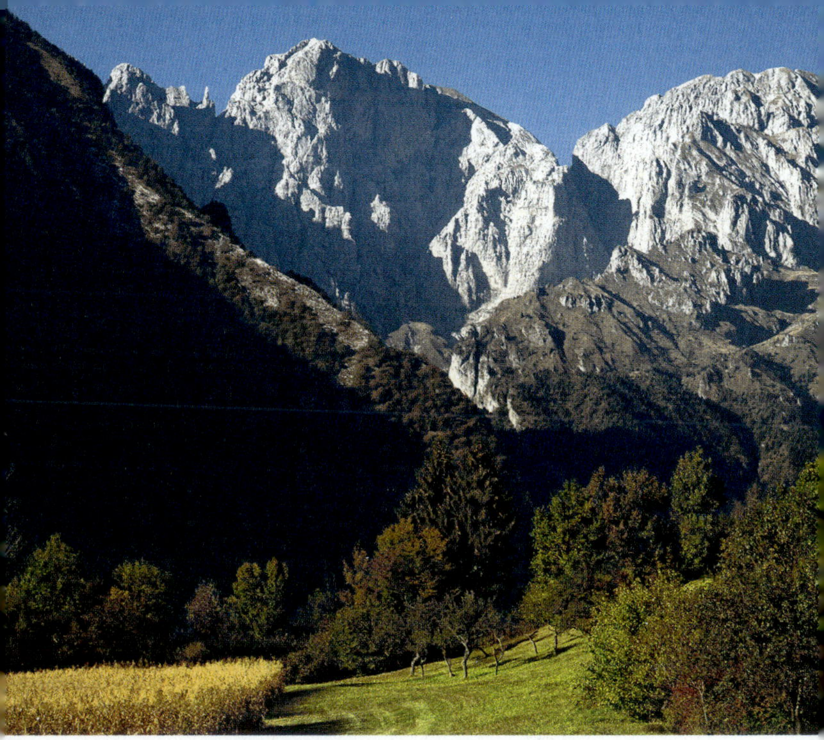

Ein letzter Rückblick: die Südwände der Schiaragruppe über dem schluchtartigen Val d'Ardo.

22 Bolzano Bellunese – Vezzano – Belluno

5 km, ca. 1 Std. Gehzeit

Von Bolzano Bellunese erreicht man mit stündlich verkehrenden Bussen (Haltestelle im Ortsinnern; an Sonntagen reduzierter Betrieb!) in wenigen Minuten die an der Mündung des Torrente Ardo in den Piave gelegene, altertümliche Provinzhauptstadt.

Belluno, 389 m

Kunstgeschichtliche Sehenswürdigkeiten, Verkehrsknotenpunkt (Busverbindung zu allen wichtigen Orten der Dolomiten). Ausgangspunkt für Touren in die südlichen Dolomiten (Schiara, Monti del Sole), die südlichen Karnischen Alpen (Col Nudo, M. Cavallo) sowie die Venetianischen Voralpen.
Informationen an der Touristeninformation (Piazza Duomo, I–32100 Belluno, Eingang Lambioi-Rolltreppen, Tel. +39/334/2813222, dolomitiprealpi.it, Mitt-

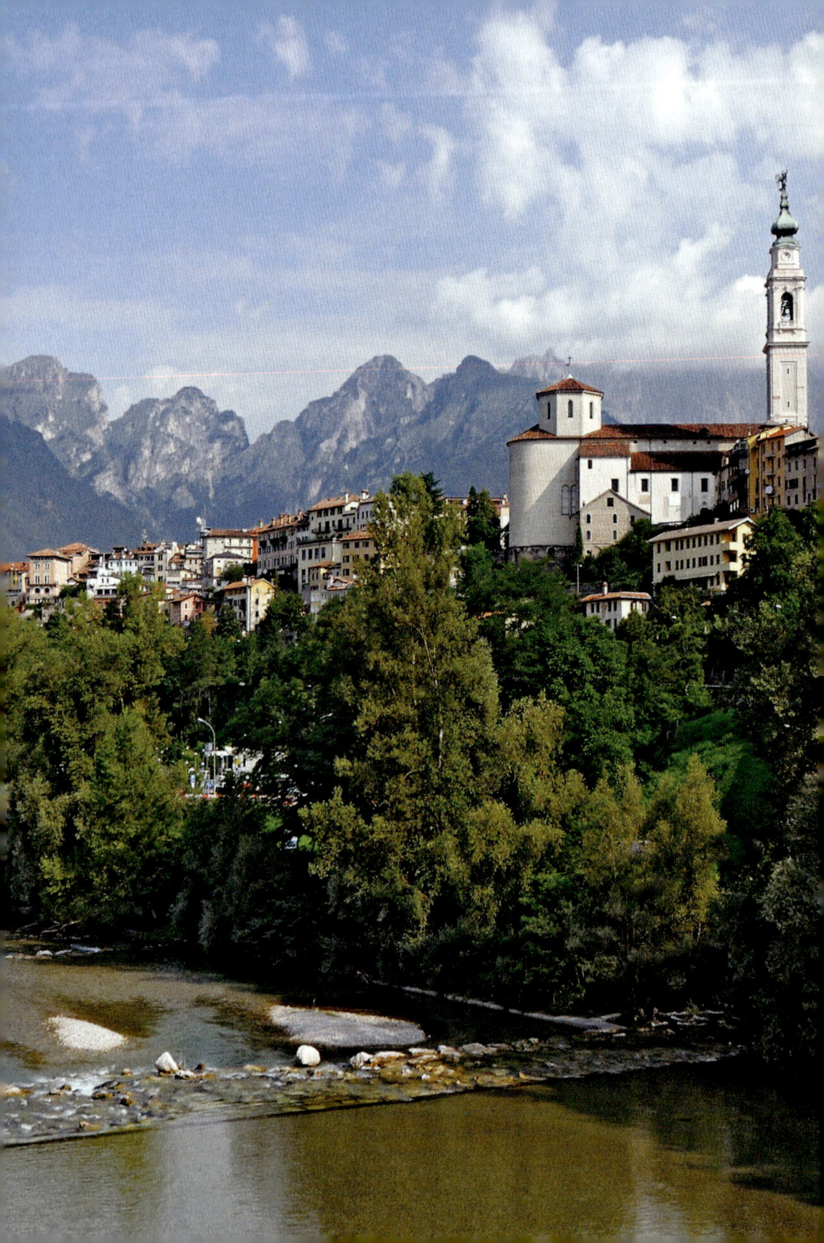

woch geschlossen, sonst täglich geöffnet 10–13 Uhr, Samstag und Sonntag auch 14–17 Uhr) und beim CAI Belluno (Piazza San Giovanni Bosco 11, I-32100 Belluno; Tel. +39/0437/931655, caibelluno.it).

Lohnend ist ein Besuch der bereits in den Venetianischen Voralpen südlich über Belluno gelegenen Hochfläche des Nevegal, etwa 1000 m. Von dort Sessellift auf den Col Faverghera, 1611 m, mit prachtvoller Aussicht zu den Dolomiten im N, aber auch über die oberitalienische Tiefebene nach S zur Adria! Bademöglichkeit in dem 19 km östlich von Belluno an der Straße Belluno – Venedig gelegenen Lago di Santa Croce. Das Meer (Venedig, Jesolo usw.) kann von Belluno mit Pkw, Bus oder Bahn in 1.30–2 Std. (etwa 100 km) erreicht werden.

Rückreise zum Pragser Wildsee

Wer das Auto im Pustertal oder am Pragser Wildsee abgestellt hat, fährt am besten von Belluno mit Bus über Tai di Cadore, Cortina und Toblach nach Niederdorf (Villabassa). Dort umsteigen in den Bus zum Pragser Wildsee. Dafür ist mit einem halben Tag zu rechnen.

Linke Seite: Die am Piave gelegene Provinzhauptstadt Belluno verdient einen Besichtigungstag.

Folgende Doppelseite: Am Passo di Venegiotta (Dolomiten-Höhenweg Nr. 2, Etappe 12). Einblick in die Westwandflucht der Pala-Nordkette mit dem Cimone della Pala rechts.

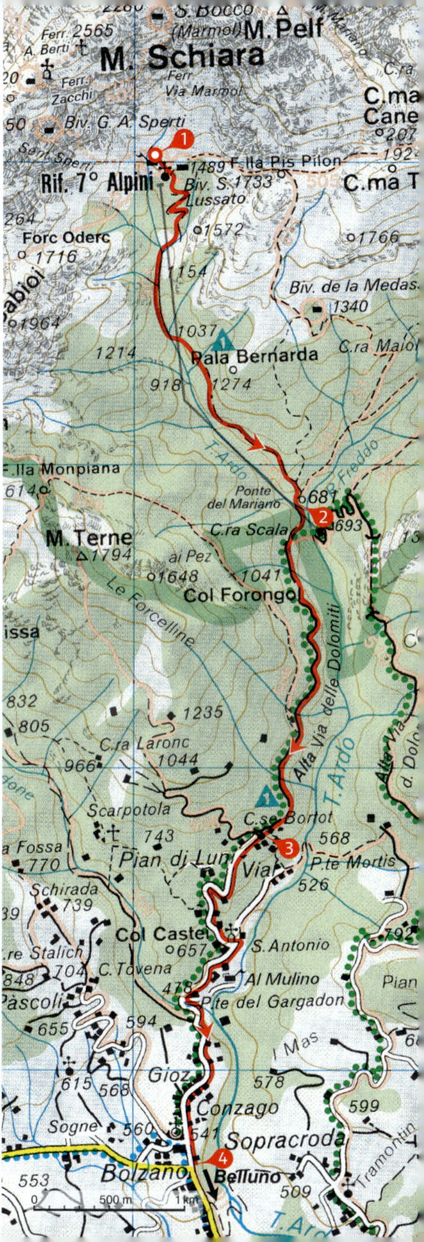

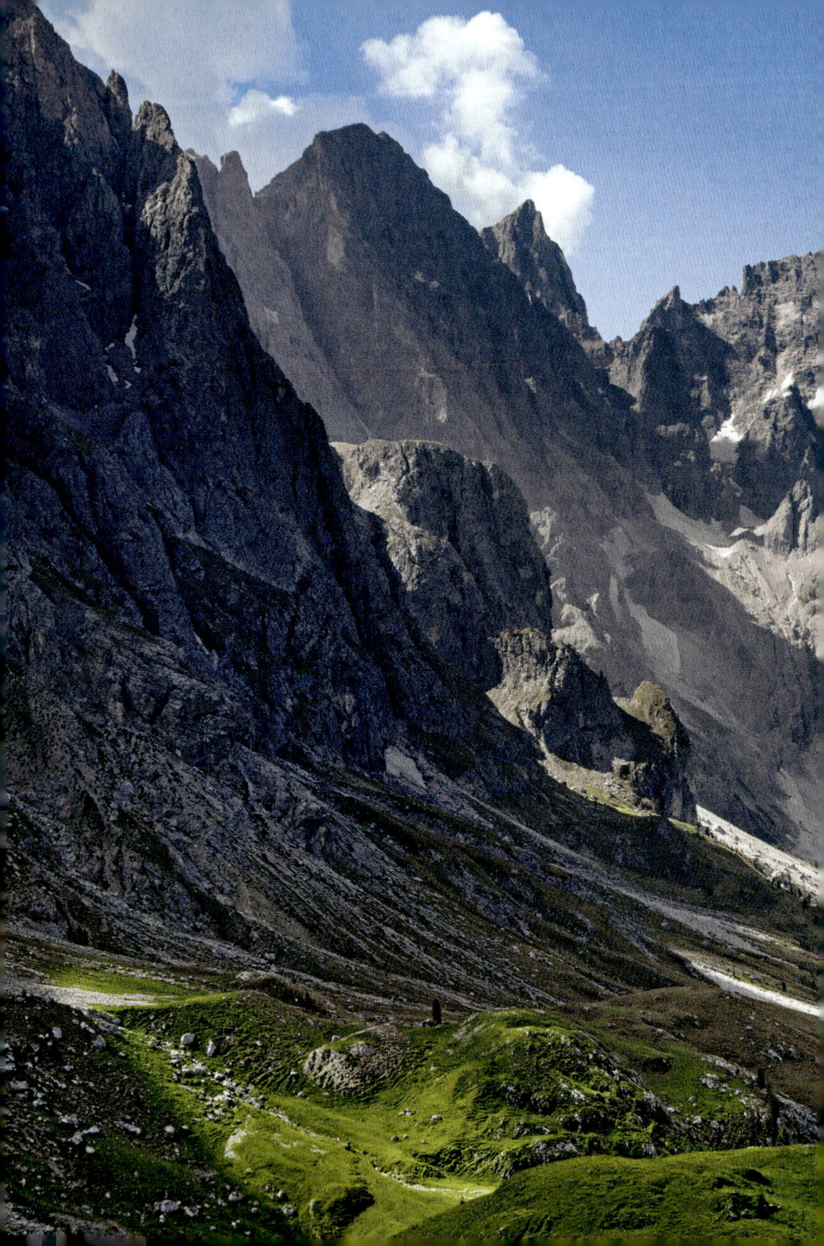

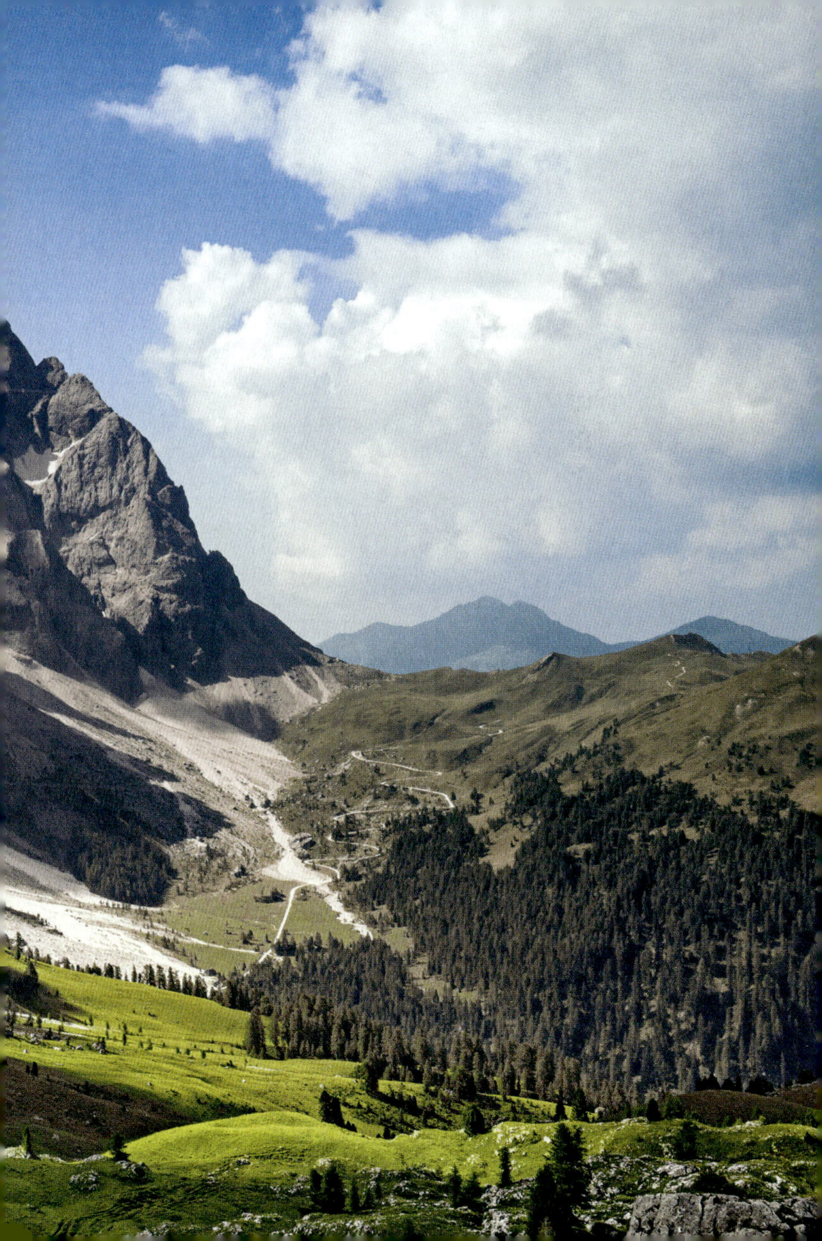

2

Dolomiten-Höhenweg Nr. 2

Von Brixen nach Feltre

Der parallel zur Dolomiten-Höhenroute Nr. 1 durch die landschaftlich etwas gemäßigteren, jedoch kaum weniger eindrucksvollen Hauptgebiete der westlichen Dolomiten führende Höhenweg Nr. 2 beginnt in der alten Südtiroler Bischofsstadt Brixen und endet im reizvollen venezianischen Kleinstädtchen Feltre, dort, wo sich die Piave in einem energischen Knick nach S der oberitalienischen Tiefebene zuwendet. Somit zählt Höhenroute Nr. 2 gemeinsam mit den Wegen Nr. 1, 6 und 10 zu den großen Dolomitendurchquerungen von N nach S.

Zehn Gebirgsgruppen (Plose, Peitlerkofel, Geisler, Puez, Sella, Padòn, Marmolada, Bocche, Pala und Feltriner Dolomiten) werden durchwandert, von denen allerdings drei (Plose-, Padòn- und Bocchegruppe) geologisch nicht zu den Dolomiten zählen. Den Charakter des Höhenweges bestimmen weite, meist von großartigen Felsburgen überragte Almgebiete, ausgedehnte Karrenplateaus (Puez-, Sella- und Palagruppe) und einige von der typischen Dolomitennatur abweichende Regionen, die durch ihren Aufbau aus Eruptiv- oder Kristallingestein (teilweise Porphyr) bzw. durch starke Vergletscherung (Marmolada) an die Zentralalpen erinnern. Echt dolomitische Hochgebirgsszenerien finden sich in der Geisler-, Sella- und Palagruppe. Letztere bildet mit den Feltriner Dolomiten den Abschluss und eigentlichen Höhepunkt der Wanderung.

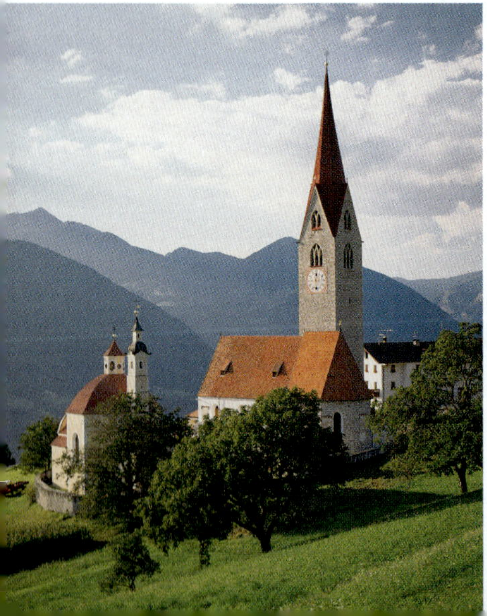

Die Dolomiten-Höhenroute Nr. 2 hat eine Länge von 185 km (Luftlinie 80 km). Für ihre Begehung ist mit 15 Tagen zu rechnen, sie wurde aber auch schon in 12 Tagen und weniger geschafft. Mit den Nummern 1, 8 und 9 gehört die vorliegende Route zu den technisch einfachsten Alte Vie. Einigermaßen

Brixen ist zwar Ausgangspunkt, das reizende Dorf St. Andrä jedoch eigentlicher Startplatz für den Höhenweg Nr. 2.

trainierten und bergsteigerisch versierten Begehern werden somit kaum Probleme geboten, doch sind zumindest auf den angeführten Varianten Kletter- und Eiserfahrung erforderlich! Insgesamt ist Route 2 wegen des etwas häufigeren Vorkommens von Kletterstellen, wegen der im Durchschnitt längeren Etappen von Hütte zu Hütte und vor allem wegen einiger im Frühsommer (Altschneereste) gefährlicher Steilrinnen anspruchsvoller als Höhenweg Nr. 1. Es werden 13 bewirtschaftete Hütten, zwei Biwakschachteln und sieben größere Dolomitenpässe (alle mit Unterkünften) berührt. Die Route ist durchgehend rot-weiß-rot markiert und mit Dreieckszeichen des Dolomiten-Höhenweges Nr. 2 (eine 2 im roten Dreieck) versehen.
Wanderer, welche die Stempel der passierten Hütten auf einem Blatt Papier gesammelt haben, erhalten in Feltre an der IAT Feltre Fremdenverkehrsinformation/IAT Feltre Ufficio informazioni e accoglienza turistica (Piazza Maggiore 21, 32032 Feltre, Tel: +39/0439/2540, feltrino@dolomitiprealpi.it, dolomitiprealpi.it; geöffnet Mo., Di., Do. und Fr. 9.15–12.45 Uhr, Sa. und So. 9.15–12.45 Uhr und 14.30–17 Uhr) ein Abzeichen.
Die Route kann in folgenden größeren Teilstrecken begangen werden:

- Brixen – Grödner Joch (Et. 1–4). Rückreise mit Bus nach Klausen im Eisacktal (D-Zug-Station) und weiter mit der Bahn nach Brixen.
- Grödner Joch – Pian Fedaia am Lago Fedaia (Et. 5–8). Rückfahrt mit Bus (mehrmals umsteigen!) über Canazei und das Sellajoch.
- Grödner Joch – Passo Pellegrino (Et. 5–10). Rückfahrt mit Bus über Falcade nach Cencenighe. Dort umsteigen und über Alleghe, Arabba und den Passo Campolongo nach Corvara und zum Grödner Joch.
- Passo Pellegrino – Passo Cereda (Et. 11–16). Rückreise mit Bus über Fiera di Primiero, Predazzo und Moèna zum Passo Pellegrino.
- Passo Cereda – Feltre (Et. 17–21). Rückfahrt mit Bus nach Fiera di Primiero. Dort umsteigen in den Bus zum Passo Cereda.

Ausgangspunkt Brixen (Bressanone)

Über tausend Jahre alte Stadt am Vereinigungspunkt von Rienz und Eisack. Als Bischofssitz vom 14. bis ins 20. Jh. geistiger Mittelpunkt des deutschen Tirols. Verkehrsknoten und rege besuchter Fremdenverkehrsort mit besonders mildem Klima. Startplatz für die Dolomiten-Höhenwege Nr. 2 und 8. Zahlreiche historische Sehenswürdigkeiten: Der prachtvolle Dom (10. Jh.) mit berühmtem Kreuzgang (12. Jh.), das Diözesanmuseum (Krippensammlung!), die Johanneskirche (bekannt durch die 1080 hier abgehaltene Bischofssynode), die barockisierte Pfarrkirche (16. Jh.), die fürstbischöfliche Burg sowie viele erhaltene mittelalterliche Gassen mit schmucken Tiroler Häusern und Lauben. Touristischer Hauptanziehungspunkt ist die im O der Stadt aufragende Plose, ein wunderbarer Aussichts-, Wander- und Skiberg. Lohnender Besuch des Klosters Neustift (Augustiner-Chorherren) mit einer der schönsten Barockkirchen Tirols.

Mehrere Hotels, Gaststätten und Restaurants. Ferner Ärzte, Krankenhaus, Tourismusverein Brixen (Regensburger Allee 9, I-39042 Brixen, Tel. +39/0472/275252, brixen.org), Banken, Postamt, Reisebüros, Sitz der Sektionen des CAI und AVS, Schwimmbad, D-Zug-Station, Busbahnhof (Bahnhofstraße), Möglichkeit des Dauerparkens (Garagen).

Anreise

Brixen kann mit Bahn (EC- und D-Zug-Station), Bus oder eigenem Auto von N (München, Innsbruck) über den Brenner, von O (Lienz, Bruneck) durch das Pustertal und von S (Modena, Trient, Bozen) durch das Etsch- und Eisacktal erreicht werden.

1 Brixen – Plosehütte

↗1890 Hm, 1.15 Std. Fußanstieg (↗400 Hm) ab Bergstation Kreuztal der Plose-Seilbahn

Auf dieser ersten Etappe wird der Gipfelbereich der Plose großteils mit Anstiegshilfen gewonnen.

Zwei Möglichkeiten:

- Von Brixen mit dem mehrmals täglich verkehrenden Bus (Busbahnhof in der Bahnhofstraße, Abfahrtszeiten vorher am Verkehrsamt erfragen) oder Taxi zu der östlich über St. Andrä, 958 m (mehrere Hotels, Pensionen und Privatquartiere; Geburtsort des bekannten Kirchenkomponisten Vinzenz Goller), gelegenen Talstation der Plose-Kabinenbahn, 1067 m, 9 km von Brixen. Die Plose-Seilbahn (Tel. +39/0472/200433) ist vom 15./20. Mai bis 15./20. Okt. 9–17/18 Uhr täglich in Betrieb, plose.org. Die Seilbahn führt zur Hotelsiedlung Kreuztal, 2023 m. Von dort Fußanstieg auf Weg Nr. 3, 4 und 7 über den begrünten Südwestrücken des Telegraphs, rechts unter dem Schönjöchl durch, zur aussichtsreich gelegenen Plosehütte.
- Man kann sich auch mit dem Taxi oder (bei Gruppen) dem Kleinbus direkt bis zur Plosehütte fahren lassen; gute Bergstraße, 27 km ab Brixen. Auskünfte beim Verkehrsamt in Brixen (Ausgangspunkt HW 2).

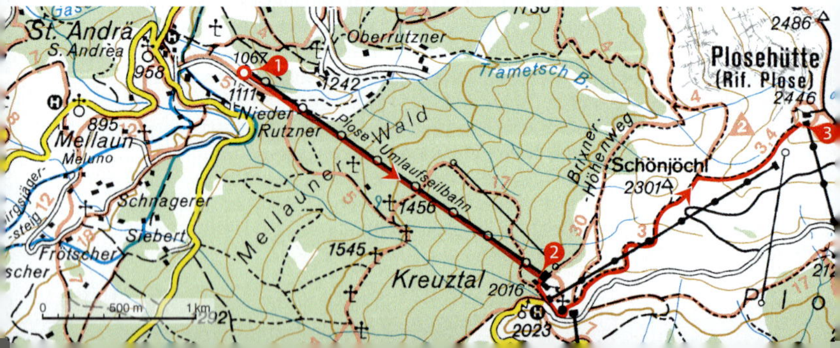

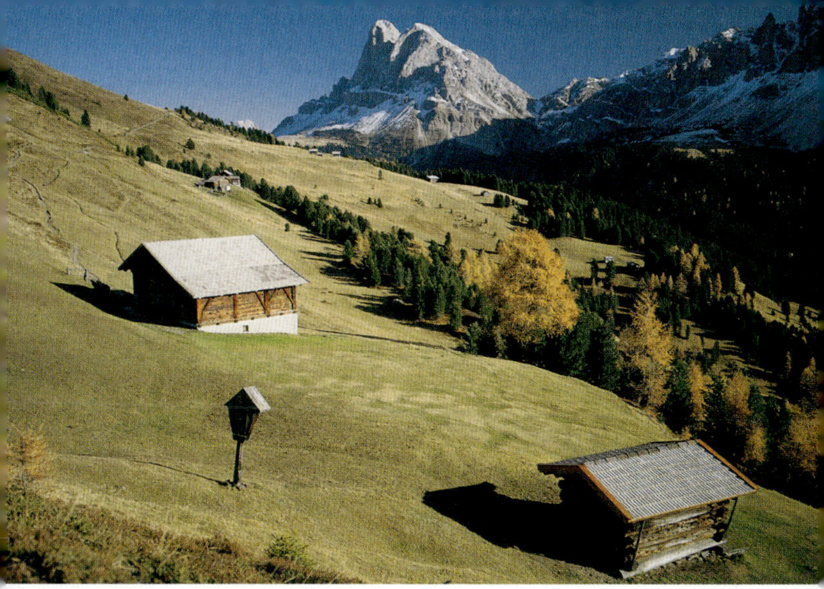

Auf den Gampenwiesen im Plosegebiet. Im Südosten der Peitlerkofel mit der am Höhenweg berührten Peitlerscharte rechts.

Rifugio Plose, 2446 m

Im Gipfelbereich der Plose, auf einer Bergschulter südlich unter dem Telegraph, inmitten ausgedehnter Almweiden gelegenes großes Schutzhaus des CAI Alto Adige, Sektion Brixen. In der Umgebung zahlreiche Liftanlagen (Skigebiet!). Der aussichtsreiche Telegraph, 2486 m (informativer Rundpanoramatisch), kann von der Hütte auf bez. Steig in 15 Min. erreicht werden. 10 B., 50 L., bew. vom 1. Juni bis 15./20. Oktober. Kein Winterraum. Tel. +39/0472/521333 (Hütte), +39/347/8607292 (mobil) oder +39/348/8900919 (mobil), info@plosehuette.com, plosehuette.com. Anschrift: Plosehütte, I–39042 Brixen/Südtirol. Gb.: Gr. Pfannspitze, 2545 m, Gr. Gabler, 2576 m.

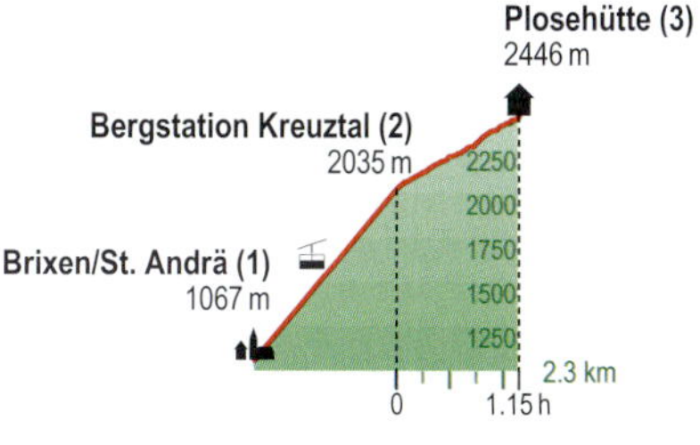

Rundsicht: Von der Kammhöhe nördlich oberhalb des Hauses sieht man im N die Zentralalpen (Zillertaler, Stubaier und Ötztaler Berge). Im W über dem Eisacktal die Sarntaler Alpen. Im SW das Ortlermassiv und weiter links Brenta-, Adamello- und Presanellagruppe mit Bozner Becken und Mendelkamm davor. Im S der mächtige Schlern, die Seiser Alm (darüber einzelne Gipfel der Rosengartengruppe), der Langkofelstock, die Geisler- und die Puezgruppe sowie die etwas gemäßigteren Aferer Geiseln. Im SO das Fanisgebiet (mit Kl. Lagazuoi) und links davor der imposante Peitlerkofel.

2 Plosehütte – Halsl – Peitlerscharte – Schlüterhütte

4 Std. ↗500 Hm ↘650 Hm

Würdige Einleitung zu unserer langen Wanderung nach Süden. Der Übergang führt von der geologisch dem kristallinen Zentralalpenmassiv angehörenden Plosegruppe in das eigentliche Dolomitengebiet. Mit Ausnahme des Steilanstiegs zur Peitlerscharte kaum anstrengende Teilstrecke. Stets gut bez. Wege.

Auf Weg Nr. 3, 4, 6 und 7 über den zur Gr. Pfannspitze ziehenden Kamm ostwärts hinunter zur **Lüsnerscharte (2)**, 2383 m (Verzweigungspunkt, Pfeil). Nun auf Weg 4 und 6 in die rechte Seite (Südflanke) der Gr. Pfannspitze und dort über felsdurchsetzte Wiesen eben weiter zu querendem Karrenweg und zur Talstation eines Schleppliftes. Weiterhin in Ostrichtung zunächst sanft abwärts, dann in einigen Kehren nach rechts (S) hinunter (Rechtsabzweigung von Weg Nr. 6 in Richtung Brixner Skihütte), schließlich wieder ostwärts, einen

Im zauberhaften Almgebiet der Plose: Blick nach Süden zur Geislergruppe.

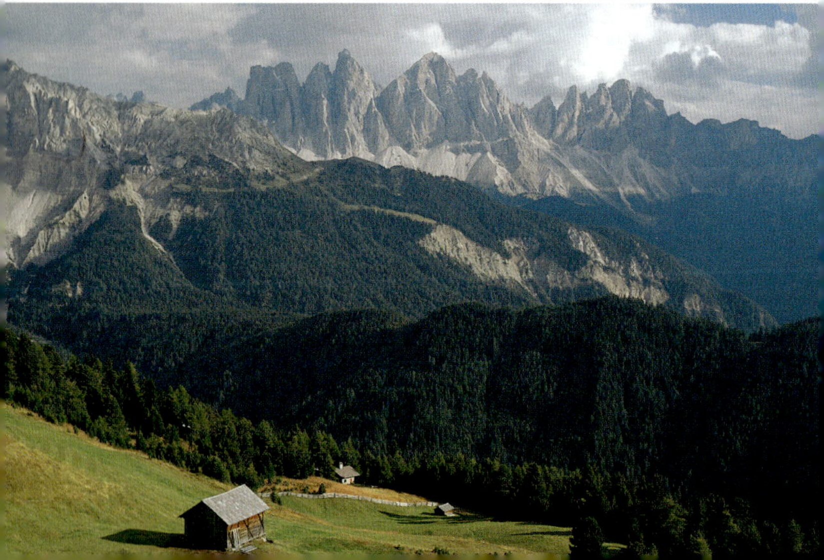

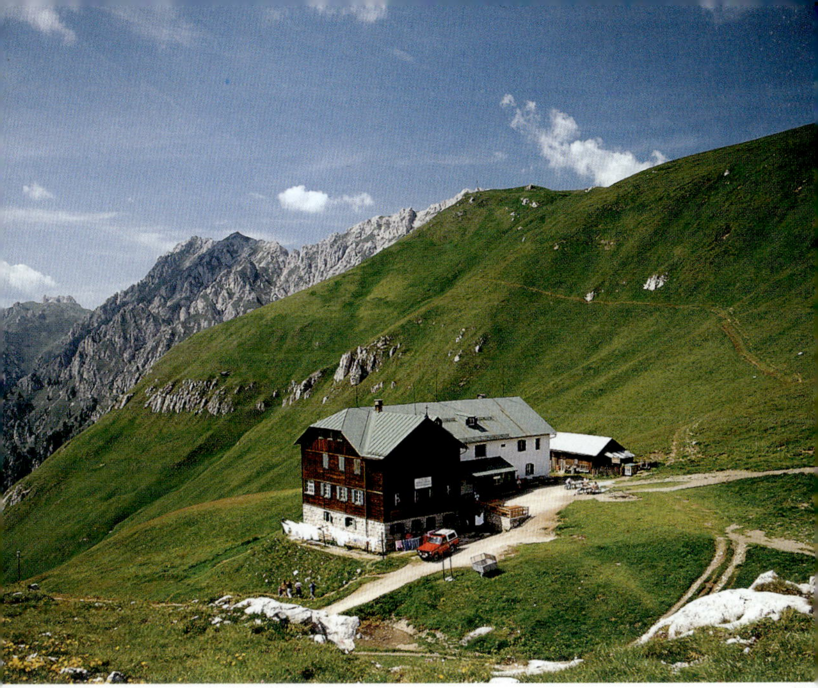

Die Schlüterhütte inmitten herrlicher Almweiden westlich des Kreuzkofeljochs.

Fahrweg (führt nach rechts zur Roßalm, Tafel) traversierend, in das begrünte Hochtal zwischen Gr. Pfannspitze und Gr. Gabler, 30 Min. Die Mulde wird im weiten Rechtsbogen ausgegangen. An ihrer linken Begrenzungsflanke in langer Querung durch Zirben und Almrosenbestände über einige Bäche und Gräben (Vorsicht bei Nässe!) hinweg zu aussichtsreicher **Wiesenschulter (3)**, 2081 m, am Südwestrücken des Gr. Gablers, 1 Std. Überraschender Blick auf den mächtigen Peitlerkofel im SO und zu den Aferer Geiseln rechts davon.

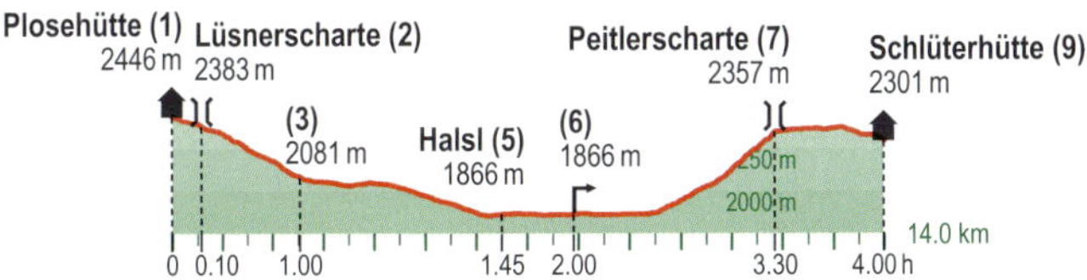

△2 Plosehütte – Halsl – Peitlerscharte – Schlüterhütte

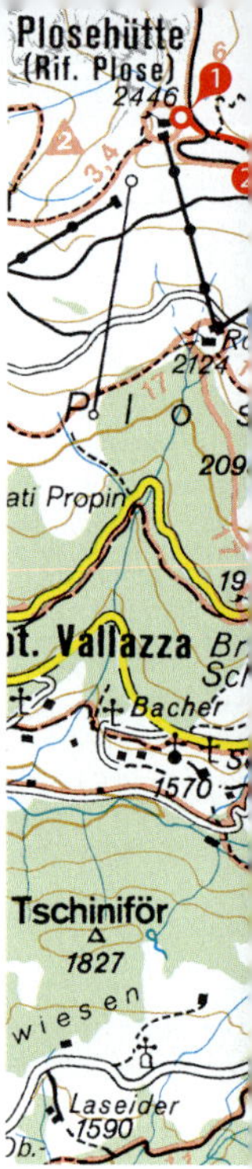

Auf Weg Nr. 4 über die herrlichen Gampenwiesen in Ostrichtung sanft abwärts, an malerischer Holzhütte (mit Brunnen) vorbei, zu zwei querenden Karrenwegen, 1.15 Std. Einmündung der Abkürzungsvariante 1 von rechts **(4)**. Etwas südlich unterhalb die nur mit Schlüssel zugängliche Peitlerknappenhütte.

Auf dem unteren Karrenweg durch Wiesen und lichten Nadelbestand 700 m nach links (O) zur Rechtsabzweigung von Weg Nr. 4 und 8 (Tafeln). Auf ihm abwechselnd über Wiesen und durch Wald, an der Jausenstation »Enzianhütte«, 1967 m, (nach links abzweigender Weg, 3 Min.) vorbei, südostwärts hinab zur Sohle des Aferer Tales und zur »Brixner Dolomitenstraße«, die unmittelbar am **Halsl (5)**, (Kofeljoch, 1866 m; Tafeln) erreicht wird, 1.45 Std. Wir befinden uns hier an der Grenze zwischen dem Plosegebiet (Kristallingestein) im N und der Peitlerkofelgruppe (Dolomit) im S.

Anmerkung: Verfolgt man die Brixner Dolomitenstraße nach rechts (W) gegen das Aferer Tal, so gelangt man nach wenigen Min. zu der auf der Rodelalm gelegenen »Halslhütte«. 150 m weiter talwärts steht ebenfalls an der Straße das Gasthaus »Edelweißhütte«.

»Halslhütte«: 14 B., bew. vom 15./20. Mai bis 10. Nov., Tel. +39/0472/521267, info@halslhuette.it, halslhuette.it.

Berggasthaus »Edelweißhütte«: 20 B., bew. vom 5./10. Mai bis 31. Oktober, kein Ruhetag, Tel. +39/0472/694337, info@edelweiss-huette.it, edelweiss-huette.it.

Vom **Halsl (5)** der Straße ostwärts in Richtung Würzjoch folgend (gleich rechts die Almhütte »Villa Alpenrose«), am Nordabhang der Aferer Geiseln entlang, zur Rechtsabzweigung von Weg Nr. 4 **(6)**, (Tafel), 2 Std. Hier betreten wir den Naturpark »Puez-Geisler-Gruppe« (große Hinweistafeln). Auf dem schönen Promenadenweg Nr. 4 südostwärts anfangs noch oberhalb der Straße, später im Wald, mehrere Gräben querend, eben zu einer Verzweigung im Auslauf des Schartenbachtales (Tafel), 2.15 Std.

Auf dem bez. Steig (Nr. 4) an der rechten Seite des Tales durch Latschen, Almrosen und Lärchen unter den Nordabstürzen der Aferer Geiseln empor in den mittleren Talabschnitt mit der Rechtsabzweigung (Tafel) des Günther-Messner-Steiges (GM), 2.45 Std. Gleich danach über den Schartenbach an die linke Talseite und dort ostwärts über eine Steilstufe in Kehren empor (Linksabzweigung von Weg Nr. 8A zum Würzjoch) in den oberen Talbereich. Über Geröll (oft Schneereste) etwas mühsam hinauf zur begrünten **Peitlerscharte (7)**, 2357 m (Kruzifix, Wegweiser), 3.30 Std. Tiefblick nach O ins Gader- und Campilltal, darüber Heiligkreuzkofel und Cunturines. Im SO über dem Valparolapass der M. Pelmo, rechts davor (im S) die Puezgruppe. Rück-

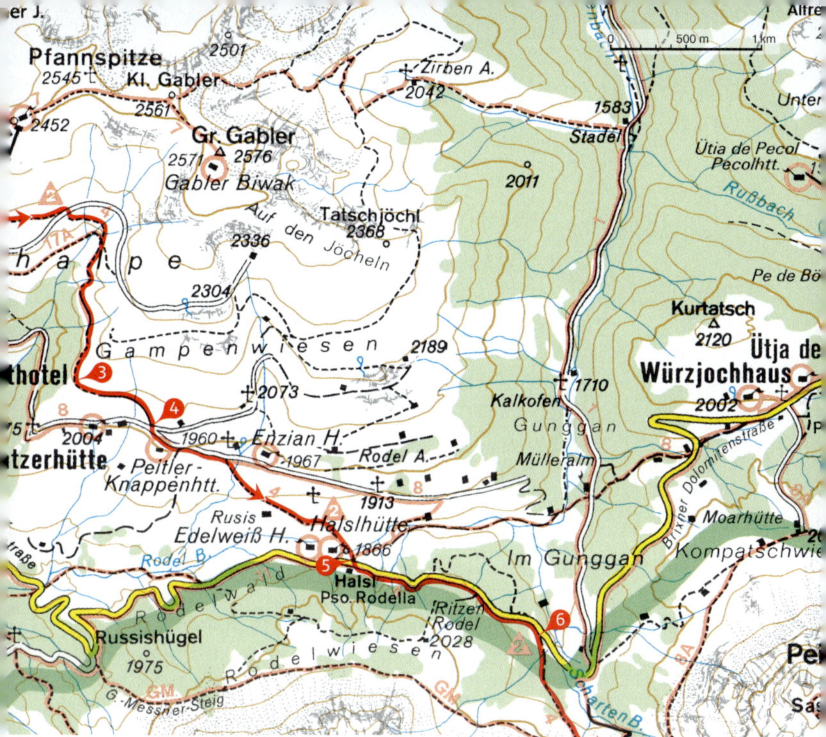

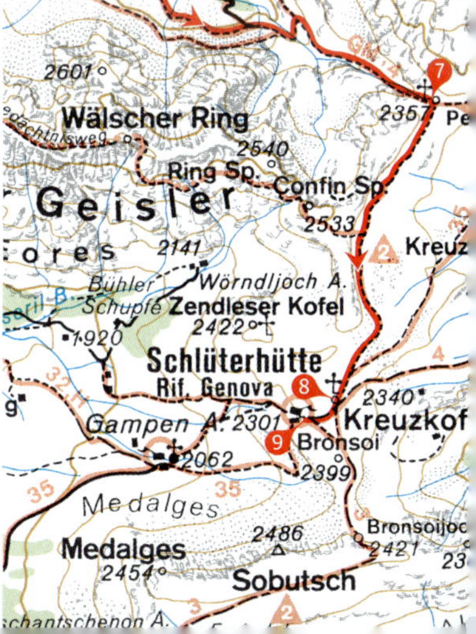

blick nach NW auf die Almgebiete der Plose mit Sarntaler und Ötztaler Alpen links dahinter.

Nach rechts (S) in die Ostseite der Confinspitze (Aferer Geiseln) und dort am Oberrand herrlicher Wiesenmatten in schöner Höhenwanderung eben zur Abzweigung des Günther-Messner-Steiges (Tafel) nach rechts. Weiter zu einer Schulter mit Blick nach SW zur Geislergruppe. Gegen diese abwärts und hinüber zum begrünten **Kreuzkofeljoch (8)**, (Passo di Poma, 2340 m; Tafel, Kruzifix). Jenseits durch eine Wiesenmulde westwärts hinunter zur nahen **Schlüterhütte (9), (Rif. Genova al Passo di Poma)**.

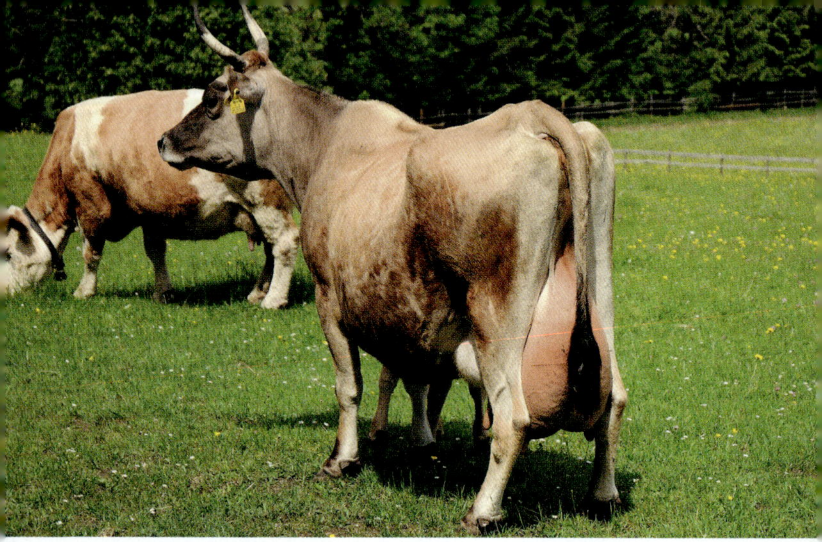

Die sommerliche Vieh- und Milchwirtschaft ist nicht nur auf den Almen der Plose ein Thema.

Schlüterhütte, 2301 m (Rif. Genova al Passo di Poma)
In der Grasmulde westlich unterhalb des Kreuzkofeljoches gelegenes, einstöckiges Haus des CAI Alto Adige, Sektion Brixen. 40 B., 45 L.; bew. vom 10./15 Juni bis 10./15. Oktober; Tel. +39/0472/670072 (Hütte), +39/347/2667694 (mobil) und +39/0472/840389 (Tal), info@schlueterhuette.com, schlueterhuette.com. Anschrift: Schlüterhütte, I–39040 Villnöß/Südtirol. Der Winterraum (12 L.) im Keller an der Ostseite des Hauses ist nur von Weihnachten bis Ostern geöffnet. Quartierreservierung dringend empfohlen! Anschrift: Schlüterhütte, Marlene Nitz, Bergerweg 32, I–39040 Villnöß/Südtirol. Gb.: Peitlerkofel, 2875 m, Aferer Geiseln (Günther-Messner-Steig; Tullen, 2653 m), Zendleser Kofel, 2422 m, Sobutsch, 2486 m, Medalges, 2454 m.
Rundsicht: Im SW, hinter dem flachen Felskamm des Medalges, die imponierende Zackenreihe der Geislergruppe (Wasserkofel, Furchetta, Sass Rigais, Seceda). Weiter rechts die grüne Mulde um die Brogleshütte mit dem pultförmigen Raschötzkamm rechts dahinter. Im W über dem Villnößtal die Gletscherberge der Ortler- und Ötztaler Alpen. Im NW davor die Aferer Geiseln.

V2 Brixen – Schatzerhütte – Schlüterhütte

3.30 Std. vom Hotel Schlemmer ↗550 Hm ↘200 Hm
Abkürzungsvariante. Landschaftlich wie touristisch der Hauptroute Et. 2 unterlegen!

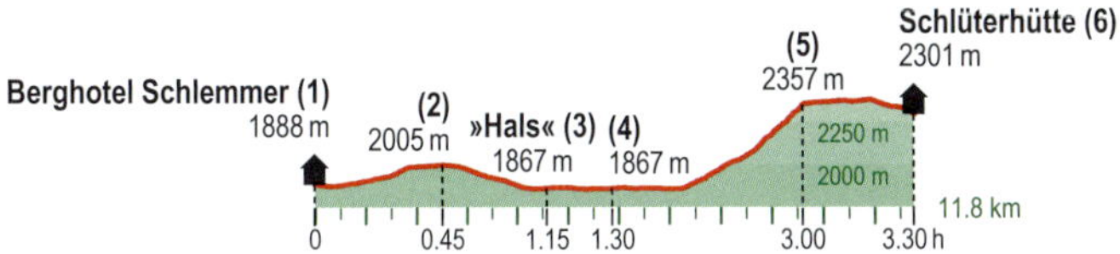

Von Brixen (siehe Ausgangspunkt im Höhenweg Nr. 2) mit Bus (Busbahnhof in der Bahnhofstraße) oder eigenem Kfz. über Palmschoß zu dem am Südabhang der Plose gelegenen **Berghotel Schlemmer (1)**.

Berghotel Schlemmer, 1911 m: 60 B., vom 1. Juni bis 1./10. Okt. geöffnet, Tel. +39/0472/521306, info@berghotel-schlemmer.com, berghotel-schlemmer.com; Großparkplatz, 21 km von Brixen.

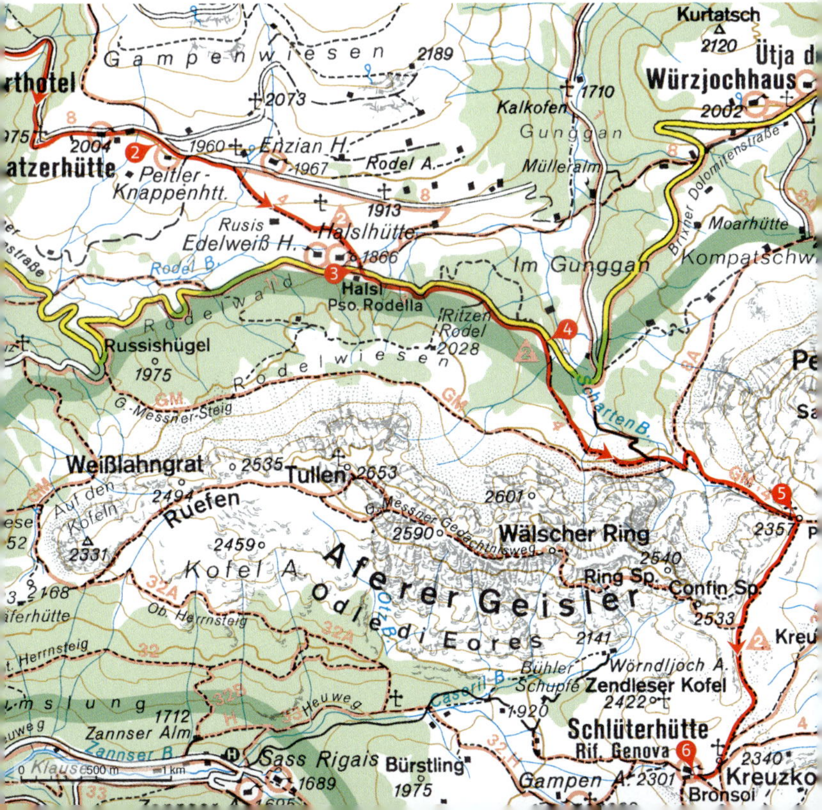

Auf dem Fahrweg Nr. 8 (Tafeln) über Wiesen nordostwärts eben in einen Graben. Hier über den Bach und jenseits, bewaldete Steilhänge querend, nach rechts (S) aufwärts zu einer Bergkante. Um sie nach links herum (Bank, schönes Holzkreuz; überraschender Blick auf Peitlerkofel und Aferer Geiseln!), dann an den Südhängen der Plose entlang durch lichten Nadelbestand und über Wiesen nach O zu einer Wegteilung **(2)**, (Tafel). Hier steht rechts unterhalb die Schatzerhütte.

Schatzerhütte, 2004 m: Privat, 15 B., 15 L., 10 Notlager; bew. vom 20./25. Mai bis 31. Oktober. Tel. +39/0472/521343 und +39/328/7782228, schatzerhuette.com. Anschrift: Schatzerhütte, I–39042 Brixen-Afers/Südtirol.

Geradeaus, dem Fahrweg Nr. 8 folgend, über Wiesen hinauf zu der von links einmündenden Hauptroute, 45 Min. vom Hotel Schlemmer. Weiter wie bei Et. 2 zur Schlüterhütte.

3 Schlüterhütte – Forc. Forces de Sielles – Puezhütte

5 Std. ↗780 Hm ↘600 Hm

Im Vergleich zu dem doch etwas beschaulicheren Abschnitt Et. 2 stellt diese Etappe bereits höhere Anforderungen an Ausdauer und bergsteigerisches Können. Relativ langer, aber landschaftlich sehr abwechslungsreicher Übergang. Im Frühsommer ist beim Anstieg durch die Rinne nördlich der Forc. Roa Vorsicht geboten (Pickel empfehlenswert!).

Die Puezalm mit dem Col de la Pières im Südwesten.

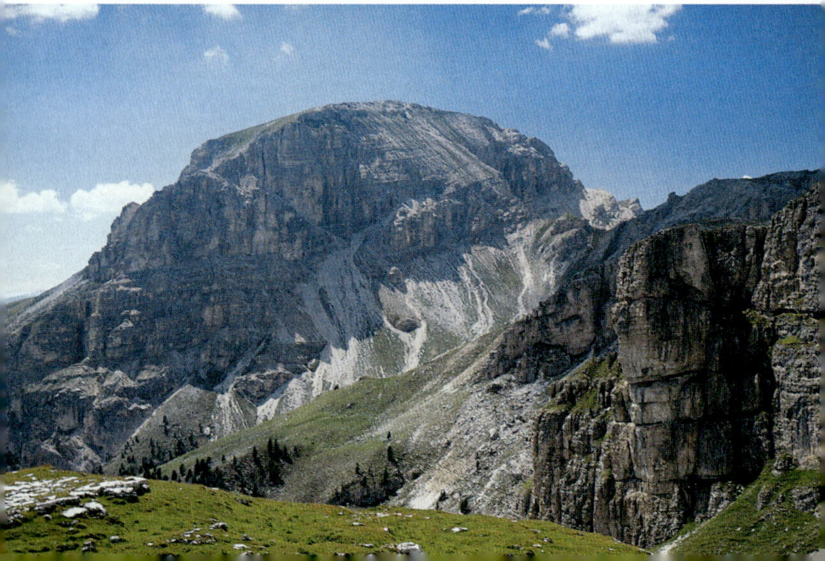

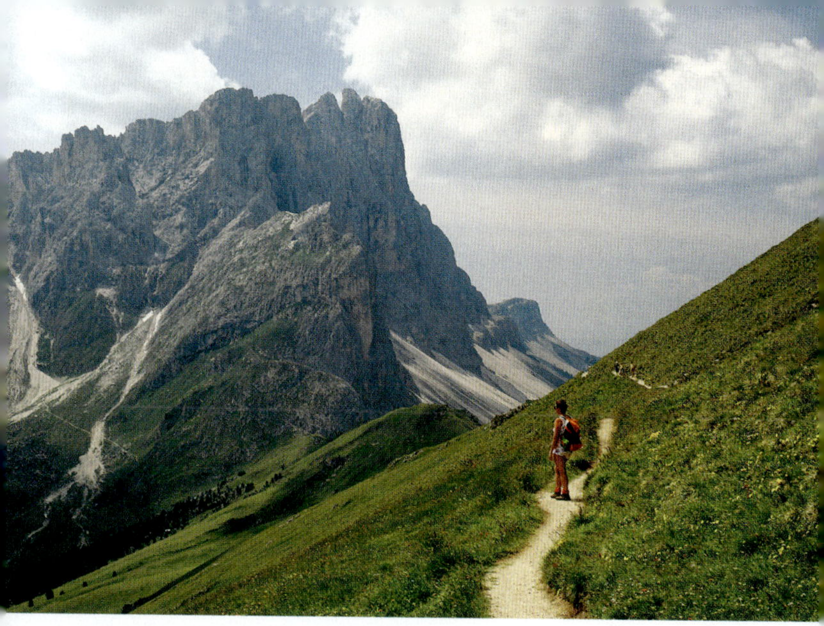

Der Wanderweg quer durch die Medalges-Südflanke zum Kreuzjoch, dahinter die Geislergruppe.

Von der **Schlüterhütte (1)** auf breitem Wiesenweg (Dolomiten-Höhenweg Nr. 2) nach Südosten aufwärts an den grasigen Nordrücken des Bronsoi (Querweg, Tiefblick jenseits in das Abteital!) und um ihn nach rechts herum in seine Ostflanke. Diese wird auf Weg Nr. 3 eben in das dahinter liegende **Bronsoijoch** gequert. Nun auf Steig durch teilweise schrofiges Gelände steil nach links empor zur **Ostschulter des Sobutsch (2)**, 2421 m, 30 Min. Blick nach N auf den Peitlerkofel, rechts von ihm in der Ferne die Zillertaler Alpen, weiter rechts im NO die Kreuzkofelgruppe, im O die Cunturines (Lavarella) mit den Tofanen darüber. Im S die Puezgruppe. Sie wird durch die auffallende Forc. Roa von den Geislerspitzen rechts getrennt.

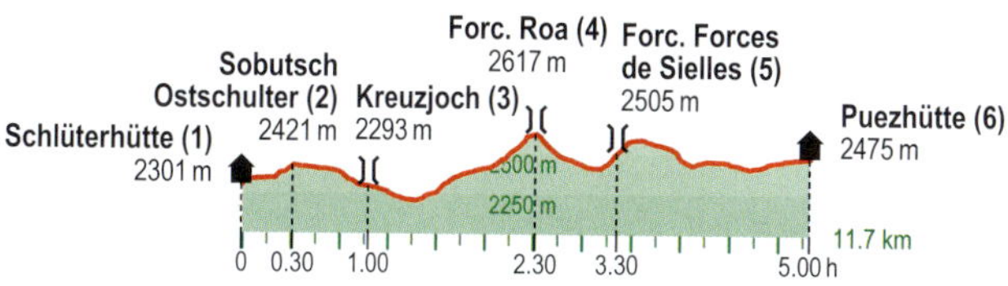

Nach rechts in die grasige Südflanke des Medalges hinein. Dort zunächst westwärts eben dahin und oberhalb der Medalges-Alm (im Sommer bei Bewirtschaftung Milch, Butter, Käse) vorbei, später in Südwestrichtung abwärts zum **Kreuzjoch (3)**, 2293 m, das jedoch nicht überschritten wird, 1 Std.
Auf Weg Nr. 3 südwärts in der linken Seite des Kammes, an steilen Grashängen entlang, hinab in eine tiefer gelegene Scharte, 2239 m. In der Ostflanke des Wasserkofels weiter abwärts zu einer Quelle und zur Linksabzweigung eines Weges nach Campill. Geradeaus auf gutem Steig durch das große Kar unterhalb des Wasserkofels nach S empor zu einer ausgeprägten Schulter (Blick zur Forc. Roa mit dem Piz Doledes links) und weiter zur Rechtsabzweigung von Weg Nr. 13 zur Wasserscharte. Geradeaus und das Kar in langer Querung geröllig-schrofiger Hänge nach SO hinauf gegen einen auffallenden Turm zur Rechten der Forc. Roa. Direkt unter den Felsen nach links in eine steile Geröllrinne und durch sie in Kehren mühsam nach S empor zur **Forc. Roa (4)**, 2617 m (Tafel), 2.30 Std. Jenseits Tiefblick in das Val della Roa, ein wildes Hochkar, das von den Felsbergen des Col de la Pieres und des Montischella im S überragt wird. Darüber die Sellagruppe links, der Rosengarten rechts. Im N die Zillertaler Alpen, davor die Peitlerkofelgruppe.
Trittsicheren Wanderern sei von hier die bei guten Verhältnissen lohnendere Variante 2 über die Sella Nivea empfohlen.
Von der Forcella auf Weg Nr. 3 einen steilen Schutthang in Kehren nach S hinunter in das Val della Roa und das Hochtal hinab zu einer Verzweigung, 2320 m (Tafel). Hier links den bez. Weg, an Geröllhängen entlang, in Südrichtung weiter abwärts zum Querweg Nr. 2 (Tafeln), 3.15 Std. Über ihn in wenigen Kehren steil nach links (O) empor zur **Forc. Forces de Sielles (5)**, 2505 m, zwischen Piz Doledes (Sella Nivea) links und Col de la Pieres rechts, 3.30 Std. Nun über den von der Sella Nivea herabstreichenden Gratrücken (mit Drahtseilsicherungen) auf Weg Nr. 2 nach links aufwärts, später längere Querung nach rechts (O) und hinunter zu den Wiesenböden der Puezalm mit Blick auf den Langkofel im SW (hier mündet von links Variante 2 ein). Stets ostwärts in prachtvoller Höhenwanderung über die balkonartige, in hohen Felswänden gegen das Langental abstürzende Alpe, dann um eine nach rechts vorgeschobene Schulter (P 2538) herum in ein begrüntes Hochkar. Weiter um die Südausläufer des Puezkofels herum und nach links in ein zweites Dolinenkar mit der **Puezhütte (6)**.

Puezhütte, 2475 m (Rif. del Puez)

Großes gemauertes Schutzhaus des CAI Bozen. 85 Schlafplätze, 15 Notlager (in der alten Schutzhütte südöstlich des Hauptgebäudes); bew. vom 15./20. Juni bis 30. September, bei schönem Wetter bis 12. Oktober. Kein Winterraum. Tel. +39/0471/795365 und +39/0474/646427, rifugiopuez.it.
Gb.: Piz Doledes, 2909 m (Piz Duleda), Östliche Puezspitze, 2913 m, Puezkofel, 2725 m, Sass Songher, 2665 m.

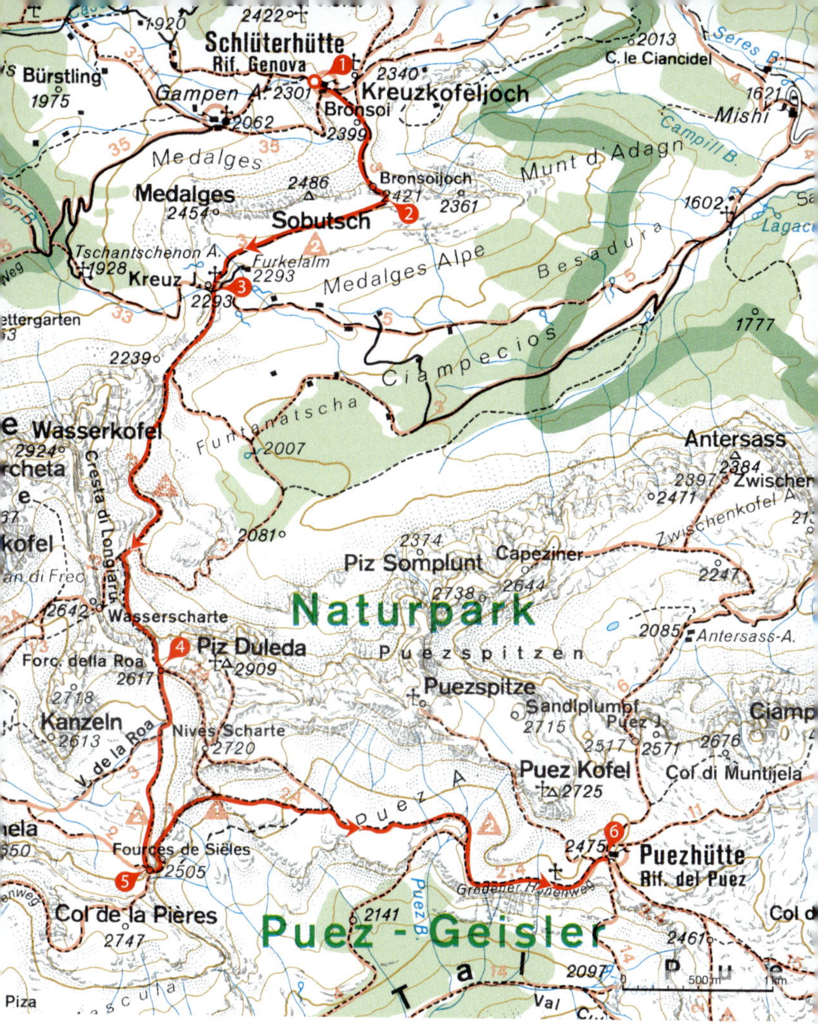

Rundsicht: Vom Fahnenmast der Hütte hat man einen eindrucksvollen Tiefblick in das Langental. Darüber im SW der Langkofel mit dem Rosengarten rechts dahinter. Über dem südlichen Puez-Plateau (Crespeina-Hochfläche) die Gipfelkrone der Sella. Weiter links im SO der kühne Turm des Sass Songher und rechts von ihm in der Ferne die Civetta.

V3 Schlüterhütte – Sella Nivea – Puezhütte

4.30 Std. ↗730 ↘550 Hm

Nicht nur schöner, sondern auch etwas kürzer (1 Std. Zeitersparnis) als Hauptroute Et. 3. Der Übergang kann jedoch nur bei günstigen Verhältnissen und auch dann nur geübten Bergsteigern empfohlen werden.

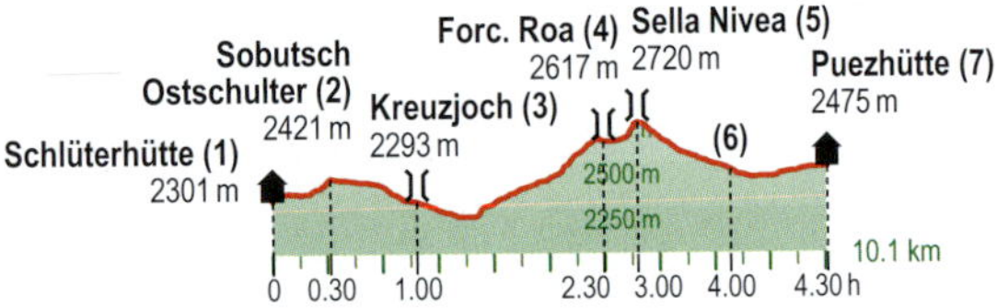

Von der Schlüterhütte wie bei Et. 3 zur **Forc. Roa (4)**, 2617 m (Tafel), 2.30 Std. Jenseits auf Weg Nr. 3A über die Schutthänge unter dem Piz-Doledes-Westgrat nach links (SO) zum Einstieg in die Felsen bei einer meist schneegefüllten Schlucht in der Falllinie der Sella Nivea. Auf gut gesichertem Steig immer links der Schlucht empor zur **Sella Nivea (5)**, 2720 m, 3 Std.

Am Kreuzkofeljoch. Über der grünen Kuppe des Bronsoi die Felsriesen der Geislergruppe.

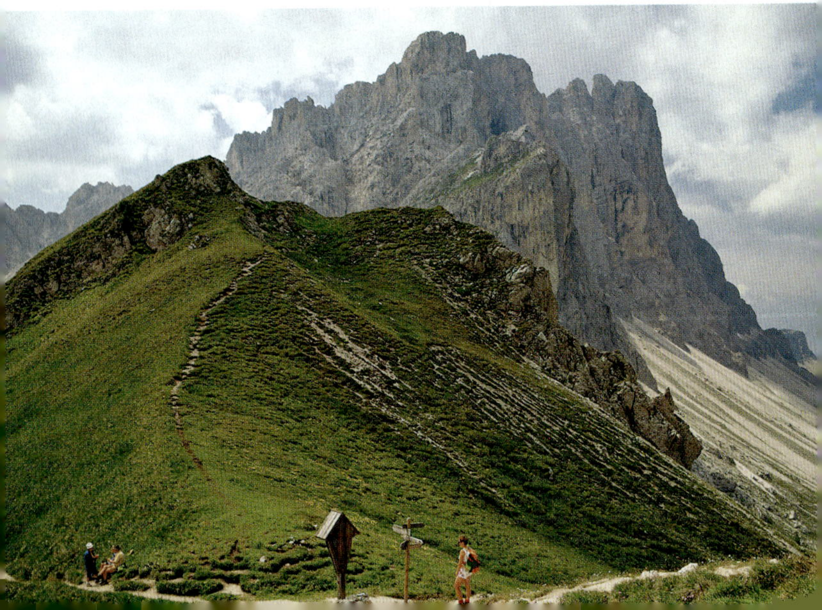

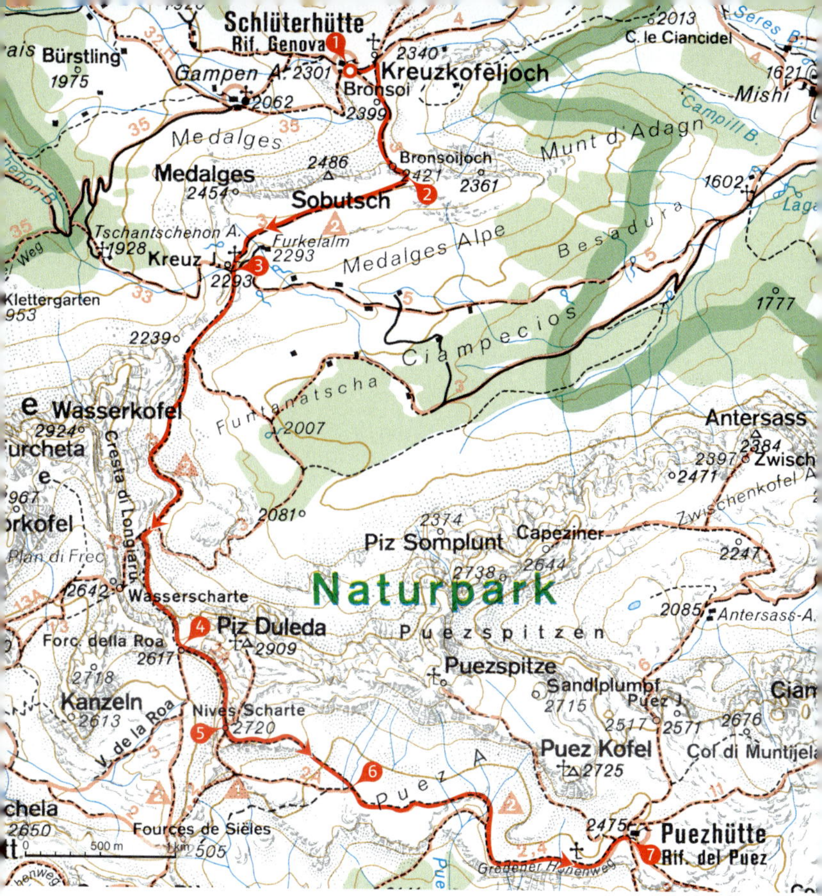

Rundsicht: Im NW die Geislergruppe, links hinter ihr die Sarntaler Alpen mit der Ortlergruppe darüber. Weiter links im SW die Gletscher der Presanella- und Adamellogruppe. Vor der Presanella der Schlern, mit Rosengartengruppe und Langkofel links. Im S die Sella und links dahinter die Civetta. Im SO die Pramper-Dolomiten, links davon die Bosconerogruppe. Nun der mächtige Pelmo (links dahinter der M. Duranno), dann die Gruppe des Croda da Lago und links hinter dieser der Antelao. Weiter links die Fanisgruppe und dahinter die Tofanen. Von der Sella Nivea weiterhin auf Weg Nr. 3A durch eine seichte Geröllmulde ostwärts hinunter zu den flachen Wiesen der Puezalm und zur Hauptroute **(6)**, 4 Std. Weiter auf Et. 3 zur **Puezhütte (7)**.

4 Puezhütte – Grödner Joch

2.30 Std. ↗180 Hm ↘520 Hm
Kurze, aber sehr abwechslungsreiche Strecke mit einer Steigerung der Landschaftsbilder gegen das Grödner Joch.

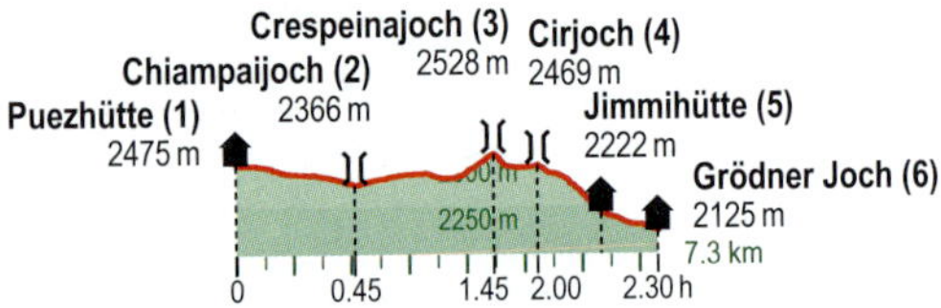

Von der **Hütte (1)** auf dem breiten Weg Nr. 2 nach S zum Fahnenmast. Nun über das Puez-Plateau nahe am Abbruchrand gegen das Langtal in Südostrichtung eben oder leicht abwärts zur Abzweigung von Weg Nr. 15 nach links zur Gardenacciahütte. Geradeaus weiter, später durch eine kurze Rinne hinunter zum **Chiampaijoch (2)**, 2366 m (auch Ciampacjoch bzw. Forc. de Ciampei), das die südliche Puezgruppe von der nördlichen trennt, 45 Min. Sehr schöner Blick nach O gegen den kühnen Gipfelturm des Sass Songher. Rechts von ihm in der Ferne Pelmo und Civetta.

Von der Scharte auf Weg Nr. 2 zunächst nach S aufwärts zur Linksabzweigung eines Steiges auf den Sass da Chiampac. In Südwestrichtung auf und ab über das einförmige südliche Puez-Plateau (Crespeina-Hochfläche) in die große Dolinenmulde um den Crespeina-See (bleibt rechts!), ein blaues Auge inmitten dieser trostlosen Felswüste! Weiter vorerst noch eben, dann einen grasigen Hang sehr steil nach W empor zum **Crespeinajoch (3)**, 2528 m (Tafeln, Kruzifix), 1.45 Std. Jenseits in Kehren steil gegen das Val Chedul hinab zu einer Teilung. Nun entweder in der Talsohle auswärts bis unter das Cirjoch und in sehr steilen Kehren nach links empor zum Joch oder (kürzer) vom Gatter links in horizontaler Querung der Geröllhänge unter den Col-Turònd-Nordwänden bis unter das **Cirjoch (4)**, 2469 m, und nach links zu diesem empor, 2 Std. Großartiger Anblick der Sellagruppe im S sowie eindrucksvoller Fernblick nach O auf Antelao, Nuvolaugruppe und Croda da Lago. Im SO der M. Pelmo, an den rechts Bosconerogruppe und Civetta anschließen.

Vom **Cirjoch (4)** schräg links abwärts zu einem aus zahlreichen Felstürmen bestehenden Riegel. Durch dieses Blockgewirr führt Weg Nr. 2 südwärts über mehrere Scharten im Auf und Ab hindurch, sodann unter den Südwänden der Cirspitzen durch geröllig-schrofiges Gelände steil nach rechts (SW) hinab zur **Jimmihütte (5)**.

Jimmihütte, 2222 m: Früher »Bàita Clark«. Restauration, keine Nächtigung, vom 25. Juni bis zum letzten Sonntag im Sept. geöffnet, kein Ruhe-

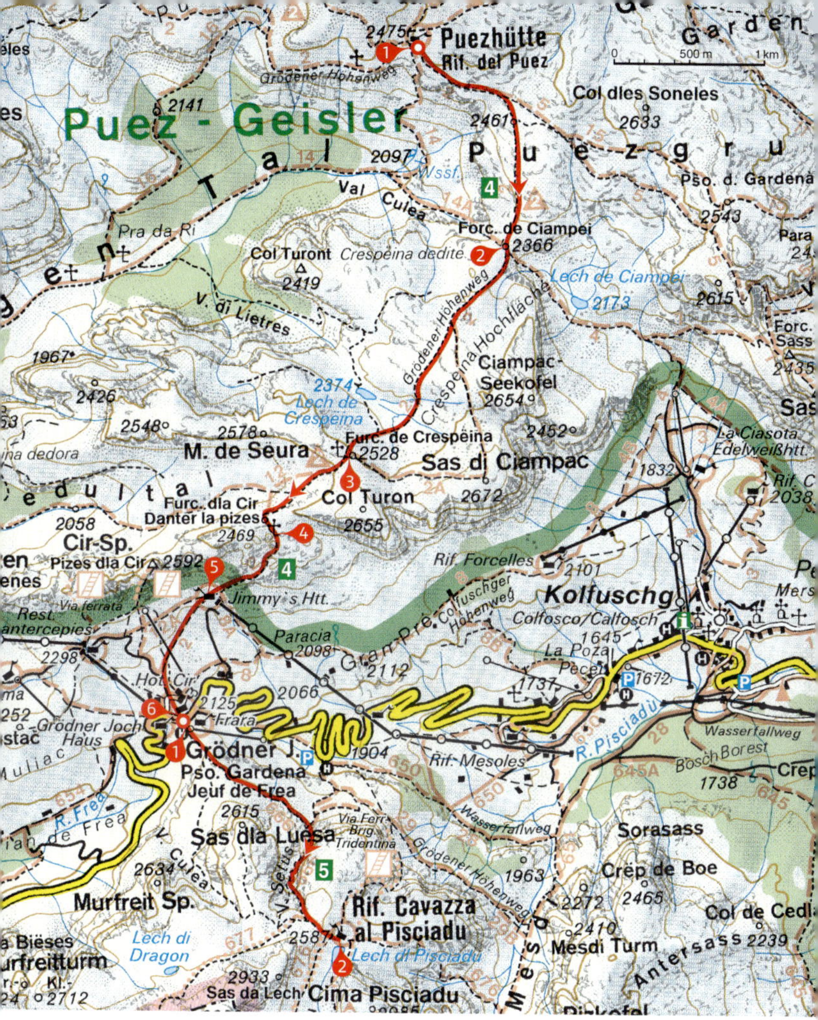

tag, Tel. +39/0471/836776 und +39/333/4332262 (mobil), jimmi.schrott@rolmail.net, jimmyhuette.com.

Auf dem bez. Weg Nr. 20 über Wiesenhänge in Südwestrichtung weiter abwärts, dann eben zu querender Naturstraße. Auf ihr in Kehren nach links (S) hinunter zum Grödner Joch.

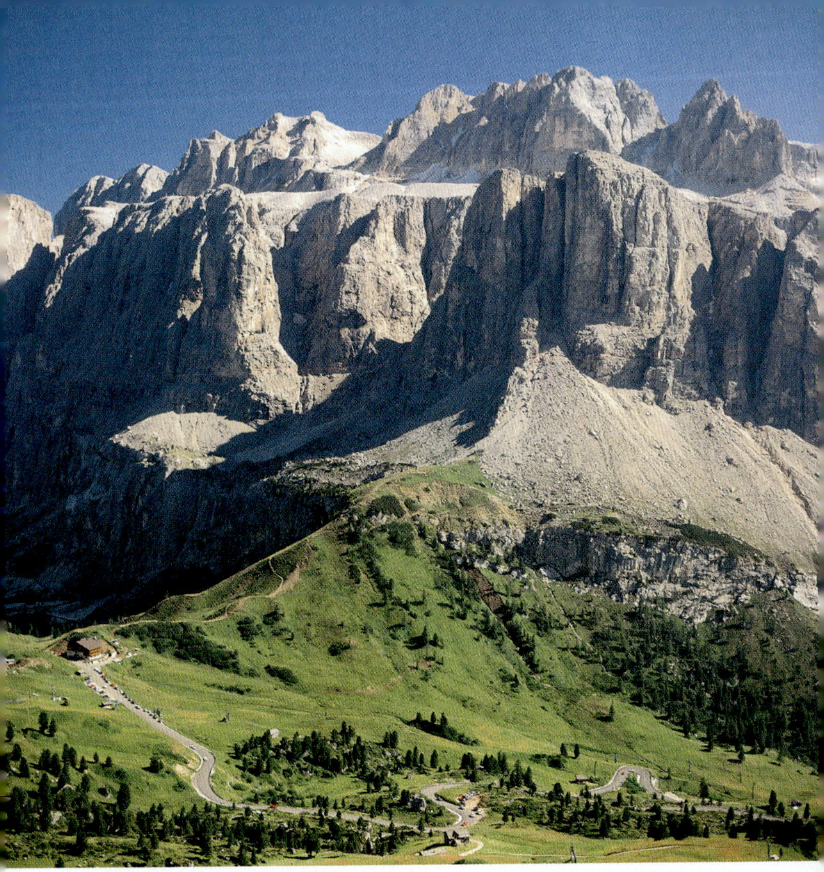

Im Abstieg vom Cirjoch zum Grödner Joch mit Blick nach Süden zur Sellagruppe.

Grödner Joch, 2125 m (Passo Gardena)

Bedeutender Dolomitenpass zwischen Puezgruppe im N und Sellagruppe im S. Über den Pass führt die Gr. Dolomitenstraße aus dem Grödner Tal (W) in das Abteital (O). Bushaltestelle. Keine Lebensmittelhandlung! An der Passhöhe das Rifugio Alpino »Frara« (33 B.; bew. vom 15. Mai bis 31. Oktober; rifugiofrara@hotmail.com, rifugiofrara.com); Anschrift: Rifugio Alpino »Frara«, Grödner Joch, I-39048 Wolkenstein (Selva Gardena)/Südtirol und das Hotel Cir (60 B.; bew. vom 1. Juli bis zum ersten Wochenende im Sept.; Nächtigung nur nach Voranmeldung; Tel. +39/0471/795127 und

+39/333/4809559, hotelcir.com; Anschrift Hotel Cir, Grödner Joch, I-39048 Wolkenstein (Selva Gardena)/Südtirol). Das ehem. Schutzhaus »Grödner Joch« ist geschlossen!

5 Grödner Joch – Pisciaduhütte

1.30 Std. ↗470 Hm ↘25 Hm

Mit Et. 4 haben wir die Puezgruppe verlassen und wenden uns nun dem mächtigen Plateaugebirge der Sella zu. Der Steilanstieg vom Grödner Joch zur Pisciaduhütte führt durch die großartige enge Felsschlucht des Val Setus – eine Landschaft von geradezu beklemmender Wildheit! Karte S. 119.

Vom **Grödner Joch (1)** auf Weg Nr. 666 am begrünten Nordrücken des Sass de la Luesa zuerst in seiner Westflanke in Kehren steil empor, dann nach links und unter den Nordwänden des Berges über Geröllhänge südostwärts eben bis unter die riesige Kluft des Val Setus, die den gesamten Nordabsturz des Sellastockes durchfurcht. Linksabzweigung des Zuganges zur »Via ferrata Brigata Tridentina«. Rechts durch das von senkrechten Wänden flankierte Tal in vielen Kehren über Geröll aufwärts (im Frühsommer meist Schnee!) zu einer Erweiterung und schräg links zu einer auffallenden Wand empor (1 Std.), an der sich das Tal verzweigt. Der weitere Anstieg folgt dem linken Ast. Vorerst auf Weg über Geröll nach links queren, dann an der rechten Begrenzung einer Schlucht über steile Felsen (Drahtseile) empor zum großen Geröllband, das in etwa halber Höhe um den Sellastock herumführt. Über das breite Band nach links und zuerst eben, dann sanft abwärts zur **Pisciaduhütte (2)**.

Pisciaduhütte, 2587 m (Rif. Cavazza al Pisciadu)

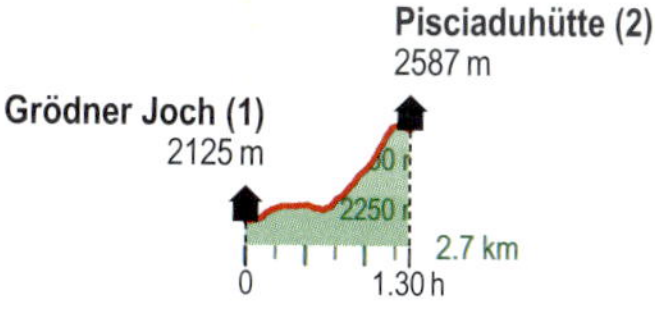

Prachtvoll an der Nordseite der Sella, im Auslauf des Vallon del Pisciadu unter der mächtigen C. Pisciadu gelegene geräumige Hütte des CAI Bologna. Im S etwas unterhalb des Hauses der kleine Lago Pisciadu. 100 B., bew. vom 20./25. Juni bis 30. September. Winterraum (4 L.) vorhanden. Tel. +39/0471/836292 (Hütte), +39/335/6096141 (mobil) und +39/0471/847341 (Tal), info@rifugiopisciadu.it, rifugiopisciadu.it. Anschrift: Renato Costa, I–39030 Stern (La Villa)/Südtirol, dort Tel. +39/0471/847341. Gb.: C. Pisciadu, 2985 m.

Rundsicht: Von der Schulter nordwestlich oberhalb der Hütte hat man einen stark erweiterten Rundblick. Im S die C. Pisciadu, links von ihr der kühne Torre Pisciadu. Weiter links in der Ferne Antelao (davor die Nuvolaugruppe), Sorapiss, Tofanen, Fanisgruppe, Kreuzkofelgruppe, Puezgruppe (im N) und Geislergruppe (im NW). Im N über den Dolomiten die Gletscher der Zentralalpen.

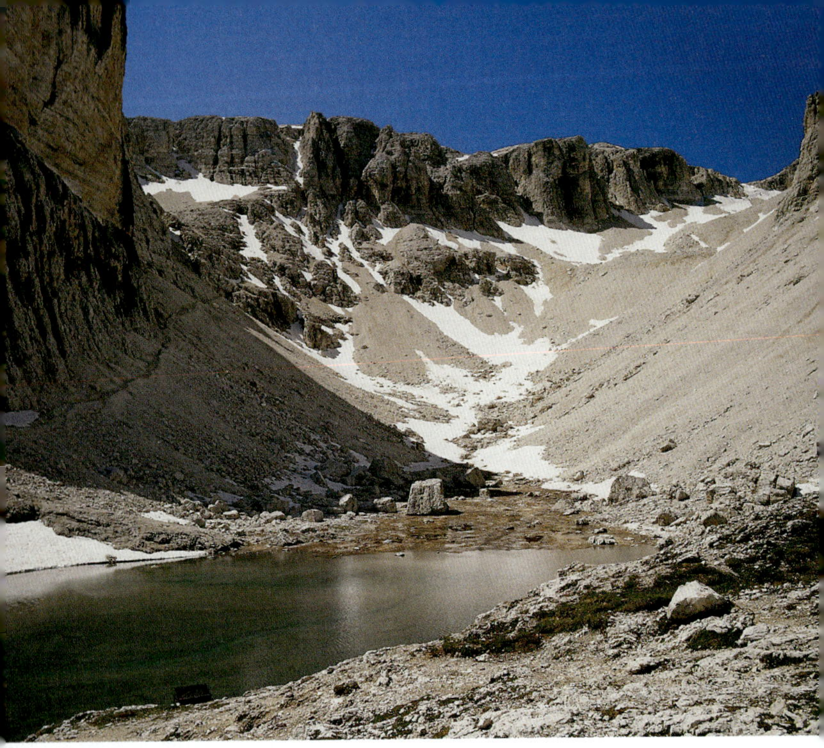

Der Pisciadusee im Auslauf des Vallon del Pisciadu, das den Zugang zur Sella-Hochfläche vermittelt.

6 Pisciaduhütte – Boèhütte

2.30 Std. (bei Begehung des Coburger Weges 2.15 Std.)
↗470 Hm ↘180 Hm
Landschaftlich reizvoller Anstieg von der Pisciaduhütte zu der am Sella-Plateau gelegenen Boèhütte. Zahlreiche großartige Felsszenerien. Bei Nebel nicht ratsam! Die gesicherte Variante des Coburger Weges erfordert Trittsicherheit, Schwindelfreiheit und Kletterfertigkeit im I. Schwierigkeitsgrad.

Von der **Pisciaduhütte (1)** am linken Rand des Vallon del Pisciadu unter den Westwänden der C. Pisciadu auf Weg Nr. 666 über Geröll empor, später auf gesichertem Steig über leichte Felsstufen nach links hinauf in das flache, geröllige Val de Tita, das im weiten Rechtsbogen nach S gegen das Sella-Plateau ansteigt (an der Stelle, wo es nach S umbiegt, kann man vom Weg ab-

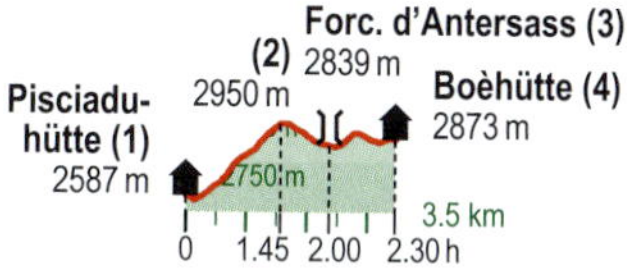

weichend nach links zum Bamberger Sattel gelangen, wo sich ein Prachtblick auf den Dent de Mesdi bietet).

Bald wird das Hochtal nach rechts verlassen und westwärts über Felsabsätze (oft Schneereste!) zu einer Schulter angestiegen. Von dieser entlang der Stangenmarkierung über Geröll und Felsstufen nach links (S) empor zum Hochflächenrand **(2)**, 2950 m, mit überraschendem Blick auf Piz Boè und Sass Pordoi, 1.45 Std. Jenseits den gut bez. Weg Nr. 666 das Karrenplateau schräg nach links (SSO) hinunter zum Querweg Nr. 649 (Tafel) und auf diesem geradeaus weiter bergab in die **Forc. d'Antersass (3)** (auch »Zwischenkofelsattel«; 2839 m, Tafel), zwischen Sass de Mesdi im N und Zwischenkofel im S. Einmündung von Weg Nr. 647 von rechts aus dem Val Lasties. Über den weiten Sattel südwärts zu einer Verzweigung am Ansatzpunkt des Zwischenkofel-Nordkammes. Von hier beeindruckender Tiefblick nach O in das Val de Mesdi mit dem außerordentlich kühnen Bergerturm links.

Nun zwei Möglichkeiten:

- Auf Weg Nr. 666 den geröllig-schrofigen Nordrücken des Zwischenkofels in Kehren unschwierig zum Gipfel, 2907 m. Herrlicher Tiefblick nach NO ins Val de Mesdi mit dem Dent de Mesdi links. Im N in der Ferne die Zillertaler Alpen. Weiter rechts Fanesgruppe (Heiligkreuzkofel, Cunturines), Tofanen, Sorapiss und – gerade noch sichtbar – der Antelao. Über den

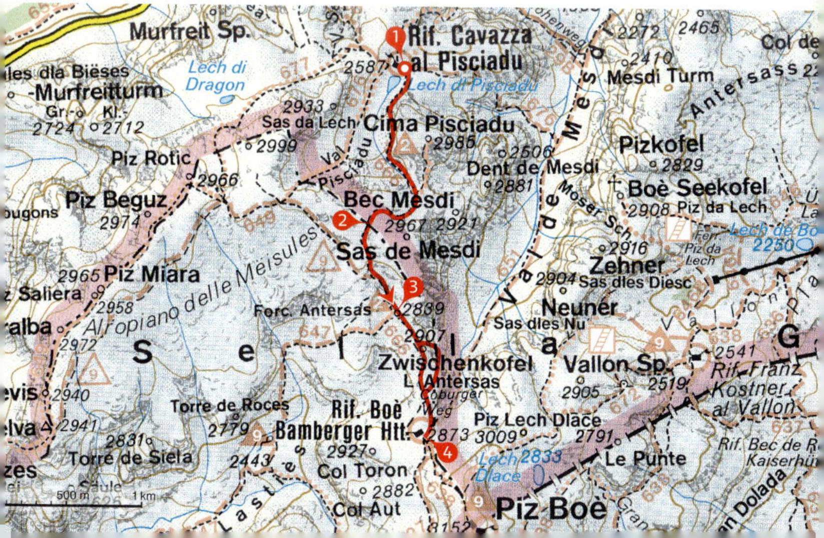

Südrücken ohne Schwierigkeiten hinunter zu einem Sattel, 2850 m, mit Einmündung der zweiten Variante) von rechts.

■ Vom Ansatzpunkt des Zwischenkofel-Nordkammes auf bez. Steig (»Coburger Weg«, Weg Nr. 647) rechts haltend eben in die geröllige Westseite des Zwischenkofels (Tiefblick in das Val Lasties!), die aber bald in eine gegliederte Feldwand übergeht. Auf schmalen Bändern (durchlaufendes Drahtseil) auch diesen Bereich eben queren und südwärts zu dem bei der ersten Möglichkeit erwähnten Sattel im S des Zwischenkofels.

Gemeinsamer Weiterweg:
Vom Sattel durch geröllig-schrofiges Gelände südwärts die Sella-Hochfläche sanft aufwärts in Kürze zur **Boèhütte (4)**.

Boèhütte, 2873 m (Rif. Boè)

Im NW des Piz Boè, am Sattel zwischen ihm und dem P 2899 auf der Sella-Hochfläche gelegenes großes, gemauertes Haus des CAI-SAT Trento. Im Hochsommer von der Bergstation der Sass-Pordoi-Seilbahn her stark besucht. 80 Schlafplätze; bew. vom 20. Juni bis zum ersten Wochenende im Oktober. Winterraum (4 L.) an der Westseite der Hütte. Tel. +39/0471/1930340 und +39/0471/847303 (Hütte), rifugioboe@gmail.com, rifugioboe.it. Anschrift: Rifugio Boè, Via Costa, 208, I–38030 Alba di Canazei/Trento. Gb.: Piz Boè, 3152 m.

Rundsicht: Vom P 2899 im NW der Hütte (in wenigen Min. leicht zu erreichen) hat man eine bedeutend erweiterte Sicht. Im SO die mächtige Pyramide des Piz Boè mit großem, unschönem Telefon-Reflektor. Im SW über dem nahen Col Turond die Rosengartengruppe mit dem Kesselkogel. Im W und NW über der öden »Mondlandschaft« des Sellaplateaus die Gipfelkrone des Langkofelmassivs (Grohmannspitze, Langkofeleck). Im N Sass de Mesdi, Bec de Mesdi und Dent de Mesdi (davor der massige Zwischenkofel) zur Linken sowie Boèsee-, Zehner- und Neunerkofel zur Rechten des canyonartigen Val de Mesdi. Über seinem Ausschnitt der Sass Songher (Puezgruppe). Hinter diesem die Pragser und Enneberger Dolomiten mit dem Kronplatz bei Bruneck ganz links. Im NO, rechts über dem Val de Mesdi, die Fanesgruppe (Heiligkreuzkofel, Lavarella).

7 Boèhütte – Pordoijoch

1.45 Std. ↗30 Hm ↘660 Hm

Kurzer, ziemlich einförmiger Übergang von der Boèhütte zum Pordoijoch. Im Frühsommer (Altschneereste!) sollte man für den Abstieg durch die Pordoirinne einen Pickel bei sich haben.

Von der **Boèhütte (1)** auf Weg Nr. 627 über die Karrenflächen des Sella-Plateaus südwärts zum weiten Sattel zwischen Piz Boè links und Col Turond rechts. Nun fast eben an der gerölligen Westflanke des Piz Boè entlang und

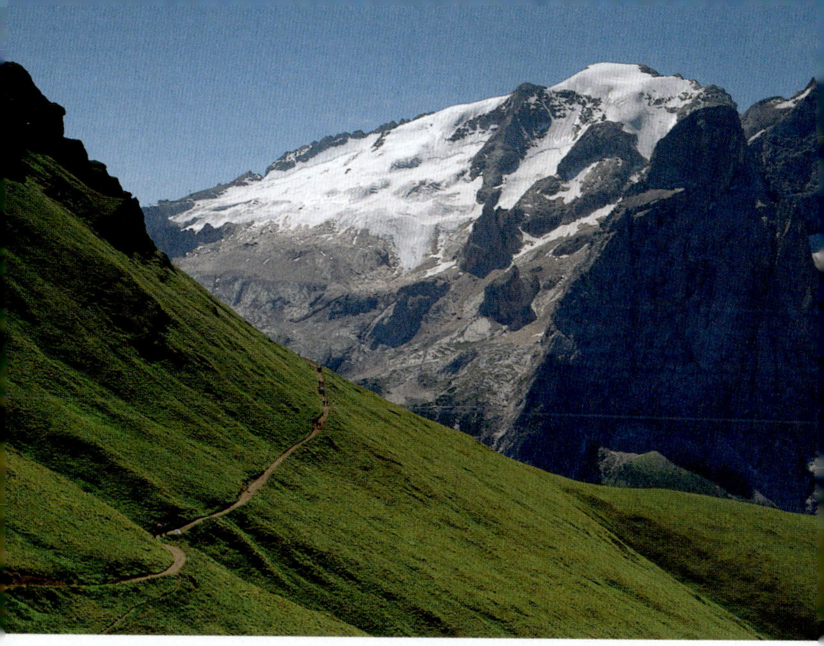

Der Bindelweg gegenüber der vergletscherten Marmolada.

nach rechts (W) zur **Pordoischarte (2)**, 2849 m, mit dem (45 Min.) Rifugio Forcella Pordoi.

Rifugio Forcella Pordoi: Restaurationsbetrieb. 30 B., bew. vom 15./20. Juni bis 30. September. Tel. +39/0462/888028, +39/368/3557505 und +39/339/3583993, rifugioforcellapordoi.com. Anschrift: Rifugio Forcella Pordoi, I–38032 Canazei/Trento.

Von der Pordoischarte entweder westwärts hinauf zum Gipfel des Sass Pordoi, 2950 m, und Talfahrt mit der Sass-Pordoi-Seilbahn (vom 15. Mai bis 20. Juli bzw. vom 11. September bis 25. Oktober täglich von 9.00 bis 17.00 Uhr, zwischen 21. Juli und 10. September von 8.30 bis 17.30 Uhr in Betrieb) zum Pordoijoch oder Abstieg durch die steile Pordoirinne dorthin. Im letzteren Fall von der Pordoischarte den Weg Nr. 627 durch die von senkrechten Wänden flankierte Schlucht (Abfahren über Geröll möglich; im Frühsommer steiles Schneefeld, dann Draht-

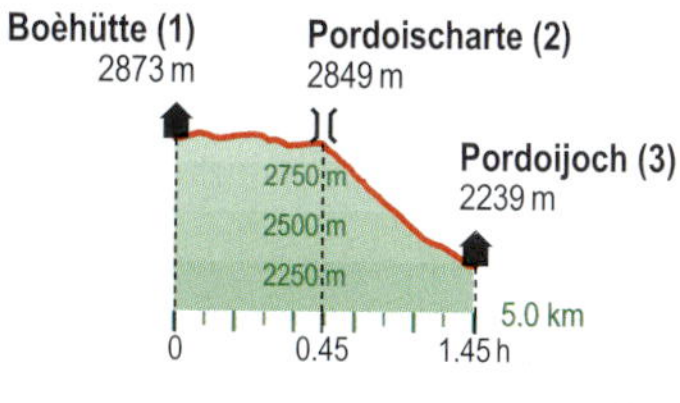

seile am rechten Schluchtrand benutzen!) hinunter, später auf gutem Weg über Blöcke hinab zu grasiger Schulter, 1.15 Std. Eindrucksvoller Aufblick gegen die Wände des Sass Pordoi. Prachtblick nach SO zur Marmolada! Durch die Schuttrinne links der Schulter steil nach SO abwärts, dann südwärts eben vor zur Graskuppe des M. Forca, 2356 m. Nun über Wiesen nach S hinunter zum **Pordoijoch (3)**.

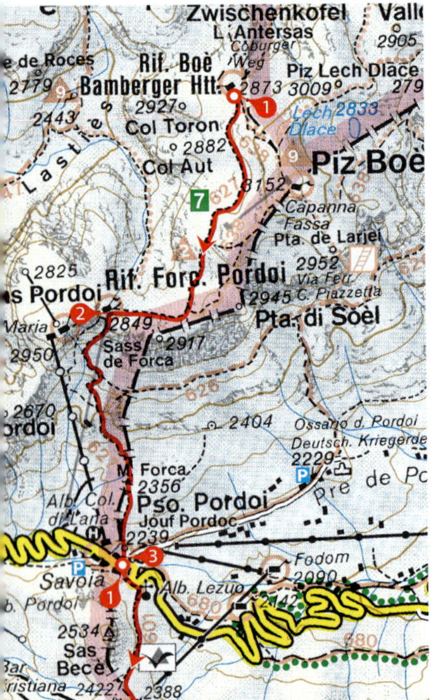

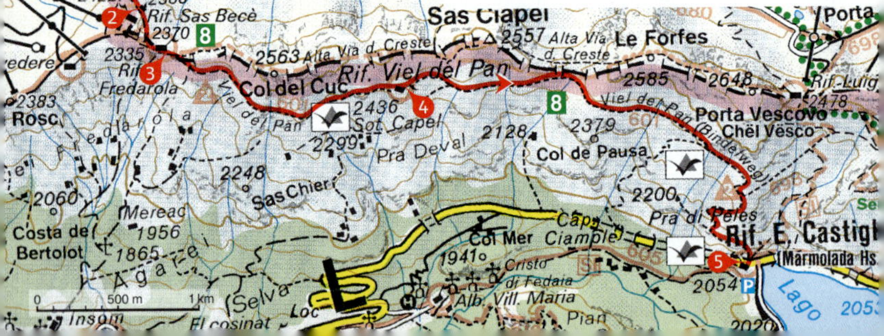

Pordoijoch, 2239 m (Passo Pordoi)

Einer der bedeutendsten Pässe der Dolomiten zwischen Sellagruppe im N und Padòngruppe im S. Über den Pass führt die Gr. Dolomitenstraße. Bushaltestelle. Mehrere Restaurants und Souvenirläden. Kein Lebensmittelgeschäft! An der Passhöhe das Hotel Col di Lana (40 B.; bew. vom 20. Mai bis 15. Oktober. Tel. +39/0462/601277, info@coldilana.it, coldilana.com. Anschrift: Albergo Col di Lana. Passo Pordoi, I–38032 Canazei/Trento), das Hotel Savoia (50 B., ganzj. geöffnet, Tel. +39/0462/601717, savoiahotel.net/de) sowie das an der Westrampe der Pordoistraße gelegene Hotel Pordoi (50 B., bew. vom 20. Mai bis 31. Okt.; Tel. +39/0462/ 601115. Anschrift: Hotel Pordoi, Passo Pordoi, I–38032 Canazei/Trento), alle mit Hotelbetten!

Rundsicht: Im N der mächtige Sass Pordoi (Sellagruppe). Im O (von links nach rechts) Kreuzkofelgruppe, Fanisgruppe, Tofanen, Nuvolaugruppe und Croda de Lago. Im W rechts der Langkofel, links in der Ferne die Rosengartengruppe.

8 Pordoijoch – Bindelweg/Vièl del Pan – Pian Fedaia

2.30 Std. ↗180 Hm ↘380 Hm

Einer der schönsten Wege nicht nur an der Höhenroute Nr. 2, sondern überhaupt in den Dolomiten. Überaus bequeme Wanderung durch die interessante Padòngruppe (Eruptivgestein!), den gleißenden Firnfeldern der Marmolada gegenüber. Herrliche Landschaftsbilder!

Vom **Pordoijoch (1)** den breiten Weg Nr. 601 unter der Ostwand des Sasso Becche, an Grashängen entlang, südwärts empor zu einem Sattel im S des Gipfels. Nun links am begrünten P 2422 (mit dem **Rif. Sasso Becce) (2),** vorbei in den Sattel, 2370 m, östlich von ihm. Hier steht das **Rifugio Fredarola (3)**.
Rifugio Fredarola: Privat. 20 B., bew. vom 15./20. Juni bis 20./30. September; Tel. +39/0462/602072, +39/335/5654072 (mobil), info@fredarola.it, fredarola.it, Eindrucksvoller Blick zu den Gletschern der Marmolada im SO. Im W Latemar und Rosengarten.
Auf dem weiterhin breiten Weg Nr. 601 in landschaftlich einmalig schöner Querung der Südflanken des Col del Cuc und der C. Crode Larice nach O eben oder sanft aufwärts zu dem aussichtsreichen (1.15 Std.) **Rifugio Vièl del Pan (4)**.
Rifugio Vièl dal Pan, 2436 m: Private Schutzhütte. 23 B., bew. vom 20. Juni bis 30. September. Tel. +39/339/3865241 (mobil), info@rifugiovieldalpan.com, rifugiovieldalpan.com. Anschrift: Rif. Vièl del Pan, I-38032 Canazei/Trento.
Auf dem jetzt schmäleren Weg Nr. 601, an den Grashängen des pilzförmigen Sasso Capello und des Col de Pausa entlang, in Ostrichtung zunächst abwärts, dann eben oder aufwärts zum Sattel, ca. 2400 m, nach dem Col de Pausa (Tiefblick nach N auf Arabba mit Sellagruppe links darüber). Weiter in herrlicher Höhenwanderung durch die Südhänge des Belvedere eben oder sanft aufwärts zu Verzweigung an einem vom Belvedere herabreichenden steilen Rücken, 2 Std. Hier rechts ab und über Wiesenhänge, dann durch lichten Nadelbestand südwärts in Kehren hinunter, später eine steile Felszone eben nach links (O) queren, schließlich über eine schrofig-bewaldete Flanke in Kehren nach rechts (S) hinab zur querenden, asphaltierten Fedaia-Passstraße am **Pian Fedaia (5)**.

Pian Fedaia, 2054 m

Zwischen Padòngruppe im Norden und Marmolada im Süden eingebetteter oberster flacher Talabschnitt des Val Avisio (Fassatal) westlich

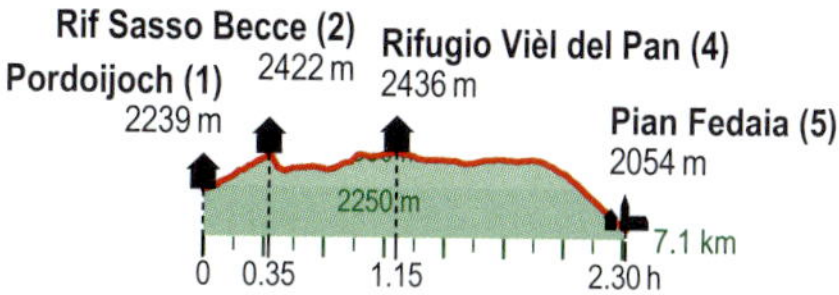

des Passo Fedaia mit dem Lago Fedaia. An den Enden der Lago-Fedaia-Staumauer mehrere Bars, Souvenirläden, Restaurants und Unterkünfte (Marmolada-Skizentrum). Busverbindung mit der Mga. Ciapela (Val Pettorina) und mit Canazei (Fassatal) mehrmals täglich. Gb.: Marmolada di Penia.
Rundsicht: Prächtiger Aufblick nach S zu den Gletschern der Marmolada mit den wuchtigen Pfeilern des Gran Vernel rechts. Im O über dem Passo Fedaia die herrliche Nordwestwand der Civetta.

Unterkünfte

- im Norden der Staumauer:
  Rifugio Castiglioni Marmolada: Hotelartig geführtes, privates Schutzhaus, das ehem. Rif. Castiglioni des CAI. 90 Schlafplätze, bew. vom 1. Juni bis 30. September. Tel. +39/0462/601117 und +39/0462/601681, info@rifugiomarmolada.it, rifugiomarmolada.it. Anschrift: Rifugio Marmolada, Pian Fedaia, I–38032 Canazei/Trento.
- im Süden der Staumauer:
  Hotel Rifugio Dolomia: Privat; 60 B., bew. vom 15./20. Juni bis 20./30. September, Tel. +39/0462/601221 und +39/346/3111225, info@hotelrifugiodolomia.com, hotelrifugiodolomia.it. Anschrift: Rif. Dolomia, Pian Fedaia, I–38030 Penia di Canazei/Trento.
  Rifugio Cima Undici: Privates Haus beim Parkplatz über der Liftstation; keine Nächtigung, bew. vom 1. Juni bis 30. September, Tel. +39/0462/602290, rifugiocimaundici.it. Man spricht auch deutsch!

9 Pian Fedaia – Malga Ciapela

1.45 Std. ↗10 Hm ↘600 Hm
Kurze problemlose Wanderstrecke auf bez. Fahrwegen bzw. Asphaltstraßen. Bei jedem Wetter möglich.

Am **Pian Fedaia (1)** südwärts über die Staumauer des Lago Fedaia zur Verzweigung am jenseitigen Ufer, direkt am Nordfuß der Marmolada. Links haltend, am Südufer des Sees entlang, auf stillgelegter alter Straße nach Osten zum Passo Fedaia, 2056 m, mit dem (30 Min.) **Rifugio Passo Fedaia (2)**.
Rifugio Passo Fedaia: Privat, 18 B., bew. vom 20. Juni bis 30. September, Tel. +39/0437/722007, rifugiofedaia@gmail.com, rifugiofedaia.com; Anschrift: Rif. Passo Fedaia, I–32022 Rocca Pietore/Belluno.

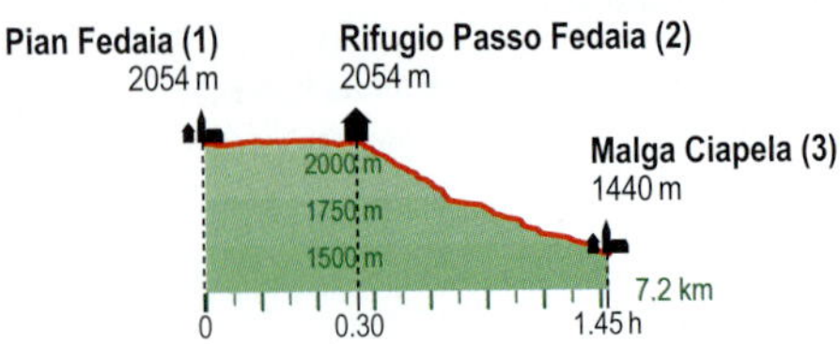

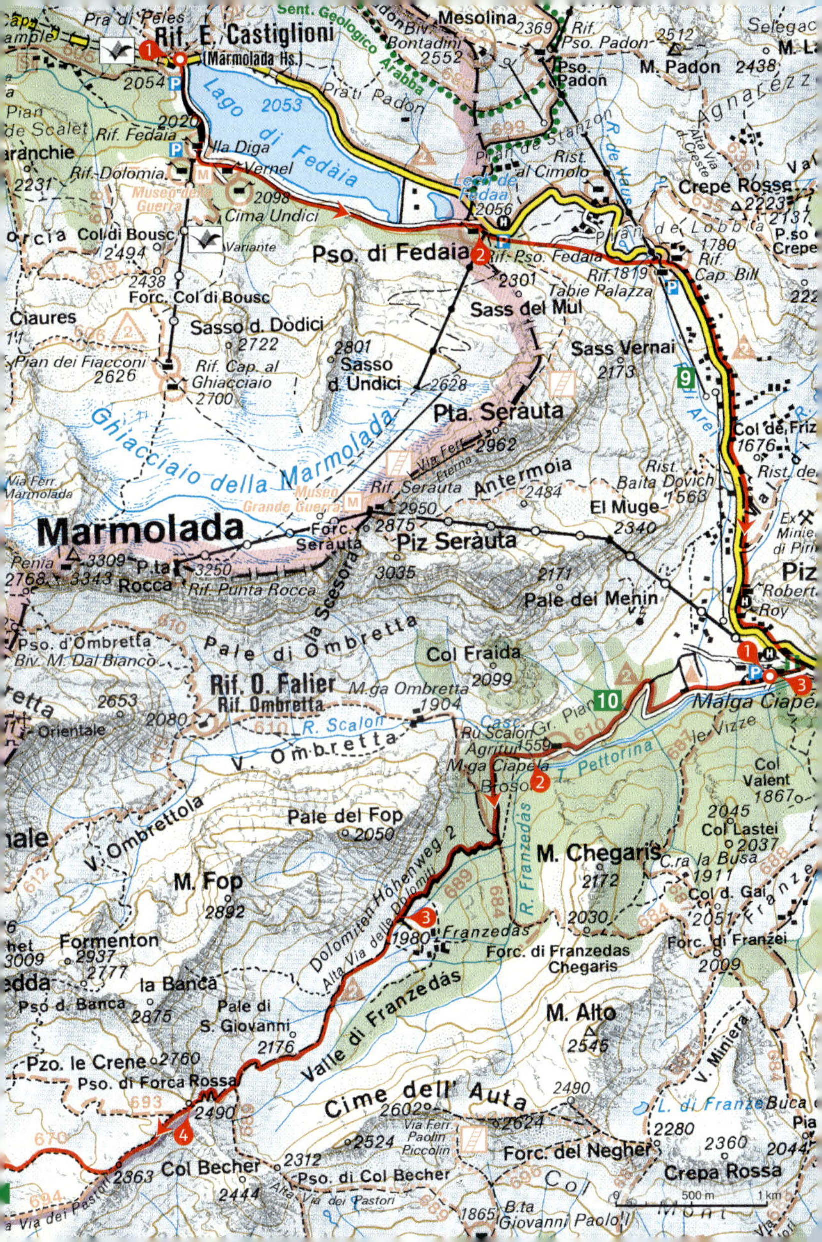

Pra di Peles
Rif. E. Castiglioni
(Marmolada Hs.)
Sent. Geologico Arabba
Mesolina
Biv. Bontadini
2552
2369
Rif. Pso. Padon
M. Padon
2438
2512
Selegac
Pso. Padon
Lago di Fedàia
2053
2054
Prati Padon
Pian de Scalet
Rif. Fedàia
2020
lla Diga
Vernel
Rif. Dolomia
Museo della Guerra
2098
Cima Undici
Pian de Stanzon
Rist. al Cimolo
Lago de Fedaa
2056
Agnarezz
Alta Via di Creste
Crepe Rosse
2223
2137
P.so Crepe
Col di Bousc
2494
Variante
2438
Forc. Col di Bousc
Pso. di Fedaia
Rif. Pso. Fedaia
Pian de Lobbia
1780
Rif. Cap. Bill
Rif. 1819
Tabie Palazza
2301
Sass del Mul
Ciaures
Sasso d. Dodici
2722
2801
Sasso d. Undici
Pian dei Fiacconi
2626
Rif. Cap. al Ghiacciaio
2700
2628
Sass Vernai
2173
Ghiacciaio della Marmolada
Pta. Serauta
Via Ferr. Eterna
2962
Col de Friz
1676
Rist. Baita Dovich
1563
Via Ferr. Marmolada
Museo Grande Guerra
Rif. Serauta
2950
Antermoia
2484
El Muge
2340
Marmolada
Forc. Serauta
2875
Piz Seràuta
3035
Penia
3309
3343
2768
P.ta Rocca
3250
Rif. Punta Rocca
La Scesora
2171
Pale dei Menin
Robert Roy
Pso. d'Ombretta
Biv. M. Dal Bianco
Pale di Ombretta
Col Fraida
2099
Rif. O. Falier
Rif. Ombretta
M.ga Ombretta
1904
2653
2080
Orientale
R. Scalon
V. Ombretta
Casc. Ru Scalon
Gr. Pian
1559
Agritur M.ga Ciapela
Malga Ciapela
T. Pettorina
le Vizze
Col Valent
1867
Brosoi
V. Ombrettola
Pale del Fop
2050
R. Franzedàs
M. Chegaris
2045
Col Lastei
2037
C.ra la Busa
1911
Col d. Gai
2051
M. Fop
2892
Dolomiten Höhenweg 2
Alta Via delle Dolomiti
2172
2030
Franzedas
1980
Forc. di Franzedas
Chegaris
Forc. di Franzei
2009
Formenton
2937
2777
3009
la Banca
Pso d. Banca
2875
Pale di S. Giovanni
2176
Valle di Franzedàs
M. Alto
2545
V. Miniera
Pzo. le Crene
2760
Pso. di Forca Rossa
2490
Cime dell' Auta
2602
2624
2490
L. di Franzei
Buca
2280
2360
2044
Via Ferr. Paolin Piccolin
2524
Forc. del Negher
Crepa Rossa
2363
Col Becher
2312
Pso. di Col Becher
2444
Alta Via dei Pastori
1865
B.ta Giovanni Paolo II
500 m
1 km

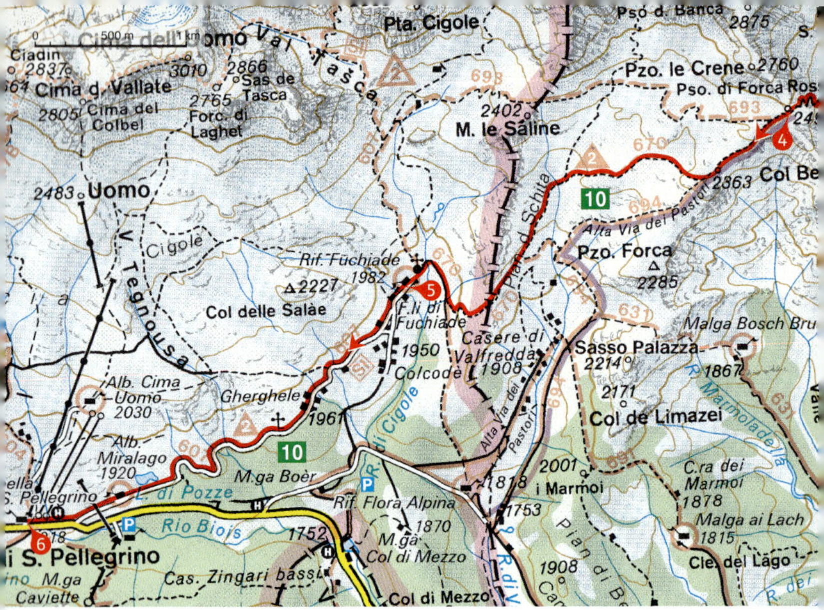

Jenseits die Skitrasse an der rechten Seite des Val d'Arei ostwärts hinunter zum links an der Passstraße stehenden (1 Std.) Rifugio Capanna Bill.

Rifugio Capanna Bill: 1819 m: Privat, 14 B.; im Mai, Oktober und November geschlossen, sonst immer geöffnet; Tel. +39/0437/722100 und +39/349/2668024 (mobil), capannabill@marmolada.com, capannabill.com; Anschrift: Rif. Capanna Bill, I–32022 Rocca Pietore/Belluno, mit der Talstation des Passo-Padòn-Sesselliftes etwas unterhalb.

Nun stets entlang der Asphaltstraße das wiesenreiche Val d'Arei (zwischen Padòngruppe links und Marmoladagruppe rechts), an mehreren Gasthäusern vorbei, in Südrichtung sanft abwärts nach **Malga Ciapela (3).**

Malga Ciapela, 1440 m

Am Vereinigungspunkt von Val Pettorina und Val d'Arei gelegene Hotelsiedlung zu Füßen der Marmolada, der höchsten Erhebung der Dolomiten. Sommer- und Wintersportzentrum an der Talstation der Marmolada-Seilbahn. Die Bahn (drei Sektionen) bewältigt einen Höhenunterschied von 1815 Metern und ist im Sommer vom 1. Juli bis 15./20. Sept. täglich von 9 bis 16.30 Uhr in Betrieb. Talstation (Malga Ciapela, 1450 m), Zwischenstation 1 (»Banc d'Antermoja«, 2350 m), Zwischenstation 2 (»Serauta«, 2950 m, Bergstation (Marmolada Punta Rocca, 3265 m). Mehrere Hotels sowie ein Einkaufszentrum (Lebensmittelläden, Foto, Friseur, Bekleidungs- und Sportartikel, Bank

usw.). Nächtigungsmöglichkeit im Hotel & Restaurant Baita Dovich (30 B., 15. Juni bis 30. Sept. geöffnet, Tel. +39/348/4944015, baitadovich.it), Hotel Malga Ciapela (100 B., bew. vom 20. Juni bis 20. September, Tel. +39/0437/522987, hotelmarmolada.com), Hotel Roy (60 B., bew. vom 15. Juni bis 30. September, Tel. +39/0437/522977, hotelroy.com), Hotel Tyrolia (60 B., bew. vom 20. Juni bis 25. September, Tel. +39/0437/522999, tyroliahotel.com) und im Hotel Garni Roberta (45 B., bew. vom 15. Juli bis 30. September, Tel. +39/0437/522980, garniroberta.com). Anschrift jeweils: Malga Ciapela, I–32020 Rocca Pietore/Belluno).
Von der Malga Ciapela lohnender Besuch der zwei Kilometer langen Klamm Serrai di Sottoguda. Die von über 50 m hohen Wänden flankierte Schlucht kann entlang einer für den öffentlichen Verkehr gesperrten Asphaltstraße durchwandert (30 Minuten Gehzeit in eine Richtung) bzw. mit dem Erlebniszug »Trenino dei Serrai« (»Serrai Express«) durchfahren werden. Der kostenpflichtige Zug verkehrt zwischen 13./15. Juni und 25./30. Sept. 9–12.30/14.30–18.30 Uhr. In diesem Zeitraum wird auch eine Fußgängermaut erhoben. Tel. +39/349/1076007 und +39/0437/722277, treninodeiserrai.com.

10 Malga Ciapela – Forca Rossa – Fuciade – Pellegrino

6 Std. ↗1040 Hm ↘580 Hm

Sehr langer, mühsamer, bei gutem Wetter jedoch harmloser Übergang. Besonders schöne Bergbilder in der zweiten Weghälfte, ab dem Passo Forca Rossa, wenn die fantastischen Felsrecken der Pala erstmals in Erscheinung treten. Dennoch ist der Übergang nicht ganz so eindrucksvoll wie die in Nord-Südrichtung durch die Marmoladagruppe führende direkte Variante V10. Immer dann anzuraten, wenn eine Begehung des Marmoladagletschers bzw. die Überschreitung der Marmolada-Scharte nicht in Frage kommt. Teilweise Straßenwanderung, sonst gut bez. Wege. Karte S. 129/130.

Von dem zuunterst stehenden **Hotel Malga Ciapela (1)**, (Tafel) auf Asphaltstraße mit Weg Nr. 610 das innere Val Pettorina, am Rist. Agriturismo Malga Ciapela (keine Nächtigung, vom 15. Juni bis 15. Sept. geöffnet) vorbei, westwärts eben talein zur Brücke über den **Rù Scalon (2)**, 1559 m (Schranke, Tafeln), im Talschluss, 40 Min. Ende der Asphaltstraße. Die Straße kurz nach W aufwärts zu einer Gabelung (Linksabzweigung von Weg Nr. 684). Geradeaus die Straße mit Weg Nr. 689 in steilen Windungen hoch, bis sie nach links gegen Valle di Francedas einschwenkt (rechts abzweigende Wege zum Rif. Falier lässt man unbeachtet!). An der rechten Seite des Tales, am bewaldeten Ostabhang der Pale del Fop entlang, südwestwärts teils in steilen Kehren, teils in längeren Querungen aufwärts in eine seichte Mulde. Durch diese in Kehren nach SW hinauf, bis die Mulde schon hoch oben nach links (gegen die Mga. Francedas) verlassen wird **(3)**, 2.15 Std.
Hier von der Straße ab (keine Tafel!) und auf dem begrünten, aber breiten Weg Nr. 689 geradeaus, südwestwärts, das jetzt flachere Valle di Francedas auf-

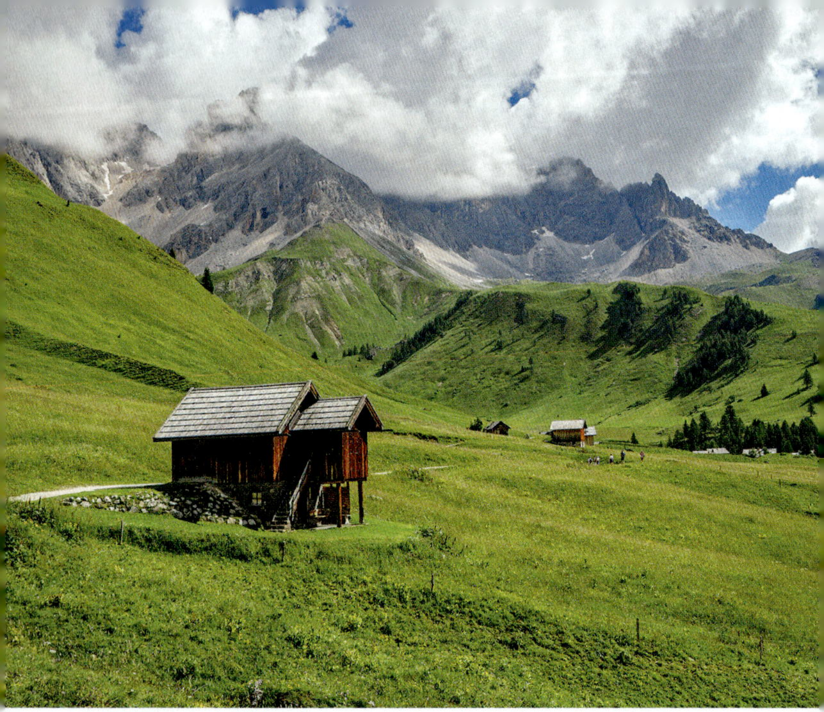

Ausgedehnte Almwiesen säumen den Wanderweg von Fuciade (Val di Cigole) zum Passo Pellegrino.

wärts, schließlich wieder an der rechten Talseite in zahlreichen Kehren über Wiesen und Geröll (bei Wegteilung rechts!) mühsam nach SW empor zum **Passo Forca Rossa (4)**, 2490 m, mit auffallend rotem Gestein, 4 Std.
Jenseits des Passes einige Kehren hinunter zu einer Verzweigung. Hier links (!) und auf Weg Nr. 694 durch herrliche Grasmulden nach SW abwärts zur nächsten Teilung. Dort auf Weg Nr. 670 rechts haltend in Westrichtung hinab zu großem Wiesenboden. Über ihn, dann im Auf und Ab durch eine Blockzone in das grüne Hochtal von Val Fredda. Das Tal wird nach rechts (SW) abwärts, gegen den vom M. Le Saline nach S streichenden Rücken, gequert. Über ihn ein Stück abwärts, dann scharf nach rechts (NW) hinunter in die weite, wiesenreiche Talmulde des Val di Cigole und nach **Fuciade (5)**, 5 Std.
Fuciade, 1982 m: Ansammlung mehrerer Heu- und Almhütten im oberen wiesenreichen Val di Cigole, an der Südseite der Marmoladagruppe. Inmitten

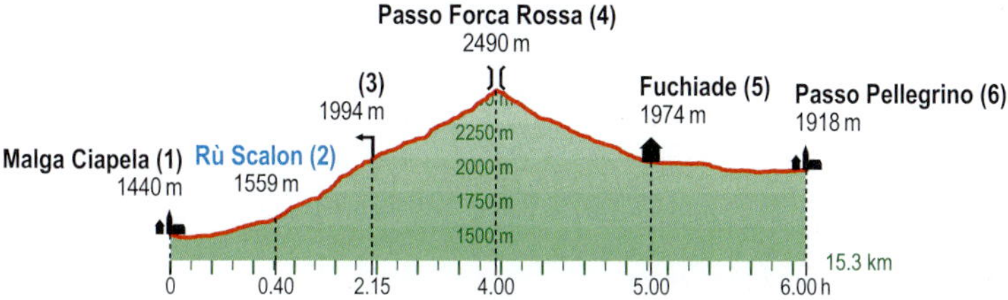

dieser Hütten das private, hotelartige Rifugio Fuciade (30 B.; im Mai und November geschlossen, sonst immer geöffnet. Kein Winterraum. Tel. +39/0462/574281, rifugiofuciade@gmail.com, fuciade.it/de. Anschrift: Rifugio Fuciade, Passo di San Pellegrino, I–38030 Soraga di Fassa/Trento. Heimanschrift: Sergio Rossi, Via Barbide 5, I–38030 Soraga di Fassa/Trento, dort Tel. +39/0462/768194). Gb.: C. dell'Uomo, 3010 m, Pta. Cigole, 2815 m, Sasso di Valfredda, 3009 m.

Rundsicht: Im S die prachtvolle Gipfelreihe der nördlichen Palagruppe mit dem Cimone della Pala rechts. Vor ihm die runde Kuppe des M. Pradazzo. Im SW die Porphyrgruppe der C Bocche mit dem Col Margherita (am Gipfel Gondelbahn-Bergstation). Darunter die Senke des Passo Pellegrino. Aufblick nach N zur westlichen Marmoladagruppe (Sasso di Tasca, Passo delle Cirelle, Pta. Cigole, Sasso di Valfredda).

Von Fuciade auf Naturstraße (Weg Nr. 607) kurz nach Südwesten zu einer Verzweigung. Rechts haltend auf der Schotterstraße, an den Südhängen der Marmoladagruppe entlang, in Südwestrichtung weiter zunächst eben über aussichtsreiche Wiesen (Prachtblick nach S und O auf Pala-, Tàmer-, Moiazza- und Civettagruppe!), später durch lichten Nadelwald sanft abwärts und nach 35–40 Min. zu dem rechts oberhalb der Straße, am Lago di Pozze, gelegenen Albergo Miralago (1920 m; Hotel mit origineller Inneneinrichtung, 32 B., ganzj. geöffnet, Tel. +39/0462/ 573791; albergomiralago.com).

Der Naturstraße folgend südwestwärts eben weiter (links unterhalb die Talstation der Col-Margherita-Gondelbahn) zu der von links einmündenden Passstraße Falcade – Moèna. Auf ihr geradeaus in Kürze zum **Passo di San Pellegrino (6)**, 1 Std. von Fuciade.

Passo di San Pellegrino, 1918 m

Wichtiger, vor allem im Winter (ausgedehntes Skigebiet mit zahlreichen Liftanlagen) stark frequentierter Dolomitenübergang. Verbindungsstraße zwischen Val Biois/Val Cordevole (O) und Val Pellegrino/Val Fassa (W). Busverbindung Falcade – Moèna dreimal täglich in beiden Richtungen. Der Passo Pellegrino trennt die dolomitische Marmoladagruppe im N von der Porphyrgruppe der C. Bocche im S. An der Passhöhe einige Souvenirläden sowie mehrere Hotels.

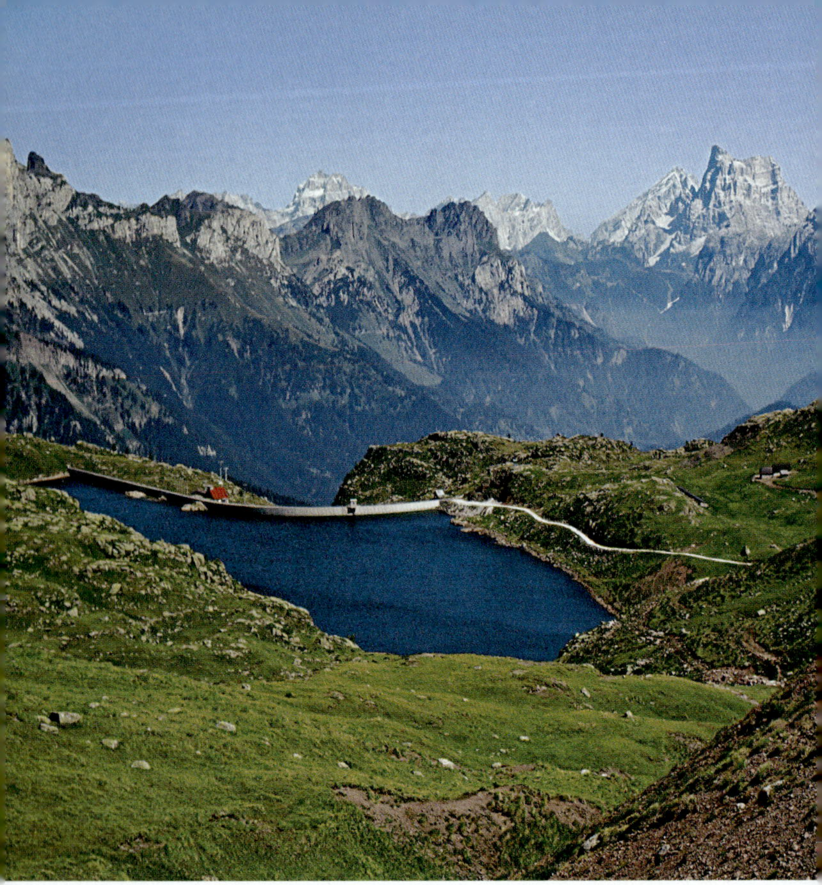

Der Lago di Cavia in der Bocchegruppe mit Sorapissgruppe, Pelmo und Civetta im Osten.

Es sind dies das Hotel Arnika (140 B., bew. vom 1. Juni bis 30. September, Tel. +39/0462/573337, arnika.it), das Hotel Cristallo (92 B., ganzj. bew., Tel. +39/0462/573342, hotel-cristallo.com/de), das Hotel Costabella (66 B., bew. vom 1. Juli bis 15. September, Tel. +39/0462/573326, costabella.it) und das Hotel San Marco (64 B., bew. vom 1. Juli bis 15. September, Tel. +39/0462/573475, hotel-sanmarco.it), alle Hotels mit Postanschrift: Passo di San Pellegrino, I–38035 Moèna/Trento. Gb.: C. Iuribrutto, 2697 m, Col Margherita, 2550 m. C. Costabella, 2762 m, C. dell'Uomo, 3010 m.

V10 Pian Fedaia – Rif. Contrin – Passo Pellegrino

10 Std. ↗1530 Hm ↘1660 Hm
Mögliche Aufteilung: Teilstrecke Pian Fedaia – Rif. Contrin
5.30 Std. ↗860 Hm ↘890 Hm
Teilstrecke Rif. Contrin – Passo Pellegrino
4.30 Std. ↗670 Hm ↘770 Hm
Landschaftlich ungemein eindrucksvoller, aber auch langer, hochalpiner Übergang, wesentlich anspruchsvoller als die Hauptroute Et. 9/Et. 10!
Der Übergang ist nur erfahrenen Bergsteigern mit Klettersteigerfahrung sowie bei guten Schnee- und guten Wetterverhältnissen zu empfehlen. An Altschneeresten im Frühsommer erhöhte Vorsicht (dann u. U. Steigeisen ratsam)! Man erkundige sich diesbezüglich beim Hüttenwart des Rifugio Castiglioni Marmolada am Pian Fedaia. Für die Überschreitung der Marmoladascharte (Klettersteig, zum Teil sehr exponiert!) wird die Verwendung eines Klettersteigsets (Hüftgurt mit Beinschlaufen, Klettersteigbremse, zwei Klettersteigkarabiner) empfohlen. Im Abstieg vom Passo delle Cirelle nach Fuciade Vorsicht bei Altschnee im Frühsommer (Absturzgefahr, Pickel ratsam!).
Hinweis: Mit einem Lawinenabgang im Dezember 2020 und dem verheerenden Gletschersturz im Juli 2022 hat sich an der Marmolada-Nordseite im Umkreis des Pian dei Fiacconi einiges verändert: Der frühere Korblift (Telecabina) wurde stillgelegt, das Rif. Pian dei Fiacconi zerstört. Die Strecke vom Pian Fedaia zum Rif. Contrin kann zum gegebenen Zeitpunkt nur in einem Zuge bewältigt werden. Wegen der Gefahr weiterer Gletscherstürze wird dringend angeraten, die Strecke Pian dei Fiacconi – Forc. della Marmolada nur in den Morgen- bzw. Vormittagsstunden zu begehen. Tipp: Man erkundige sich vor Antritt der Tour am Pian Fedaia über den Zustand dieser Etappe!

Die paradiesische Wiesenmulde des Val di Cigole mit den Hütten von Fuciade, dahinter die Palagruppe.

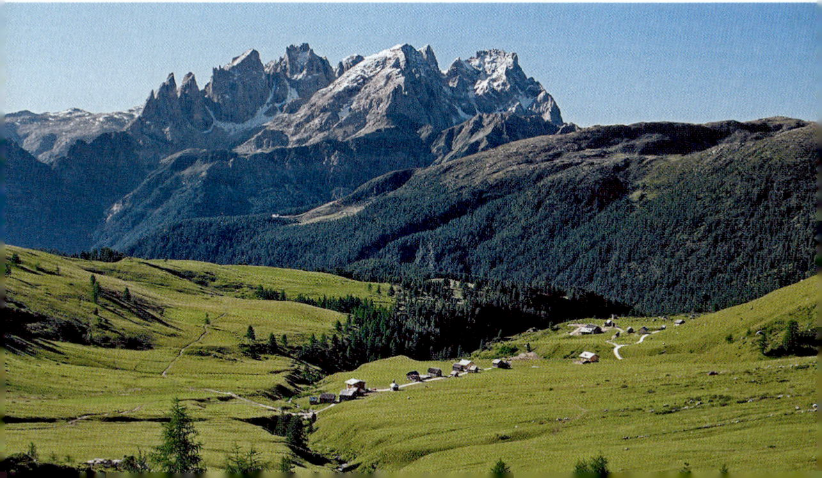

2 Pian Fedaia – Rif. Contrin – Passo Pellegrino

Vom **Pian Fedaia (1)** über die Staumauer des Lago Fedaia zur Straßenteilung am Südufer, direkt am Nordfuß der Marmolada. Rechts haltend, an der Bar Diga vorbei, kurz hoch zum Rifugio Dolomia und weiter zur ehemaligen Talstation der **Telecabina Fedaia (2)**.
Nun auf Weg Nr. 606 über den Col dei Bousc empor (2 Std.) zum Standort des **ehemaligen Rif. Pian dei Fiacconi (3)**, 2626 m, am unteren Rand des Marmoladagletschers.
Auf Weg Nr. 606 etwa 100 m in nördlicher Richtung hinab auf ein breites Geröllband. Auf diesem nach links (W) zu einer Felsnase (30 Min. ab dem ehem. Rif. Pian dei Fiacconi) und diese umgehend in das Hochtal des ehem. Marmoladagletschers. Über Schutt (Steinmänner, keine Farbmarkierung) steil und mühsam nach Süden aufwärts zu den Gletscherresten (Firnfelder). Über diese entlang meist vorhandener Trittspuren unter die jenseitige Wand und dort über einen kurzen Klettersteig (Drahtseile) empor zur **Forc. della Marmolada (4)**, 2896 m, zwischen Punta di Penia links und Piccolo Vernel rechts, 3.45 Std.
Jenseits auf neu angelegtem Klettersteig an Drahtseilen und Klammern (alte Eisenleiter nicht benutzen!) waagrecht in senkrechte Wand hinein, dann über eine Leiter hinab in eine enge steile Rinne (bei Schneeresten erhöhte Vorsicht!). Durch diese und über den anschließenden Hang in Kehren hinab in das

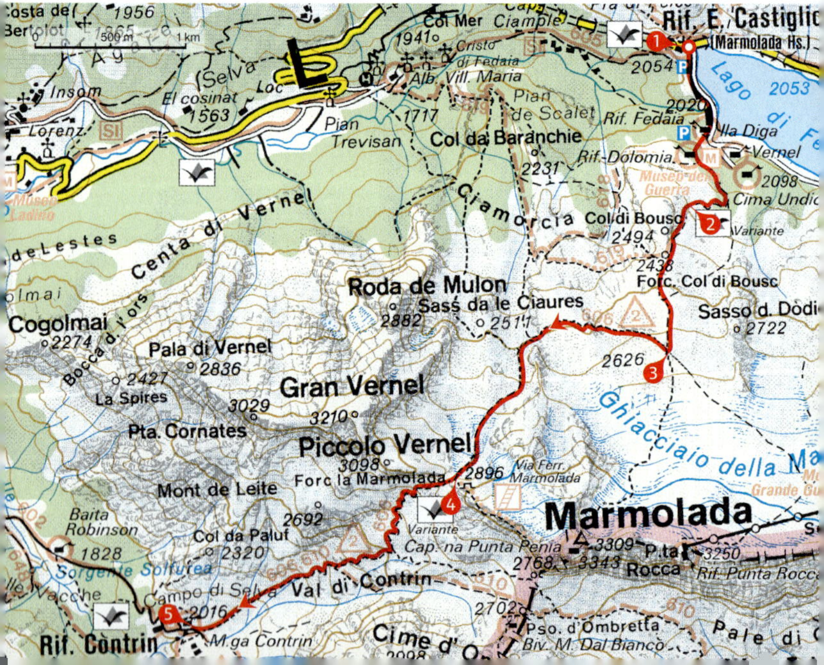

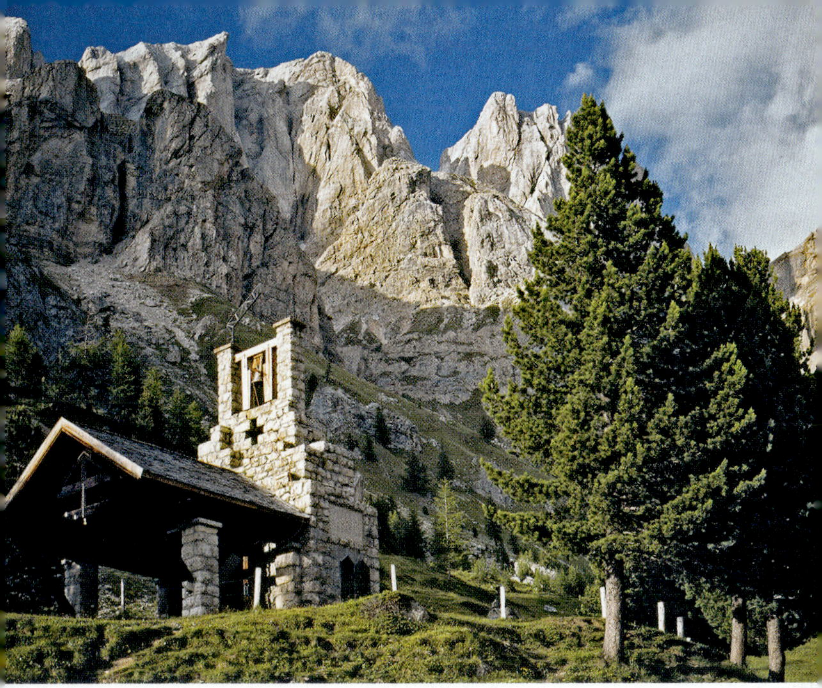

Die stimmungsvolle Bergkapelle beim Rif. Contrin, darüber die Südabstürze des Gran Vernel.

Val di Contrin, wo von links Weg Nr. 610 einmündet. Rechts haltend den Weg Nr. 606 nun in Südwestrichtung abwärts zum **Rifugio Contrin (5)**, 5.30 Std.

Rifugio Contrin, 2016 m

Hotelartig geführtes Schutzhaus der A.N.A. (Associazione Nazionale Alpini) im großartigen Talschluss des Val di Contrin, an licht bewaldeter Bergkante im

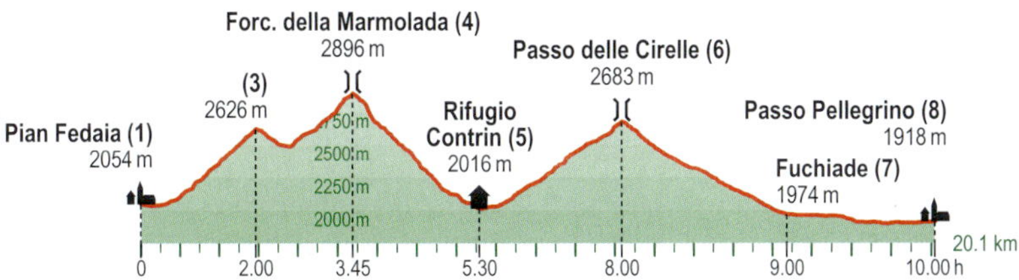

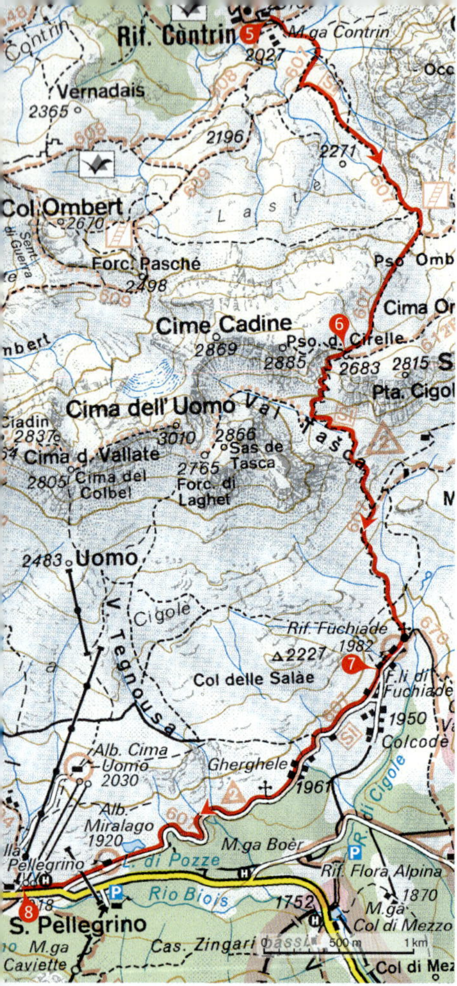

Auslauf des vom Passo Ombretta herabziehenden Hochtales. Neben dem Hauptgebäude das Rif. Medaglia d'Oro Efrem Reatto, oberhalb beider Häuser eine stimmungsvolle Bergkapelle. Im Hochsommer tagsüber stark besucht! 112 B. bew. vom 15./20. Juni bis 25./30. September. Winterraum (kleine Hütte im SO des Hauptgebäudes, 6 L.) vorhanden. Tel. +39/ 0462/601101 (Hütte), +39/ 0462/602453 und +39/338/ 1623311 (mobil), info@rifugiocontrin.it, rifugiocontrin.it. Anschrift: Rifugio Contrin, I–38032 Canazei/ Trento. Gb.: Marmolada, 3343 m (Punta Penia), C. Ombretta, 3011 m, Sasso Vernale, 3058 m, Col Ombert, 2670 m, Colàc, 2715 m.

Rundsicht: Im O das zum Passo Ombretta emporführende Hochtal mit den Marmolada-Südwänden links und der mächtigen C. Ombretta rechts. Im SO die Pyramide des Sasso Vernale. Im S die gegen den Passo delle Cirelle ansteigenden Geröllkare mit C. Cadine rechts. Im SW der mächtige Felskopf des Col Ombert. Im NW die wuchtige Mauer des Colàc. Im N über dem Val di Contrin die Langkofelgruppe.

Von der **Hütte (5)** auf Karrenweg (Nr. 606 und 607) über Wiese 100 m nach SO zu Verzweigung (Tafeln). Rechts haltend (Weg Nr. 607), eine Mulde ausgehend, zur nahen Malga Contrin Nuova, 2027 m (vom 20. Juni bis 20. Sept. geöffnet, dann Milch, Butter, Käse). Links vorbei und anfangs südostwärts, dann im lichten Lärchenbestand nach rechts (SW) hinauf zu ebener Wiese. Ohne sie zu betreten über einen begrünten Moränenrücken in Kehren aufwärts unter die Westwände der C. Ombretta. Dort über Schutt- und Blockhänge steiler in ein kleines Geröllkar und unter einer schwarzen Wand südwärts hinauf in ein schuttiges Hochtal. Durch dieses nach SW in eine runde Karmulde, 6.30 Std. Erster Aufblick gegen den nahen Passo delle Cirelle im SW!

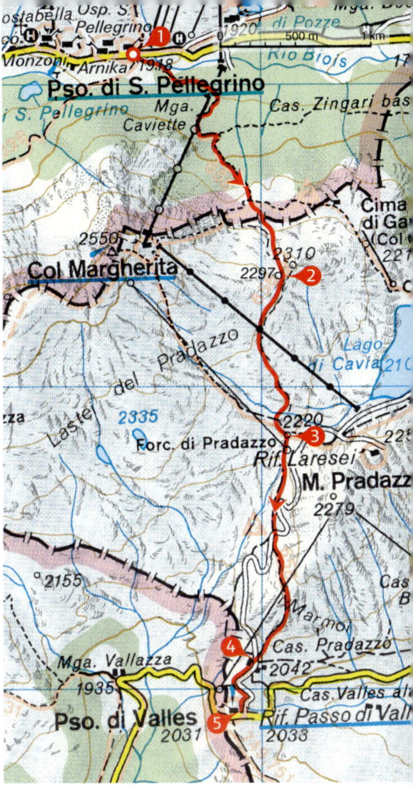

An der rechten Seite des zu ihm ansteigenden Tälchens mäßig steil (Vorsicht bei Nebel!) empor zum **Passo delle Cirelle (6)**, 2683 m, zwischen C. Cadine rechts und Pta. Cigole links, 8 Std. Rückblick nach NO auf Sasso Vernale und C. Ombretta mit den Südwänden der Marmolada darüber. Überraschend im W die Felsgipfel der C. dell'Uomo und des Sasso di Tasca.

Auf Weg Nr. 607 westwärts in ein steiles, nach links (S) abfallendes Schuttkar. Prachtblick zu der im S über den Wiesenmatten von Fuciade aufragenden Palagruppe! Durch das Kar (Abfahren möglich; Vorsicht bei Hartfirn im Frühsommer, dann u. U. Steigeisen und Pickel nötig!) auf Serpentinensteig hinunter zu einem Felsabbruch. Hier über Geröll nach rechts (W) abwärts in das Valle di Tasca. In ihm nach links (SO) in Kehren hinab zu balkonartiger Terrasse. Nun über einen steilen Grashang in Kehren südwärts hinunter in den Graben des Val di Cigole. Dort nach links über einen Bach und in eindrucksvoller Wanderung über schöne Wiesen sanft abwärts nach (9 Std.) **Fuciade (7)**. Weiter auf Hauptroute E 10 zum **Passo di San Pellegrino (8)**, 1918 m.

11 Passo Pellegrino – Passo di Vallès

2.45 Std. ↗380 Hm ↘270 Hm

Sehr interessante, aussichtsreiche Wanderung durch den Porphyrbezirk der C. Bocche zu dem am Nordrand der Pala gelegenen Passo di Vallès. Eigenartige, an die Zentralalpen (Granit) erinnernde Blocklandschaft. Mehrere unschöne Liftanlagen und Abfahrtspisten!

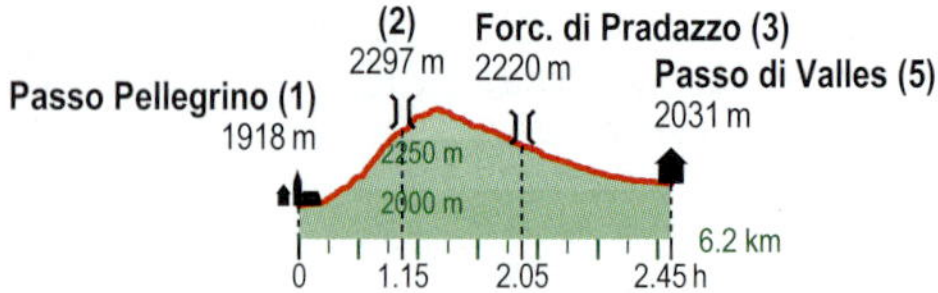

An der Passhöhe **Großparkplatz (1)** gegenüber dem Rif. San Pellegrino. Von dort (Tafel) auf Weg Nr. 658 in Südostrichtung zunächst über eine ebene Wiese (Dreiecksmarkierung der Höhenroute Nr. 2 an Steinen), dann im lichten Lärchenbestand an den Nordhängen des Col Margherita mäßig steil aufwärts, unter der Gondelbahn durch, zu einem Bach, 20 Min. Weiterhin südostwärts an den Hängen entlang durch Gesträuch und Lärchen in Windungen schräg nach links hinauf zu querender Abfahrtspiste. Über sie steil nach rechts (S) hoch zum flachen Ostrücken des Col Margherita, der an einem **Sattel (2)**, 2297 m, westlich der C. Pale di Gargòl (auch Col Caviette) erreicht wird, 1 Std. Wunderbarer Blick nach S und SO zur Palagruppe vom Cimone della Pala rechts über den M. Agnèr bis zur dunkelfelsigen C. Pape (dahinter Tàmer- und Moiazzagruppe) links. Im O die mächtigen Dolomit-Massive der Civetta und des M. Pelmo mit Antelao, Marmarole und Sorapiss links in der Ferne. Im NO die südliche Marmoladagruppe mit den kühnen Cime d'Auta. Im N über den Höhen der westlichen Marmoladagruppe die obere Hälfte der Marmolada-Südwand.
Die Skiabfahrtstraße schwenkt nun nach rechts in die Südostseite des Col Margherita ein. Bereits nach 50 m zweigt Weg Nr. 658 halb links ab (Markierung und Nummer an Stein). Auf ihm über die wenig geneigte Hochfläche von Zingari Alti (meist nur Steigspuren, daher bei Nebel gut auf die Markierung achten!) durch eine interessante Platten- und Blocklandschaft hoch über dem Lago di Cavia (links unterhalb) in Südrichtung zu einem Schlepplift und zu querender Fahrstraße. Über sie nach links (SO) abwärts zur nahen **Forc. di Pradazzo (3)**, 2220 m, und damit zur Naturstraße, die vom Lago di Cavia zum Passo di Vallès führt, 2 Std. Schöner Blick nach O und NO auf den Lago di Cavia mit Civetta, Pelmo, Antelao und Sorapiss dahinter!
Die Straße nach rechts (S) sanft abwärts, dann auf abkürzendem Weg Nr. 658 vorerst rechts, dann links der Straße über blockübersäte Wiesen in schöner Wanderung (herrlicher Palablick!) nach S zur Mga. Pradazzo, 2042 m, wo die Naturstraße wieder erreicht wird. Auf ihr hinab zum **Passo di Vallès (5)**.

Passo di Vallès, 2031 m

Zwischen dem Porphyrmassiv der Cima Bocche im N und der dolomitischen Palagruppe im S eingebetteter, wenig frequentierter Pass. Asphaltstraße von

Die in einem Felskar gelegene Mulazhütte zu Füßen der imposanten C. del Focobon.

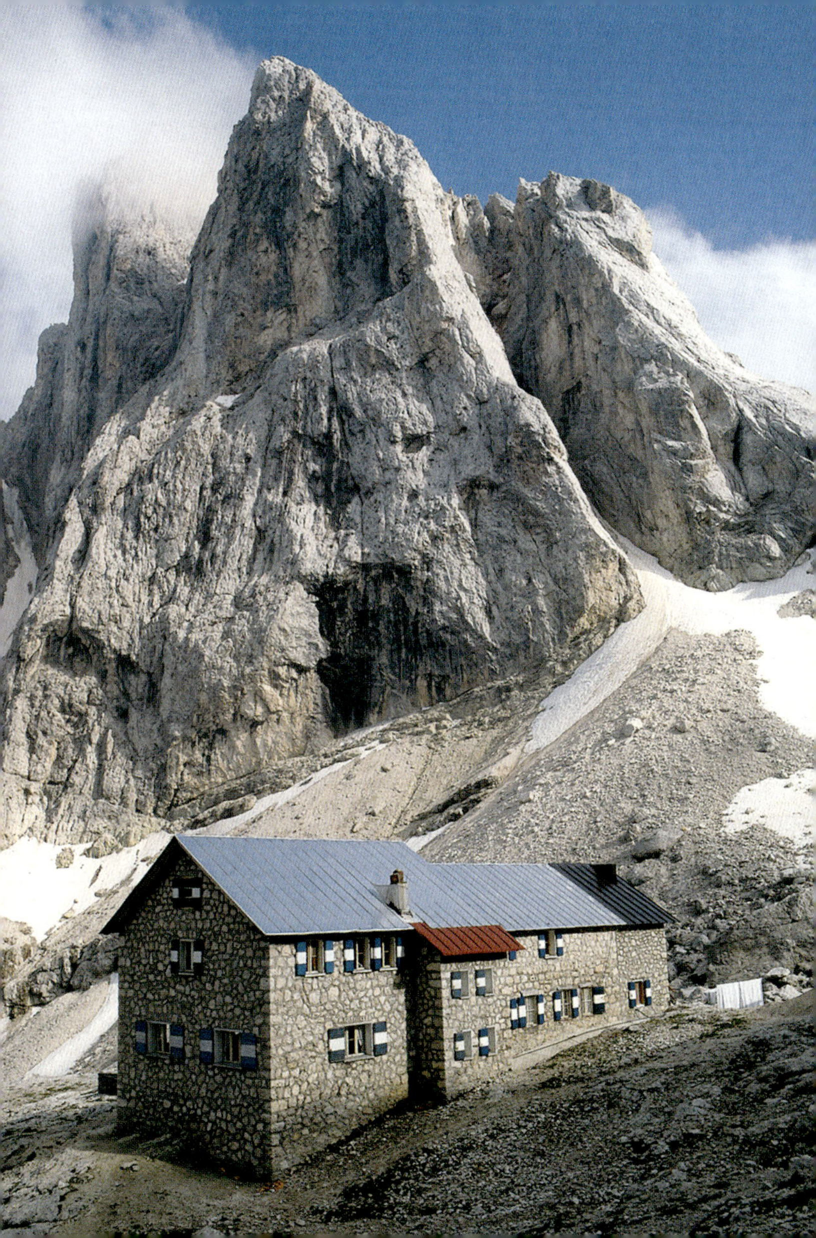

W aus dem Val Travignolo (Predazzo) in das östlich gelegene Val Biois (Falcade). Südlich über der Passhöhe eine malerische Kapelle, nördlich gleich an der Straße die Capanna Passo Vallès.
Capanna Passo Vallès: Gut geführtes, privates hotelartiges Schutzhaus, das sich auch für einen längeren Aufenthalt eignet. 42 B.; vom 15. Juni bis 31. Okt. geöffnet. Tel. +39/0437/599136 (Hütte) und +39/0437/599460 (Tal), info@passovalles.com, passovalles.com. Anschrift: Capanna Passo Vallès, I–38030 Paneveggio/Trento. Gb.: M. Pradazzo, 2279 m, Col Margherita, 2550 m, C. Iuribrutto, 2697 m, C. Vallès, 2305 m (C. Venegia), C. Venegiotta, 2401 m.
Rundsicht: Im W über dem Val Travignolo die gemäßigten Bergformationen der Fleimstaler Alpen. Im O der aus dunklem Eruptivgestein gebildete Felsbezirk der C. Pape (Palagruppe) mit den Dolomit-Kolossen der Civetta und des M. Pelmo links dahinter. Im S über uns die felsige, gebänderte C. Vallès. Links von ihr die Forc. di Venegia, das erste Ziel auf dem nun folgenden Höhenweg-Abschnitt.

12 Passo di Vallès – Passo di Venegiotta – Rif. Mulaz

3.15 Std. ↗700 Hm ↘160 Hm

Am Passo di Vallès betreten wir das Reich der Palagruppe, eines der großartigsten und ausgedehntesten Massive der Dolomiten. Die Durchwanderung dieses Gebietes (Et. 12 bis Et. 16) und der südlich anschließenden Feltriner Alpen stellt nach dem Bindelweg den Höhepunkt unserer Dolomiten-Weitwanderroute dar. An Et. 12 beeindrucken im ersten Teil weitreichende Fernblicke, im zweiten die imposanten Felsszenerien des oberen Val Focobon. Mittellanger Übergang, im Steilanstieg zur Mulazhütte etwas anstrengend. Trittsicherheit und Klettererfahrung (Passagen im Schwierigkeitsgrad I) nötig! An der Forc. di Venegia kann auch Variante 4 über den Passo del Mulaz eingeschlagen werden.

Wegbeginn südlich gegenüber der **Cap. Passo Vallès (1)**. Auf Weg Nr. 751 über den schuttigen Nordrücken der C. Vallès in steilen Kehren hoch, bald jedoch durch die Ostflanke des Berges, an Grashängen entlang, schräg nach links aufwärts, zuletzt in Kehren südwärts empor zur weiten **Forc. di Venegia (2)**, (auch Forc. di Caladòra, 2217 m) zwischen C. Vallès rechts und C. Caladòra links, 45 Min. Prachtblick nach S zur Palagruppe mit Cimone della Pala (ganz rechts), C. della Vezzana, C. dei Bureloni, C. di Valgrande, Camp. di Valgrande und M. Mulaz. Im Rückblick (NO) die mächtige Südwand der Marmolada, im W die Fleimstaler Alpen.
Die Hauptroute folgt Weg Nr. 751 über den grasigen Westrücken der C. Caladòra hoch und unter ihrem Gipfel nach rechts in die grüne Mulde beim reizenden Laghetto Caladòra. In längerer Querung an den Südhängen der C. di Venegiota weiter, danach unter lang gestreckter Wand abwärts, bis der Weg um einen Vorsprung herum nach links in das Vallon della Venegiota einschwenkt. Dort durch Wiesen und an felsdurchsetzten Hängen entlang nach Osten aufwärts, zuletzt kurz bergab in den **Passo Venegiotta (3)**, 2302 m, 1.30 Std.

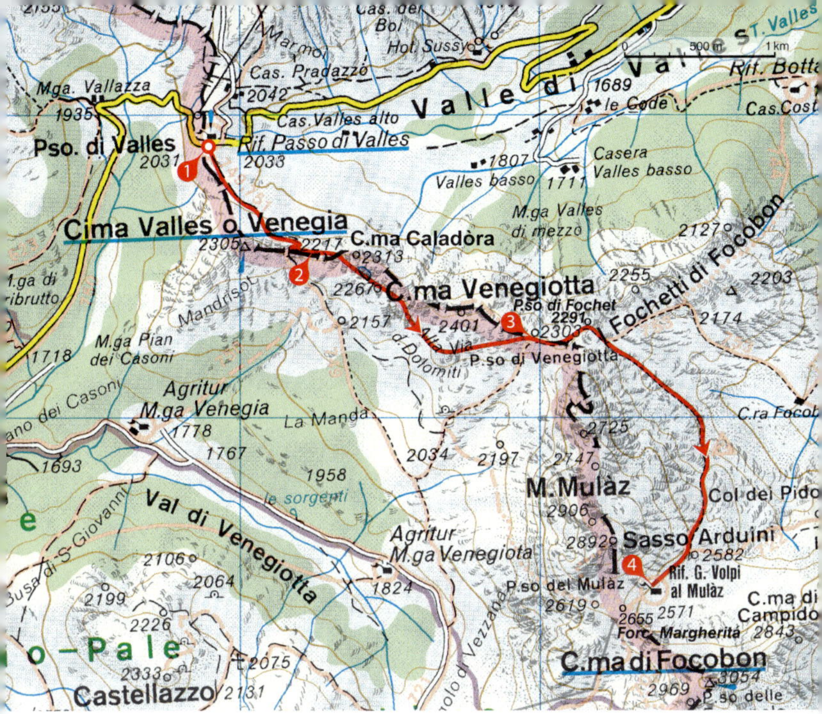

Auf Weg Nr. 751 in Kehren steil nach O zu einer Schulter empor. Nun schöne Querung einer steilen Flanke (dunkles Eruptivgestein!) nach NO zu einer Schulter am Nordrücken des M. Mulaz, direkt über dem Passo dei Fochet, 2291 m, 1.45 Std. Linksabzweigung von Weg Nr. 753. Unsere Route (Weg Nr. 751) schwenkt nun nach rechts gegen das von imposanten Berggestalten flankierte Val Focobon ein und führt dort an der rechten Talseite, am Ostabhang des M. Mulaz entlang, weiter.

Zunächst in Südostrichtung länger abwärts auf eine grüne, muldenreiche Geländerampe. Über sie eben weiter, dann an steiler Felsflanke (I, Drahtseile) etwas ausgesetzt nach rechts (S) in ein gerölliges Tälchen (oft Schneereste!). Durch dieses in Kehren anstrengend empor, später durch eine Steilrinne zu markanter Schulter mit Wiese, 2.30 Std. Idealer Rastplatz mit besonders

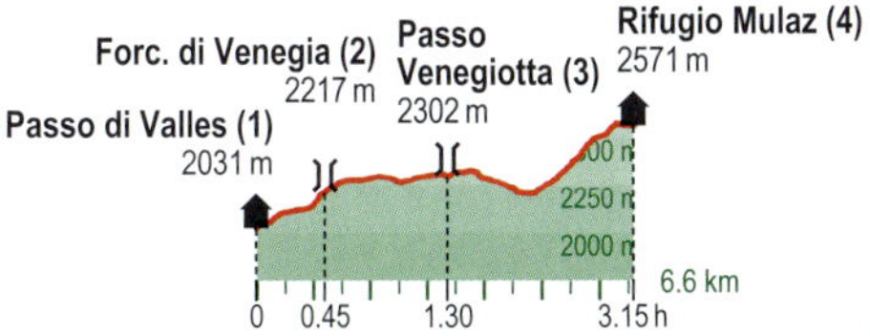

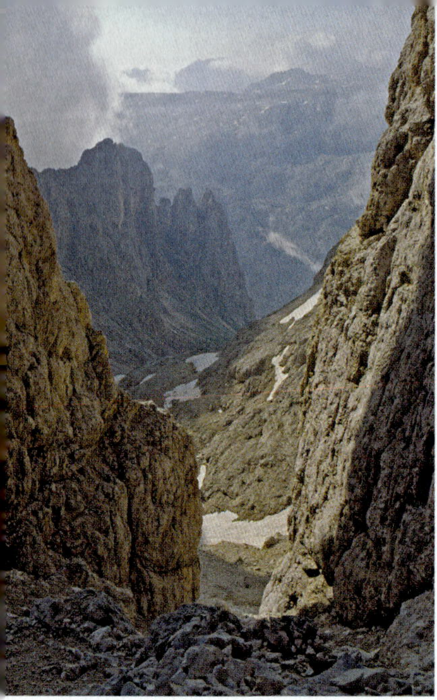

Tiefblick vom Passo delle Farangole nach Süden gegen das Valle delle Comelle, darüber die Pala-Hochfläche.

Das Seeauge an der C. del Lago, dahinter die nördliche Palakette mit C. della Vezzana und Cimone della Pala.

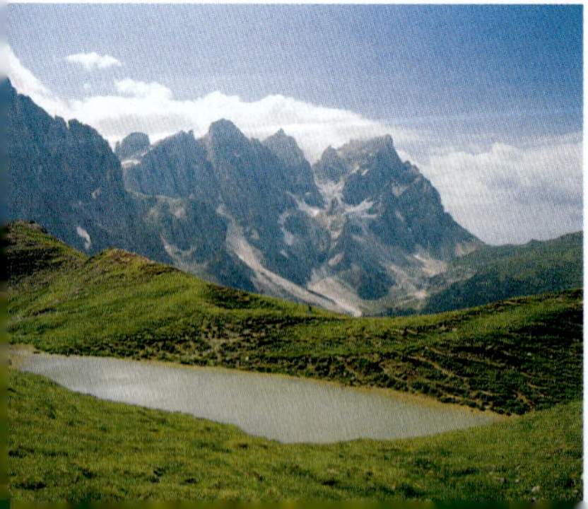

schönem Aufblick zu den wilden Campanili dei Lastei im O! Über einen plattigen Felsaufschwung (I) zur nächsten Schulter, dann über gestufte Felsen und durch eine Geröllmulde hinauf zur Scharte zwischen M. Mulaz rechts und Sasso Arduini links (Rif. Mulaz wird erstmals sichtbar!). Jenseits etwas abwärts und eben in wenigen Minuten zum **Rif. Mulaz (4)**.

Rif. Volpi di Misurata al Mulaz, 2571 m

Im oberen Val Focobon östlich unterhalb des Passo del Mulaz gelegene Hütte des CAI Venezia. Die Position des Hauses ganz im Banne der mächtigen C. del Focobon zählt zu den eindrucksvollsten an der Höhenroute Nr. 2! 39 B., 20 L., 12 Notlager mit Tisch, Bänken und Herd im Winterraum an der Westseite des Hauses; bew. vom 15./20. Juni bis 20./25. September. Tel. +39/0437/599420 (Hütte) und +39/338/5924343 (mobil), rifugiomulaz@gmail.com, caiveneto.it/rifugio/volpi-al-mulaz. Anschrift: Rifugio Mulaz, Via Prade, I–32020 Canale d'Agordo/Belluno. Gb.: M. Mulaz, 2906 m.

Rundsicht: Im NO Tofanen und Sorapiss (davor Nuvolau und Croda da Lago). Weiter rechts die Felskolosse von Pelmo und Civetta mit der dunklen C. Pape davor. Im O reihen sich an der gegenüberliegenden Talseite des Val Focobon die mächtigen Türme der Focobongruppe: Camp. dei Lastei, C. Zopel, C. di Campido und rechts die gewaltige C. del Focobon. Im W der Passo del Mulaz, weiter rechts (N) der M. Mulaz.

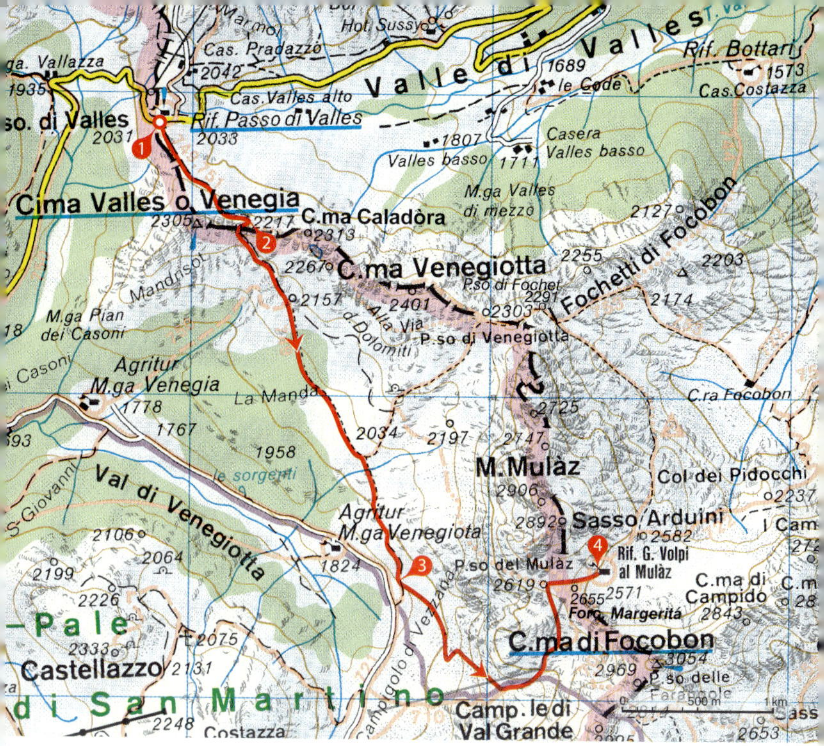

V12 Passo di Vallès – Passo del Mulaz – Rif. Mulaz

3.30 Std. ↗920 Hm ↘380 Hm

Einfache, interessante Variante; westliche Umgehung des M. Mulaz. Etwa so lang wie die Hauptroute Et. 12, jedoch landschaftlich nicht ganz so schön!

Vom **Passo di Vallès (1)** wie bei Et. 12 empor zur **Forc. di Venegia (2)**, 2217 m, 45 Min. Jenseits nicht auf der Hauptroute nach links gegen die C. del Lago aufwärts, sondern auf dem breiten begrünten Weg Nr. 749 über

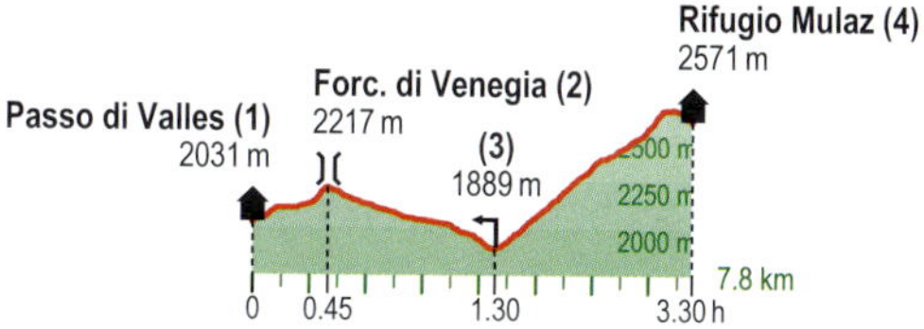

Almwiesen nahezu eben nach Südosten weiter. Bei der ersten Verzweigung halb rechts über schöne Wiesen, dann durch Wald hinunter in das Val Venegiotta, ca. 1880 m, und dort zur Naturstraße, die etwa 0,5 km oberhalb der Mga. Venegiotta erreicht wird. Noch vor dem Erreichen der Straße links ab **(3)** und auf dem bez. Steiges Nr. 710 in Kehren über steile Hänge ostwärts empor zum Passo del Mulaz, 2619 m, und jenseits hinab zum nahen **Rif. Mulaz (4)**, (Et. 12).

13 Rif. Mulaz – Rif. di Rosetta

4.30 Std. ↗620 Hm ↘610 Hm

Ziemlich langer und auch etwas anstrengender, jedoch abwechslungsreicher, großartiger Übergang an der Ostseite der nördlichen Palagruppe entlang. Herrliche Landschaftsbilder! Besondere Vorsicht an der langen und stellenweise exponierten Querung der Abhänge gegen das Valle delle Comelle. Trittsicherheit, Schwindelfreiheit und Kletterkönnen (Passagen im Schwierigkeitsgrad I) erforderlich.

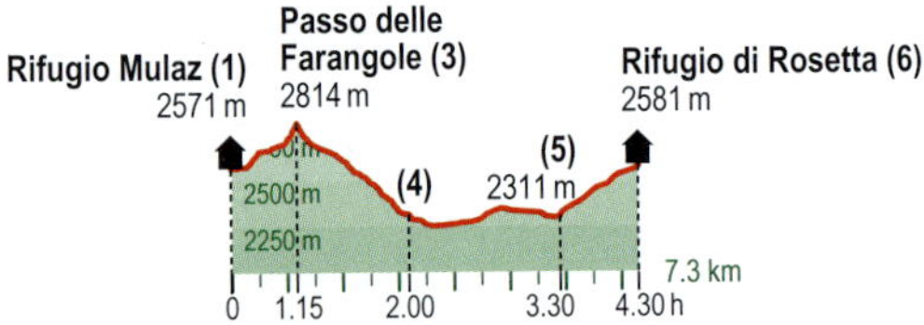

Vom **Rif. Mulaz (1)** auf Weg Nr. 703 und 710 südwestwärts Richtung Passo del Mulaz aufwärts, bald aber links ab und auf Weg Nr. 703 in Kehren über einen steilen Geröllhang, später durch eine kurze Rinne nach S empor zur **Forc. Margherita (2)**, 2655 m, 30 Min. Blick auf die Felstürme des Camp. di Focobon, der Torri delle Farangole und des Camp. di Valgrande im S. Rechts des Camp. di Focobon der Passo delle Farangole.

Jenseits der Scharte die Schutthänge unterhalb der links aufragenden C. di Focobon in Richtung Passo delle Farangole queren und zunehmend steiler empor zum Auslauf der von ihm herabziehenden Rinne. An ihrer linken Seite erst über brüchige Felsen (Sicherungen), später über Geröll nach rechts hinauf zum **Passo delle Farangole (3)**, 2814 m, 1.15 Std. Jenseits fällt der Blick auf das weite Pala-Plateau – eine trostlose kahle Felswüste! Vom Pass die steile Schutt- und Blockrinne unterhalb der linken Begrenzungswand, an einem kurzen Kamin (Drahtseil) vorbei, südwärts hinunter, dann unter den Wänden des Camp. di Focobon über Schutt nach links, zuletzt in Kehren hinab in die Talsohle des Val Grande. Dort auf dem bez. Weg Nr. 703 an der rechten Talseite über begrünte Schutthänge ziemlich tief nach S hinunter zum Steilabfall gegen das querlaufende Valle delle Comelle. Der Weg schwenkt jetzt unter der überaus kühnen Torcia di Val Grande (einer der schwierigsten Türme der Dolomiten!) nach rechts. Auf prachtvoll trassiertem Steig in landschaftlich großartiger Wanderung unter senkrechten Wänden und hoch über der Talsohle des Valle delle Comelle an Steilwiesen entlang, südwärts meist eben dahin, bis sich rechts das von wilden Felswänden flankierte **Val Strutt (4)**, 2320 m, öffnet. Abzweigung des bez. Steiges zum Biv. Brunner (Tafel, Wasserstelle), 2 Std.

Wir setzen die Querung der steilen rechten Begrenzungsflanke des Valle delle Comelle in Südrichtung fort und gelangen etwas fallend, dann stetig steigend, an etlichen exponierten Wegstellen (Drahtseile, besondere Vorsicht!) vorbei, zu einer nach links vorgeschobenen Schulter mit Felsblöcken, 2300 m, an der Mündung des Val delle Galline. Südwärts zuerst eben über Wiesen, dann hinab zum Pian dei Cantoni im Talschluss des Valle delle Comelle, wo von links Weg Nr. 704 einmündet **(5)**, 3.30 Std.

Geradeaus auf Weg Nr. 703 und 704 zuerst über den flachen Geröllboden, dann durch ein Tälchen gegen die Pala-Hochfläche (Passo delle Comelle) steiler hoch. Der Weg wendet sich jedoch bald nach rechts und führt über das felsige, unübersichtliche Karrenplateau der zentralen Palagruppe (Vorsicht bei Nebel!) südwestwärts hinauf zum querenden breiten Kriegsweg Nr. 756. Auf ihm rechts haltend, westwärts, in einigen Windungen empor zum **Rifugio di Rosetta (6)**.

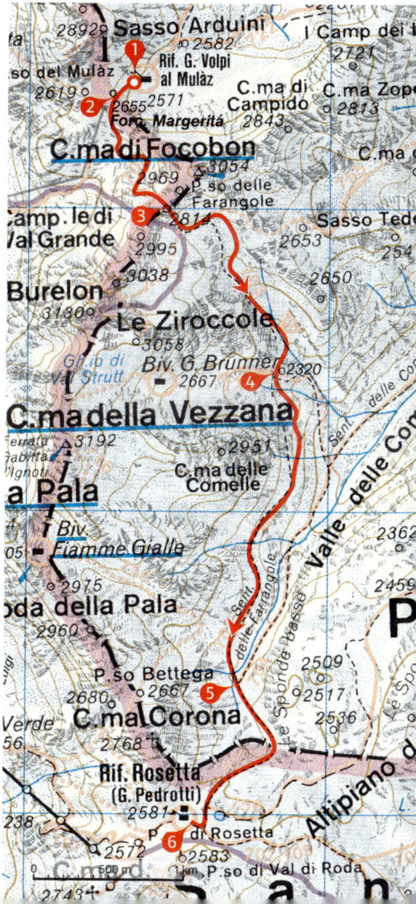

Rifugio di Rosetta, 2581 m (Rif. Giovanni Pedrotti)

Am Westrand der Pala-Hochfläche, nordöstlich der C. della Rosetta inmitten ausgedehnter glatt geschliffener Karrenfelder gelegene Hütte des CAI-SAT Trento. Das einstöckige, geräumige Haus wird tagsüber

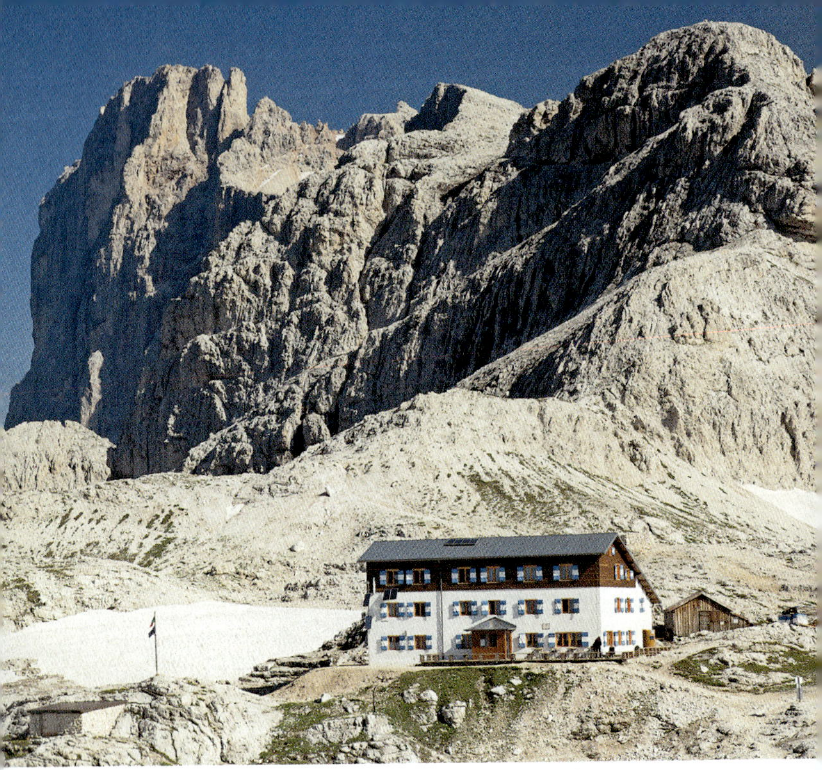

Das Rif. Rosetta auf der Pala-Hochfläche, links überragt vom Cimone della Pala.

stark besucht (Rosetta-Seilbahn von San Martino di Castrozza her). 70 B., vom 15./20. Juni bis 20./30. Sept. geöffnet, Winterraum (ständig geöffnete Hütte im N des Hauptgebäudes; 18 L., kein Herd) vorhanden. Tel. +39/0439/68308 und +39/349/5331742, info@rifugiorosetta.it, rifugiorosetta.it. Anschrift: Rifugio di Rosetta, I–38058 San Martino di Castrozza/Trento. Abzweigung von Variante 5 zum Rif. Pradidali. Gb.: C. della Rosetta, 2743 m (berühmter Aussichtsberg, von der Hütte 30 Min.), C. Corona, 2768 m, C. della Vezzana, 3192 m, C. Val di Roda, 2694 m, C. di Fradusta, 2939 m.
Rundsicht: Im NW der Cimone della Pala (rechts davor C. Corona) mit den übrigen Erhebungen der nördlichen Palagruppe rechts. Im NO über der kahlen Pala-Hochfläche der scharf geschnittene, dunkelfelsige Kamm der C. Pape. Dahinter (von links nach rechts) M. Cristallo, Drei Zinnen, Sorapiss und Civetta. Im SO die Gipfelkrone der Pala di San Martino. Im S, über dem

Passo di Val di Roda, der steil gegen Val Cismon absinkende Val-di-Roda-Kamm. Im SW die pultförmige C. della Rosetta mit Seilbahn-Station rechts unterhalb. Im W in der Ferne die Fleimstaler Alpen (Colbricongruppe), weiter rechts der Latemar.

14 Rif. di Rosetta – Passo di Ball – Rif. Pradidali

1.45 Std. ↗190 Hm ↘490 Hm

Trotz der Kürze die vielleicht großartigste Teilstrecke der Höhenroute Nr. 2 – eine Folge herrlichster Landschaftsbilder und Felsszenerien.

Vom **Rif. Rosetta (1)** auf Weg Nr. 702 (Tafeln) südwärts, eine Geröllmulde querend, zum Passo di Val di Roda, 2583 m, zwischen C. di Roda links und C. della Rosetta rechts. Überraschender Tiefblick durch das Val di Roda in das Cismontal, darüber die Fleimstaler Alpen!

Nun südwärts durch gerölIig-schrofiges Gelände gegen Val di Roda in Kehren etwa 300 Höhenmeter hinunter, dann auf guter, aus dem Fels gesprengter Wegtrasse unter der Westwand der C. di Roda eben nach links, schließlich in weitem Rechtsbogen sanft aufwärts zum **Col della Fede (2)**, 2278 m, einem schönen runden Wiesenrücken hoch über dem Val di Roda, zu Füßen der gewaltigen Westwände der Pala di San Martino und der C. di Roda, 45 Min. Eindrucksvoller Rückblick auf das Riesenpult der Rosetta, links von ihr der Felsturm Pta. Figlio di Rosetta. Im S ist bereits der Passo di Ball mit dem kühnen Camp. di Pradidali und dem mächtigen Val-di-Roda-Kamm rechts sichtbar – in seiner Gesamtheit ein mehr als halbkreisförmiges Felsenrund von unvergleichbarer Großartigkeit!

Weiterhin auf gut bez. Weg unter den Westabstürzen der Pala di San Martino südwärts zu wichtiger Verzweigung. Hier geradeaus auf Weg Nr. 715 über Schutt und Schrofen, um mehrere Vorsprünge herum, aufwärts zu einem 100 m langen, exponierten Felsband (durchlaufendes Drahtseil). Auf ihm vorerst eben, dann aufwärts, schließlich an schrofiger Steilflanke entlang in die oberste Geröllmulde (oft Schneereste!) des Val di Roda. Aus ihr steil nach S empor zum **Passo di Ball (3)**, 2443 m, zwischen C. Pradidali links und Camp. di Pradidali rechts, 1.30 Std. Überwältigender Anblick der C. Canali im O. Ihr zu Füßen das

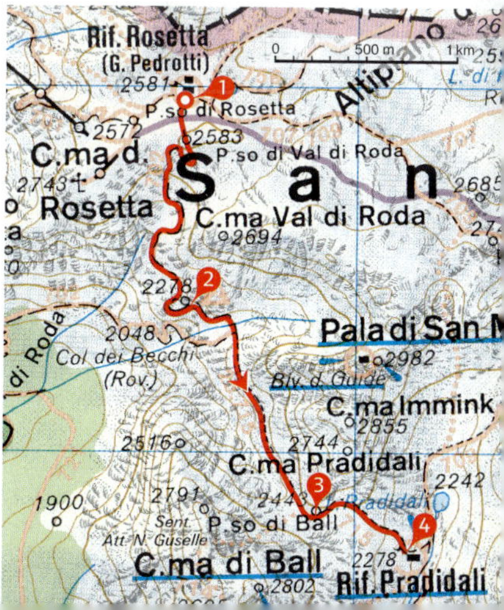

⚠2 Rif. di Rosetta – Passo di Ball – Rif. Pradidali

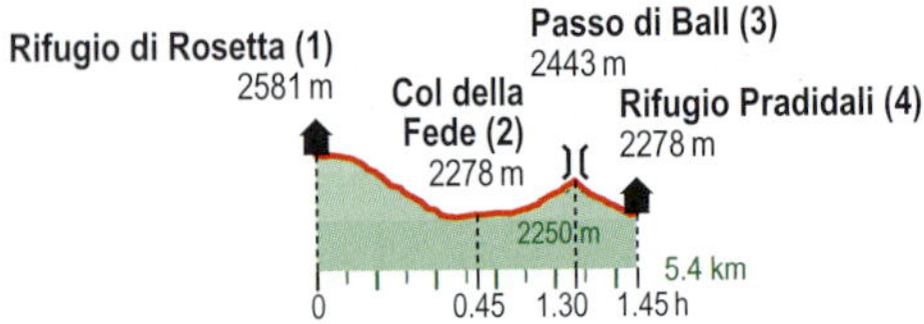

Rif. Pradidali. Im S die Feltriner Dolomiten mit der Cimonegagruppe (Sass de Mura) rechts. Im Rückblick die pultförmige Rosetta, links davon der fantastische Val-di-Roda-Kamm.

Vom Pass den Weg Nr. 715 einen begrünten Steilhang ostwärts in Kehren hinunter in ein Schuttkar. Durch dieses sanft abwärts, dann im schrofig-gerölligen Terrain neuerlich in steilen Kehren hinab zum **Rifugio Pradidali (4)**.

Pala di San Martino, Passo di Ball und Val-di-Roda-Kamm von Norden (von der C. della Rosetta).

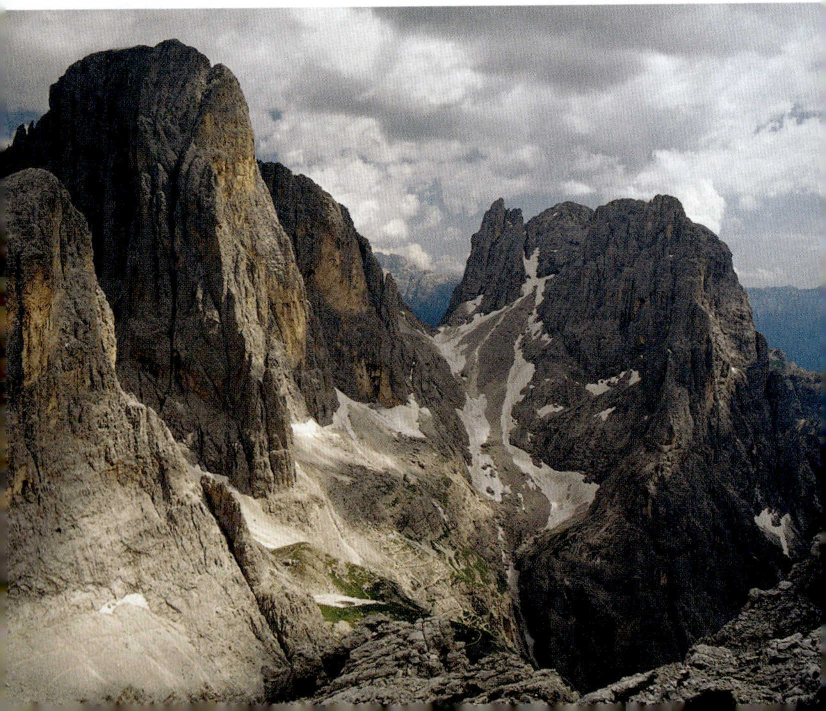

Rifugio Pradidali, 2278 m

Schön gelegene Hütte im weiten, von prachtvollen Wänden eingefassten und nur nach S geöffneten Felskar von Pradidali. Das große, zweistöckige, gemauerte Haus ist im Besitz des CAI Treviso. Im Hochsommer stark besucht! 64 B., bew. vom 15. Juni bis 5. Oktober. Winterraum (ständig geöffnete Flachdachhütte östlich des Hauptgebäudes, 4 L., Gaskocher, keine Decken) vorhanden. Tel. +39/0439/64180 und +39/348/2455732 (mobil), rifugiopradidali.com. Anschrift: Rifugio Pradidali, Tonadico, I–38054 Fiera di Primiero/Trento. Gb.: C. di Fradusta, 2939 m.

Rundsicht: Im O direkt über der Hütte die von mächtigen Strebepfeilern getragene C. Canali. Links von ihr die vergleichsweise unscheinbare C. Wilma. Im N das gegen den Passo di Pradidali ansteigende Hochtal mit den Wänden der Pala di San Martino und der C. Immink links. Im NW, gerade über uns, Cima und Torre Pradidali. Im W über dem Passo di Ball die Türme des Val-di-Roda-Kammes. Links davon der kühne Camp. di Pradidali und die C. di Ball. Im SW die wuchtigen Felstürme des Sass Maor und der C. della Madonna. Im S und SO in der Ferne die Feltriner Dolomiten mit Cimonegagruppe und Vette Feltrine.

V14a Rif. di Rosetta – Passo di Pradidali – Rif. Pradidali

1.45 Std. ↗130 Hm ↘430 Hm
Etwa gleich lang wie die Hauptroute Et. 14, jedoch nicht so abwechslungsreich und eindrucksvoll wie diese.

Vom **Rif. di Rosetta (1)** (siehe Et. 13) auf gutem Weg Nr. 707 über die einförmige Pala-Hochfläche ostwärts zur Wegteilung. Hier rechts auf Weg Nr. 709 sanft aufwärts zum **Passo di Pradidali (2)**, 2658 m. Jenseits zunächst in Kehren hinab, dann durch das wilde, von großartigen Felswänden flankierte Geröllkar von Pradidali südwärts hinunter zum **Lago Pradidali (3)** und weiter zum **Rif. Pradidali (4)** (Et. 14).

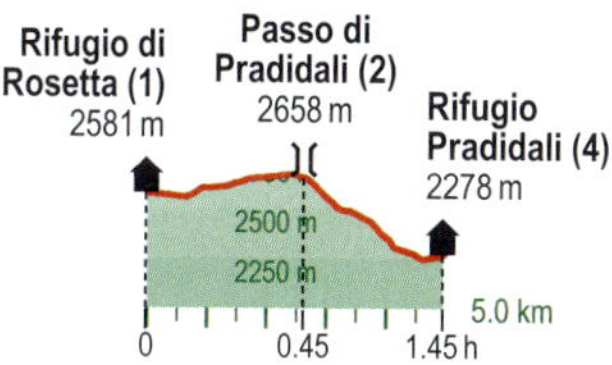

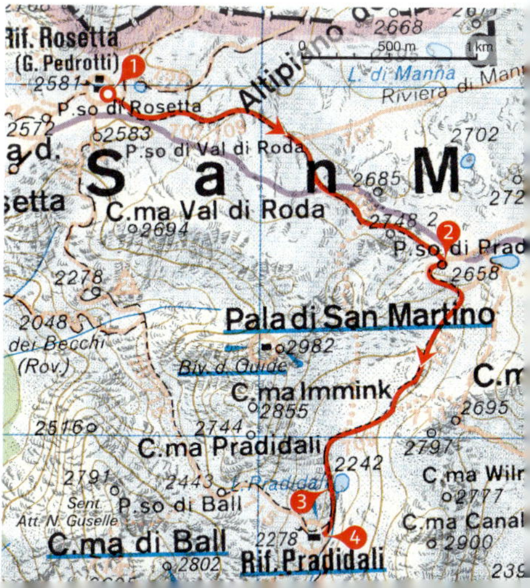

V14b Rif. Rosetta – P. di Pradidali – P. delle Lede – Rif. Treviso

4.30 Std. ↗ 450 m, ↘ 1400 m

Interessanter mittellanger Übergang vom Rif. Rosetta direkt zum Rif. Treviso, also ohne Berührung des Rif. Pradidali. Spart Höhenmeter und eine Wegetappe, ist jedoch landschaftlich der Hauptroute deutlich unterlegen, da die großartigen Felsräume des Val di Roda und des Pradidalikares nicht berührt werden.

Vom **Rif. di Rosetta (1)** (siehe Et. 13) auf Weg Nr. 707 über die einförmige Pala-Hochfläche ostwärts zur Verzweigung. Hier rechts auf Weg Nr. 709 sanft aufwärts in den **Passo di Pradidali (2)**, 2658 m, 45 Min. Jenseits über Geröll in Kehren nach Südosten hinab in die Sohle des Vallon Pradidali und dort in Südrichtung weiter bergab zu wichtiger Verzweigung **(3)**, 1.15 Std. Links ab (rote Aufschrift an Felsen) und auf Steig Nr. 711 über Geröll kurz nach

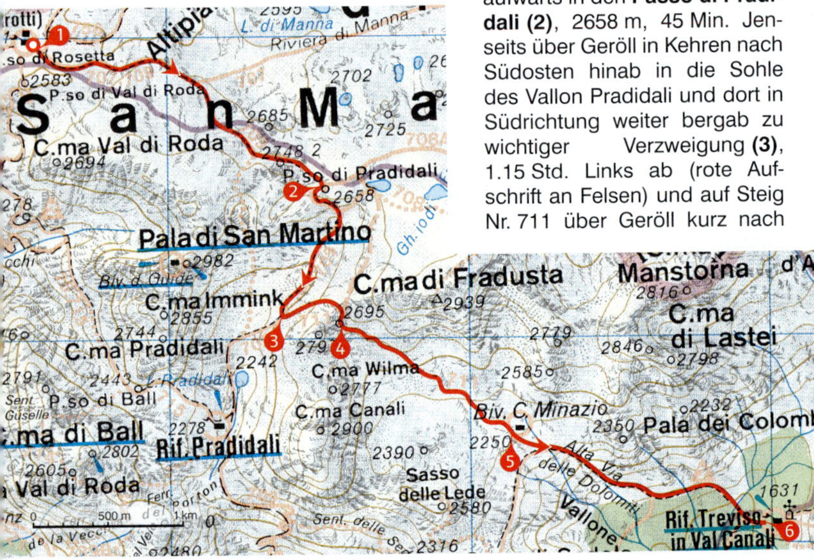

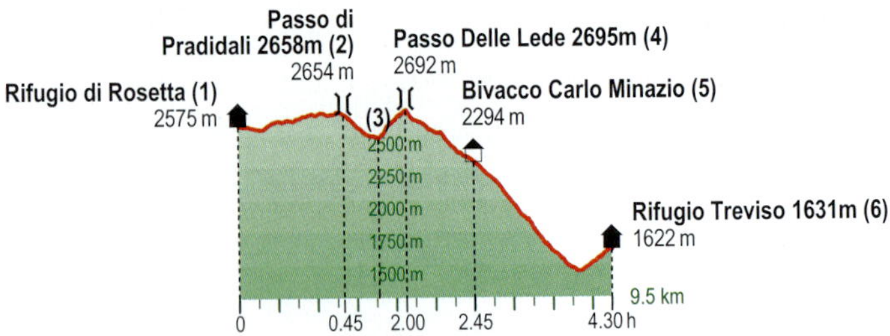

Osten hinauf unter einen Felsaufschwung. Über die 70 m hohe, steile, aber gegliederte Wand (Drahtseile, Eisenbügel, Klettersteig Schwierigkeit A/K1) in leichter, anregender Turnerei hoch, danach abwechselnd über Bänder und niedrige Felsabsätze aufwärts, schließlich über groben Schutt nach rechts empor in den breiten **Passo delle Lede (4)**, 2695 m, zwischen C. di Fradusta links und C. del Lago rechts, 2 Std. Nun entlang der Hauptroute (Et. 15) zum **Biv. Minazio (5)** (2.45 Std.) und weiter zum **Rif. Treviso (6)**.

15 Rif. Pradidali – Passo delle Lede – Rif. Treviso

4 Std. ↗600 Hm ↘1250 Hm

Besonders eindrucksvoller Übergang, der landschaftlich dem letzten Abschnitt, Et. 14, kaum nachsteht. Prächtige Bergbilder, vor allem im Vallon delle Lede, wo sich die südliche Palagruppe in ihrer ganzen Großartigkeit präsentiert. Im Schlussanstieg zum Passo delle Lede einfacher Klettersteig (Schwierigkeitsgrad: A/K1). Im Umkreis des Passes Vorsicht bei schlechter Sicht und ungünstigen Verhältnissen (Nässe, Schneelage, Vereisung). Ungewöhnlich ist der lange, beschwerliche Steilabstieg vom Passo delle Lede in das Val dei Canali.

Vom **Rif. Pradidali (1)** auf Weg 709 nordwärts in das geröllige, gegen den Passo di Pradidali ansteigende Hochtal. Links über dem malerischen Lago Pradidali sanft aufwärts, dann an die rechte Talseite und dort über einen steilen Schutthang nordostwärts in Kehren empor zu auffallender Verflachung, 40 Min. Einzigartiger Rückblick gegen das Rif. Pradidali mit Sass Maor und C. della Madonna darüber!

Nicht durch das Hochtal weiter (!), sondern rechts ab (auf rote Aufschrift an Felsen achten!) und auf Steig Nr. 711 über Geröll kurz nach O hinauf unter einen Felsaufschwung. Über die 70 m hohe, steile, aber gegliederte Wand (Drahtseile, Eisenbügel) in leichter anregender Turnerei empor, danach abwechselnd über Bänder und niedrige Felsabsätze aufwärts, schließlich über groben Schutt nach rechts hinauf zum breiten **Passo delle Lede (2)**, 2695 m, zwischen C. di Fradusta links und C. del Lago rechts, 1.30 Std. Prachtblick auf C. Pradidali, C. Immink und Pala di San Martino im NW. Im N die öde Pala-Hochfläche. Darüber die nördliche Palagruppe mit (von links) Cimone della Pala, C. della Vezzana, C. dei Bureloni, C. Focobon und C. dei Campido. Rechts dahinter die breite Marmolada-Südwand und noch weiter rechts die Pyramide des Antelao. Überraschender Blick nach SO zur südlichen Palagruppe mit den Feltriner Dolomiten rechts dahinter.

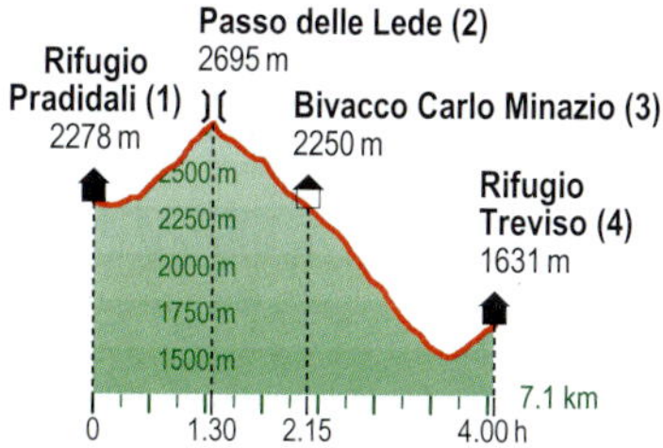

Jenseits des Passes auf Weg Nr. 711 durch eine steile grobblo-

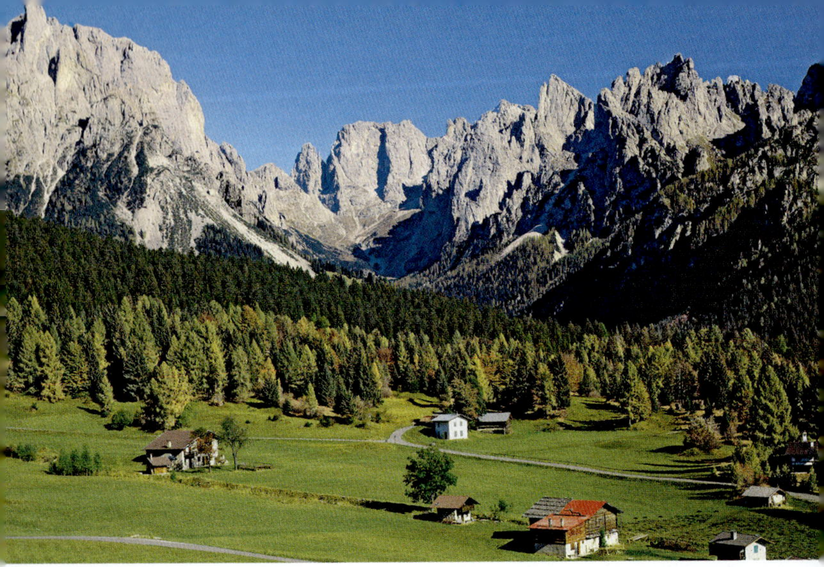

Auf den Wiesen von Piereni in der südlichen Palagruppe mit Blick in das Val dei Canali.

ckige Rinne in engen Kehren abwärts in das Vallon delle Lede. An seiner linken Seite unter der gewaltigen Südwand der C. di Fradusta über teilweise begrünte Schrofen- und Geröllhänge in Kehren und Querungen nach links (SO) tief hinunter zu dem erst im letzten Moment auftauchenden (2.15 Std.) **Bivacco Carlo Minazio (3)**.

Bivacco Carlo Minazio, 2250 m: Auf einem Absatz im Zentralteil des Vallon delle Lede prachtvoll gelegene Unterkunft. Die aus Holz gefertigte, ständig geöffnete, aber unbewirtschaftete Hütte ist im Besitz des CAI Padova. 12 L. (verteilt auf zwei Schlafräume). Neben dem Biwak die Reste eines amerikanischen Flugzeuges, das im Juli 1957 aus unbekannten Gründen gegen die Südwand der C. di Fradusta prallte. Die Wasserstelle (nicht immer Wasser; teilweise Kletterei!) befindet sich im O der Biwakhütte am Fuß einer auffallenden Wand bei schwarzer, wasserüberronnener Runse, die unten als Blockrinne ausläuft, 10 Min. vom Biwak.

Rundsicht: Im N der kilometerbreite Südabsturz der C. di Fradusta. Im W der Monumentalbau der C. Canali mit C. Wilma rechts. Links von der C. Canali der massige Sasso delle Lede sowie die auffallenden Türme der C. di Sedole und des Camp. d'Ostio. Im S die Feltriner Dolomiten mit dem Felstrapez des Sass de Mura (Cimonegagruppe). Im SO über dem Val dei Canali (Trevisohütte in der Tiefe bereits sichtbar!) der wild zerhackte Kamm der südlichen Palagruppe. Weiter links im O die mächtig aufragende C. dei Lastei.

Vom Biwak auf Weg Nr. 711 anfangs südwärts, dann in langer fallender Querung begrünter Hänge schräg nach links (SO) hinab zum Steilabfall des Vallon delle Lede gegen das Val dei Canali. An sehr steiler, teilweise felsiger Rippe über Grasschrofen in engen Kehren (Kletterstellen im I. Grad, Vorsicht bei Nässe!) ziemlich tief hinunter in die Latschenregion und über eine Felsrinne (Bach) nach links unter die Wände der Pala dei Colombi. Dort in steilen Windungen und engen Kehren durch Latschen und lichten Nadelwald südostwärts hinab zu einer Verzweigung (Tafeln), 3.15 Std. Wir halten uns links und folgen dem gut bez. Steig (Weg Nr. 711A) ostwärts durch Latschen, Mischwald und Gesträuch z. T. in Kehren abwärts zur Talsohle des Val dei Canali, 1450 m. Neben dem Torrente Canali ein Stück in Nordostrichtung aufwärts, dann nach rechts über den Bach (meist Brücke, sonst etwas problematisch!) und jenseits durch Wald hinauf zum breiten Querweg Nr. 707, 3.45 Std. Auf diesem am jenseitigen Talhang in zahlreichen, weit ausholenden, bequemen Kehren ostwärts über einen steilen Waldhang empor zum **Rifugio Treviso (4)**.

Rifugio Treviso, 1631 m (Rif. Canali)

Sehr einladendes, altes, gemauertes Haus des CAI Treviso an der orogr. linken Talseite des Val dei Canali (etwa 200 m über der Talsohle) im Wald gelegen. Eindrucksvolle, wilde Umgebung! An Sonn- und Feiertagen reger Besuch. Idealer Stützpunkt für Wanderer und Kletterer. Östlich vom Hauptgebäude eine Dependance sowie eine schöne Kapelle mit Gedenktafeln an verunglückte Bergsteiger. 42 B., bew. vom 15./20. Juni bis zum 30. Sept. und an den Wochenenden im Mai, Juni und Okt. Ständig geöffneter Winterraum (4 L., Kochgelegenheit) im Erdgeschoss der Dependance. Tel. +39/0439/62311 (Hütte) und +39/0439/62716 (Tal), caitreviso.it/rifugi/rifugio-treviso/. Anschrift: Tullio Simone, Via Fol 7, I-38054 Transaqua/Trento. Gb.: Croda Grande, 2849 m.

Rundsicht: Im SW über dem Ausschnitt des Val dei Canali der flache M. Coppolo. Links von ihm die Schulter des M. Vederna (Feltriner Dolomiten). Im NW die eindrucksvollen Palagipfel der C. di Sedole, des Sasso delle

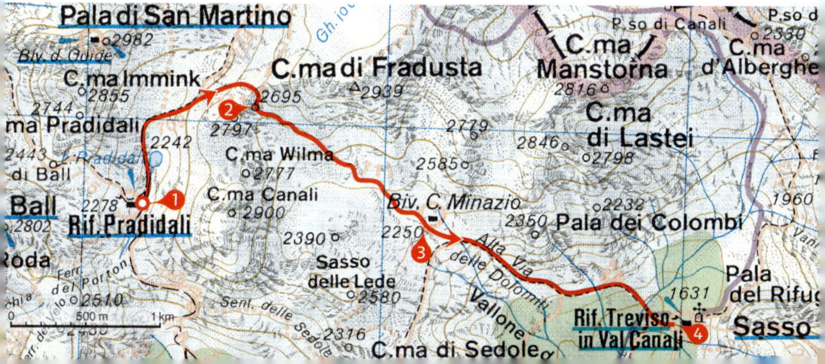

Lede, der C. Canali und der C. Wilma, davor das von hier nicht mehr einsehbare Vallon delle Lede. Im N, an der gegenüberliegenden Talseite, die grandiose C. dei Lastei. Weiter rechts im Talschluss die Pyramide der C. dell'Alberghetto (mit Türmchen rechts) sowie die breite C. del Coro. Im O direkt über der Hütte die elegante Pala del Rifugio.

16 Rif. Treviso – Passo Cereda

4 Std. ↗730 Hm ↘1000 Hm
Mit dieser Etappe verlassen wir die bekannten Dolomitenregionen und wenden uns der weniger erschlossenen südlichen Palagruppe und den Feltriner Dolomiten zu. Wunderbarer, erst für Höhenroute Nr. 2 geschaffener Weg durch eine vielleicht nicht mehr ganz so großartige, dafür aber wohltuend unberührte Landschaft. Bis zur Forc. d'Oltro teilweise anstrengender Steilanstieg, dann problemlose Höhenwanderung. Trittsicherheit erforderlich!

Das Biv. Minazio im Vallon delle Lede mit der C. di Sedole rechts und den Feltriner Dolomiten (Sass de Mura) links in der Ferne.

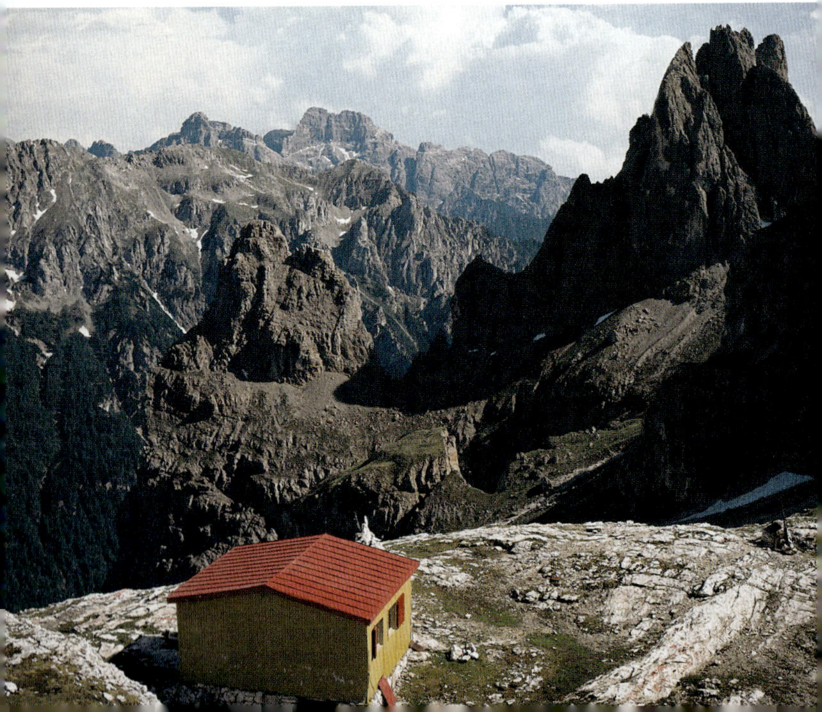

Vom **Rif. Treviso (1)** auf dem gut bez. Weg Nr. 718 an der linken Begrenzungsflanke des Val dei Canali südwärts durch Wald und Gesträuch aufwärts zu einer Bergsturzzone (Blöcke). Weiter stets an den bewaldeten Hängen entlang im Auf und Ab, mehrere Gräben querend, zu einer Waldlichtung im Auslauf der von der Forc. d'Oltro herabreichenden Rinne (Tafeln), 30 Min. Hier links durch Gesträuch, Latschen und Blöcke in Windungen und Kehren ostwärts empor in die eigentliche, großteils begrünte Steilrinne (die Abzweigung eines bez. Steiges nach rechts zum Passo Regade lässt man unbeachtet!), 45 Min. Unterwegs herrliche Schau zur zentralen Palagruppe (Sass Maor, C. Canali, C. Wilma, C. di Fradusta, C. dei Lastei) im NW und N.

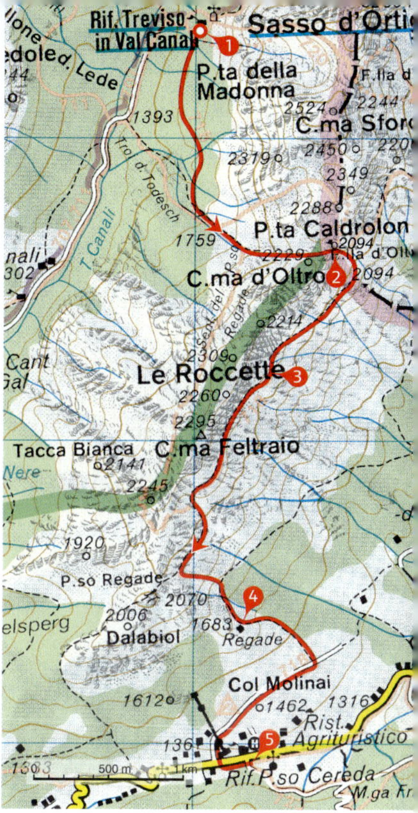

Nun über grasige Hänge in zahlreichen engen Kehren, einige Geröllrinnen querend (Vorsicht bei Altschnee!), ziemlich steil und mühsam aufwärts, zuletzt unter den Felsen nach rechts empor zu der zwischen C. d'Oltro im S und Pta. Caldrolon im N eingelagerten **Forc. d'Oltro (2)**, 2094 m, 1.45 Std. Prachtvoller Tiefblick jenseits auf Gosaldo und in das schluchtartige Valle Mis. Links über diesem die wuchtigen Massive des M. Pizzon und der Ferùcgruppe (Monti del Sole). Links hinter dem M. Pizzon die Schiara und weiter links Talvena-, Tàmer- und Prampèrgruppe (Zoldiner Dolomiten). Rechts über dem Valle Mis die Hochflächen von Agnellezze-Brandol (Feltriner Dolomiten).

Jenseits der Scharte auf Weg Nr 718 zur Linken einer Blockrinne über begrüntes Gelände in sehr steilen Kehren (Vorsicht!) etwa 200 Höhenmeter hinunter, dann an grasiger Flanke entlang eben nach rechts zu kleiner Schulter. Nun in herrlicher Querung steiler Grashänge (bei Nässe Abrutschgefahr!) unter den Wänden der C. d'Oltro in Südwestrichtung zunehmend steiler aufwärts zu einer markanten, weit nach links vorspringenden und dorthin in Wänden abfallenden **Schulter (3)**, 2001 m, 2.15 Std. Idealer Rastplatz mit begeisterndem Blick.

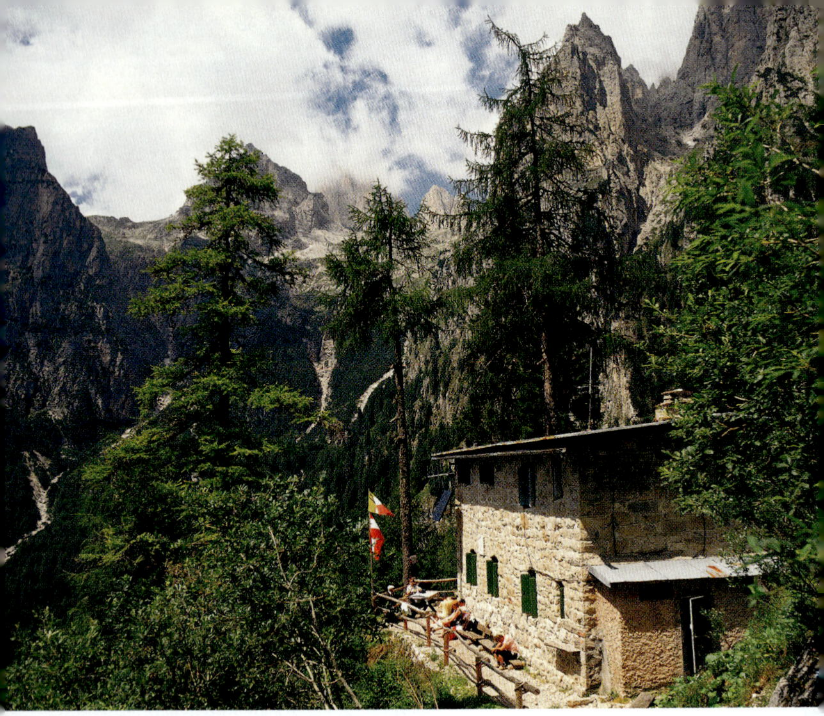

Das Rif. Treviso über dem inneren Val dei Canali.

Rundsicht: Im Rückblick (N) die mächtig aufragende C. d'Oltro. Rechts von ihr die hintereinander gestaffelten, türmereichen Massive der Pta. della Madonna, des Sasso d'Ortiga und der Croda Grande, bei entsprechender Beleuchtung eine fast unheimliche Szenerie! Im O und SO Moiazzagruppe (rechts dahinter der Antelao), Passo Duran, Prampèr-Dolomiten, Schiara und Monti del Sole. Im S und W die Feltriner Dolomiten (Brandol-Agnelezze, Cimonega, Vette Feltrine) mit der Graspyramide des M. Pavione – das Endziel

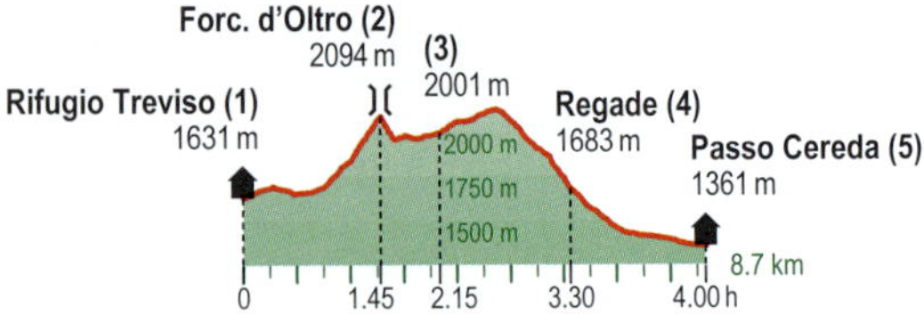

unserer Höhenroute – ganz rechts. Schöner Tiefblick zur grünen Wiege des Passo Cereda sowie zu den Dörfern des oberen Valle Mis.
Weiterhin südostwärts, aber nun weniger steil, unter den Wänden der Rocchette und der C. Feltraio über mehrere Schultern hinweg aufwärts zu einer Bergkante mit Wegteilung, 2175 m (höchster Punkt der Querung), 3 Std. Halb links auf Weg Nr. 718 an den begrünten Hängen entlang in Südrichtung abwärts zu einer Scharte (links zwei kühne Felstürme) und weiter durch eine richtige Felsenstadt, wobei noch mehrere Einsattelungen überschritten werden. Schließlich führt der Weg durch Latschen und lichten kurzstämmigen Nadelwald nach links (O) steil hinab und nach rechts zur **Wiesenschulter von Regade (4)**, 1683 m (3.30 Std.). Im engen Graben links der Schulter durch dichtes Buschwerk (bei Nässe schlecht begehbar!) steil hinab zu den freien Wiesen um Bastie, wo man einen Fahrweg erreicht. Auf ihm nach rechts (SW) sanft abwärts zur Ceredapassstraße und diese kurz nach links hinauf zur **Passhöhe (5)**.

Passo Cereda, 1361 m

Bedeutender, aber wenig bekannter und besuchter Dolomitenpass zwischen Palagruppe (N) und Feltriner Dolomiten (S). Mit Verbindungsstraße zwischen dem Val Cismon (Fiera di Primiero) im W und dem Val Cordevole

Unterwegs auf der »Traversata delle Rocchette« an den Grasflanken der südlichen Palakette mit Blick auf Piz di Sagron und Sass de Mura.

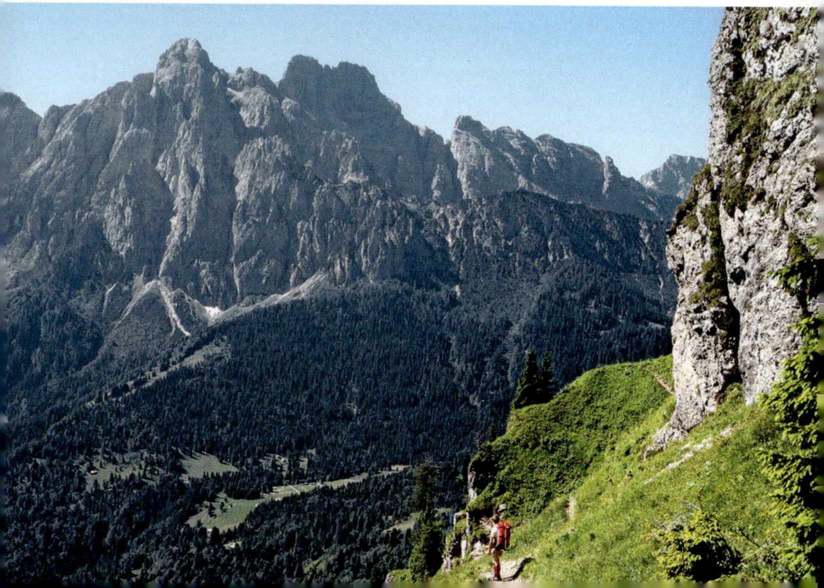

(Agordo) im O. Haltestelle der Buslinie Fiera di Primiero – Sagron (verkehrt ganzj. zweimal täglich in beiden Richtungen) sowie einer Linie Imèr – Passo Cereda (verkehrt in der Zeit vom 1. Juli bis zum 31. August einmal täglich in beiden Richtungen). Lohnender Ausflug zu der im S oberhalb des Passes gelegenen Malga Fossetta, 1556 m (Milch, Butter, Käse usw.). An der Passhöhe das Rifugio Cereda und etwas östlich davon das Lokale Agrituristico Broch.

Rifugio Cereda: Großes privates Haus mit hotelartigem Betrieb. 30 B., 20 L; ganzj. geöffnet. Zwischen 15. Juni und 15. Okt. kein, sonst Mittwoch Ruhetag. Tel. +39/0439/65030 und +39/353/4273681, rifugiocereda.com. Anschrift: Rifugio Cereda, Passo Cereda, I-38054 Transaqua/Trento) und das etwas östlich von ihm stehende

Lokale Agrituristico Broch: 30 B. in Apartments; vom 15. Juni bis 31. Okt. geöffnet, außer im Juli und August am Montag Ruhetag. Tel. +39/389/0276413, info@agriturbroch.it). Anschrift: Lokale Agrituristico Broch, Passo Cereda, I–38054 Tonadico/Trento).

17 Passo Cereda – Forc. di Comedon – Biv. Feltre

4.30 Std. ↗860 Hm ↘300 Hm

Die vier letzten Abschnitte der Höhenroute Nr. 2 führen durch das deutschsprachigen Touristen noch kaum bekannte Gebiet der Feltriner Dolomiten. Auf der vorliegenden Teilstrecke wird im abwechslungsreichen Steilanstieg die Hochregion der Cimonegagruppe – ein der Pala ähnliches, aber einsames Bergmassiv – gewonnen. Sehr eindrucksvolle, im Bereich der »Banca Intaiada« jedoch ungewöhnlich anstrengende Wanderung. Nur bei guten Wetterverhältnissen!

Der Wegbeginn befindet sich südlich gegenüber dem **Rif. Cereda (1)**. Dort die Naturstraße gegen die Malga Fossetta (Weg Nr. 729 und 801) über die Cereda-Wiesen, oberhalb einer Kapelle vorbei, in Südostrichtung sanft aufwärts, dann in den Wald und dort zu einer Verzweigung, 10 Minuten. Links (!) die Bergstraße mit Weg Nr. 801 (»Strada forestale Frattoni«), am bewaldeten Nordabhang der Pale del Garofolo entlang, in langer Querung eben nach Osten zum Straßenende **(2)** auf freier Anhöhe, 1415 m, am grasigen Bergrücken unterhalb der Malga Fratton, 35 Minuten. Wunderbare Schau nach Norden zu den Höhen der südlichen Palagruppe. Tiefblick nach Osten auf das Dorf Sagron, das »Soglio« des Mistales, mit der Pyramide des Monte Pizzon (Monti del Sole) darüber. Weiter links die Agordiner Dolomiten mit Tàmer- und Moiazzagruppe. Aufblick nach SW zu den Felsrecken der Cimonegagruppe (Punta di Comedon, Sasso delle Undici, Sasso Largo, Piz di Sagron, Pale del Garofolo).

Nun auf Fußweg (Nr. 801) durch Wiesen und Wald schräg nach rechts hinab in einen Graben mit querender Forststraße. Auf ihr rechts haltend, an den Waldhängen entlang, nach Südosten zu wichtiger Verzweigung. Rechts ab und auf dem bez. Fußweg Nr. 801 südostwärts, an bewaldeten Hängen ent-

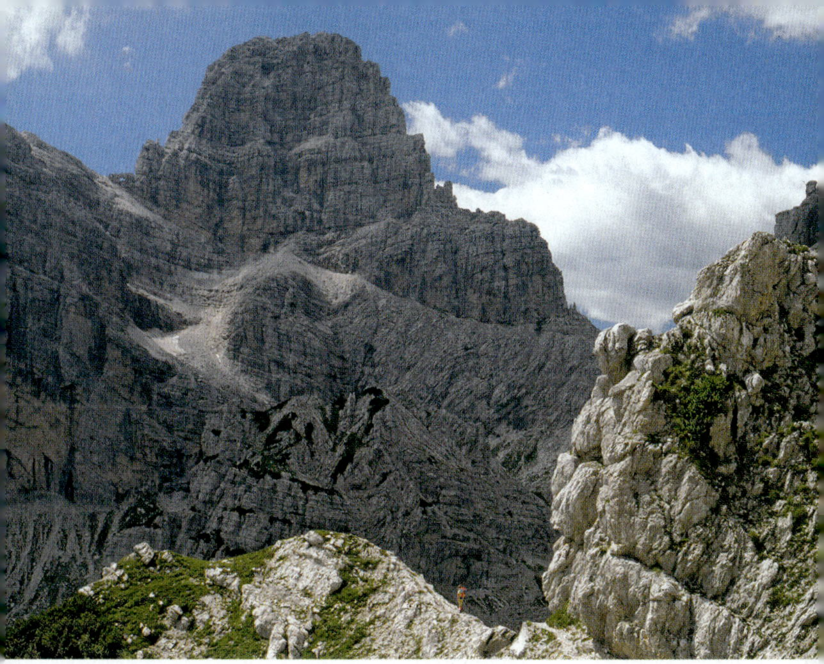

Der Sass de Mura, höchste Erhebung der Feltriner Dolomiten, von Osten (aus der Forc. di Comedon).

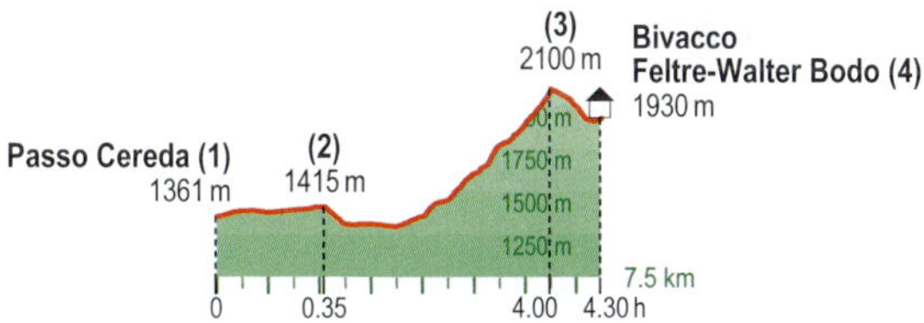

lang, mehrere Gräben traversierend in angenehmer Steigung zu einer Rinne mit hausgroßen Felsblöcken, 1.15 Std. Durch die Rinne empor, bis sie nach 10–15 Min. (deutliche Markierungszeichen!) nach links aufwärts verlassen wird. Durch Buschwerk und über Felsblöcke südwärts hinauf zum Fuß der Nordwände des Piz di Sagron. Dort führt der Weg durch Latschen und Gesträuch nach links in ein von den Abstürzen des Sasso delle Undici (S), Sasso Largo (SW) und Piz di Sagron (W) gebildetes Amphitheater. Links des Sasso delle Undici die ihm vorgelagerte spitze, begrünte Felsgestalt der Pala Verde. Durch das Geröllkar südostwärts gegen die schwarzen Wände der Pala Verde empor, unter diesen nach links und in Kehren hinauf zu einer Schulter im Nordgrat der Pala, 2.15 Std. Hier wird erstmals das breite Schuttband »Banca Intaiada« sichtbar, das durch die senkrechte Nordostwand des Sasso delle Undici steil nach S gegen die Forc. di Comedon emporführt. Dem markierten Steig folgend am Nordgrat der Pala Verde kurz hinauf auf das Band, das gleich am Beginn durch einen gewaltigen Bergsturz (aus der Pala Verde) zerstört wurde. Die Bergsturzzone wird über splittriges Gestein (150 m;

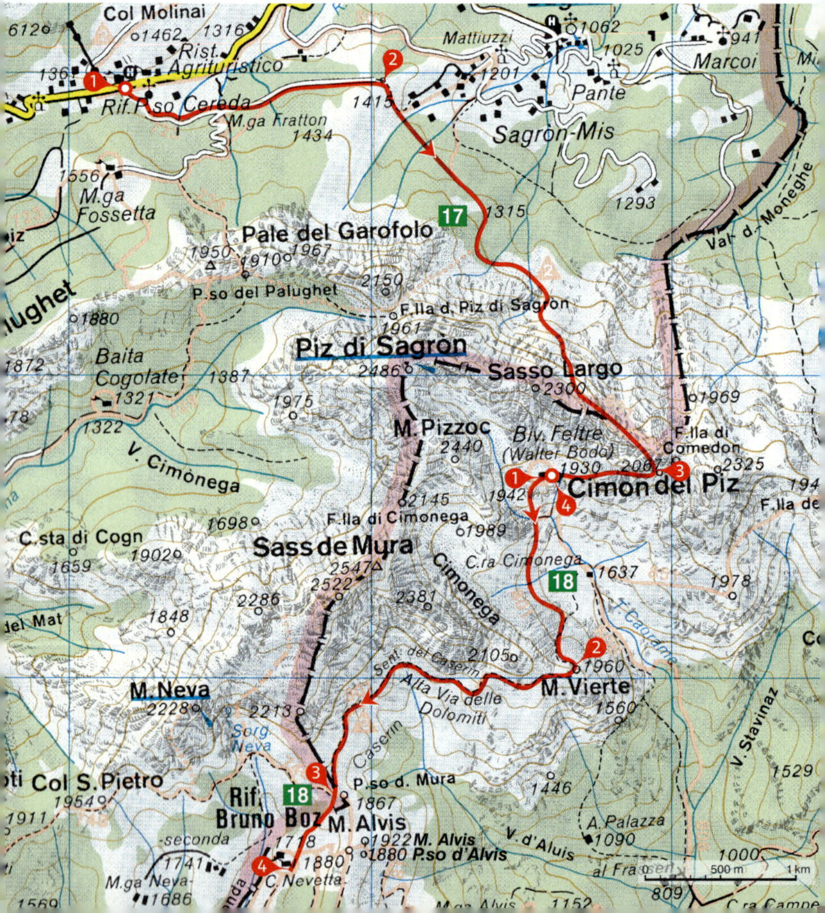

durchlaufende Kettensicherung) gequert und hernach auf dem steilen Schuttband über mehrere Schultern hinweg mühsam angestiegen. Über einen besonders steilen Hartschutt-Hang (erhöhte Vorsicht, bei Vereisung oder Schnee gefährlich) und die anschließenden Schrofen erreicht man zuletzt eine **Schulter (3)**, 2100 m, am Südostgrat des Sasso delle Undici (die eigentliche Forc. di Comedon bleibt links unterhalb!), 4 Std.

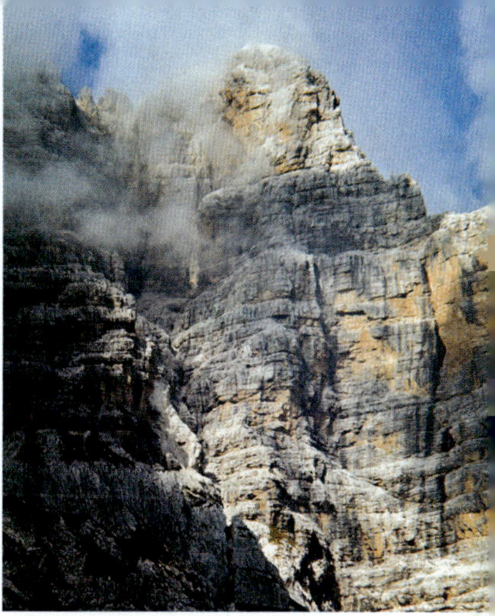

Die grandiose Südwand des Sass de Mura vom M. d'Alvis.

Rundsicht: Im SO über der Forc. di Comedon die Pta. di Comedon. Rechts von ihr die südlichen Feltriner Alpen und dahinter die Venetianischen Voralpen. Im S in der Tiefe das Val Canzoi und darüber die Vette Feltrine bis zum M. Pavione. Links hinter der Pta. di Comedon die Schiaragruppe und davor die wilden Monti del Sole. Im O der breite Passo Duran (darüber der Sorapiss) mit Moiazzagruppe links und Tàmergruppe rechts. Links der Moiazzagruppe die Civetta und links davor die südöstliche Palagruppe.

Von der Schulter auf dem guten Steig Nr. 801 nach rechts in die geröllige Südostflanke des Sasso delle Undici hinein. Dort zunächst eben dahin, dann z. T. ausgesetzt abwärts zu kleiner Scharte (schöner Blick nach W gegen den prachtvollen Sass de Mura, der höchsten Erhebung der Feltriner Dolomiten!). Nun durch eine sehr steile Block- und Geröllrinne nach rechts hinab zu einem begrünten Hang und über ihn auf Serpentinensteig nach links hinunter zum herrlichen Wiesenboden des Pian della Regina. Über ihn geradeaus, westwärts, zunächst eben dahin, dann sanft aufwärts zum **Bivacco Feltre-Walter Bodo (4)**.

Bivacco Feltre-Walter Bodo, 1930 m

Am südlichen Abbruchrand des Pian della Regina inmitten des riesigen Cimonega-Kares gelegene, unbewirtschaftete, aber ständig geöffnete Unterkunft, bestehend aus zwei Biwakschachteln. Im Besitz des CAI Feltre. 19 L. (4 im kleineren Biv. Feltre, 17 im größeren Biv. Walter Bodo). In beiden Biwakhütten Tische und Sitzgelegenheit, sonst keine weiteren Einrichtungen. Wasserleitung meist in unmittelbarer Nähe der Hütten,

sonst auf Et. 18 zur südwestlich unterhalb gelegenen Wasserstelle (10 Min. ab Hütte). Gb.: Piz di Sagron, 2486 m, Sass de Mura, 2547 m.
Rundsicht: Tiefblick nach S in das Val Canzoi, darüber die schöne Gruppe des M. Tre Pietre. Im O die mächtige Pta. di Comedon. Im NO die Wände des Sasso delle Undici und des Sasso Largo. Im NW ist der Piz di Sagron sichtbar. Links vor ihm der kühne Felsbau des Piz de Mez. Weiter links (im W) sein felsiger Südsporn, der Col del Mul, über dem rechts der großartige Sass de Mura hervorragt. Weiter links (im S) die grüne Schulter des M. Vierte. Über sie leitet die folgende Etappe weiter zum Rif. Bruno Boz. Alles in allem erweist sich unser Standort als eine von prachtvollen Dolomit-Wänden eingefasste, nach S balkonartig gegen das Val Canzoi vorspringende Wiesenoase.

18 Biv. Feltre – Forc. Col dei Bechi – Rif. Bruno Boz

2.30 Std. ↗290 Hm ↘500 Hm
Kurzes, aber überaus eindrucksvolles Teilstück. Die lange Querung unter den wuchtigen Ost- und Südabstürzen des Sass de Mura (»Traversata Cimonega«) ist als Höhenweg kaum zu überbieten. Einzigartiger Blumenreichtum, atemberaubende Tiefblicke! Trittsicherheit und Schwindelfreiheit sind an etlichen Stellen erforderlich! Karte S. 162.

Vom **Bivacco (1)** auf Steig Nr. 801 südwestwärts in Richtung Col del Mul zuerst eben, dann in einigen Kehren über Wiesen abwärts zu einem Bach (Wasserstelle des Biv. Feltre). Nun unter der Ostwand des Col del Mul nach links zu Wegteilung am Fuß seiner Südostkante, 10 Min. Geradeaus, südwärts, durch Latschen und Geröll über den flachen Pian del Re (Aufblick nach rechts zur großartigen Ostwand des Spallone Orientale del Sass de Mura mit dem Hauptgipfel des Berges rechts!) und im weiten Linksbogen zu einer felsigen Rippe. Um diese in leichter, etwas ausgesetzter Kletterei herum und nach rechts in eine steile begrünte Mulde. Durch sie in Kehren hinauf gegen die Forc. Col dei Bechi zwischen dem grasigen M. Vierte, 1960 m, links und dem Spallone Orientale del Sass de Mura, 2105 m, rechts. Noch unterhalb der Scharte schräg nach rechts empor zu kleiner **Schulter (2)**, 1960 m (»Col dei Bechi«), mit Tafel, 1 Std. Atemberaubender Tiefblick jenseits in das 1400 m tiefer gelegene Val Canzoi und hinaus in das Piavetal mit den Venetianischen Voralpen darüber. Im O die Brandolgruppe (östliche Feltriner Alpen) mit der ausgedehnten Hochfläche des Piano Eterno. Rückblick zum Pian della Regina mit dem Bivacco Feltre-Walter Bodo.

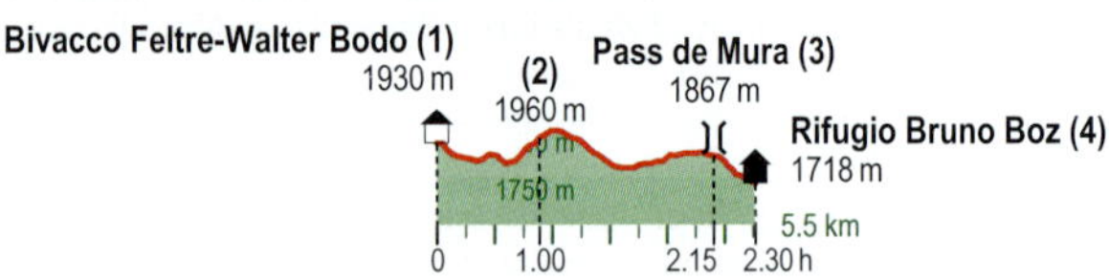

Es folgt die großartige, aussichtsreiche Querung unter den Südwänden des Sass de Mura hinüber zum Pass de Mura. Über blumenreiche Almwiesen in der Südseite des Spallone Orientale schräg nach rechts abwärts und um eine Ecke herum zu einem steilen Schuttfeld, das an seinem Oberrand im Auf und Ab (Vorsicht!) passiert wird. Nun über Grashänge in Kehren nach links hinab, später auf breitem Weg über Geröll und Schrofen nach rechts in den hintersten Winkel der wilden Südschlucht des Sass de Mura. Der Weg quert die große Schuttrinne und führt dann unter den Südostwänden der Costa Divisoria durch die Gegend von »Caserin« (wunderbarer Blumenreichtum, ein natürlicher Alpengarten ohnegleichen!) aufwärts gegen die freie Wiesenlandschaft um den Pass de Mura. Die Begehung der an steilen Grashängen und Steilschrofen entlangführenden Wegtrasse (etliche Drahtseile) verlangt dabei besondere Vorsicht. Nach einer Schulter bringt einen der gut trassierte Weg nahezu eben in die grasige Einsattelung des **Pass de Mura (3)**, 1867 m (Tafeln), zwischen Sass de Mura rechts und M. d'Alvis links, 2.15 Std. Tiefblick nach SW in das Val Fonda mit der Mga. Neva Media darüber. Links dahinter die Vette Feltrine, die letzte und südlichste Gebirgsgruppe an unserer Höhenroute.
Jenseits des Passes (Weg Nr. 801) durch die grasige Nordwestflanke des M. d'Alvis eben vor an einen Rücken (Rif. Boz wird sichtbar!). Über ihn durch Wiesen und lichten Baumbestand in Windungen und Kehren südwestwärts hinunter zum **Rif. Bruno Boz (4)**.
Anmerkung: Vom Pass de Mura kann man bedeutend schöner, aber auch umständlicher in 30 Min. zum Rif. Bruno Boz gelangen, indem man, ohne den Pass zu überschreiten, auf unbez., breitem, begrüntem Weg durch die steile Ostflanke des M. d'Alvis (Gedenktafel für den im Herbst 1966 hier tödlich verunglückten Jäger Bruno Boz) nach S folgt. Nach etwa 15 Minuten nicht auf der breiten (aber verfallenen) Wegtrasse geradeaus weiter gegen M. Colsento, sondern wenige Meter nach rechts empor zum Passo d'Alvis, 1880 m (Rückblick auf den großartigen Sass de Mura!), zwischen M. d'Alvis rechts und M. Colsento links. Jenseits des Passes über steile Grashänge, dann durch eine seichte Wiesenmulde westwärts hinunter zum Rifugio Bruno Boz.

Rifugio Bruno Boz, 1718 m

Aus dem Wirtschaftsgebäude der früheren Mga. Nevetta errichtete gemauerte, einstöckige Schutzhütte des CAI Feltre. Gemütlicher Bergsteigerstützpunkt, auf einer Wiesenschulter westlich unterhalb des Passo d'Alvis gelegen. Eindrucksvolle Umgebung! 34 L.; vom 20. Juni bis 20. September durchgehend, davor und danach an Wochenenden geöffnet. Winterraum im nahen Stallgebäude der Mga. Nevetta (4 L., ferner Herd, Tisch und Bänke; Wasser im Brunnen vor dem Rifugio sowie an einer auf Steig erreichbaren Quelle westlich unterhalb der Schutzhütte). Tel. +39/0439/64448 (Hütte) und +39/340/

9979332 (mobil), info@rifugioboz.it, rifugioboz.it/. Anschrift: Rif. Bruno Boz, CAI Feltre, Porta Imperiale 3, I-32032 Feltre/Belluno. Abzweigung der lohnenden Variante 6. Gb.: Sass de Mura, 2522 m, 2547 m, M. Neva, 2228 m, Sasso Scarnia, 2226 m, M. Ramezza, 2250 m.

Rundsicht: Im S der weite begrünte Passo Finestra, das nächste Ziel am folgenden Höhenwegabschnitt. Rechts von ihm die Vette Feltrine mit M. Zoccare Alto, Sasso Scarnia, M. Ramezza, C. Dodici und M. Pavione. Im N rechts der mächtige Sass de Mura, links der M. Neva und die Neva-Türme.

19 Rif. Bruno Boz – Piazza del Diavolo – Rif. Dal Piàz

6.30 Std. ↗700 Hm ↘420 Hm

Eine der längsten, aber auch eindrucksvollsten und interessantesten Etappen der Höhenroute Nr. 2! Der Weg führt durch die überaus einsame, noch wenig erschlossene Gruppe der Vette Feltrine (südwestliche Feltriner Dolomiten). Hier dominieren nicht mehr großartige Dolomit-Felsbauten, sondern ausgedehnte, begrünte Hochflächen bzw. Kare (»Buse«) und bei den Gipfeln eigenartige, scharf geschnittene Graspyramiden, wie man sie sonst in den gesamten Alpen nicht wieder findet. Im ersten Wegabschnitt sind an den oft ausgesetzten Steiganlagen absolute Trittsicherheit und Schwindelfreiheit erforderlich. Bei Nebel besondere Vorsicht im Bereich der Hochregion der Vette Feltrine!

Vom **Rif. Bruno Boz (1)** auf gutem Steig (Weg Nr. 801, Tafeln), an der Westflanke des M. Colsento entlang, durch Wald, Buschwerk und Wiesen südwärts im Auf und Ab dahin, schließlich in einigen Kehren empor zum weiten **Passo Finestra (2)**, 1766 m (südwestliche Einsattelung), 45 Min. Überraschender Tiefblick jenseits in das Val Canzoi. Rückblick (N) zur herrlichen Felsburg des Sass de Mura. Im W über dem Val Nagaoni in der Ferne die Fleimstaler Alpen mit der Gruppe der Cima d'Asta. Im SW über uns das kühne Felshorn des Sasso Scarnia.

Jenseits des Passes 50 m nach rechts abwärts zur Linkseinmündung von Variante 6 über den M. Colsento, Tafeln. Hier auf breiter Wegtrasse (alter Kriegsweg) geradeaus in die Ostseite des Monte-Zoccare-Alto-Nordostgrates hinein und dort einige Kehren aufwärts. Später in schöner und langer Querung gebänderter Wände hoch über dem Val Canzoi im Auf und Ab dahin, schließlich steiler aufwärts zu markanter Schulter. Auf gut trassiertem Weg nach rechts und durch die Südflanke (Drahtseil) des M. Zoccare Alto empor unter die **Forc. Zoccare Alto (3)**, 1828 m, 1.30 Std., zwischen Sasso Scarnia links und M. Zoccare Alto rechts. Südwärts, in der Ostflanke des felsigen Sasso-Scarnia-Nordgrates, ziemlich steil aufwärts zur eigentlichen Grathöhe. Zuerst über die schmale Schneide (aus dem Fels gehauene Stufen), dann durch die sehr steile Ostflanke des Grates in zahlreichen Kehren hinauf zu einem Felsaufschwung. Unter diesem nach rechts in die Westseite und dort in Kehren empor zu einer Scharte. Von dieser kurz aufwärts zu einer mit haushohen Blöcken bestandenen, weit nach links (O) vorgeschobenen

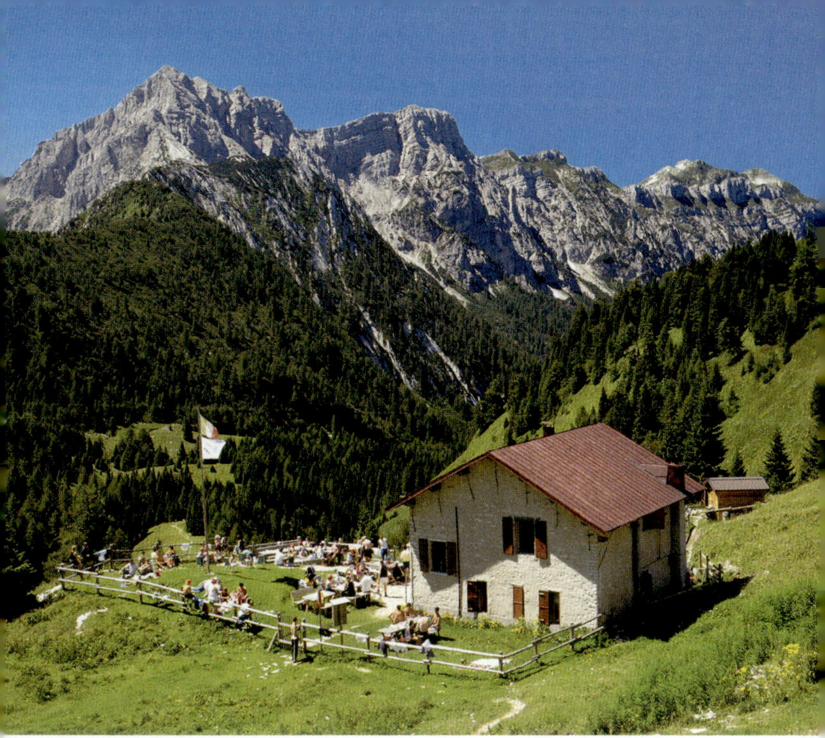

An Wochenenden viel besucht: das Rif. Bruno Boz mit der Kette der Vette Feltrine.

und dorthin in hohen Wänden abfallenden **Schulter (4)**, 2150 m, 2.30 Std. Idealer Rastplatz! Schöner Rückblick nach N zur Cimonegagruppe (Sass de Mura). Links hinter ihr die Palagruppe mit Sass Maor und C. della Madonna. Im O das Val Canzoi und darüber die Hochflächen der Brandolgruppe mit dem kühnen Gipfelturm des M. Pizzocco rechts. Im S über dem Piavetal die Venetianischen Voralpen und rechts davor der schöne M. San Mauro. Dieser wird durch die Forc. Scarnia vom Massiv des Sasso Scarnia rechts getrennt. Über der Forc. ist bereits die Stadt Feltre sichtbar!

Vor zum Abbruchrand der Schulter und hier nach rechts (S) zuerst eben, dann über Geröll abwärts unter die überhängende Ostwand des Sasso Scarnia (diese Gegend wird auch »Scarnion« genannt). Südwärts in horizontaler Querung durch bald begrüntes, lieblicheres Gelände vor zu einer Bergkante am unteren Südostgrat des **Sasso Scarnia (5)**, 3.15 Std. Schöner Tiefblick in das Piavetal und auf Feltre! Nach rechts (W) in die Südflanke des Berges und nach

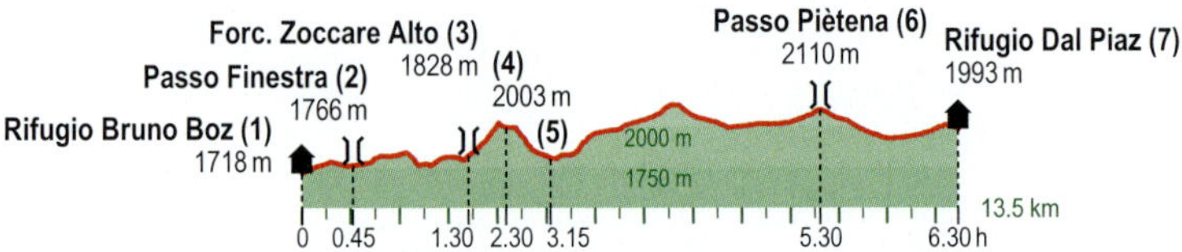

5 Min. zu einer Wegteilung. Geradeaus weiter, dann die Flanke in steilen Kehren nach rechts empor, schließlich links hinaus zu einer Schulter im S des Sasso. Nun auf breiter Wegtrasse quer durch die Südostflanke des M. Ramezza eben zu einer Schulter, P 2040, am Südgrat dieses Berges, 4 Std. Vor uns breitet sich die Dolinenbucht der Busa Ramezza (Alpe Ramezza) aus.

In der Westflanke des M. Ramezza, 2250 m, nordwestwärts das geröllige Kar hinauf in eine Scharte westlich des Berges. im Hauptkamm der Vette Feltrine, 4.30 Std. Überraschender Tiefblick nach N in das Becken von Primör. Darüber rechts die Türme der Palagruppe.

Von der Scharte durch die begrünte steile Nordflanke des P 2205 eben nach W hinüber zum Westgratrücken (bei Schnee und Nässe vermeidet man die Querung durch Überschreiten dieser Höhe!) und über ihn abwärts zur Scharte zwischen P 2205 im O und P 2158 im W. Nun durch ein Trümmerfeld schräg links hinunter zur merkwürdigen »Piazza del Diavolo«, eine nach S geneigte, etwa 7000 bis 8000 m² große glatte Felsplatte, die kreisförmig von haushohen Felsblöcken gesäumt wird.

Über die Platte abwärts, dann wieder durch den Blockstreifen zu einer Verzweigung (Tafel). Hier rechts und in ebener Querung an den felsig-begrünten Südflanken des Piètena entlang nach W zu einem verfallenen Kriegsweg, dem man geradeaus folgt. Stets rechts über dem weiten Wiesenkar der »Busa Piètena« eben oder sanft aufwärts weiter, schließlich an den Geröllhängen unterhalb der C. Dodici steiler empor zum Passo Piètena, 2094 m, der rechts oberhalb seines Scheitelpunktes **(6)**, auf 2110 m Höhe, überschritten wird, 5.30 Std. Vom Pass (viele käsleibartig geformte Felsen!) auf breitem Kriegsweg an den Schutthängen der C. Dodici in Westrichtung sanft abwärts, dann in weit ausholenden Kehren nach links hinunter in das riesige be-

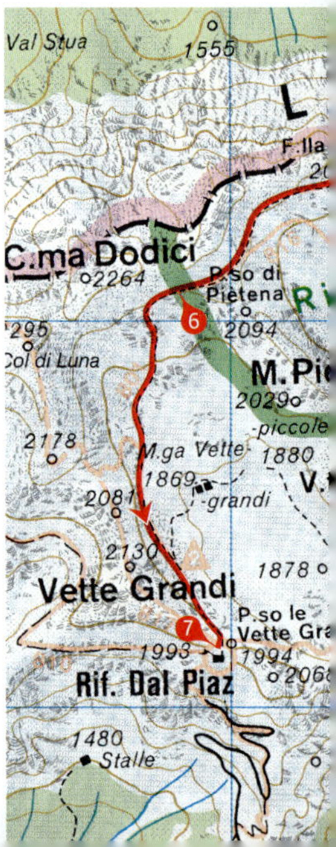

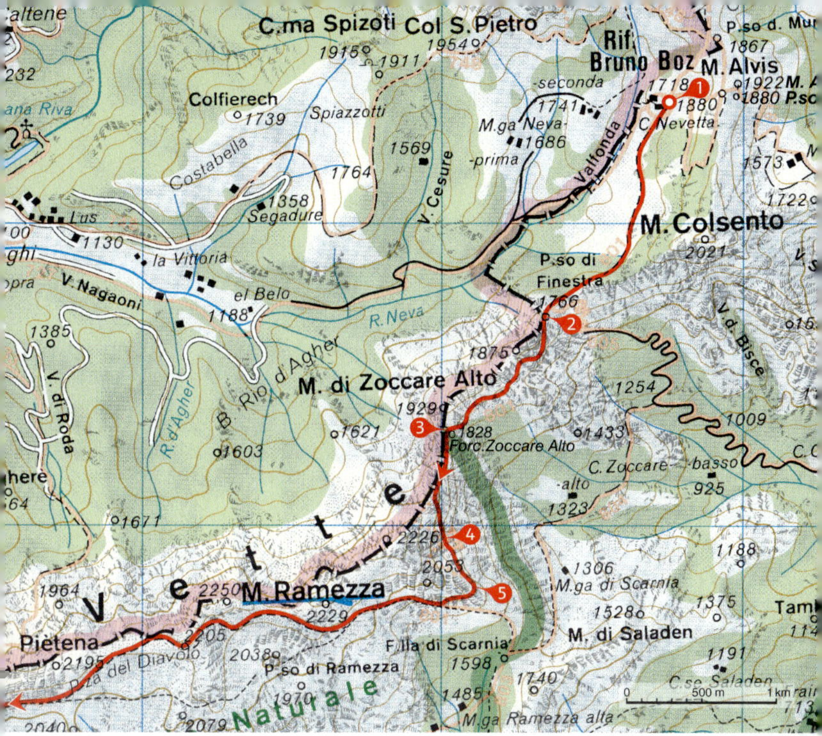

grünte Hochkar der Busa Le Vette Grandi mit eigenartigen Gipfeln (Graspyramiden) ringsum. An der rechten Begrenzungsflanke des Kares auf breiter Wegtrasse durch die Ostflanke des M. Le Vette Grandi südwärts empor (links unterhalb die Malghe Le Vette Grandi, auf denen man im Sommer Milch, Butter und Käse bekommt) und nach rechts zum Passo Le Vette Grandi, 1994 m. Jenseits des Passes durch eine Wiesenmulde südwärts hinab zum **Rifugio Giorgio Dal Piàz (7)**.

Rifugio Giorgio Dal Piàz, 1993 m

Aussichtsreich gelegenes, gemauertes Schutzhaus des CAI, 22 L.; bew. vom 1. Juni bis 20. September durchgehend, davor und danach an den Wochenenden; Winterraum an der Ostseite, im 1. Stock der Hütte (über Eisenleiter zugänglich; 4 L., sonst keine weiteren Einrichtungen!). Tel. +39/0439/9065 und +39/345/3562326 (mobil), rifugiodalpiaz.com. Anschrift: Rifugio Giorgio Dal Piàz, I–32030 Sovramonte/Belluno. Gb.: M. Pavione, 2335 m, Col di Luna, 2295 m, C. Dodici, 2264 m, M. Le Vette Grandi, 2130 m.

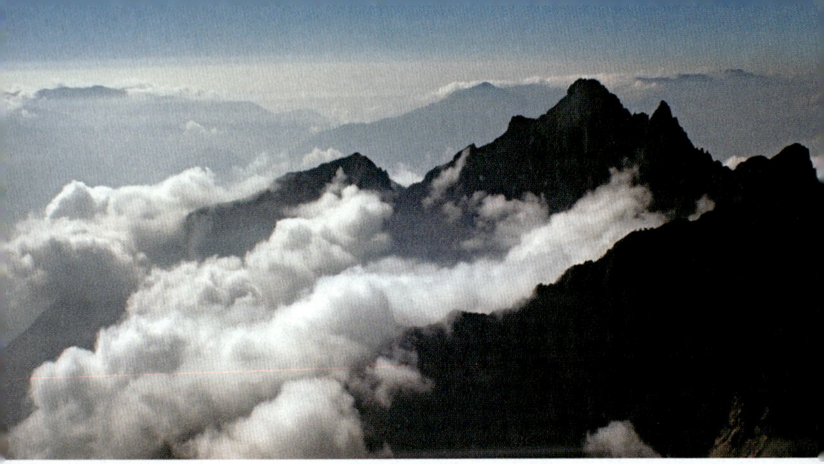

Schon nahe am Ziel: der M. San Mauro vor den Venetianischen Voralpen, vom Südostgrat des Sasso Scarnia betrachtet.

Rundsicht: Im S der breite M. Grappa, an den rechts im SW und W die Hochflächen der Vizentiner Alpen (Asiago) anschließen. Links vom M. Grappa der Piave-Durchbruch gegen die oberitalienische Tiefebene und der M. Cesen (Gruppe des Col Visentin/Venetianische Voralpen).

V19 Rif. Bruno Boz – Rif. Fonteghi – Rif. Dal Piàz

9.15 Std. ↗970 Hm ↘700 Hm

Besonders im zweiten Abschnitt überaus aussichtsreiche Variante. Immer dann anzuraten, wenn aus irgendwelchen Gründen auf die Überschreitung der Vette Feltrine (Et. 19) verzichtet werden muss. Durch Nächtigung an den Hütten Fonteghi oder Vederna kann die Tour auf zwei Tage aufgeteilt werden. Nicht immer gut bez. Steige!

Vom **Rif. Bruno Boz (1)** (siehe Et. 18) auf bez. Steig (Weg Nr. 727) einen Geländerücken über Wiesen vorerst steil, dann mäßig fallend nach S abwärts und im lichten Wald weiter, schließlich in Windungen nach rechts (W) hinab in die Talsohle des Val Fonda und dort über den **Rivo Neva (2)** (links kleine Klamm mit Badetümpel), 30 Min. Jenseits durch ein Gatter, dann durch eine Wiesenmulde in Südwestrichtung aufwärts an eine Bergschulter (links die Talstation der Materialseilbahn für das Rif. Boz). Auf der hier beginnenden Bergstraße südwestwärts im lichten Bergwald sanft bergab, dann über Wiesen etwas aufwärts zur nächsten Schulter mit Rechtseinmündung eines Seitentales und dort zu Verzweigung. Aufblick nach NO gegen den mächtigen Felsbau des Sass de Mura.

Geradeaus die Straße (mit Weg Nr. 727) entlang einer Hochspannungsleitung an den Waldhängen rechts über dem Val Nagaoni teils in Kehren nach W abwärts zu den Wiesen und Almhütten von »El Belo«, 1188 m. Dort in einigen Kehren nach links (S) hinab in die Talsohle und über den Rivo Neva, danach die Straße im Wald eben fort zu einem Parkplatz. Nun die für den Autoverkehr geöffnete Naturstraße links vom Rivo Neva im Wald westwärts eben talaus zum **Rifugio Fonteghi (3)**, 2 Std.

Rifugio Fonteghi, 1100 m: Wenig östlich der Mündung des Rivo Neva in den Lago Noana (von der Brücke neben dem Haus schöner Tiefblick in die wilde Neva-Klamm!) idyllisch im Wald gelegenes, privates Haus. 18 B.;

Aufblick aus dem Val Fonda zum Rif. Bruno Boz mit dem Sass de Mura darüber.

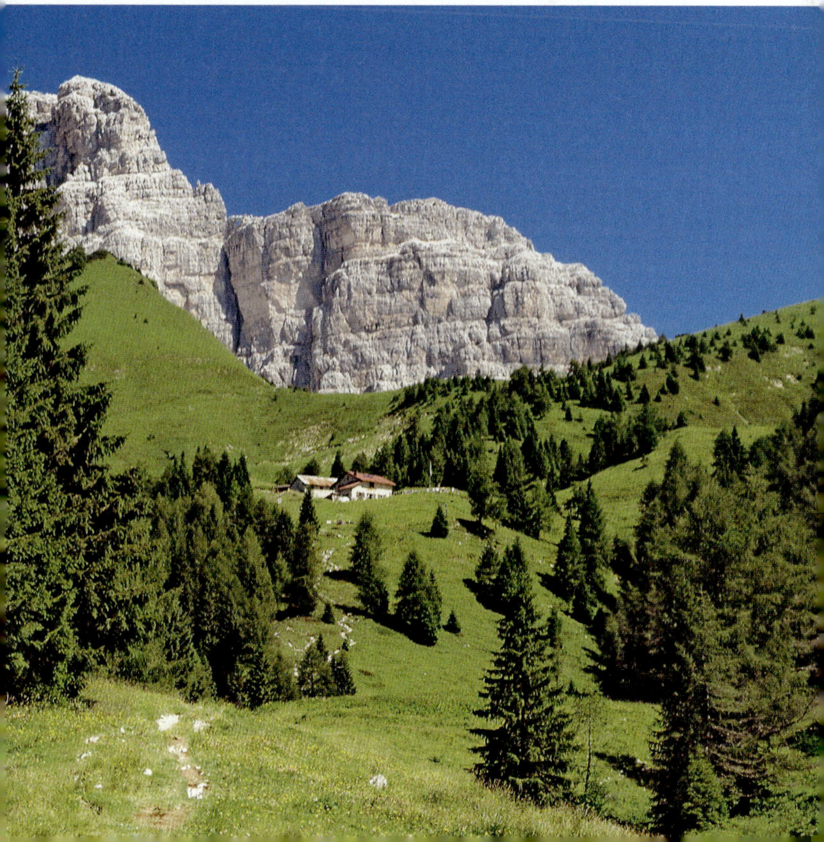

bew. vom 15./20. Juni bis 20. September, Tel. +39/348/8744685, +39/0439/67043 und +39/392/4356151 (mobil), info@rifugiofonteghi.it, rifugiofonteghi.it. Anschrift: Rifugio Fonteghi, Val Noana, I–38050 Mezzano di Primiero/Trento. Zufahrt auf guter Asphaltstraße aus dem Becken von Primör durch die großartige Noanaschlucht, 8 km von Mezzano. Das Haus eignet sich gut als Standort für Ausflüge in die noch wenig bekannten Gebiete der westlichen Feltriner Dolomiten (Cimonega, Vette Feltrine).

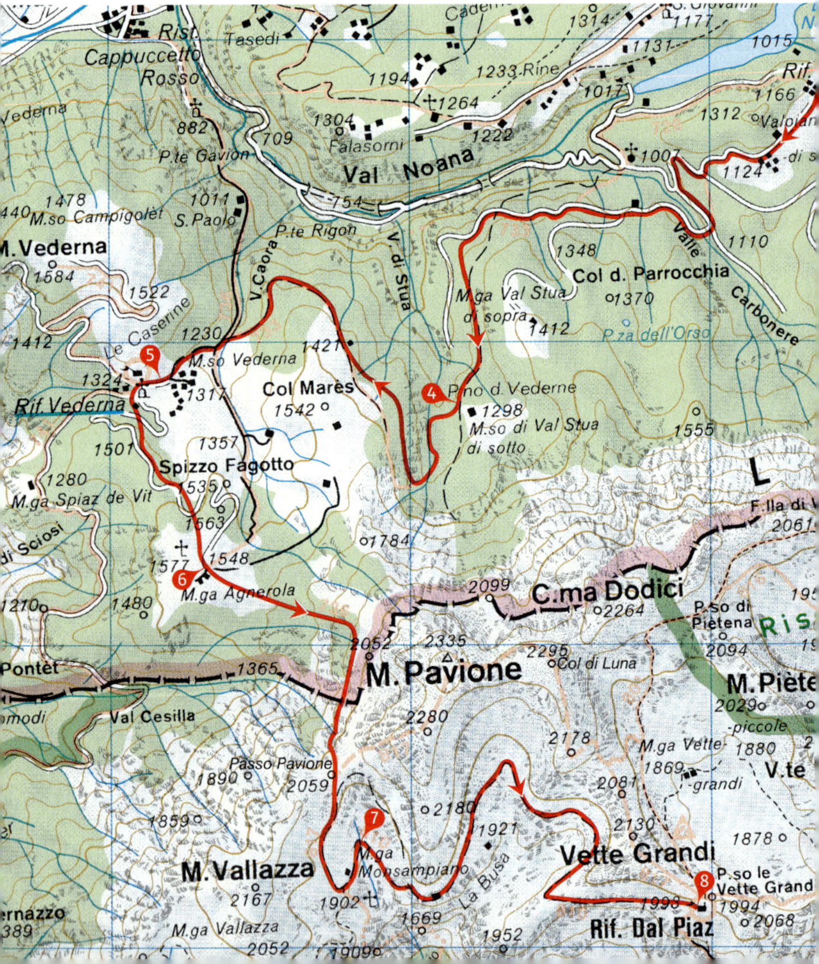

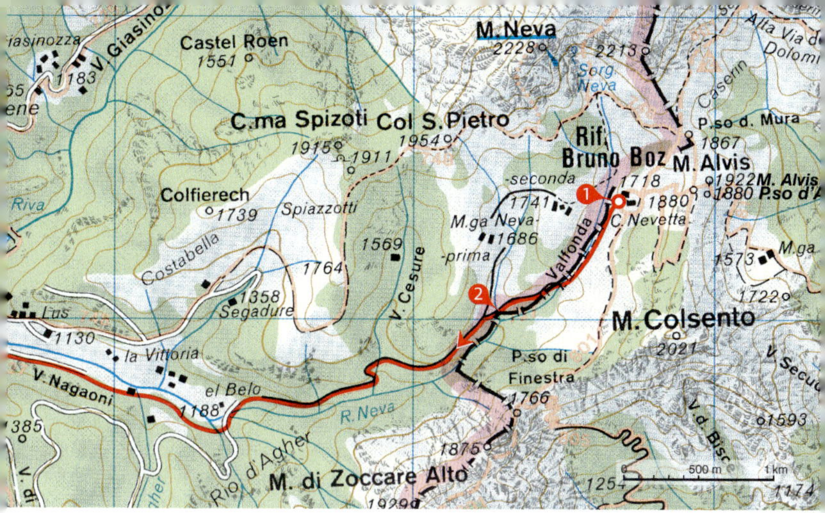

Vom Rif. Fonteghi die Zufahrtsstraße 50 m eben nach W zur Linksabzweigung des Fußweges Nr. 733. Auf ihm am rechten Rand einer Wiese durch Wald in steilen Windungen und Kehren nach S empor zu den Häusern von Valpiana di Sopra, 1166 m, und weiter in einen Wiesensattel. Interessanter Einblick in den Nordwestabsturz der Vette Feltrine mit dem M. Pavione (»schönste Graspyramide der Alpen«) ganz rechts. Im N die imposante C. Canali (Palagruppe).

Jenseits des Sattels auf bez. Fahrweg eine liebliche Wiesenmulde nach SW bergab zu einem Haus, danach eben in den Wald. Dort an der Südseite der C. Piadochin, rechts über dem weiten Wiesenboden von Valpiana di Sotto, westwärts eben zur gemauerten Forsthütte »Cascina Forestale«, 1133 m (Tafel, Sitzgelegenheit, Brunnen).

Wir queren eine Naturstraße und fol-

Das Rif. Fonteghi im inneren Val Noana.

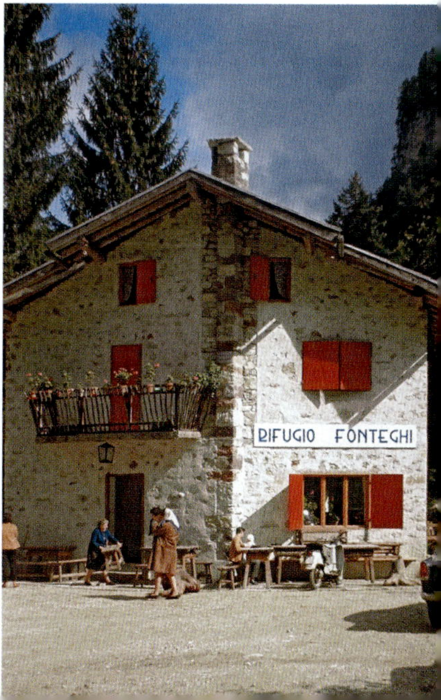

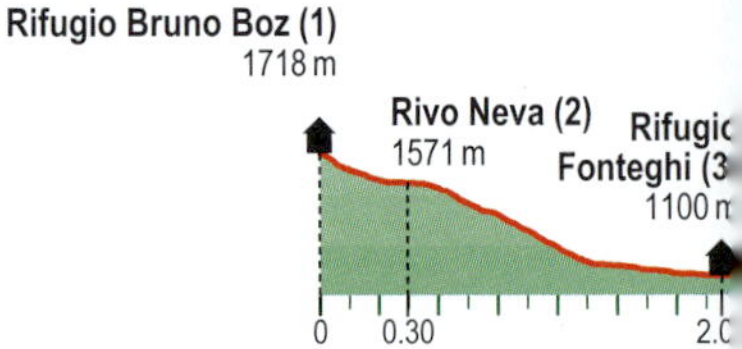

gen dem bez. Steig Nr. 733 durch Wald in Südrichtung aufwärts und eben in das Val Carbonere mit querender Forststraße. Auf ihr links und an der linken Talseite des Val Noana in langer Wanderung westwärts sanft bergauf zum Straßenende. Weiter auf breitem Weg nach links in das Val di Stua und an seiner linken Seite durch Laubwald empor und, unterhalb der **Malga Val di Stua di Sotto** vorbei **(4)**, in den Hintergrund des Val di Stua, das im Rechtsbogen ausgegangen wird. An der jenseitigen Talflanke durch Wald nach nach NW aufwärts, dann im weiten Linksbogen um den Col Mares herum westwärts in die liebliche Wiesenmulde von Vederna, durch die von rechts ein breiter Karrenweg heraufführt. Auf diesem durch die herrliche Mulde hinauf zur (3.45 Std. vom Rif. Fonteghi) **Sella Vederna (5)**.
Sella Vederna, 1324 m: Wiesensattel, den der aussichtsreiche M. Vederna im N mit dem Massiv des M. Pavione im SO bildet – einer der schönsten Punkte in den Feltriner Dolomiten! Der Pass ist aus dem Val Cismon (Ab-

Der Weiler Valpiana di Sopra, darüber die Vette Feltrine mit dem M. Pavione rechts.

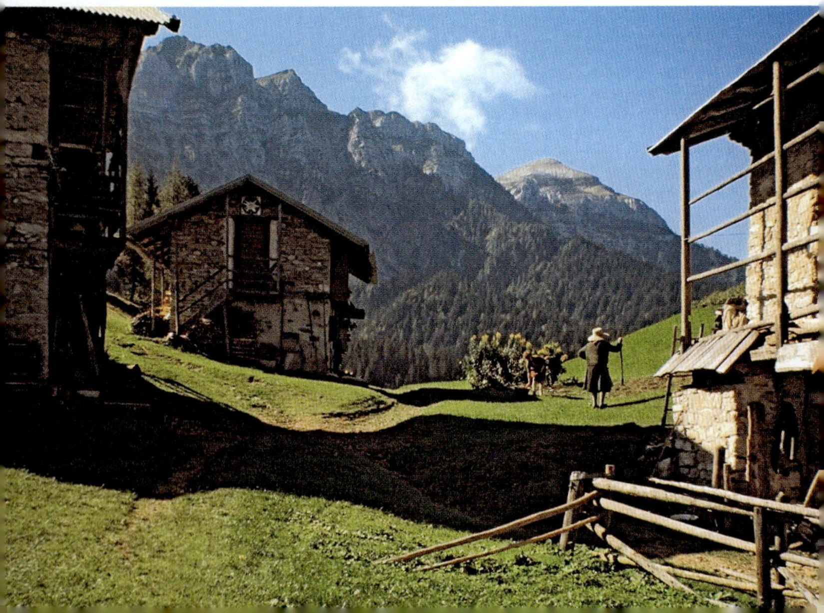

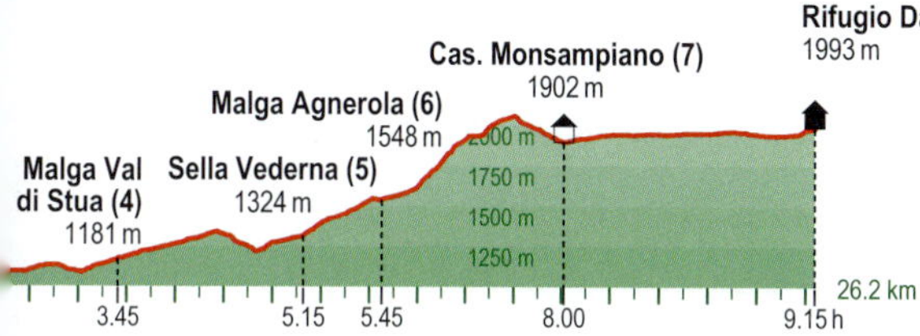

zweigung bei Pontet) mit Pkw zu erreichen. An der Einsattelung steht die reizende Kapelle »Madonna della Neve«, wenig östlich davon das Rifugio Vederna.

Rifugio Vederna: 17 B., von 15. Mai bis 31. Okt. geöffnet; vom 15./20. Juni bis 30. Sept. durchgehend, sonst an Wochenenden; Tel. +39/0439/ 67103 (Hütte) und +39/389/2844058 (mobil), rifugiovederna@gmail.com, rifugiovederna.it. Anschrift: Rif. Vederna, Sella Vederna, I–38050 Imèr/Trento.

Prachtvolle Schau nach NO zur Pala- und Cimonegagruppe. Gb.: M. Vederna, 1584 m, M. Pavione, 2335 m.

Von der Kapelle an der Passhöhe den breiten Waldweg Nr. 736A südwärts empor zur Waldgrenze und über Wiesen gerade weiter zur **Malga Agnerola (6)**, 1548 m, 30 Min. von der Sella Vederna.

Auf Weg Nr. 736 nun links, ostwärts, zuerst über Wiesen, dann durch Hochwald steiler aufwärts, später in langer Querung durch die Westflanke des M. Pavione nach rechts (S) empor zum breiten Wiesensattel des Passo Pavione, 2059 m, zwischen dem M. Pavione links und M. Vallazza rechts, 2.30 Std. von der Sella Vederna.

Jenseits auf Weg Nr. 817 die weite grüne Bucht der Busa di Monsampiano nach Süden hinab zur **Cas. Monsampiano (7)**, 1902 m; ständig geöffneter einfacher Biwakraum) und dort zum querenden Fahrweg Nr. 810. Auf diesem links haltend in einzigartiger Höhenwanderung, zwei weite Kare (Busa di Cavarin, Val Caneva) ausgehend, meist eben nach Osten, danach durch die Südflanke des M. Le Vette Grandi zu einer Verzweigung. Halb links ab und auf Fußweg nach Osten aufwärts zum **Rif. Dal Piàz (8)** (Et. 19), 3.30 Std. von der Sella Vederna.

20 Rif. Dal Piàz – Passo Croce d'Aune

2 Std. ↘980 Hm

Letzte Gehstrecke an der Alta Via 2, mit der wir die Hochregion der Vette Feltrine verlassen. Aussichtsreiche, anspruchslose Wanderung bergab.

Von der **Hütte (1)** auf Weg Nr. 801 in Südwestrichtung abwärts zu der alten Kriegsstraße, die in weiten Kehren nach S zum Passo Croce d'Aune hinab-

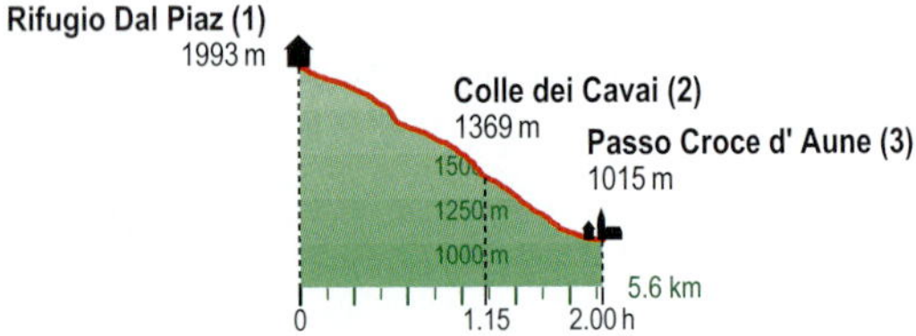

führt. Man benutzt zunächst die Straße und gelangt so zu einer Scharte im N des M. Masieron (prachtvoller Tiefblick in das Piavetal und auf Feltre mit den Venetianischen Voralpen darüber). Die weiten Kehren der Straße abkürzend in der grasigen Westflanke des M. Masieron hinunter, später wieder auf der Straße zum Südwestrücken des Berges (**2**, Colle dei Cavai). Über den Rücken (Weg Nr. 801, Tafel) teils über Wiesen, teils durch Laubwald nach rechts abwärts, dann durch die bewaldete Südwestflanke des M. Masieron nach links (SO) hinunter und wieder zur Straße, die nun in weiten Kehren gegen den Passo Croce d'Aune hinabführt. Die Kehren der Straße abkürzend auf bez. Steig durch Wald in Südrichtung abwärts, zuletzt auf breitem Fahrweg zu den Häusern am **Passo Croce d'Aune (3)**.

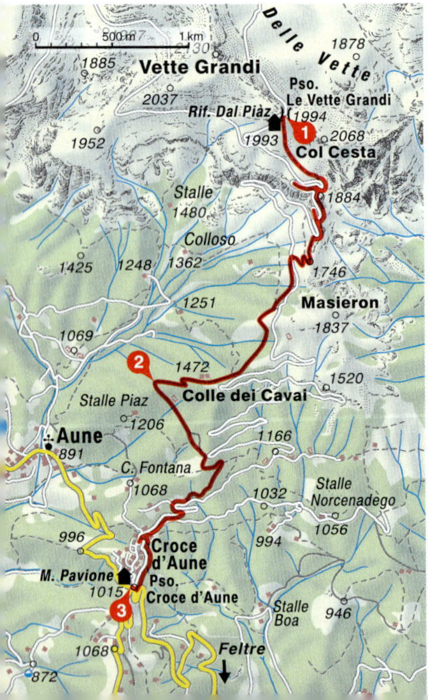

Passo Croce d'Aune, 1015 m

Südlichster Dolomitenpass, im Bereich der Vette Feltrine gelegen. Über ihn führt eine Asphaltstraße von Feltre in das Cismontal. Bushaltestelle. Lohnender Ausflug auf den aussichtsreichen M. Avena, 1454 m.

An der Passhöhe zwei Unterkünfte, und zwar das Albergo-Ristorante »Al Camoscio« (20 B., ganzj. geöffnet, vom 15. Juni bis 15. Sept. kein, sonst Do. Ruhetag; Tel. +39/0439/977058) und das Albergo Croce d'Aune (52 B., ganzj. geöffnet, nur im Nov. geschlossen; vom 15. Juni bis 15. Sept. kein, sonst Mo. Ruhetag; Tel. +39/0439/977000, albergocrocedaune.it). Anschrift: Passo Croce d'Aune, I–32030 Sovramonte/Belluno).

21 Passo Croce d'Aune – Pedavena – Feltre

Am Passo Croce d'Aune besteht die Möglichkeit, entweder auf der Passstraße über Pedavena nach Feltre zu wandern (10 km, unlohnend!) oder mit Taxi bzw. Bus dorthin zu fahren. Ab Passo Croce d'Aune verkehrt ganzjährig zweimal täglich ein Bus in Richtung Feltre (in den Monaten Juli und August zwei Zusatzbusse). Achtung! An Sonntagen kein Busverkehr!

Feltre, 325 m

Wunderschönes, stark südlich anmutendes, belebtes Städtchen am Piaveknie. Wichtiger Straßen- und Eisenbahnknotenpunkt. Zahlreiche Baudenkmäler aus dem Mittelalter und der Renaissance von kunstgeschichtlicher und architektonischer Bedeutung. Ausgangspunkt für Touren in die Feltriner Dolomiten und in die Gruppe des M. Grappa.
Im benachbarten Ort Pedavena berühmte Bierbrauerei und Gaststätte (Heineken, Dreher; zwischen 7.15 Uhr und 19.55 Uhr halbstündlich Busse der Linie 14 ab Feltre). Lohnende Ausflüge mit Pkw auf den M. Grappa, über den Passo Croce d'Aune auf den M. Avena oder über Soranzen in das Val Canzoi zum Albergo Alpino (Osteria Boz). Die Adria (Venedig, Jesolo usw.) kann von Feltre mit Pkw, Bus oder Bahn in 1.30–2 Std. (etwa 100 km) erreicht werden.
Auskünfte an der IAT Feltre Fremdenverkehrsinformation/IAT Feltre Ufficio informazioni e accoglienza turistica (Piazza Maggiore 21, 32032 Feltre, Tel. +39/0439/2540, feltrino@dolomitiprealpi.it, dolomitiprealpi.it; geöffnet Mo., Di., Do. und Fr. 9.15–12.45 Uhr, Sa. und So. 9.15–12.45 Uhr und 14.30–17 Uhr).
Für jene, die noch weiter nach dem Süden bis an den Nordrand der oberitalienischen Tiefebene wandern wollen, ist Feltre Ausgangspunkt für den durch die Venetianischen Voralpen nach Bassano führenden Monte-Grappa-Höhenweg.

Rückreise nach Brixen

Von Feltre mit direktem Bus über Primolano nach Trento und von dort mit der Bahn nach Brixen. Oder von Feltre mit direktem Bus über den Rolle- und Karerpass nach Bozen und weiter mit der Bahn nach Brixen. Man kann auch (umständlicher, aber schöner!) mit Bahn oder Bus nach Belluno fahren und von dort mit Bus entweder über Cortina und durch das Pustertal nach Brixen oder durch das Val Cordevole über den Campolungopass in das Pustertal und nach Brixen gelangen.

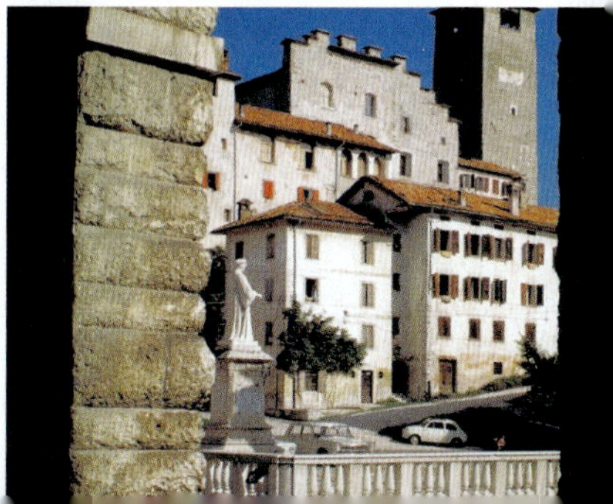

Rechts: Die zauberhafte Stadt Feltre.
Folgende Doppelseite: Der Felskoloss des M. Pelmo mit der von hier pultförmigen Marmolada links dahinter vom Gipfel des M. Rite (Dolomiten-Höhenweg Nr. 3, Etappe 8).

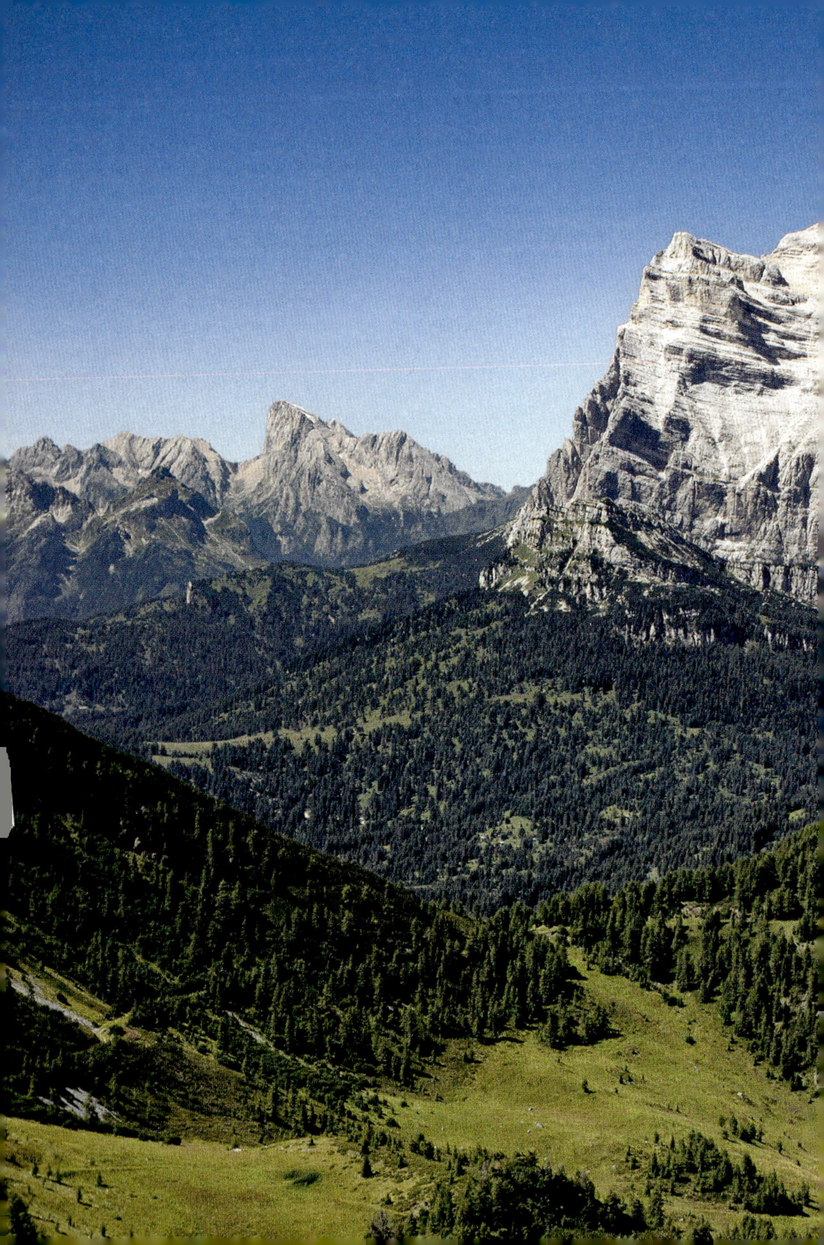

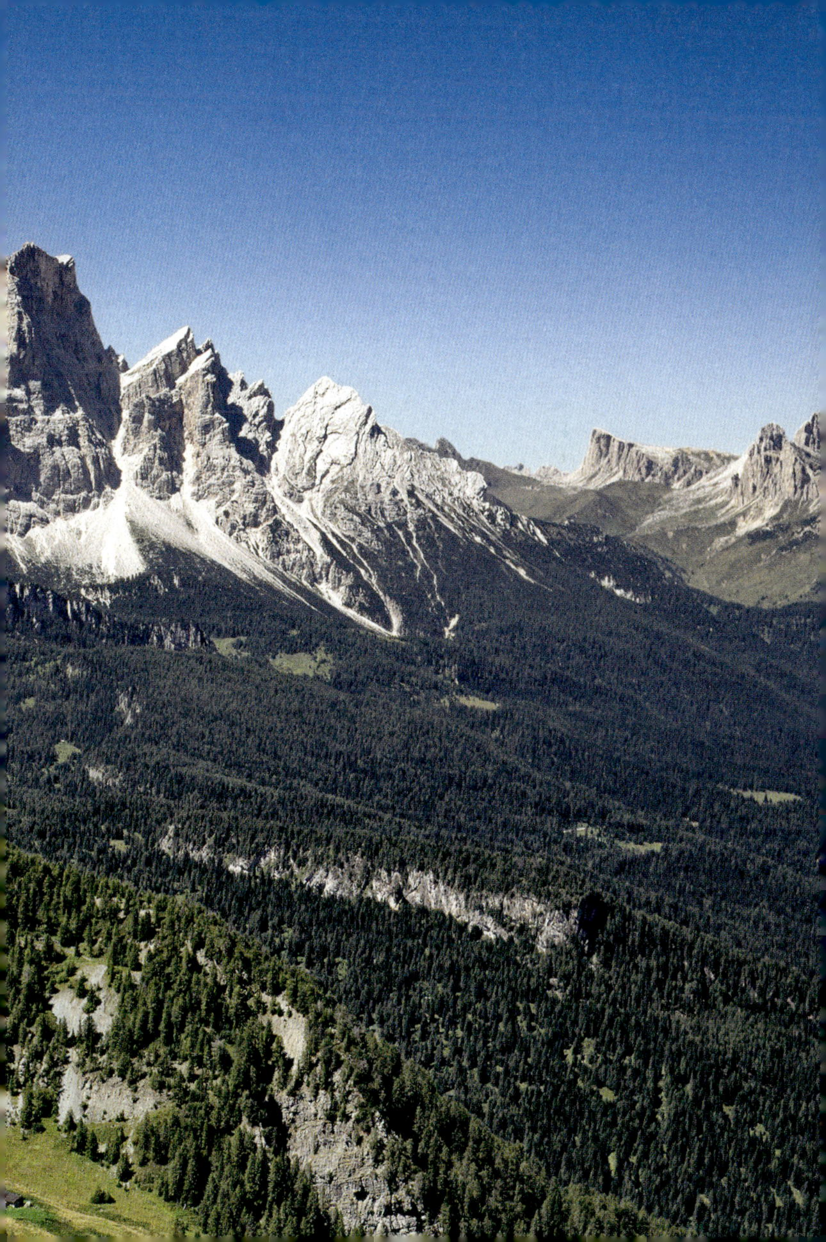

3

Dolomiten-Höhenweg Nr. 3

Von Toblach bzw. Niederdorf nach Longarone

Die Dolomiten-Höhenroute Nr. 3 führt ebenso wie die Wege Nr. 1, 4 und 5 durch die östlichen Dolomiten, und zwar von Toblach bzw. Niederdorf im Pustertal nach Longarone im Piavetal. Verläuft jedoch Höhenroute Nr. 1 in ziemlich gerader Nord-Süd-Richtung dem Hauptkamm der östlichen Dolomiten entlang, so werden auf dieser Route und erst recht bei den Wegen Nr. 4 und 5 die östlichen Nebenkämme überschritten.

Von den Belluneser Dolomiten-Höhenwegen Nr. 1 bis 7 wurde die Alta Via 3 als vorletzte, erst zehn Jahre nach der Eröffnung von Route Nr. 1, fertiggestellt. Bei keinem anderen Höhenweg waren so viele Wegbauten und Markierungsarbeiten notwendig gewesen. So musste der Steig vom Flodige Sattel westlich um den Dürrenstein herum zur Plätzwiese erst geschaffen werden. Vom Rif. Venezia (M. Pelmo) gegen S fehlte damals noch eine durchgehende Steiganlage. Im dichten Sträucher- und Latschendschungel an der Nordseite des M. Rite gelang es, eine alte, verfallene Kriegsstraße ausfindig zu machen und diese vom dichten Unterholz zu befreien. Das größte Problem aber war die Durchquerung der Boscongerogruppe, wo vom Passo Cibiana weg ein landschaftlich prachtvoller Steig angelegt werden musste, der an steilsten Bergflanken entlang bis nach Longarone führt. Dass diese großartige Idee überhaupt verwirklicht werden konnte, ist vor allem der Initiative der Herren G. Angelini, M. Brovelli und B. Tolòt (alle aus Belluno) zu danken.

Im Vergleich zu Nr. 1 und 2 sind die meisten Abschnitte von Höhenweg Nr. 3 entweder schwieriger oder länger und beschwerlicher. Abgesehen von den bedeutenden Höhenunterschieden, die innerhalb der einzelnen Etappen zu bewältigen sind, weist die Route auch gesicherte, teilweise ausgesetzte Steiganlagen und kurze, frei zu bewältigende Kletterpassagen bis zum Schwierigkeitsgrad II auf. Die Route Nr. 3 hat eine Länge von rund 120 km (Luftlinie ca. 50 km). Für die Begehung ist mit mind. sieben, im Mittel mit zehn Tagen zu rechnen. Bei Benützung der Abkürzungsvarianten kann die Route zur Not auch in sechs Tagen bewältigt werden. Diese Wege sind landschaftlich zwar weniger schön als die Hauptroute, aber technisch einfacher und weniger anstrengend.

Insgesamt werden acht Berggruppen (Pragser und Enneberger Dolomiten, M. Piana, M. Cristallo, Sorapiss, Marmarole, Antelao, Pelmo-Rite, Boscone-ro), alle dolomitischer Natur, durchwandert oder berührt. An der Hauptroute liegen sieben bewirtschaftete Schutzhütten, zwei Biwakschachteln und, die Passlandschaft der Plätzwiese miteingerechnet, drei große Dolomitenpässe (alle mit Unterkünften). Eine Besonderheit dieses Höhenweges ist, dass zweimal zur Talregion abgestiegen werden muss (Höhlensteintal, Boitetal).

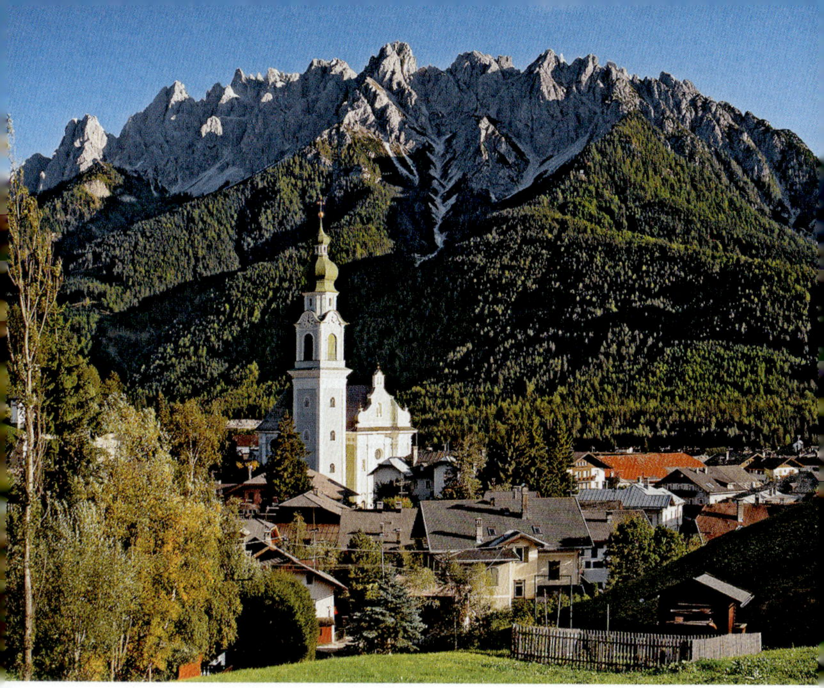

Der im Hochpustertal gelegene Urlaubsort Toblach mit dem Haunoldmassiv.

Von einem landschaftlichen Höhepunkt kann nicht gesprochen werden, bietet doch die gesamte Überschreitung eine nicht abreißende Schau großartigster Hochgebirgsbilder. Vielleicht gebührt die Krone der Durchquerung des Sorapissstockes, aber auch jene des Dürrensteinmassivs und der Bosconerogruppe hinterlässt unauslöschliche Eindrücke.
Die Höhenroute Nr. 3 ist durchgehend orange oder rot bezeichnet und auch vielfach mit der Kennmarkierung der Dolomiten-Höhenwege (in diesem Fall eine 3 im orangegelben Dreieck) versehen.
Wanderer, die die Stempel der berührten Hütten und Biwakschachteln auf einem Blatt Papier gesammelt haben, erhalten in Longarone im Ufficio Turistico/Associazione Pro Loco ein Abzeichen (Piazza Gonzaga 1, I–32013 Longarone; Tel. +39/0437/770119; info@prolocolongarone.it, prolocolongarone.it; Öffnungszeiten ab 1. April Dienstag bis Sonntag 10–12.30 und 15–18 Uhr, Montag geschlossen).
Anmerkung: Vor Antritt der Tour sollte man sich über den Zustand des Pionierweges Et. 2 am M. Piana (wegen Steinschlaggefahr zeitweise gesperrt)

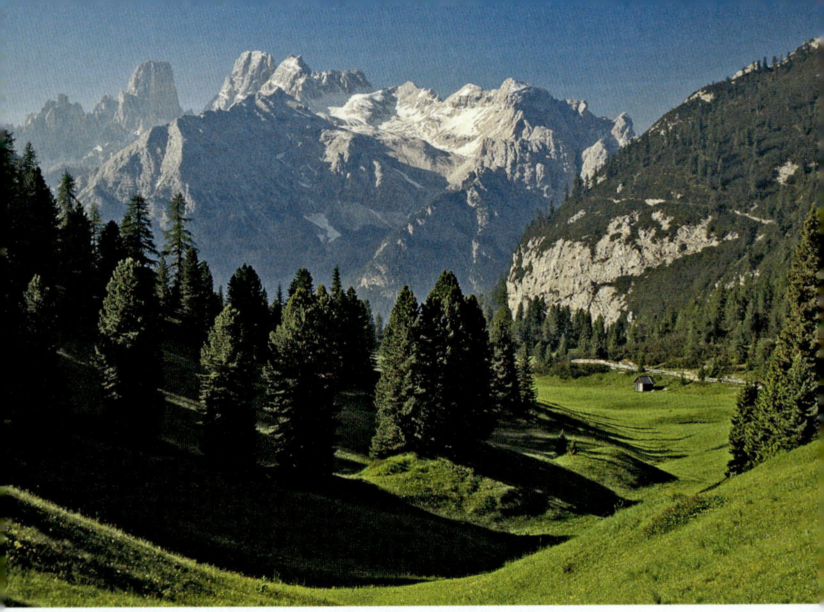

Die Plätzwiese vor der felsgewaltigen Cristallogruppe.

erkundigen. Auskunft erteilt die Alpinschule Globo Alpin in Toblach (Bahnhofstraße 3, I-39034 Toblach, Tel. +39/0474/976139, globoalpin.com).
Für eine Begehung der Höhenroute Nr. 3 in größeren Teilstrecken bieten sich folgende Möglichkeiten an:

- Toblach bzw. Niederdorf – Passo Tre Croci (Et. 1–3). Rückfahrt mit Bus über Misurina nach Toblach bzw. Niederdorf.
- Passo Tre Croci – San Vito di Cadore (Et. 3–6). Rückfahrt mit Bus über Cortina zum Passo Tre Croci.
- San Vito di Cadore – Longarone (Et. 7–12). Rückfahrt mit Bus über Tai di Cadore nach San Vito.

Ausgangspunkt Niederdorf, 1157 m (Villabassa)

In die weite Felder- und Wiesenlandschaft des oberen südtirolerischen Pustertales eingebetteter, westlich von Toblach gelegener Fremdenverkehrsort. Mehrere Hotels und Gasthöfe; Privatzimmer. Zahlreiche malerische alte Tiroler Häuser. Schöne Pfarrkirche (1796) mit Gemälden von Paul Troger und Martin Knoller. Idealer Ausgangspunkt für Touren in das geheimnisvolle Bergreich der Pragser Dolomiten und des Dürrensteins. Busverbindung zum Pragser Wildsee.

Ausgangspunkt Toblach, 1241 m (Dobbiaco)

Im südtirolerischen Pustertal an der Wasserscheide Rienz (Adria) und Drau (Schwarzes Meer) gelegene, beliebte Sommerfrische am Nordrand der Dolomiten. In Alt-Toblach, 1241 m, sehenswerte barocke Pfarrkirche zum Hl. Johannes mit berühmtem Tabernakel von Johann Perger. Zahlreiche Hotels, Pensionen und Gasthöfe. Überaus lohnender Ausflug mit geländegängigem Pkw über St. Silvester und den Strickberg zum Markinkelejoch (Schau auf Sextener Dolomiten!). Besuchenswert ist ferner die Sommerresidenz Gustav Mahlers in Alt-Schluderbach (südlich über Gratsch, am Nordfuß des Suiskopfes). Im S von Alt-Toblach, an der Mündung des Höhlensteintales in das Pustertal, liegt die Hotelsiedlung Neu-Toblach, 1210 m (Eisenbahnstation an der Linie Franzensfeste – Lienz), der eigentliche Ausgangspunkt zur Dolomiten-Höhenroute Nr. 3. Auto am besten hier parken (evtl. Garage mieten!).

Anreise

Die beiden Ausgangsorte Toblach bzw. Niederdorf können von O (Lienz, Sillian) und W (Brenner, Brixen, Bruneck) mit Bahn, Bus oder Pkw durch das Pustertal, von S (Cortina) über Misurina oder Cimabanche und von SW (Agordo, Corvara, Grödner Tal) durch das Abteital und über Bruneck mit Bus oder Pkw erreicht werden.

1 Toblach bzw. Niederdorf – Plätzwiese

6.30 Std. ↗1370 Hm ab Toblach ↗1460 Hm ab Niederdorf ↘620 Hm

Landschaftlich großartige Wanderung, bei der die Dürrensteingruppe von N nach S durchquert wird. Sehr lange und anstrengende Strecke mit beträchtlicher Anstiegshöhe. Trittsicherheit und Schwindelfreiheit sind unbedingt erforderlich. Vorsicht bei Altschnee im Frühsommer (Pickel empfehlenswert)! Im Notfall kann die Tour am Sarlriedel abgebrochen und von dort auf Weg Nr. 14 westwärts nach Bad Altprags abgestiegen werden. Hat man Pech mit dem Wetter oder will man möglichst mühelos und rasch aus dem Pustertal zur Plätzwiese gelangen, dann lohnt sich die Begehung der viel kürzeren, aber weniger eindrucksvollen Variante 1.

Zur Westschulter des Sarlkofels zwei Zugänge:

- Die landschaftlich schönere Route führt von **Neu-Toblach (1)** (s. Ausgangspunkt HW 3) auf Asphaltstraße westwärts unter der Umfahrungsstraße durch zur Fraktion Rienz, 1200 m. Gleich nach der Brücke über die Rienz wendet sich die Straße (»Sarlweg«) nach links. Hier am Ostfuß des Suiskopfes entlang zur Villa Ghinter, wo ein Fahrweg (Nr. 16, Tafel) nach rechts abzweigt, 15 Min. Auf ihm neben dem Zaun der Villa westwärts hinauf in den Wald und dort bald zu einer Verzweigung bei Linksknick des Zaunes. Links ab (!) und nun südwärts auf steilem Karrenweg durch die bewaldete Ostflanke des Suiskopfes empor zu einer Naturstraße (bei Kehre) und diese geradeaus hinauf zu den Wiesen beim **Troger Hof (2)**, 1437 m, 45 Min.

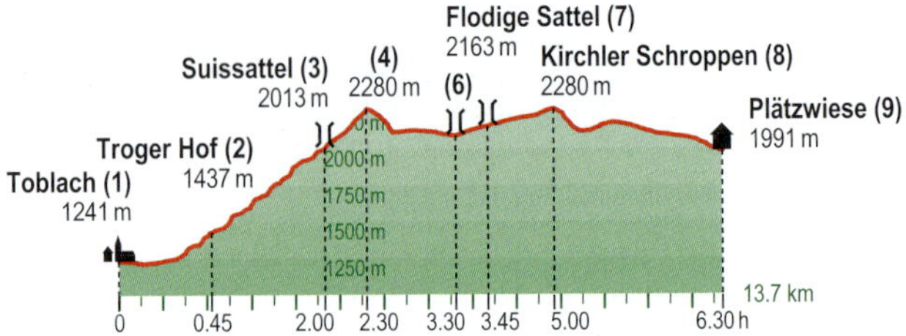

Rechts von der Straße ab und auf Karrenweg (Nr. 16) zunächst am Oberrand der Wiesen (schöner Tiefblick in das Höhlensteintal mit dem Toblacher See!), dann durch Wald quer durch die Südflanke des Suiskopfes steil nach W hoch, zuletzt auf Fußweg halb rechts empor zu querender

Im Vordergrund der Flodige Sattel. Dahinter der unbenannte Sattel zwischen Dürrensteinmassiv links und Sarlköfele rechts mit dem Pragser Seekofel in der Ferne.

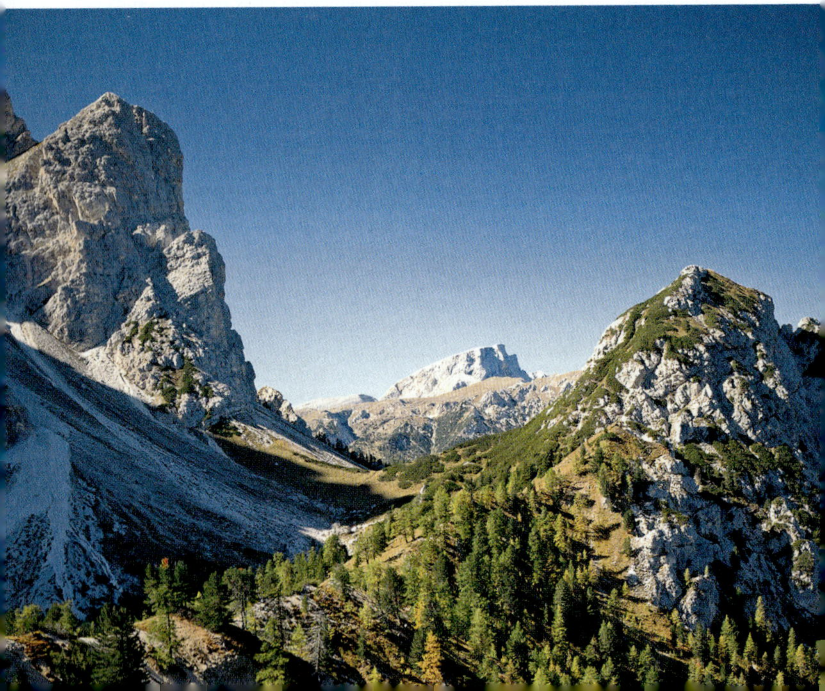

Forststraße, 1.15 Std. Die Straße kurz nach links (sie führt weiter zur nahen Troger Alm, 1631 m), dann halb rechts den bez. Weg Nr. 16 über Waldwiesen, an einem Brunnentrog vorbei, nach NW aufwärts, später durch Nadelwald in Kehren mehr nach rechts empor an den Nordostrücken des Suiskopfes. Über ihn zum Teil in Serpentinen steil aufwärts, dann in Südwestrichtung quer durch die Ostflanke des Berges hinauf zu den Wiesen am **Suissattel (3)**, 2013 m, 2 Std. Tiefblick nach O und W in das Pustertal.
Jenseits des Sattels auf Weg Nr. 33 durch lichten Lärchenbestand eben nach links unter die Nordwestwände des Sarlkofels (hier mündet von rechts Zugang 2 von Niederdorf ein). Geradeaus, südwärts, über Geröll und Schrofen in steilen Kehren empor und nach rechts hinaus zu einem sekundären Gratrücken. Nun links aufwärts zur aussichtsreichen **Westschulter (4)**, 2280 m, des Sarlkofels (Tafel), 2.30 Std. Im S das großartige Massiv des Dürrenstein, rechts von ihm die eindrucksvolle Hohe Gaisl. Im N die schimmernden Gletscher der Zentralalpen (Zillertaler Alpen, Rieserferner-Gruppe, Hohe Tauern). Im O die Zackenreihe der Haunoldgruppe (Sextener Dolomiten).

■ Von Niederdorf (Ausgangspunkt HW 3) vom Hauptplatz auf Ortsstraßen (Weg Nr. 15) in Südostrichtung aus dem Wohngebiet, danach unter Pustertalbahn und Umfahrungsstraße durch zu querender Asphaltstraße (Tafeln). Auf ihr über Wiesen in Südostrichtung sanft aufwärts (schöner Rückblick auf Niederdorf!), zuletzt über den Grailbach zu einer Straßenteilung (Bildstock, Wegweiser, Bank), 20 Min. Rechts die beschrankte Asphaltstraße (Weg Nr. 15) neben dem meist trockenen Bachbett 100 m nach S aufwärts zu Gatter am Waldrand. Nun auf Forststraße an der linken Seite des Putzgrabens im schönen Fichtenwald nach S hinauf zu einem Verzweigungspunkt (Tafeln, Pfeile), 45 Min.
Links von der Straße ab und auf dem guten Karrenweg Nr. 15 an der linken Seite des bewaldeten Putzgrabens vorerst noch südwärts, später südostwärts ziemlich steil empor zu der auf kleiner Lichtung idyllisch gelegenen Putzalm, 1743 m (Notunterstand mit Tisch, Bänken und Sparherd; Nächtigung nur mit Biwakausrüstung!), 1.45 Std. Überraschender Aufblick gegen die Nordwestwände des Sarlkofels. Weiter rechts der mächtige, in hohen Wänden gegen das Altpragser Tal abstürzende Langkofel.
Gleich nach der Almhütte Wegverzweigung. Hier links den breiten Weg Nr. 16 und 33 ostwärts über Wiesen, dann durch lichten Nadelbestand in weiten Kehren und Windungen mäßig steil aufwärts zu einer Verzweigung (Tafeln). Nicht nach links zum Suissattel, sondern rechts auf Weg Nr. 33 zuerst durch lichten Lärchenbewuchs, dann über begrünte Geröllhänge nach S hinauf unter die Nordwestwände des Sarlkofels und dort zu querender Wegtrasse (Zugang 1 von Neu-Toblach), 2.15 Std. Wegweiser. Rechts, südwärts, auf guter Steiganlage (Nr. 33) über Geröll und

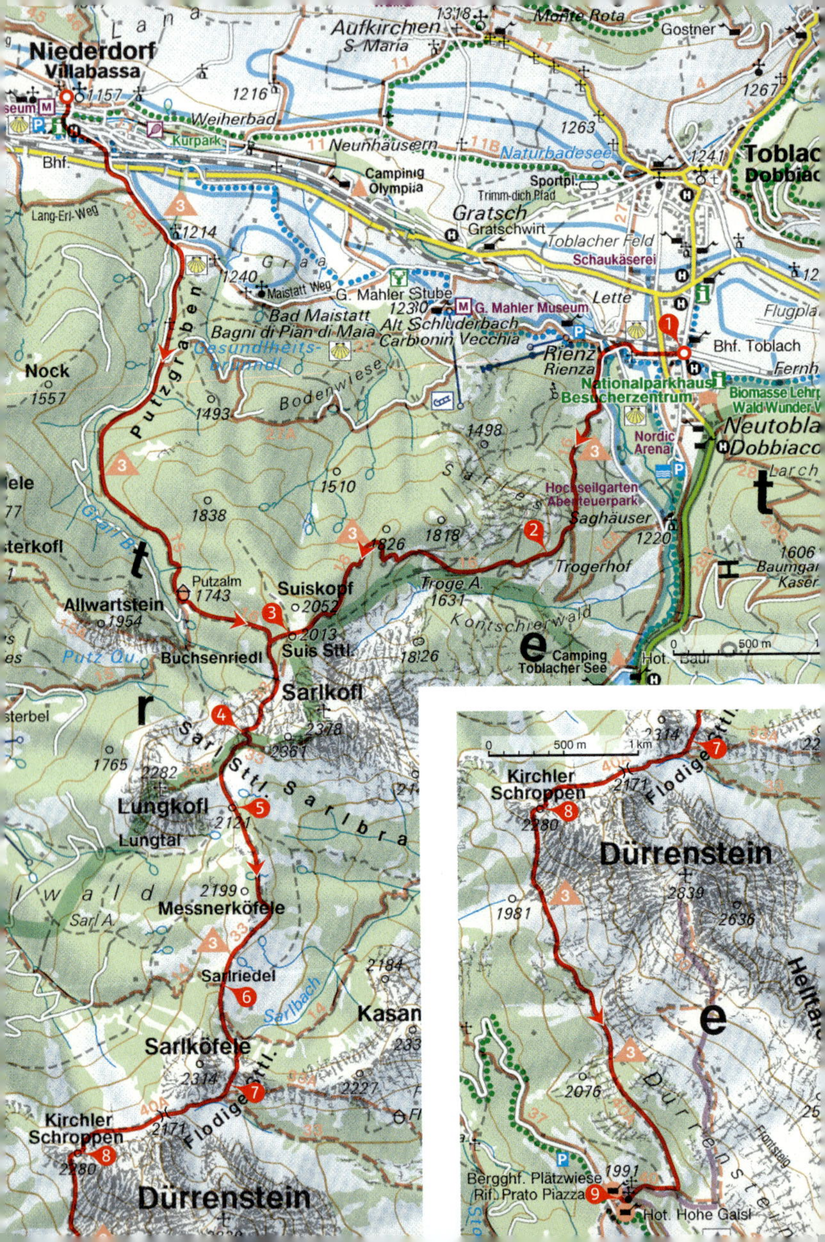

Niederdorf
Villabassa
Aufkirchen
S. Maria
Monte Rota
Gostner
1318
1157
1216
1267
1263
1241
Weiherbad
Kurpark
Neunhäusern
Naturbadesee
Toblach
Dobbiaco
Bhf.
Camping
Olympia
Sportpl.
Trimm-dich Pfad
Gratsch
Gratschwirt
Toblacher Feld
Schaukäserei
Lang-Erl-Weg
1214
1240
Maistatt Weg
G. Mahler Stube
1230
G. Mahler Museum
Lette
Flugpla
Bad Maistatt
Bagni di Pian di Maia
Alt Schluderbach
Carbonin Vecchia
Gesundheitsbrünndl
Rienz
Rienza
Bhf. Toblach
Fernh
Nationalparkhaus
Besucherzentrum
Biomasse Lehrp
Wald Wunder W
Neutobla
Dobbiaco
Nordic Arena
Nock
1557
Putzgraben
1493
Bodenwiese
1498
1510
Hochseilgarten
Abenteuerpark
Saghäuser
1220
Larch
1838
1818
1826
Trogerhof
1606
Baumgar
Kaser
Putzalm
1743
Allwartstein
1954
Suiskopf
2052
Troge A.
1631
Kontschnerwald
2013
Suis Sttl.
Buchsenriedl
Putz Qu.
1826
Camping
Toblacher See
Hot. Baur
0
500 m
Sarlkofl
2378
2367
1765
2282
Lungkofl
Sarl Sttl.
Sarlbra
2121
Lungtal
2199
Messnerköfele
Sarl A.
Sarriedel
2184
Sarlbach
Kasan
Sarlköfele
2314
2227
Kirchler
Schroppen
2171
Flodigesttl.
2280
Dürrenstein
2839
2636
1981
1 km
2076
Helltal
Dürrenstein
Frontsteig
Bergghf. Plätzwiese
Rif. Prato Piazza
1991
Hot. Hohe Gaisl

Schrofen in steilen Kehren empor zu einem sekundären Gratrücken. Nun links aufwärts zur aussichtsreichen Westschulter, 2280 m, des Sarlkofels (Tafel), 2–2.30 Std. Im S das großartige Massiv des Dürrenstein. Rechts von ihm die nicht weniger eindrucksvolle Hohe Gaisl. Im N die Gletscher der Zentralalpen. Im O die Zackenreihe der Haunoldgruppe (Sextener Dolomiten).

Gemeinsamer Weiterweg:
Von der Schulter auf Weg Nr. 33 über den Westrücken des Berges durch Latschengassen nach rechts hinunter zum grasigen Sarlsattel, 2177 m. Hier links entlang eines Zaunes abwärts in den **Sattel (5)**, 2121 m, zwischen Messnerköfele im S und Langkofel im W. Auf gutem Weg in südlicher Richtung links um das Messnerköfele herum und über die schönen Sarlwiesen sanft abwärts zum begrünten Sattel des **Sarlriedels (6)**, 2099 m, wo nach rechts Weg Nr. 14 in Richtung Altprags abzweigt (Notabstieg bei schlechtem Wetter!). 3.30 Std.
In der Ostflanke des Sarlköfele über Wiesen weiterhin nach S abwärts, später in einigen Kehren empor in den **Flodige Sattel (7)**, 2163 m, zwischen Sarlköfele im W und Kasamutz im O, 3.45 Std. Blick zu den großartigen Nordwänden des Dürrenstein und des Castell Glanvell. Weiter rechts im SW der Flodige Sattel, unser nächstes Ziel.
Vom **Flodige Sattel (7)** auf Steig durch Latschengassen schräg nach rechts hinab in den obersten Flodige Graben und durch ihn nach rechts (W) empor in den ausgeprägten Sattel, 2171 m, zwischen Dürrensteinmassiv im S und Sarlköfele im N, 4.15 Std. Jenseits auf Weg Nr. 40A, mehrere Ersosionsrinnen (eine tiefere mit Drahtseilsicherung) querend, an den Schutthängen unterm Dürrensteinmassiv (Castell Glanvell) nach W aufwärts, später über eine sekundäre, von einzelnen Bäumen bestandene Rippe ziemlich steil nach links empor, hernach über brüchige, gebänderte Schrofen 50–60 m nach rechts zur begrünten Schulter der **Kirchler Schroppen (8)**, 2280 m, 5 Std.
Rundsicht: Im S der M. Cristallo, rechts dahinter der Pelmo. Im SW die Hohe Gaisl und weiter rechts im W die Berge von Fanes und Sennes. Im N die Gletscher der Zentralalpen. Uns zu Füßen das liebliche Tal von Altprags.
Wo man die Schulter erreicht hat, gleich nach links in die Westseite des Castell Glanvell und dort durch eine Blockrinne etwa 30 m hinunter, dann aus dieser nach links heraus und durch steilen Bergwald unterhalb der Wände in Kehren weiter bergab zum tiefsten Punkt (ca. 2000 m). Nun im felsigen Gelände auf teilweise verbautem Weg (Holztreppen) aufwärts in eine wilde Blockrinne, die ansteigend (Holzstiegen) gequert wird und danach zum großen Geröllhang der Kirchler Lahn. Quer über die breite Halde hinauf an ihre jenseitige Begrenzung. Dort in wenigen Kehren hoch zu einer sekundären Scharte (ca. 2280 m) links eines auffallenden Felszackens, 6 Std. Prächtiger Blick zur Cristallogruppe im S, auf die mächtige Hohe Gaisl im SW sowie auf das Riesenpult des Seekofels im W!

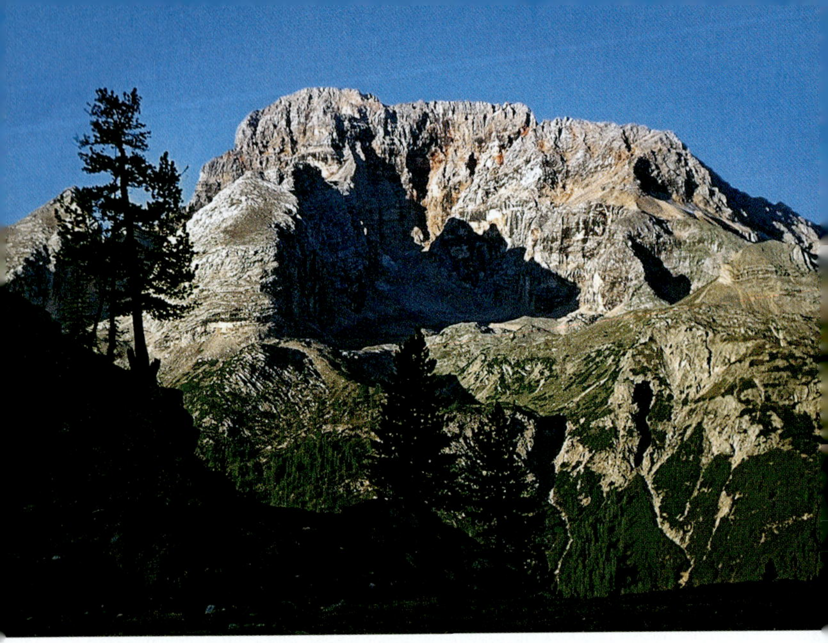

Das mächtige Hohe Gaisl von den Kirchler Schroppen.

Jenseits der Scharte auf bez. Steig Nr. 40A in fast ebener Querung der von Latschen und lichtem Lärchenwald durchsetzten Westflanke des Dürrenstein zu einer Geröllrinne und später zu einer weit nach rechts vorgeschobenen grasigen Schulter, mit welcher der Nordrand der Plätzwiese erreicht ist. Idealer Rastplatz mit prächtiger Rundsicht!
Von der Schulter in schöner Wanderung (einzigartiger Anblick der Cristallogruppe im S sowie der Hohen Gaisl im W!) durch eine seichte Mulde südostwärts hinunter zu einem Wiesenboden mit dem Querweg Nr. 40 auf den Dürrenstein. Auf diesem nach rechts zur **Plätzwiese (9)**.

Plätzwiese, 1991 m

Weite Passlandschaft im Bereich der Pragser Dolomiten zwischen Dürrenstein im N und Hoher Gaisl im SW. Asphaltierte Zufahrtsstraße aus dem Pustertal mit Maut ab Ghf. Brückele (vom 10. Juli bis 20. September zwischen 10.00 und 16.00 Uhr ist die Auffahrt nur mit Bussen möglich!). Die Passlandschaft der Plätzwiese mit ihren ausgedehnten kupierten Wiesen und den übermächtig darüber aufragenden Massiven der Hohen Gaisl und des M. Cristallo ist ein wahres Juwel unter den Dolomitenübergängen. Magnet ist der

Dürrenstein, einer der beliebtesten Aussichtsberge Südtirols. Im Bereich der Passhöhe bieten der Berggasthof Plätzwiese (privat, 13 B., 28 L.; ganzj. geöffnet, in der Nebensaison Montag Ruhetag; Tel. +39/0474/748650, info@plaetzwiese.com, plaetzwiese.com, Anschrift: Berggasthof Plätzwiese, I–39030 Prags/Südtirol) sowie das 50 m entfernt stehende, aus der Brandruine des alten Plätzwiesen-Hotels errichtete, luxuriös ausgestattete Hotel Hohe Gaisl (privat, 75 B.; vom 1. Juni bis 15. Oktober geöffnet. Tel. +39/0474/646360, hotel@hohegaisl.com, hohegaisl.com, Anschrift: Hotel Hohe Gaisl, Plätzwiese 60, I–39030 Prags/Südtirol) Unterkunft. Abzweigung der Abkürzungsvariante 2 über Ospitale zum Rif. Vandelli. Gb.: Dürrenstein, 2839 m, Strudelköpfe, 2307 m, Knollkopf, 2179 m, Rautkofel, 2204 m.
Rundsicht: Im S die Gruppe des M. Cristallo, von hier gesehen ein Glanzpunkt der Dolomiten. Ihr zur Linken die Gegend um Misurina mit Marmarolegruppe dahinter. Weiter links im SO die fantastische Zackenreihe der Cadinigruppe. Im W die breite Wandflucht der Hohen Gaisl, im NW die Gletscher der Zentralalpen. In N die ausgedehnten, begrünten Hänge des Dürrenstein mit dem Verlauf der viel begangenen Normalroute (unschwierig).

V1a Niederdorf/Welsberg – Hotel Brückele – Plätzwiese

4 Std. ab Außerprags ↗790 Hm
Landschaftlich nicht übermäßig eindrucksvoller, aber kurzer, einfacher Zugang aus dem Pustertal zur Plätzwiese; dann anzuraten, wenn aus irgendwelchen Gründen eine Begehung der Hauptroute (Et. 1) nicht möglich ist.

Von Niederdorf (Ausgangspunkt HW 3) oder Welsberg mit dem Bus Richtung Pragser Wildsee bis zur **»Säge« (1)**, 1206 m, bei Schmieden in Außerprags, 6 km ab Niederdorf bzw. Welsberg. Nun zu Fuß auf Asphaltstraße südwärts durch das Altpragser Tal empor zur Straßenteilung am Nordrand der Kameriodwiesen (prachtvoller Blick auf Dürrenstein und Hohe Gaisl!). Nicht links hinauf nach Bad Altprags, sondern geradeaus das sich verengende Tal durch Wiesen und Wald einwärts zu einer Straßenteilung im Talschluss. Hier links zum (1.45 Std. ab Außerprags) **Hotel Brückele (2)**.
Hotel Brückele, 1491 m: Auf der großen Ponticellowiese stehende hotelartige Unterkunft; privat, 35 B.; im November und um Pfingsten geschlossen,

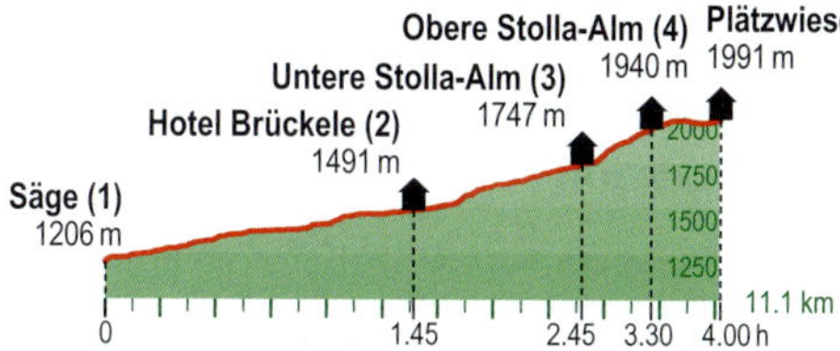

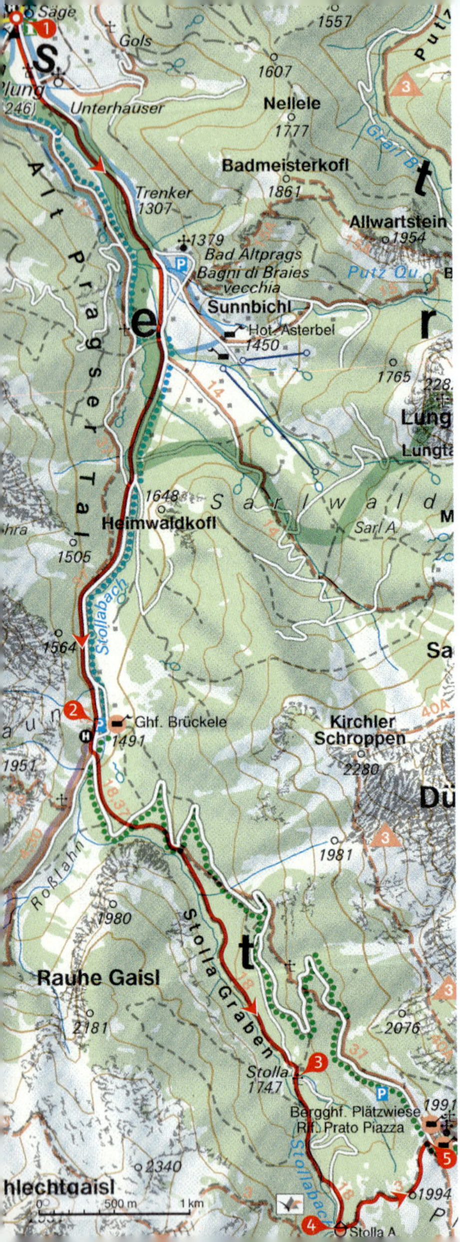

sonst immer geöffnet. Tel. +39/0474/748613, info@hotel-brueckele.it, hotel-brueckele.it/de. Anschrift: Hotel Brückele, I–39030 Prags/Südtirol.

Will man nicht zum Gasthaus, folgt man der staubfreien Straße geradeaus (südwärts) durch Wiesen weiter, bis die Straße mehr rechts, ein begrünter Karrenweg (Nr. 18 und 37) jedoch geradeaus aufwärts führt. Auf Letzterem, die Straße zur Plätzwiese mehrmals traversierend, hinauf zu Wegteilung. Hier rechts (Weg Nr. 18) den Stollagraben neben dem rauschenden Bach einwärts zum Ende des Karrenweges und weiter auf Waldweg zu den Wiesen um die **Untere Stolla-Alm (3)**, 1747 m, (verfallen), wo von links ein Fahrweg einmündet, 2.45 Std. ab Außerprags.

Auf dem Fahrweg rechts über einen Bach, dann gleich links über Wiesen südwärts hinauf zu einem sandigen, latschendurchsetzten Hang. Auf breitem Weg über ihn und durch den anschließenden Graben empor zur **Oberen Stolla-Alm (4)**, 1940 m, mit alter Unterstandshütte. Auf Weg Nr. 18 scharf links hinauf zur Höhe der Plätzwiese mit Verzweigung. Den Weg Nr. 3 nordostwärts (Richtung Dürrenstein) über eine Wiese erst aufwärts, dann eben zu einem Kruzifix mit Bank und zu den an der Passhöhe der **Plätzwiese (5)** stehenden Unterkünften (Et. 1!).

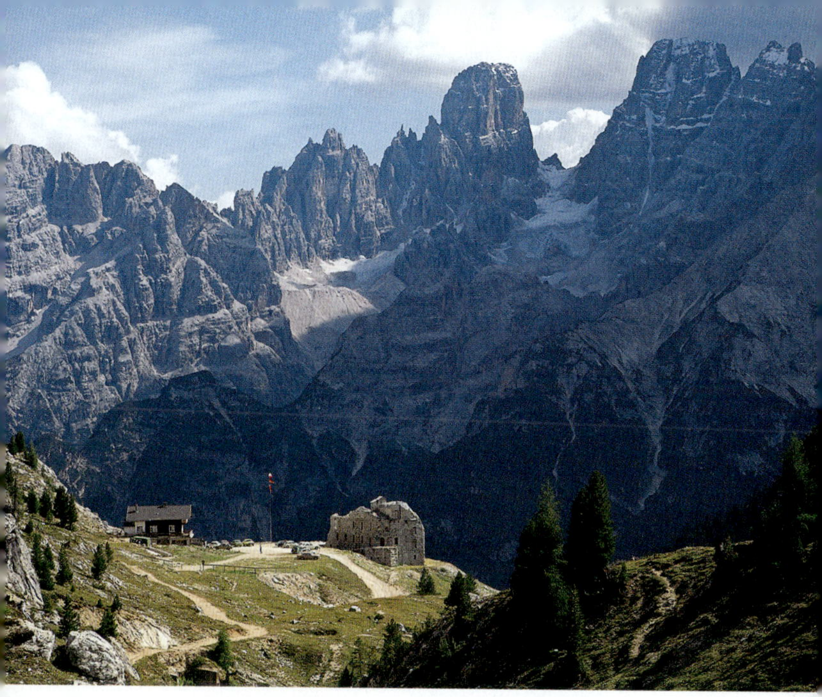

Die Dürrensteinhütte am Südrand der Plätzwiese vor der Cristallogruppe.

V1b Toblach – Höhlensteintal – Flodige Sattel – Plätzwiese

4.30 Std. ↗1250 Hm ↘560 Hm

Abkürzungsvariante zur Et. 1 der Hauptroute auf der von Toblach mit dem Linienbus (DolomitiBus Linie 445, verkehrt) zur Station Naßwand/Sorgenti im Höhlensteintal gefahren und von dort durch den Flodige Graben zu dem unterm Dürrenstein gelegenen Flodige Sattel angestiegen wird, von dem aus man der Hauptroute treu bleibt. Gleich anspruchsvoll, aber um rund zwei Gehstunden kürzer als Et. 1. An der Flodige Alm keine Einkehr!

Von der **Bushaltestelle Naßwand/Sorgenti (1)**, 1308 m, den Fahrweg Nr. 33 (Trasse der aufgelassenen Dolomitenbahn Toblach – Cortina – Calalzo) neben der Staatsstraße Nr. 51 150 Meter nach Süden zu einer Querstraße. Auf dieser nach rechts über die Rienz zu einem Elektrizitätswerk. Hinter dem Haus auf Fahrweg neben dem Flodige Bach in Westrichtung aufwärts, dann nach links über den Bach und durch Wald zunehmend steiler empor zu einem von Schluchten flankierten, bewaldeten Geländerücken. Über ihn

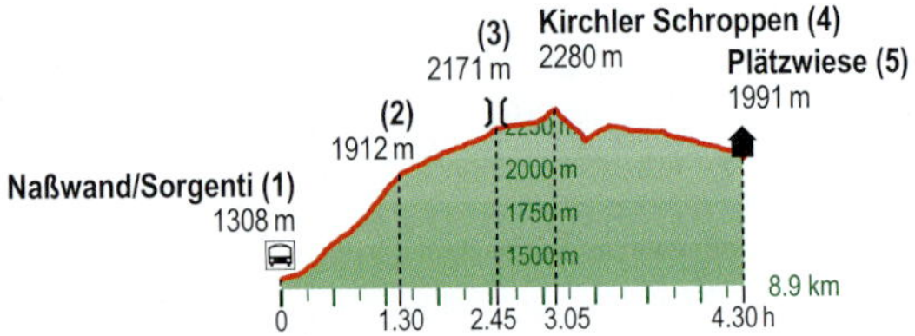

auf gutem Weg (Nr. 33) in Kehren aufwärts, danach im felsdurchsetzten Terrain mühsam und steil weiter, schließlich durch eine lang gestreckte bewaldete Mulde mäßig steil empor zu einer **Verzweigung (2)**, 1.30 Std., (1912 m; rechts auf Weg Nr. 33A durch Lärchen- und Zirbenwald in 30 Min. nach Norden empor zur unbew. Flodige Alm).

Den Weg Nr. 33 durch das Hochtal unter den Wänden des Dürrenstein-Massivs am Rande der Schutthalden in Westrichtung weiter aufwärts, zuletzt durch Wiesen in den ausgeprägten **Sattel (3)**, 2171 m, zwischen Dürrensteinmassiv im S und Sarlköfele im N, 2.45 Std. ab Bushalt Naßwand. Weiter wie bei Hauptroute Et. 1 zur **Plätzwiese (5)**.

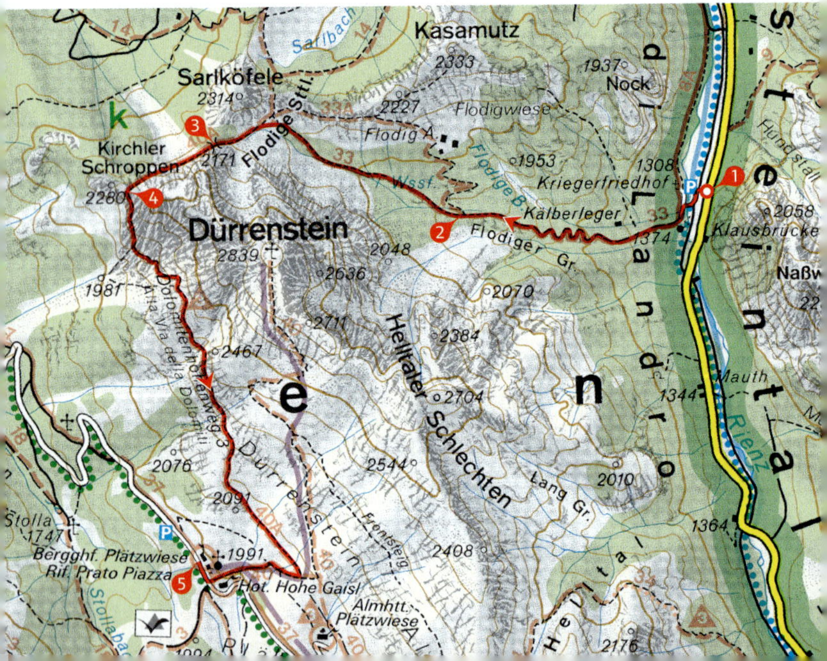

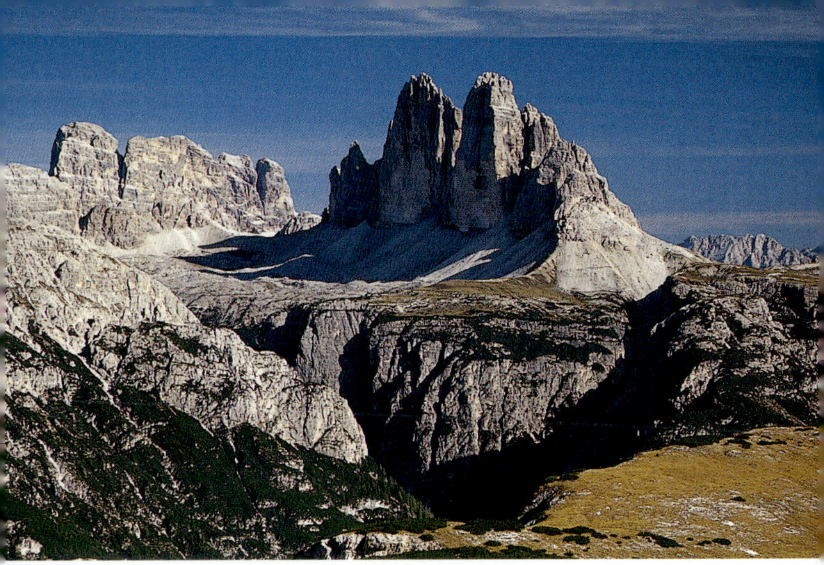

Blick von den Strudelköpfen über das Höhlensteintal hinweg auf Zwölferkofel-Massiv und Drei Zinnen.

2 Plätzwiese – Höhlensteintal – Rif. Bosi

6.30 Std. ↗1210 Hm ↘1000 Hm

Ebenfalls lange Wanderung mit relativ großen Höhenunterschieden, die Et. 1 landschaftlich in keiner Weise nachsteht. Größtenteils alte Kriegssteige, stellenweise mitten durch senkrechte Wände (Steinschlaggefahr!). Am M. Piana erinnern Drahtverhaue, Laufgräben usw. an die schweren Kämpfe im Dolomitenkrieg 1915–18. Trittsicherheit und Schwindelfreiheit unbedingt erforderlich; bei schlechtem Wetter mit Nebel (Orientierungsprobleme am Plateau des M. Piana) nicht zu empfehlen! Bei besonderer Eile oder schlechtem Wetter lohnt die Begehung der langen, aber einfachen Variante V2 direkt zum Rif. Vandelli.

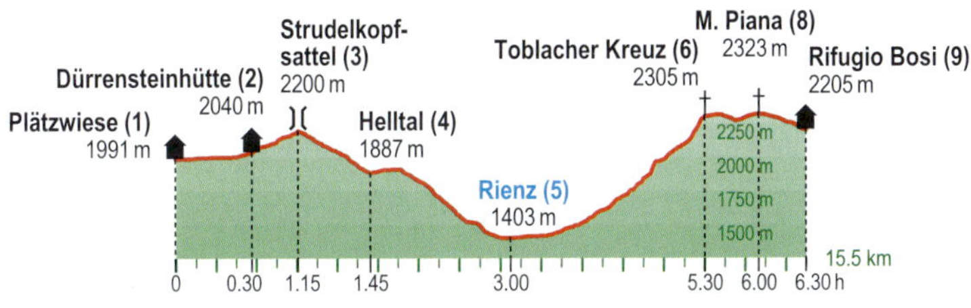

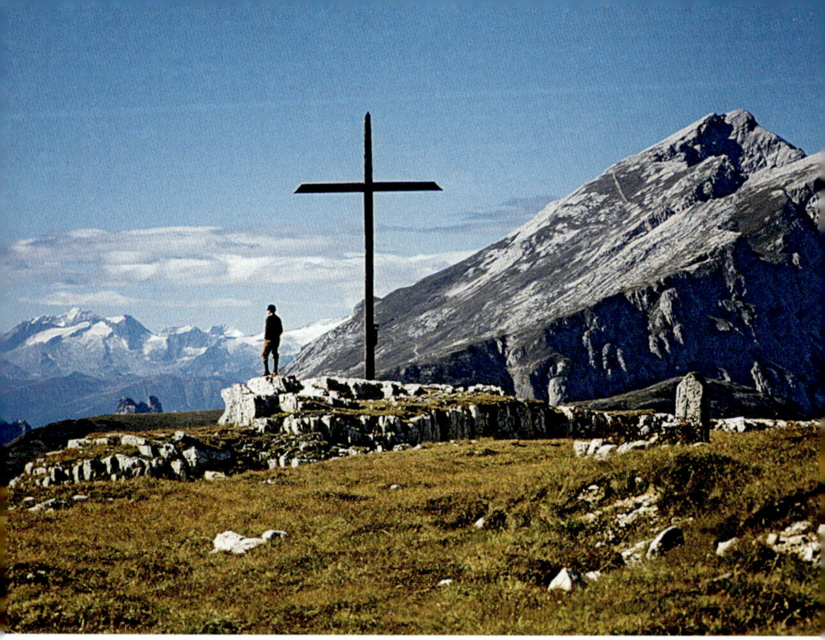

Dürrenstein und Zentralalpen vom M. Piana (Südgipfel).

Von der **Passhöhe (1)** auf Naturstraße (Weg Nr. 37) am linken oberen Rand der Plätzwiese in schöner Wanderung eben nach SO zu einer Gabelung (Tafeln) und dort halb links aufwärts zur (30 Min.) **Dürrensteinhütte (2)**.
Dürrensteinhütte, 2040 m (Rif. Vallandro): Prachtvoll gelegenes privates Haus am Südostrand der Plätzwiese. Neben der Hütte ein Festungswerk aus dem Dolomitenkrieg. 15 B., 20 L; 15./20. Mai bis 1./5. Nov. bewirtschaftet, außer Juli und August Mittwoch Ruhetag; Übernachtung ab Mitte September auf Anfrage. Tel. +39/0474/972505 (Hütte), info@vallandro.it, vallandro.it. Anschrift: Dürrensteinhütte, I-39030 Prags/Südtirol.
Wegfortsetzung (Hinweistafel »Strudelkopfsteig«) im NW der Dürrensteinhütte. Auf gutem Weg durch Latschen nach NO in ein Wiesental und durch dieses in den weiten **Strudelkopfsattel (3)**, (2200 m; Ruine, querende alte Kriegsstraße mit Weg Nr. 34), 1.15 Std. Großartig im S das Massiv des Cristallo, rechts dahinter Nuvolaugruppe und Tofanen. Im W der Gipfel der Hohen Gaisl.
Jenseits des Sattels auf Weg Nr. 34 (Tafel in Richtung »Landro«) an der linken Seite des Helltales in Nordrichtung anfangs sanft, dann immer steiler abwärts zu Kriegsresten und weiter zu einer zweiten Befestigung. Gleich da-

nach erreicht der Weg die Talsohle des **Helltales (4)**, 1.45 Std. Hier über eine Geröllrinne nach rechts und auf breitem Kriegsweg quer durch die steile felsige Nordflanke der Strudelköpfe zu einer senkrechten Wand. Durch sie auf kühn angelegter Wegtrasse schräg links aufwärts (eine drahtseilgesicherte, etwas ausgesetzte Stelle!) und weiter zu einem kurzen Felstunnel. Gleich danach führt der Weg über eine sekundäre Scharte nach rechts in die Ostflanke der Strudelköpfe hinein, 2.15 Std. Prächtiger Blick nach SO auf die Drei Zinnen mit dem M. Piana, unserem Ziel, rechts.

Von der Scharte in Kehren stets südostwärts zuerst durch ein begrüntes steiles Tälchen, dann durch Föhren- oder Lärchenwald, zuletzt in langer Querung, an Kriegsresten vorbei, hinunter zur Talsohle des Höhlensteintales unmittelbar neben der Rienz. Rechts neben dem Bach ein Stück talein, dann nach links empor zur Staatsstraße Nr. 51 (Toblach – Cortina) bei der Brücke über die **Rienz (5)**, 3 Std.

Anmerkung: Folgt man der Straße nach rechts (S) talein, erreicht man nach wenigen Min. das am Dürrensee gelegene Rasthaus Alpenflora (Capanna Flora Alpina, 1407 m; Restaurant, keine Nächtigung, bew. vom 1. Mai bis 15. Oktober, im Mai, Juni und Oktober Donnerstag Ruhetag; Großparkplatz, Bushaltestelle). Einzigartiger Aufblick gegen den M. Cristallo im S!

Über die Brücke nach links zum Höhlenstein-Parkplatz an der rechten und zum Hotel Drei Zinnenblick.

Hotel Drei Zinnenblick, 1406 m: Privat, 80 B., ganzj. geöffnet, Tel. +39/0474/972633; Anschrift: Hotel Drei Zinnenblick, Landro, I–39034 Toblach/ Südtirol; berühmter Drei-Zinnen-Blick!) an der linken Straßenseite, Bushalt.

Vom Parkplatz auf Naturstraße (Weg Nr. 6, 10 und 102) ostwärts gegen das Rienztal sogleich zu einer Teilung und links haltend durch Latschen weiter zu neuerlicher Verzweigung bei einigen Holzhütten (Tafeln). Hier rechts und die Naturstraße mit Weg Nr. 6 (»Pionierweg«) durch Latschen eben nach S, später über ein Schotterbett an den Fuß des Monte-Piana-Nordwestpfeilers, 3.15 Std. Der Weiterweg auf den M. Piana verläuft an der Pfeilerkante oder rechts von ihr in der Westseite.

Auf Weg Nr. 6 durch Latschen und lichten Nadelwald in weiten Kehren aufwärts unter eine absperrende Wand. Über eine Geröllrinne hinweg nach rechts in eine seichte Mulde und durch sie in engen Serpentinen nach S hoch zu begrünter Schulter (prächtiger Cristalloblick!). Durch Latschen in Kehren nach O aufwärts zur Pfeilerkante (Tiefblick in das äußere Höhlensteintal!). Wieder nach rechts in die Westflanke und dort auf prachtvoller, aus dem Fels gesprengter Steiganlage (Drahtseile, keine Steine lostreten!) eine steile Wand in Kehren empor, später links haltend neuerlich zur Pfeilerkante und an ihr in engen Windungen hinauf zu einer Schulter. Weiter zur nächsten Schulter (Soldatenfriedhof), dann durch Latschen schräg nach rechts empor unter die Gipfelwand, 5 Std. Linksabzweigung (Tafel) des »Hauptmann-Bilgeri-Gedächtnissteiges« (gesicherter Klettersteig, nur für Geübte!) auf den M. Piano.

Wir aber folgen dem Hauptweg am Fuß der Gipfelwand über ein geneigtes Schuttband südwärts in die weniger steile Südwestflanke des Berges und dort durch Latschen in Kehren empor zu einem Absatz (Tafeln) an steiler Bergkante. Linksabzweigung von Weg Nr. 6A (»Historischer Rundweg«). Die Bergkante hoch und dort, wo sie felsig wird, entweder links durch einen Tunnel (Taschenlampe angenehm!) oder rechts über eine betonierte Stiege (Drahtseil) an steiler Wand entlang hinauf zu dem von Laufgräben durchfurchten Gipfelplateau (Tafeln) mit querendem Weg. Auf ihm über Karrenplatten kurz nach links zum **Nordgipfel (6)**, 2305 m (M. Piano) mit dem Toblacher Kreuz, 5.30 Std.
Anmerkung: Der Gipfel war im Dolomitenkrieg österreichischer Befestigungspunkt. Hier und auf dem etwas höheren Südgipfel ist in den Jahren 1977–82 vom »Verein der Dolomitenfreunde« eines der größten Freilichtmuseen Europas geschaffen worden. Es kann entlang eines »Historischen Rundwanderweges« (möglichst mit Führer) besichtigt werden. Verfallene Unterstände, Stollen, Laufgräben usw. wurden freigelegt oder neu errichtet und teilweise mittels Holzstiegen, Beleuchtung etc. zugänglich gemacht. Für die Besichtigung dieser alten Kriegsanlagen ist mit etwa einem halben Tag zu rechnen.
Vom Toblacher Kreuz auf dem gut bez. Weg Nr. 6 südostwärts über das karrendurchsetzte Wiesenplateau des M. Piano, später unterhalb einer Gedenkglocke vorbei und nach S hinab zur **Forc. Val dei Castrati (7)**, 2272 m (Tafeln). Jenseits auf Weg Nr. 111 über die von vielen Laufgräben durchfurchte Hochfläche mäßig steil aufwärts, zuletzt rechts haltend zum **Südgipfel (8)** (M. Piana, 2323 m; ehemaliger italienischer Befestigungspunkt) mit der Carducci-Steinpyramide, 6 Std.
Etwas unterhalb des Gipfels, am westl. Abbruchrand der Hochfläche, großartig postiertes Gipfelkreuz.
Rundsicht: Blick auf Hohe Gaisl (W), Cristallo (SW), Sorapiss, Antelao und Marmarole (S), Cadini di Misurina (SO), Drei Zinnen (O) sowie Haunoldgruppe mit Zentralalpen dahinter (N).
Vom Südgipfel auf dem breiten Weg Nr. 122 das unübersichtliche Piana-Wiesenplateau (Hinweisschilder) in südöstlicher Richtung sanft abwärts zum **Rifugio Maggiore Angelo Bosi (9)**.

Rifugio Maggiore Angelo Bosi, 2205 m

Privates Schutzhaus am Südrand des Piana-Plateaus. Herrliche Balkonlage über der weiten Passsenke von Misurina mit faszinierender Schau auf Sextener und Ampezzaner Dolomiten. Asphaltierte, aber schmale, gefährliche Zufahrtsstraße von Misurina (6 km; für Privatautos gesperrt, jedoch Auffahrt von dort per Jeep vom 1. Juni bis Ende Oktober im 20-Minuten-Takt täglich 9.00–17.00 Uhr möglich, Tel. +39/338/5282447 und +39/336/309730, montepiana.com/indexger.htm; 1.15–1.30 Std. Fußanstieg). 20 B., bew. 15. Juni–1. Sonntag im Oktober, danach an Wochenenden. Kein Winterraum. Keine Ermäßigung für Mitglieder alpiner Vereine! Tel. +39/0435/39034, rifugio-

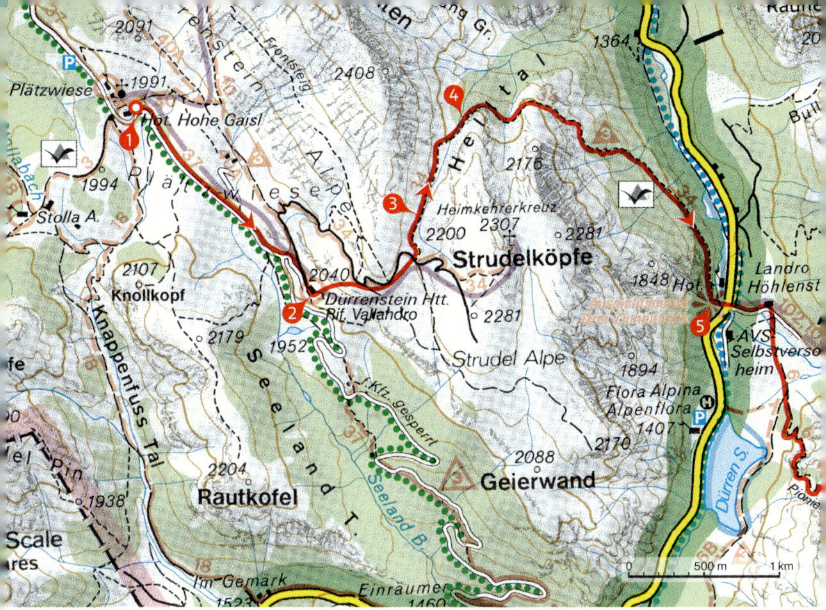

montepiana@tiscali.it, montepiana.com/rifugiobosi.htm. Anschrift: Rifugio Bosi, Monte Piana, I–32040 Misurina/Belluno. Im Haus interessantes Kriegsmuseum (eingerichtet von der »Fondazione Opere Monte Piana«) über den Dolomitenkrieg 1915–18. Gleich oberhalb des Rif. Bosi schöne Kapelle zum Gedenken an alle am M. Piana Gefallenen. **Rundsicht:** Im O die Drei Zinnen – von hier gesehen ein einziger isoliert aufragender Felsklotz. Rechts dahinter der wuchtige Zwölferkofel und die südöstlichen Sextener Dolomiten. Im SO die malerische Zackenreihe der Cadini di Misurina mit der Passlandschaft und dem See von Misurina davor. Rechts hinter der Cadinigruppe Marmarole, Antelao und Sorapiss. Im SW die Cristallogruppe.

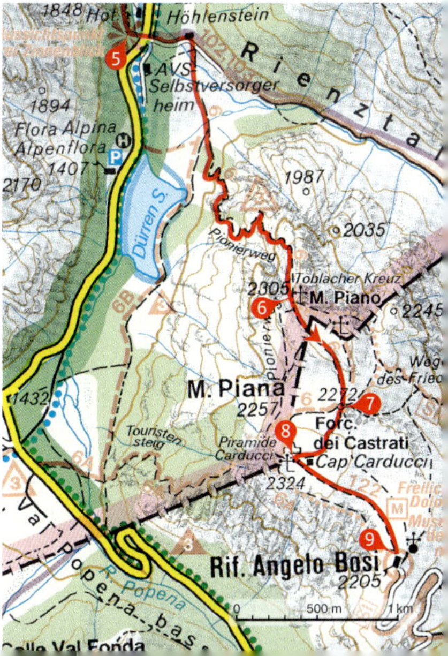

V2 Plätzwiese – Ospitale – Rif. Vandelli

8 Std.; bei Besuch des Rif. Son Forca 8.30 Std. ↗870 Hm ↘930 Hm

Direkter Verbindungsweg zwischen Plätzwiese (Pragser Dolomiten) und Rif. Vandelli (Sorapissgruppe). Bei Weitem nicht so großartig wie die um einen Abschnitt längere Hauptroute (Et. 2–3). Vor allem dann zu empfehlen, wenn Höhenroute Nr. 3 möglichst rasch bewältigt oder bei schlechtem Wetter kein Tag verpasst werden soll. Einfacher, aber ziemlich langer Übergang!

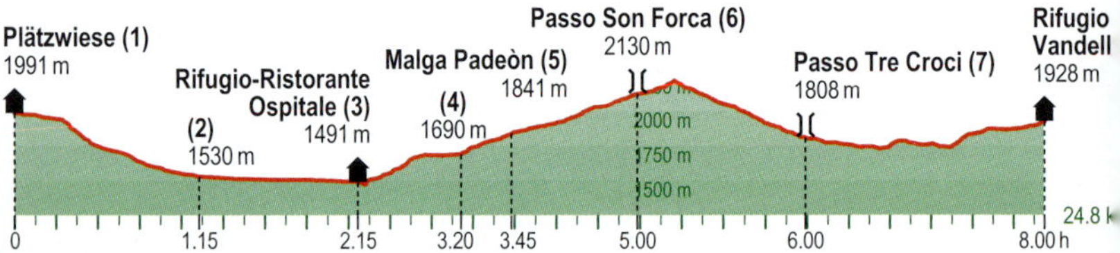

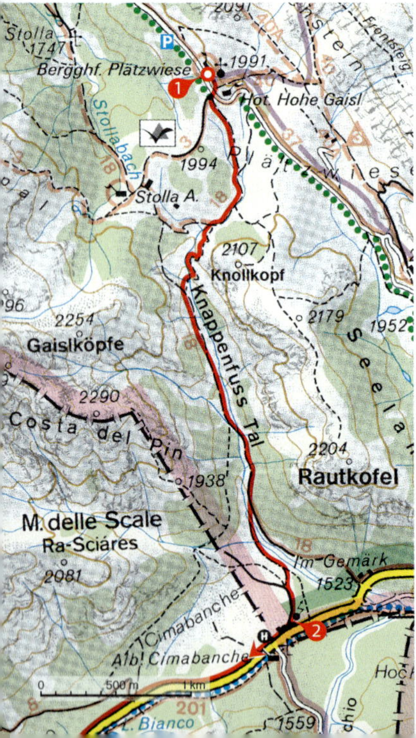

Von den Unterkünften an der **Plätzwiese (1)** (Et. 1, am Ende) den Karrenweg Nr. 3 sanft nach S abwärts, dann durch eine Mulde in ein schmäler werdendes, nach rechts umbiegendes Tälchen, dort zu einer Wegteilung. Auf Weg Nr. 18 links, südwärts, einen steilen Graben in Kehren hinunter ins Knappenfußtal. Durch dieses, die Talseite mehrmals wechselnd, durch Latschen, später im lichten Wald nach Süden abwärts, zuletzt auf Karrenweg über einen latschenbewachsenen Schwemmkegel hinunter zur (1.15 Std.) **Passhöhe (2)** »Im Gemärk«.

Passhöhe »Im Gemärk«, 1530 m (Cimabanche): Zwischen Pragser Dolomiten (N) und Cristallogruppe (S). An der Staatsstraße Nr. 51 (Schluderbach – Cortina) die Bar Chalet Passo Cimabanche (einfache private Restauration, keine Nächtigung; vom letzten Maisonntag bis 1./5. Okt. geöffnet; im Juli und August kein, sonst Di. Ruhetag;

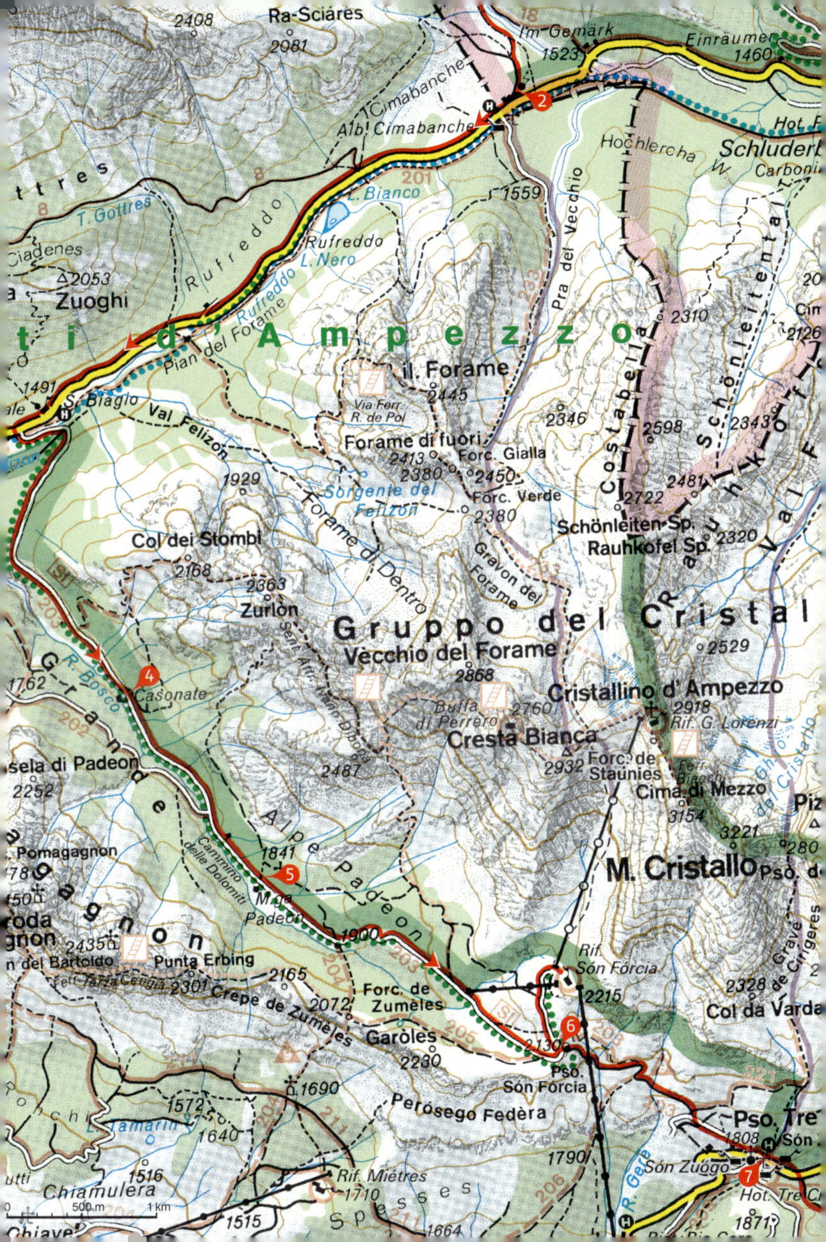

Ra-Sciáres
Im Gemärk
Einräumer
Cimabanche
Alb. Cimabanche
Hochlercha
Schluderb
Carbonin
L. Bianco
T. Gottres
Rufreddo
L. Nero
Zuoghi
Pian del Forame
d'Ampezzo
Pra del Vecchio
Costabella
Schönleitental
il. Forame
Via Ferr. R. de Pol
S. Biagio
Val Felizon
Forame di fuori
Forc. Gialla
Forc. Verde
Sorgente del Felizon
Schönleiten-Sp.
Rauhkofel Sp.
Col dei Stombi
Forame di Dentro
Gravon del Forame
Zurlon
Gruppo del Cristal
Vecchio del Forame
Cristallino d'Ampezzo
Rif. G. Lorenzi
Casonate
Buffa di Perrero
Cresta Bianca
Forc. de Staunies
Cima di Mezzo
M. Cristallo
Pomagagnon
Alpe Padeon
Cammino delle Dolomiti
Mga Padeon
Punta Erbing
Crepe de Zumèles
Forc. de Zumèles
Garòles
Rif. Són Forcia
Col da Varda
Pso. Són Forcia
Perósego Fedèra
Pso. Tre
Són Zuogo
Rif. Miétres
Chiamulera
Spesses
L. Tamarin

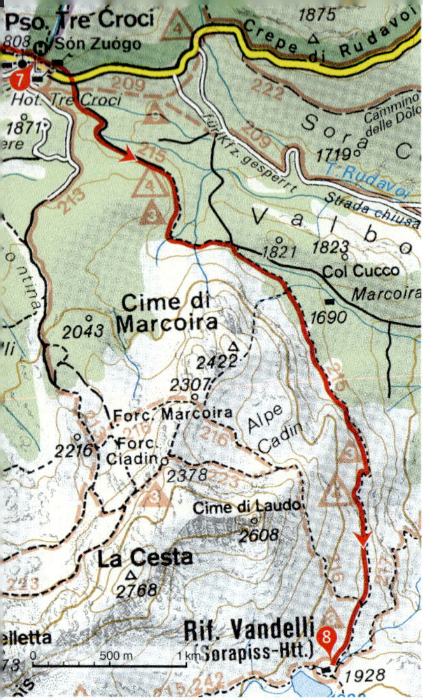

Tel. +39/474/972442, chaletcimabanche.com).
Auf Asphaltstraße durch das Val Felizon Richtung Cortina nach rechts (W) 4 km sanft bergab zum (2.15 Std.) **Rifugio-Ristorante Ospitale (3)**.

Rifugio-Ristorante Ospitale, 1491 m: Großer privater Gastbetrieb, eine alte Herberge und Hospiz mit Wallfahrtskirche St. Nikolaus, St. Blasius und St. Antonius (geweiht 1226) gegenüber. 20 B., ganzj. geöffnet, Tel. +39/0436/4585, info@ristoranteospitale.it, ristoranteospitale.com. Anschrift: Rifugio-Ristorante Ospitale, Lokalita Ospitale, I-32043 Cortina d'Ampezzo. Guter Brunnen, Bushalt.

Vom Restaurant (Tafel) den Steig Nr. 203, die Trasse der stillgelegten Dolomitenbahn traversierend, südwärts steil hinab in das Val Felizon und dort zu einer Naturstraße. Diese nach links über den Bach und jenseits zu einer Straßenteilung. Rechts die Straße mit Weg Nr. 203 an den Waldhängen des Col dei Stombi in Südwestrichtung steil aufwärts und nach links in das Val Granda. An seiner linken Seite, an den Hängen entlang, nun weniger steil nach Südosten empor zur Linksabzweigung des »Sentiero Ivano Dibona«, dann sanft abwärts zur Lokalität **Casonate (4)**, 1690 m (Verzweigung), in der Talsohle. Die Straße im lichten Wald gerade fort talein zu den Wiesen um die **Malga Padeòn (5)**, 1841 m. Weiter durch Wald und Wiesen, später in Kehren steiler empor und in Linksschleife nordwärts zum weiten **Passo Son Forca (6)**, 2130 m, zwischen Cristallo im N und Pomagagnon im SW, 5 Std.

Rundsicht: Im N die Gruppe des M. Cristallo. Im W und SW die Zacken der Pomagagnongruppe, dahinter links die Tofanen, rechts die Berge von Fanes und Sennes. Im S Nuvolau, Croda da Lago und M. Pelmo. Besonders schöner Blick auf Sorapiss und Marmarole im SO. Davor in der Tiefe der Passo Tre Croci.

Anmerkung: Vom Passo Son Forca kann entlang der Straße (Abkürzer benutzen) in 15–20 Minuten nordwärts über Abfahrtspisten zum Rifugio Son Forca angestiegen werden.

Rifugio Son Forca - Barone Franchetti, 2215 m: Auf balkonartiger Schulter am Fuß der Cristallo-Südwände aussichtsreich gelegene, tagsüber stark besuchte private Schutzhütte. 40 B., bew. vom 20./25. Juni bis 15./20. Sept. Kein Winterraum. Tel. +39/0436/866192 (Hütte), +39/0436/861822 (Tal) und +39/349/4590714, info@rifugiosonforca.it, rifugiosonforca.it. Anschrift: Rif. Son Forca, Monte Cristallo, I-32043 Cortina d'Ampezzo/Belluno. Nahe der Hütte die Bergstation des Rio-Gere-Vierer-Sesselliftes. Die alte Stehgondelbahn (Telecabina) zur Forcella Staunies wurde im Juli 2016 eingestellt.

Am Passo Son Forca rechts von der Straße ab (Tafel) und auf Weg Nr. 203 an den Südhängen des Cristallomassivs durch Latschen und über Wiesen nach SO hinunter, später unter dem Rio-Gere-Vierersessellift durch zu einer Naturstraße und auf ihr zum **Passo Tre Croci (7)**, 1808 m, 6 Std. Weiter auf Et. 3 zum **Rif. Vandelli (8)**, noch 2 Std.

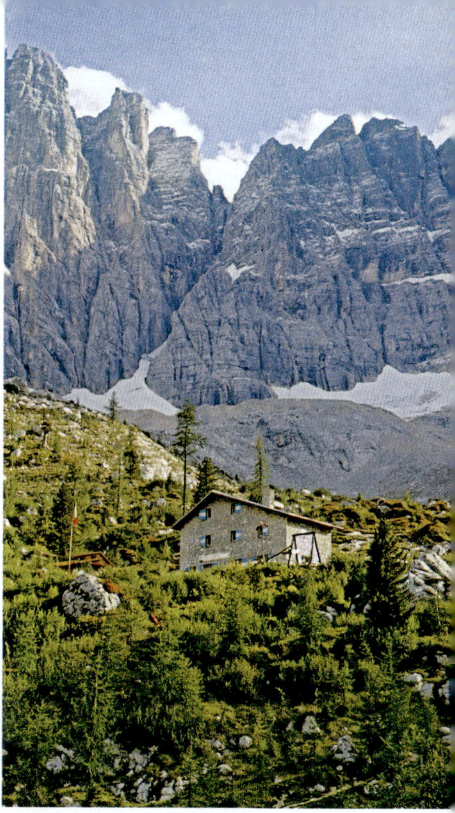

Das Rif. Vandelli im Sorapisskessel zu Füßen der Tre Sorelle.

3 Rif. Bosi – Sella di Popena – Rif. Vandelli

6.30 Std. ↗890 Hm ↘1170 Hm

Wiederum sehr langer, jedoch verglichen mit Et. 1 und Et. 2 etwas weniger anstrengender Übergang, zumal geringere Höhenunterschiede und keine Schwierigkeiten zu bewältigen sind. Landschaftlich besonders im zweiten Abschnitt überaus großartig!

Vom **Rif. Bosi (1)** auf der nach Misurina führenden Asphaltstraße (im oberen Teil besser den abkürzenden, unbez. Serpentinensteig benutzen!) in weiten Kehren über die Ostflanke des M. Piana hinunter und nach rechts zur Forc.

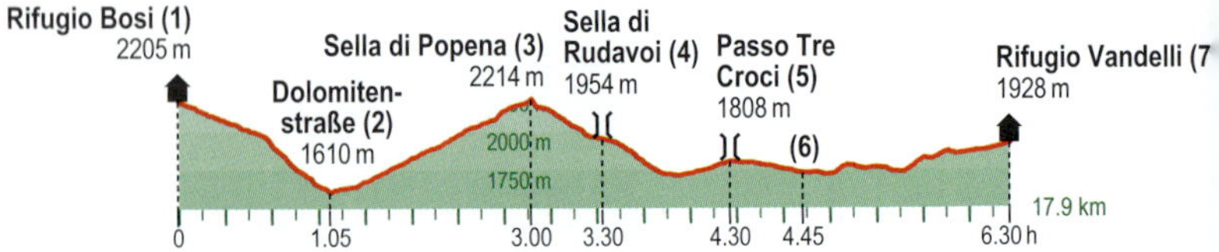

Alta, 1984 m, 20 Min. Die Straße führt nun durch eine Wand nach rechts abwärts, dann über Wiesen in einigen Windungen (Abkürzer benutzen!) nach S hinunter zu einer Linkskehre. 25 m danach zweigt (keine Tafel!) ein unbez., anfangs undeutlicher, später besser trassierter Steig nach rechts ab, 30 Min. Diesen durch Latschen und Wald nach SW abwärts, weiter unten nach rechts zu einem Karrenweg und auf diesem westwärts durch Wald hinunter in die Talsohle des Val Popena Bassa und zur **Gr. Dolomitenstraße (2)** Nr. 48, die etwas oberhalb von »Casina Mosca«, 1610 m (tiefster Punkt dieser Etappe) erreicht wird. Die Straße aufwärts (!) zu einer Linkskehre, 1.15 Std. Hier auf Karrenweg (Nr. 222) geradeaus in das Val Popena Alta. Vorerst rechts neben dem Bach an verfallenen Holzhütten und zahlreichen Quellen vorbei aufwärts, später in Kehren, bis der Weg über das ausgetrocknete Bachbett an die linke Talseite führt, 1.45 Std. Dort durch Latschen in Südrichtung weiter aufwärts, wobei sich die Talsohle bald als ein breites, ödes Geröllfeld präsentiert.

Die Halde wird allerdings nur kurz verfolgt und bald auf gutem Weg nach rechts verlassen. Auf ihm südwärts (gegen die Pale di Misurina) durch Lat-

Das Massiv des M. Cristallo von Südosten, vom Anstieg zum Rif. Vandelli.

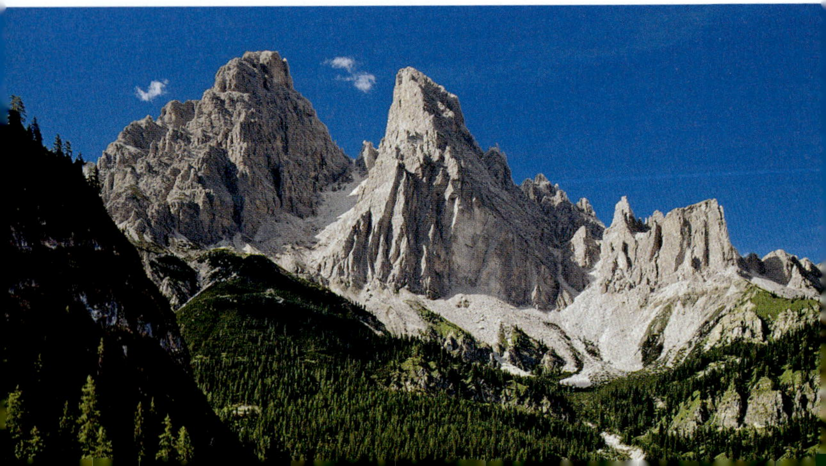

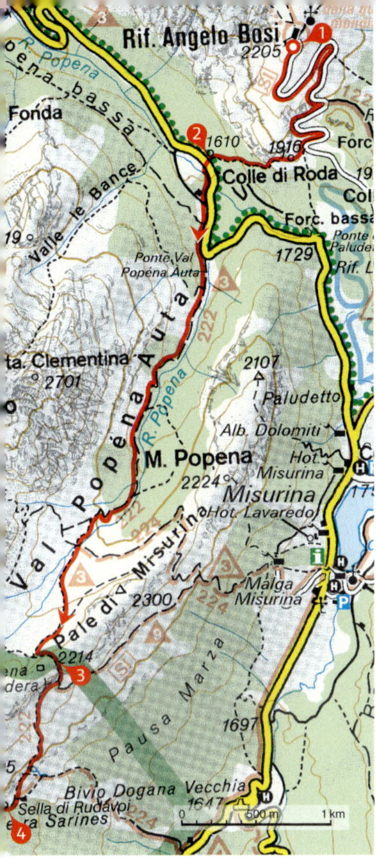

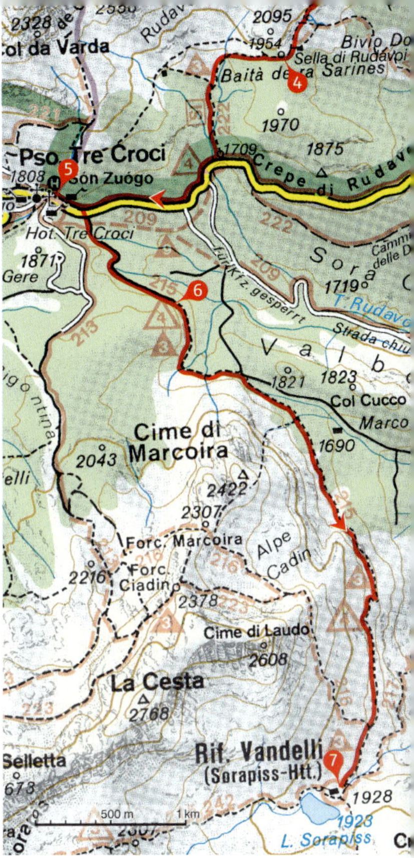

schen und lichten Nadelbestand aufwärts, später an die rechte Talseite und dort zum Teil in Kehren nach SW empor in eine weite Grasmulde, die im S von den eigenartigen Torri di Popena überragt wird, 2.30 Std. Wegteilung. Schöner Rückblick auf M. Piana und Dreischusterspitze, weiter rechts die Drei Zinnen.

Auf Weg Nr. 222 kurz nach links hinab zu einem Wiesenboden und über ihn auf bez. Steigspuren rechts haltend, südwestwärts, sanft aufwärts, später an der linken Talseite auf guter Wegtrasse über schöne Grashänge nach S empor, zuletzt nach links (O) hinauf zur **Sella di Popena (3)**, 2214 m, mit der Ruine des alten Rif. Popena, 3 Std. Im S die von hier besonders großartige Gruppe des Sorapiss, weiter links Antelao und Marmarole. Im N Monte Pia-

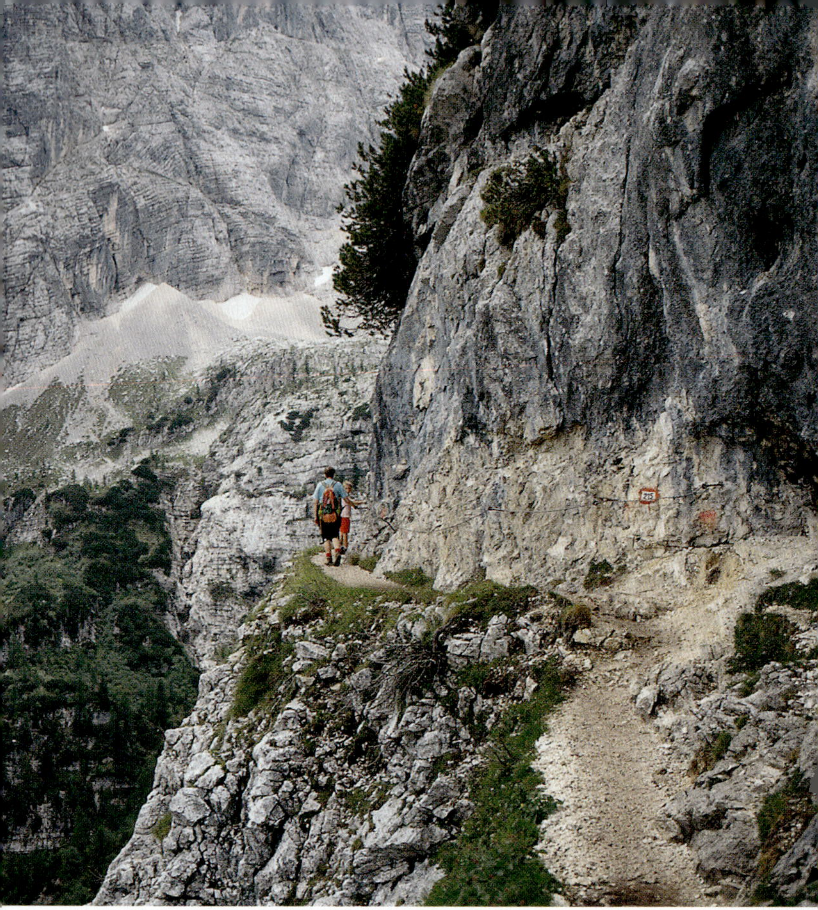

Schönes Felsband im Anstieg zur Vandellihütte.

na, Haunoldgruppe und Dreischusterspitze. Schöner Blick auch über das Val Popena Alta hinweg auf die Ostwände des Popena-Massivs.
Vom Sattel auf Weg Nr. 222 durch eine steile Geröllrinne südwärts in Kehren hinunter, dann unter den Wänden des Corno d'Angolo nach rechts und über Geröll hinüber in eine Scharte zwischen dem Bergmassiv rechts und einem Blockhaufen links. Weiter in Südwestrichtung zuerst durch Felsblöcke und Latschen, später über steile Gras- und Geröllhänge in Kehren abwärts,

schließlich in langer, fallender Querung unter niedrigen Wänden zur **Sella di Rudavoi (4)**, 1954 m, einem bewaldeten Sattel zwischen Corno d'Angolo im N (rechts über uns) und den Crepe di Rudavoi im S, 3.30 Std.
Jenseits des Sattels südwestwärts hinunter zu schöner Waldwiese (prächtiger Blick zur Sorapissgruppe im S!) und an ihrem Oberrand weiter abwärts in das von den wilden Felsgestalten des Corno d'Angolo, der Torri di Popena, der Croda di Pausa Marza und des mächtigen Piz Popena überragte Val Rudavoi. Zur Linken der Hauptrinne dieses Tales im latschendurchsetzten Wald nach S abwärts, später über einen Bach nach links und hinunter zur Verzweigung noch vor dem Erreichen der Gr. Dolomitenstraße, 4 Std. Rechts ab und auf dem schönen Hangweg Nr. 215 in längerer Querung nach Südwesten zur Dolomitenstraße und auf ihr kurz weiter in den (4.30 Std.) **Passo Tre Croci (5)**.
Passo Tre Croci, 1808 m: Zwischen Cristallogruppe im N und Sorapissgruppe im S. Über den Pass führt die Gr. Dolomitenstraße aus dem Becken von Cortina nach Misurina und zu den Drei Zinnen, Bushaltestelle. An der Passhöhe derzeit keine empfehlenswerte Gaststätte. Schöner Blick nach O auf Marmarole sowie Aufblick nach N zur felsgewaltigen Cristallogruppe!
Die Große Dolomitenstraße 200 m in Richtung Misurina zurück zur Abzweigung eines Karrenweges (Tafel) nach rechts. Auf diesem (Weg Nr. 215) über Wiesen, dann durch schönen Nadelwald sanft abwärts und zum Ende des breiten Weges **(6)** an einer steilen Wand (Kriegsbefestigungen), 4.45 Std. Unterwegs schöner Blick nach O gegen Marmarole, nach NO auf Cadini di Misurina und nach N zur mächtigen Cristallogruppe. Auf Steig schräg links hinunter, dann um den P 1984 nach rechts herum in ein Tälchen, das in weitem Linksbogen ausgegangen wird. Nun ostwärts zuerst eben, dann durch Wald sanft aufwärts zum Sattel, 1782 m, zwischen der C. di Malquoira rechts und dem bewaldeten P 1821 des Col Cucco links. In bequemer Wanderung südostwärts im schönen Wald eben weiter, später im Bereich der Waldgrenze unter einem schwarzfelsigen Turm ziemlich steil aufwärts, schließlich an den Hängen entlang durch Latschen steil nach SO empor zu einer Wegverflachung, 5.30 Std. Rückblick nach N zur Passhöhe von Misurina, zu den Drei Zinnen und den Cadini di Misurina.
Der Weg schwenkt nach rechts (S) gegen Val Sorapiss ein. Quer durch die Ostflanke der Cime del Laudo, dann rechts im steilen Felsgelände (Eisentreppen) empor und nach neuerlicher, jetzt exponierter Querung hoch über dem Val Sorapiss, an steilen Felsflanken (Drahtseile) und latschenbewachsenen Hängen entlang, in sanfteres Gelände. Unterwegs bereits faszinierender Blick auf die Umrahmung des Sorapisskessels sowie Tiefblick in das wilde Val Sorapiss!
Durch Gesträuch und lichten Wald aufwärts in den eigentlichen Sorapisskessel (Abzweigung von Weg Nr. 216 nach rechts), wobei bald sein Glanzstück, der unerhört kühne Turm des Dito di Dio, in Erscheinung tritt. Nach links über das meist trockene Bachbett des Rio Sorapiss (Einmündung der

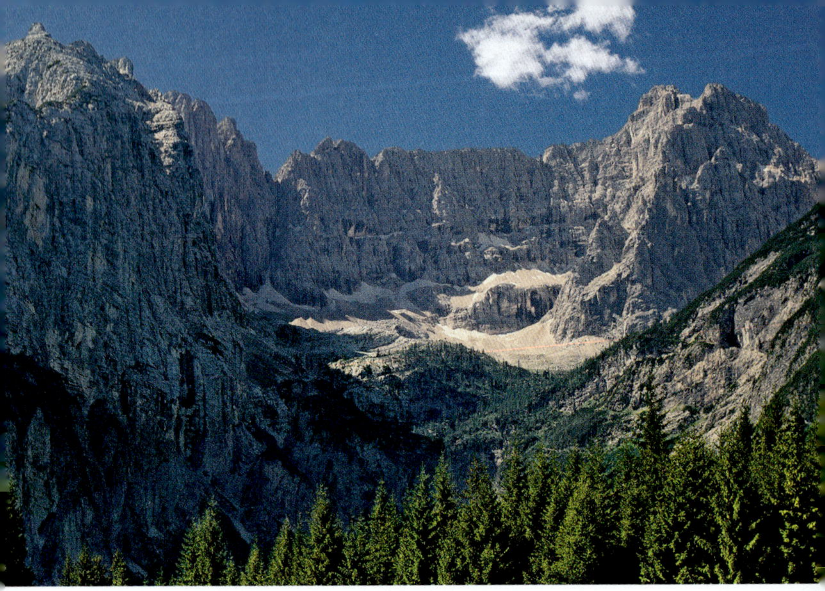

Der gewaltige Sorapisskessel mit Tre Sorelle und Dito del Dio.

Wege 217 und 215/242 von links bzw. von rechts) und ostwärts empor zum **Rifugio Vandelli (7)**.

Rifugio Vandelli (Rifugio al Sorapiss Alfonso Vandelli), 1928 m

Im riesigen Felskessel »Circo di Sorapiss« zu Füßen der Tre Sorelle und des kühnen Dito di Dio gelegene, heimelige Hütte des CAI Venezia. 57 B.; bew. vom 20. Juni bis 20. September, davor und danach an Wochenenden. Ständig geöffneter Winterraum (4 L., Koch- und Sitzgelegenheit, Tische) in separater Holzhütte nordöstlich des Hauptgebäudes. Tel. +39/0435/39015, in der Zeit vom 15. Juni bis 15. Sept. Reservierungswünsche nur über WhatsApp, Tel. +39/379/2759653, rifugiovandelli@libero.it, rifugiovandelli.it. Anschrift: Rifugio Vandelli, I–32041 Auronzo/Belluno. Lohnender Ausflug zum türkisfarbenen Lago di Sorapiss südwestlich der Hütte! Gb.: Croda del Fogo, 2567 m, Pta. Nera, 2847 m, La Cesta, 2768 m.

Rundsicht: Im N die Passlandschaft von Misurina, links dahinter die Haunold-Birkenkofel-Gruppe. Weiter rechts Dreischusterspitze und Drei Zinnen. Davor die Cadini di Misurina. Im NO das Trapez des Zwölferkofels. Im S Tre Sorelle, im SW der grandiose Turm des Dito di Dio. Rechts von ihm im W die steilen Schutthalden (über sie führt die nächste Etappe 4 empor) gegen das Hochkar Tondi di Sorapiss.

4 Rif. Vandelli – Cengia del Banco – Biv. Slataper

5.30 Std. ↗890 Hm ↘220 Hm

Vielleicht großartigster, sicher aber technisch anspruchsvollster Abschnitt der gesamten Höhenroute. Dieser Übergang bietet eine wahre Fülle von Eindrücken und herrlichen Landschaftsbildern. Höhepunkt ist dabei die Begehung der exponierten, aussichtsreichen »Cengia del Banco« durch die Südwest- und Südwand der Fopa di Mattia bzw. der Croda Marcora und im Anschluss daran jene der kühnen, gesicherten »Via Attrezzata Francesco Berti« (Klettersteig-Schwierigkeit bis C, freie Kletterpassagen bis zum Grad II; Klettersteigset empfehlenswert!). Nur bei schönem Wetter ratsam und lohnend! Außer in besonders trockenen Sommern unterwegs mehrfach Wasserstellen.

Vom **Rif. Vandelli (1)** retour zur Wegverzweigung westlich unterhalb der Hütte (Tafeln, Aufschriften). Hier links auf Weg Nr. 215 und 242 durch Latschen zum nahen Lago di Sorapiss, in dem sich die Wände des Dito di Dio spiegeln. Am Nordufer des Sees westwärts durch Felsen und Gesträuch zur großen, gegen das Hochkar »Tondi di Sorapiss« emporziehenden alten Gletschermoräne. Dort anfangs über einen begrünten Hang, später am rechten Moränenrand ziemlich steil und mühsam nach W empor zu einer Verflachung mit hausgroßen Felsblöcken.

Halb links kurz steil aufwärts, dann in weiter Rechtsschleife, eine Geröllmulde ausgehend, mäßig steil hinauf zu einem Sattel, 2350 m, riesige glatt geschliffene Karrenplatten!) zwischen dem Nordsporn der Fopa di Mattia im S und der »Cesta« im N, 1.30 Std. Der Sattel vermittelt den Übertritt in das bisher verborgene Reich des oberen Sorapisskessels (»Tondi di Sorapiss«). Rückblick nach O gegen den kühnen Dito di Dio. Im SO der zerklüftete Sorapissgletscher (Ghiacciaio Occidentale).

Nun am linken Rand des Felskars »Tondi di Sorapiss« (großartige Gletscherschliffe!) in Südrichtung eben oder sanft abwärts, bis man bei einer Tafel den eigentlichen Karboden erreicht **(2)**, 1.45 Std. Abzweigung von Weg Nr. 215 nach rechts.

Auf Weg Nr. 242 geradeaus weiter und über kleinere Aufschwünge in den obersten, südlichsten Karboden, 2.15 Std. Noch vor Erreichen der das Kar im S begrenzenden Scharte »Valico Sora la Cengia del Banco« auf gut bez. Steigspuren einen steilen Geröllhang mühsam in Kehren nach links empor zu einem breiten Geröllband in der Westseite der Fopa di Mattia.

Das Band, mehrere Wasser führende Rinnen traversierend, nach rechts aufwärts, später über leichte Felsstufen in eine Schlucht. An ihrer linken Seite anfangs durch einen Kamin, dann über gegliederte Felsen in leichter Kletterei (I) aufwärts, zuletzt auf schmalem Band (etwas abdrängende Passage, I) nach rechts und über Geröll hinauf zur großen **Westgratschulter (3)**, 2570 m, der Fopa di Mattia, an der sich der Steig nach links in die Südwestseite des Berges wendet, 2.30 Std. Prachtvoll im S und W die Berge des Cadore (Bosconero, Pelmo, Croda da Lago, Nuvolau, Tofanen

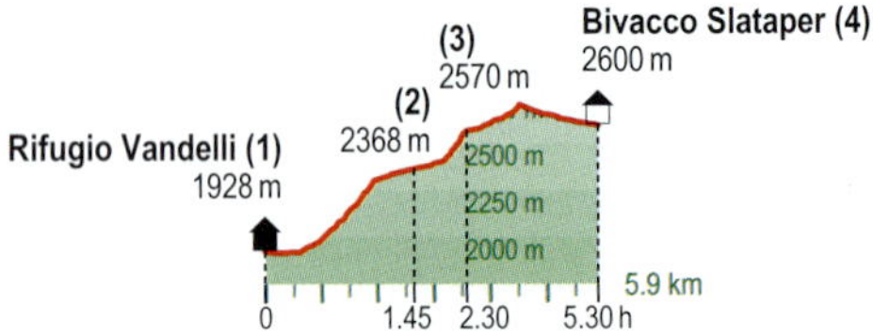

usw.). Großartiger Tiefblick in das Val Boite mit seinen zahlreichen Ortschaften!
Jenseits der Schulter über Schutt einige Kehren hinunter, dann nach links zum Beginn der »Cengia del Banco« durch die senkrechte Südwestwand der Fopa di Mattia. Auf dem breiten Geröllband (guter Steig, Steinschlaggefahr!) in überaus eindrucksvoller Wanderung sanft abwärts zu einer Schulter mit prachtvollem Rundblick. Nun Querung einer steilen, schrofigen Wandzone und hinüber zur großen geneigten Geröllterrasse unter der grandiosen Südwand der Croda Marcora (Steinschlag! Abzweigung von Weg Nr. 241 nach rechts in das Val Boite), Beginn der **»Via Attrezzata Francesco Berti«**.
Am Oberrand der Schuttterrasse unmittelbar am Wandfuß auf Steigspuren auf und ab nach O, später auf sehr exponiertem, schmalem, zum Teil unterbrochenem Band (Drahtseile; Selbstsicherung bzw. Seilsicherung für weniger Geübte ab hier erforderlich!) zu einem Absatz an steiler Bergkante, 4.30 Std. Das teilweise überdachte Band nach links in eine düstere, von Steilwänden flankierte Schlucht. Dort an Drahtseilen und Leitern über eine senkrechte Wand (Steinschlaggefahr durch Nachkommende!) nach rechts hinunter in eine Geröllrinne. Durch sie, an einem Wasserlauf vorbei, links haltend hinauf unter die von senkrechten Pfeilern gestützten Wände des Croda-Marcora-Südostgrates. Entlang einer Verschneidung zunächst durch einen steilen Kamin schräg nach links empor, dann in genussreicher, luftiger Turnerei eine fast lotrechte Wand an Drahtseilen

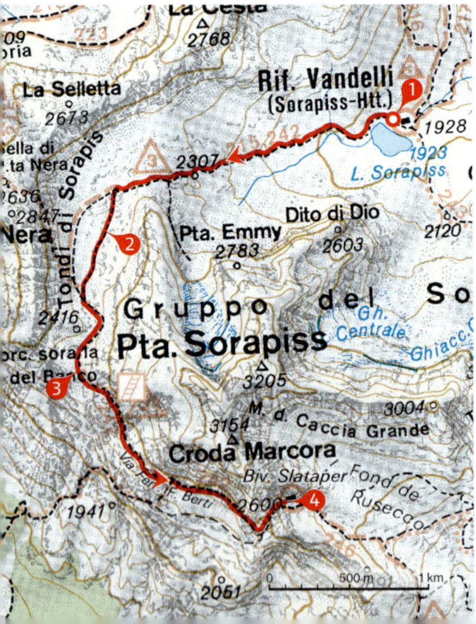

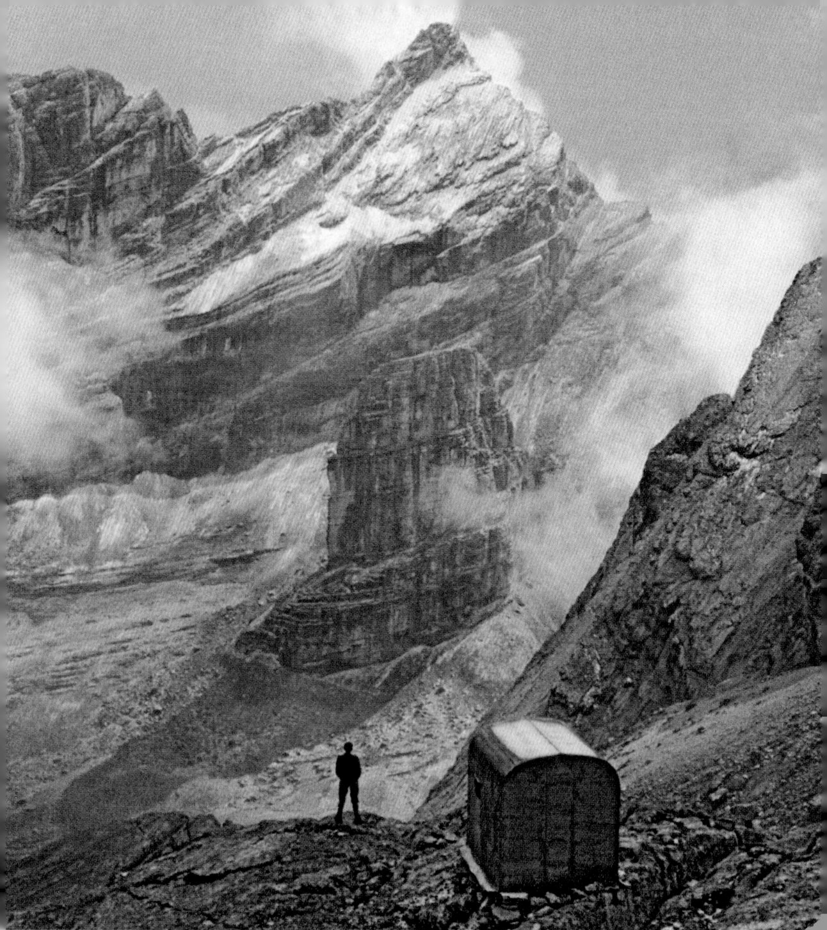

Vor dem Biv. Slataper in der Sorapissgruppe. Blick nach Südosten auf Torre dei Sabbioni und C. Belpra (Marmarole).

und Leitern hoch, zuletzt nach rechts über eine Rinne und jenseits auf herrlichem Felsband (durchlaufendes Drahtseil) quer durch eine senkrechte Wand hinauf zur Forc. del Bivacco, 2670 m, am Südostgrat der Croda Marcora (Tafeln). Beeindruckend sowohl der Aufblick zur großartigen Croda Marcora als auch der Tiefblick in das Boitetal!

Jenseits der Scharte auf Weg Nr. 246 über einen 1 m breiten Spalt (Sprung; der Spalt kann 20 m entfernt problemlos überschritten werden), dann unter den Wänden der Croda Marcora eine Felsrampe über Schutt und glatt geschliffene Karrenplatten nach O abwärts zum **Bivacco Slataper (4)**.

Bivacco Slataper (Bivacco Fisso »Scipio e Giuliano Slataper«), 2600 m

Nordöstlich unterhalb der Forc. del Bivacco, am Südostgrat der Croda Marcora auf kleiner plattiger Felsschulter gelegen. Ungemein wilde, fesselnde Umgebung! CAI XXX Ottobre / Trieste. 9 L., ganzj. geöffnet, aber nicht bewirtschaftet. Kein Wasser in der näheren Umgebung! Gb.: Croda Marcora, 3154 m, Pta. di Sorapiss, 3205 m.
Rundsicht: Großartiger Rundblick. Im SO der Torre dei Sabbioni (Marmarole) mit C. Belpra darüber. Weiter rechts der gewaltige Antelao. Im NO die Mauer der Monti di Caccia Grande und der Tre Sorelle (Sorapiss-Massiv).

5 Biv. Slataper – Forc. Grande – Rif. San Marco

1.30 Std. ↗20 Hm ↘800 Hm
Der Abstieg vom Biv. Slataper zum Rif. San Marco bietet keinerlei Beschwernisse, sondern nur landschaftlichen Genuss.

Vom **Bivacco (1)** auf Weg Nr. 246 (Pfeil) vorerst nordwärts über ein plattiges Band, dann über Geröll in Kehren nach rechts hinunter zu einer Wegteilung (Linksabzweigung von Weg Nr. 247). Weiter stets an der rechten Seite des Hochkares »Fond di Rusecco« in Südostrichtung über einen sich verflachenden Rücken, dann durch Felsblöcke und grasiges Gelände in Kehren und längeren Querungen (vor uns der außerordentlich kühne Torre dei Sabbioni mit der gebänderten C. Belpra darüber!) abwärts, wobei der Weg bald nach rechts in die oberste Mulde des Valle di San Vito einschwenkt. An der Linkseinmündung von Weg Nr. 247 vorbei nun südwärts in weiter Linksschleife, die größtenteils begrünten Geröllhänge dieses Kares horizontal querend, zur Forc. Grande (westliche Einsattelung). Über einen kurzen, begrünten Rücken nach links (O) hinüber zur eigentlichen und tiefsten Senke der **Forc. Grande (2)**, 2255 m, zwischen Sorapissgruppe im NW und Marmarolegruppe im O, 45 Min.

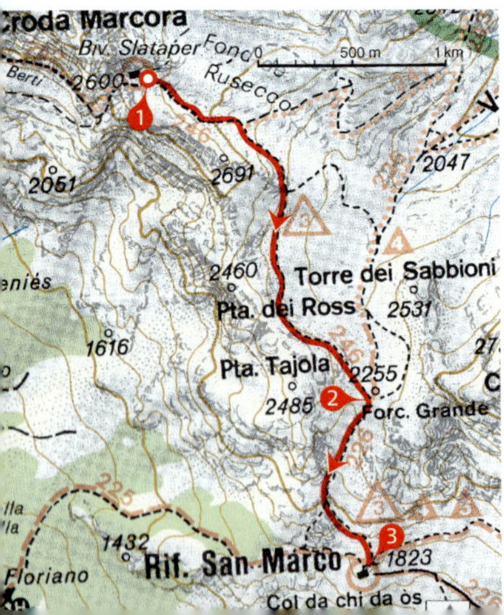

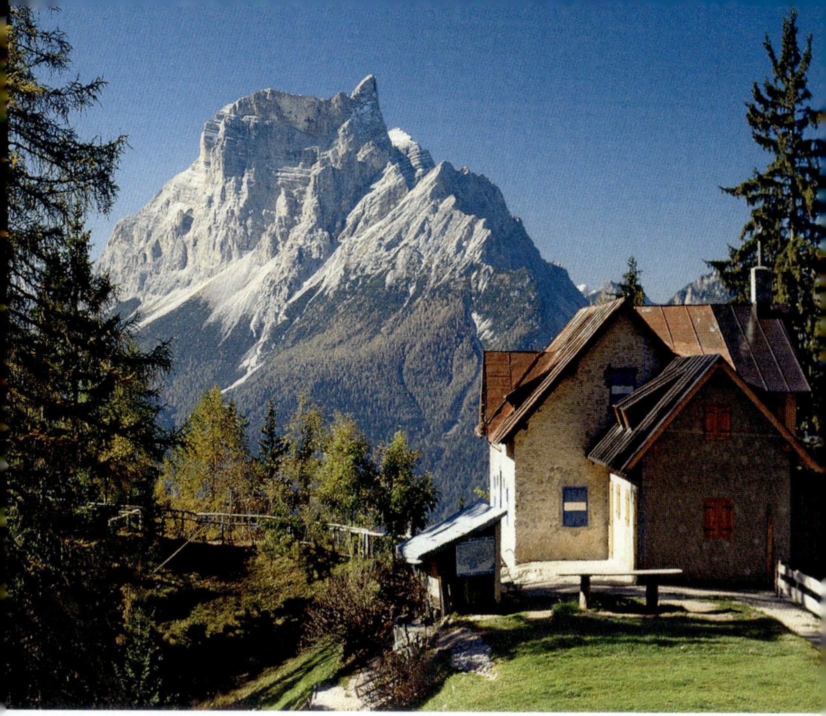

Das Rif. San Marco mit dem grandiosen Monte Pelmo jenseits des Boitetales.

Rundsicht: Im N unmittelbar vor uns der frei stehende Torre dei Sabbioni. Im NW über der Pta. dei Ross, die von hier besonders kühne Croda Marcora. Im S in der Ferne die Prampèr-Dolomiten und rechts davor der grandiose M. Pelmo.

Von der Forc. auf Weg Nr. 226 durch das geröllige Tälchen »Giou Scuro« südwärts hinunter zu seinem Steilabfall gegen das Val Boite. Hier werden rechts des M. Pelmo die Civetta, links von den Prampèr-Dolomiten Schiara- und Bosconerogruppe sichtbar. Im SO der Antelao. Eindrucksvoller Tiefblick in das Val Boite mit San Vito di Cadore.

Durch den sehr steilen, felsigen »Giou Scuro« auf breitem Weg in Kehren abwärts, wobei erstmals das Rif. San Marco auftaucht. Später zu einer Scharte an der rechten Talseite. Wieder durch die Hauptrinne in Kehren hinunter, dann aus der Rinne nach links aufwärts (Quelle), zuletzt auf gerölligem Steig durch Latschen und Wald rechts hinab zur Bergschulter des Col de chi da Os mit dem herrlich gelegenen **Rifugio San Marco (3)**.

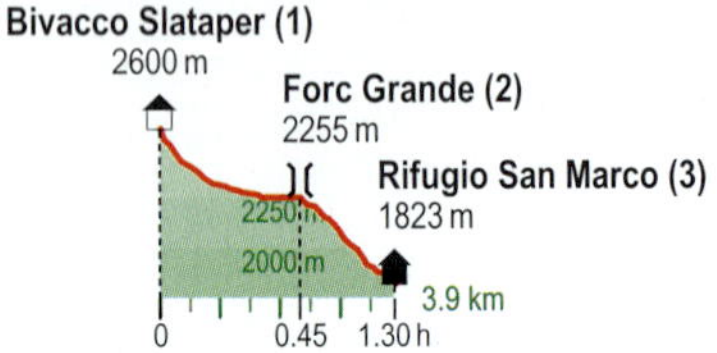

Rifugio San Marco, 1823 m

Gemütliche Hütte des CAI Venezia in wunderbarer Lage über dem Boitetal, gegenüber der gewaltigen Felsmasse des Monte Pelmo. Einziger Stützpunkt, der von drei Dolomiten-Höhenwegen (Nr. 3, 4 und 5) berührt wird. 36 L.; bew. vom 15./20. Juni bis 20. September. Winterraum (10 L., sonst keine weiteren Einrichtungen) in separater Hütte nördlich des Hauptgebäudes. Tel. +39/0436/9444, +39/339/3802505 und +39/335/8165066, rifugiosanmarco.com. Anschrift: Rifugio San Marco, Os, Col de chi da Os, I-32046 San Vito di Cadore (Belluno). Gb.: Antelao, 3264 m (nach Felssturz abzuraten!).

Rundsicht: Von dem im SO des Hauses an der Bergkante des Col de chi da Os stehenden Aussichtspavillon großartiger Blick. Im SO der gewaltige plattengepanzerte Antelao, der höchste Gipfel der östlichen Dolomiten! Rechts hinter ihm, jenseits des Val Boite, die Bosconerogruppe. Im S Schiaragruppe und Pramper-Dolomiten. Im SW der großartige M. Pelmo mit dem Rif. Venezia (Et. 7) links unterhalb. Rechts vom Pelmo folgen Rocchette-Gruppe, Croda da Lago und Nuvolau, im NW die Tofanen. Schöner Tiefblick in das Val Boite!

6 Rif. San Marco – San Vito di Cadore

2 Std. ↘810 Hm

Dieser problemlose Abstieg stellt zusammen mit der folgenden Etappe 7 das Bindeglied zwischen den nördl. und südl. Abschnitten des Höhenweges dar.

Weg Nr. 226 beginnt an der Südseite der **Hütte (1)**. Einen Waldrücken in engen Serpentinen nach Süden abwärts, dann schräg nach links hinab in die Ostseite des Col de chi da Os. Dort in Kehren hinunter, dann ein gerölliges Bachbett queren und in Richtung Antelao hinaus zum riesigen, teilweise bewachsenen Schutthang, der von C. Belpra und C. Scotter gegen das Boitetal abfällt. Beginn einer breiten Schotterstraße. Nicht auf ihr, sondern einen unbez. Weg durch Latschen und über Geröll in Südostrichtung abwärts zum (20 Min.) **Rifugio Scotter-Palatini (2)**.

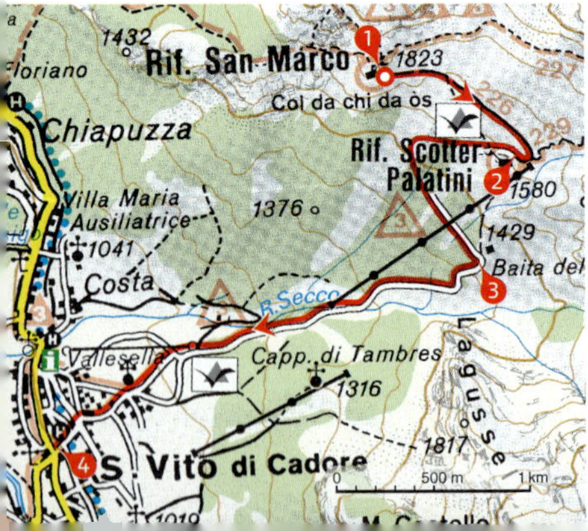

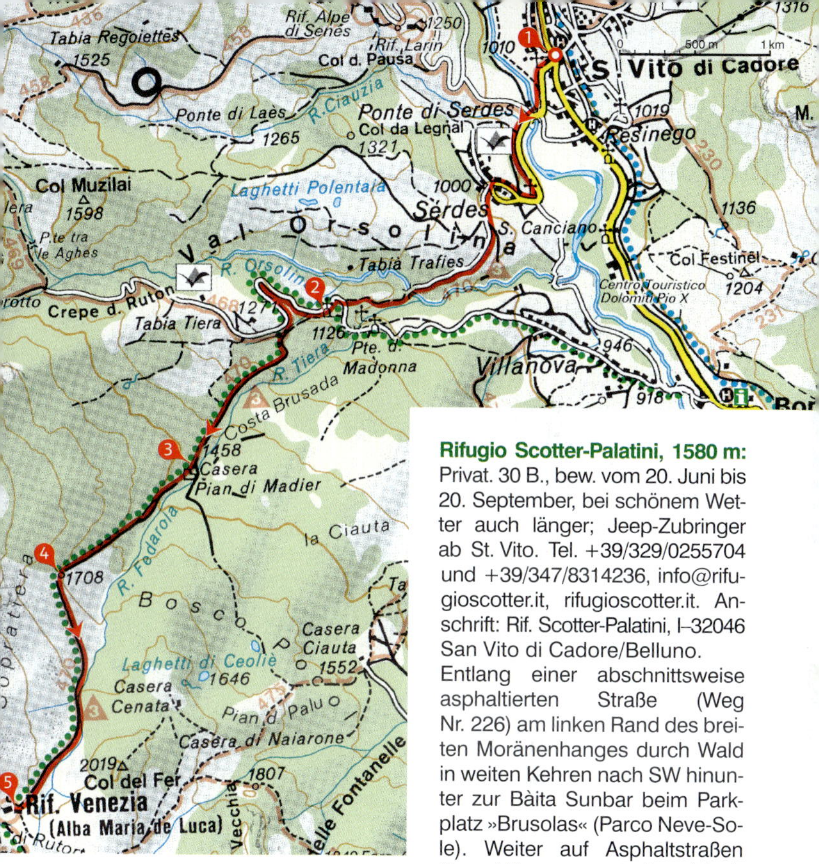

Rifugio Scotter-Palatini, 1580 m: Privat. 30 B., bew. vom 20. Juni bis 20. September, bei schönem Wetter auch länger; Jeep-Zubringer ab St. Vito. Tel. +39/329/0255704 und +39/347/8314236, info@rifugioscotter.it, rifugioscotter.it. Anschrift: Rif. Scotter-Palatini, I–32046 San Vito di Cadore/Belluno.

Entlang einer abschnittsweise asphaltierten Straße (Weg Nr. 226) am linken Rand des breiten Moränenhanges durch Wald in weiten Kehren nach SW hinunter zur Bàita Sunbar beim Parkplatz »Brusolas« (Parco Neve-Sole). Weiter auf Asphaltstraßen über Wiesen westwärts hinab nach **San Vito (3)**. Bei einer Straßenteilung links die Via San Marco abwärts zu einer Querstraße. Auf schmaler Ortsstraße geradeaus weiter zu einer zweiten, größeren Querstraße, der Staatsstraße Nr. 51, die beim Hotel »Pelmo« (rechts) erreicht wird.

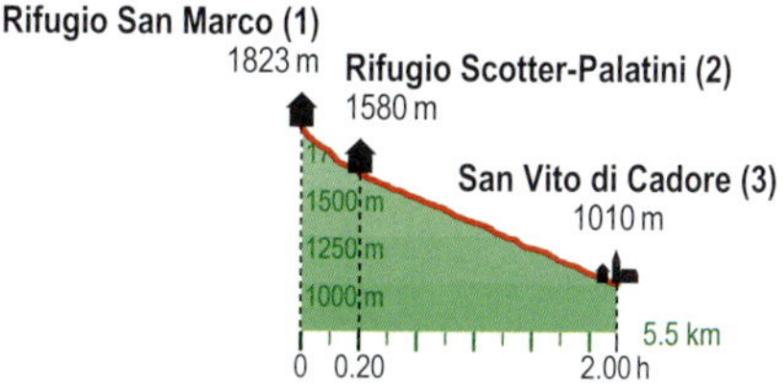

San Vito di Cadore, 1010 m

Beliebter Urlaubsort im mittleren Val Boite, 11 km von Cortina entfernt. Zahlreiche Hotels und Pensionen. Lebensmittelhand-

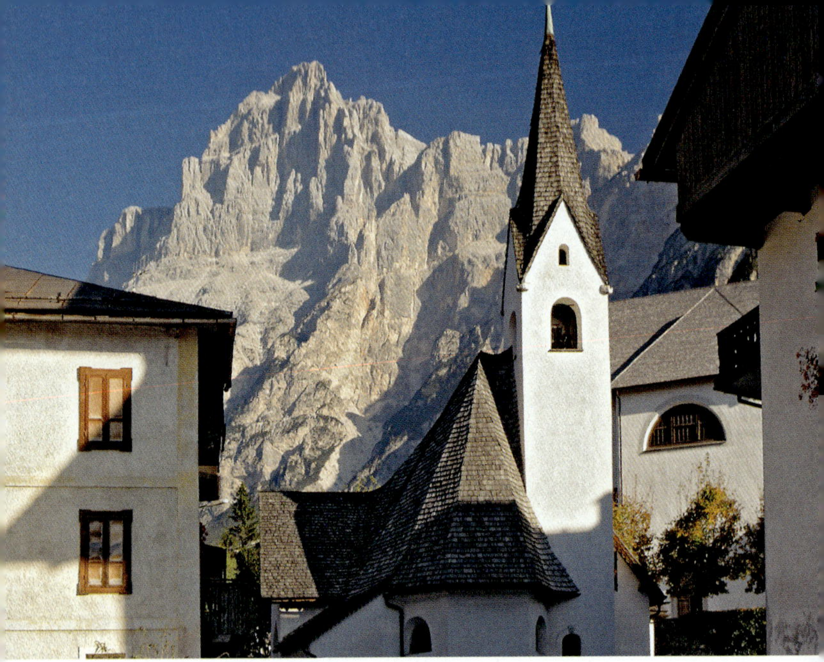

Die Südwand der Croda Marcora von San Vito di Cadore. Über dem Haus links das Bandsystem der »Cengia del Banco« (Etappe 4).

lungen. Busverkehr Cortina–Belluno. Ausflüge auf den Col della Pausa, 1270 m, mit den Rifugi Larin und Senes sowie zum malerisch gelegenen Lago di San Vito.

Rundsicht: Im N die felsgewaltige Sorapissgruppe mit der großen Geröllterrasse in der Croda-Marcora-Südwestwand, die wir auf Et. 4 gequert haben. Im O der mächtige Antelao, im SW der M. Pelmo.

7 San Vito di Cadore – Rif. Venezia

3.30 Std. ↗940 Hm

Etwas einförmiger, meist durch schöne Bergwälder führender Anstieg, großer Höhenunterschied. Im zweiten Wegabschnitt großartige Fernblicke! Karte S. 213.

An der Stelle, wo man in San Vito auf Et. 6 die **Staatsstraße Nr. 51 (1)** erreicht, wird diese überschritten. Jenseits (Tafel) auf Asphaltstraße abwärts, über den Torrente Boite, dann schräg links empor und in weiter Rechtsschleife durch Wiesen hinauf nach Sèrdes, 1000 m (mehrere Gasthöfe und

Pensionen), 15 Min. Durch den Ort westwärts hinauf zur Kapelle, dann auf Naturstraße nach links und durch Wiesen und lichten Wald empor zu einer Verzweigung auf ebener Waldblöße.
Auf Karrenweg (Nr. 470) im schönen Fichtenwald geradeaus, später nach links über die Orsolina und auf dem steiler und schmäler werdenden Weg an der rechten Seite des Val Fedarola durch Gesträuch und Wald empor zu querender Forststraße (1.15 Std.). Auf ihr (Weg Nr. 468 und 470) rechts haltend über die **Ponte della Madonna (2)**, danach durch Wald in Westrichtung bergauf und in weit ausholender Linkskehre zum Parkplatz »Tiera« an der Verzweigung mehrerer Forststraßen (Tafeln). Jene mit Weg Nr. 470 halblinks hoch, später an der rechten Seite des Val Fedarola zur **Cas. Pian di Madièr (3)**, 1458 m. Aufblick zum großartigen M. Pelmo. Schöner Rückblick auf Sorapiss und Antelao.
Die Forststraße im lichten Wald geradeaus weiter zu einer Verzweigung. Hier rechts (Tafel) den Karrenweg Nr. 470 zuerst durch dichten Fichtenwald, dann durch Latschen- und Lärchenbestände ziemlich steil hinauf zu einer Geröllrinne **(4)**, (P 1708). Der Weg wendet sich nach links, quert die Rinne und führt im latschendurchsetzten Lärchenwald wieder hinüber in das obere Val Fedarola. Dort südwärts durch sanft ansteigendes Gelände weiter, später etwas steiler nach rechts empor zum **Rifugio Venezia (5)**.

Das Rif. Venezia mit dem Antelao jenseits des Boitetales.

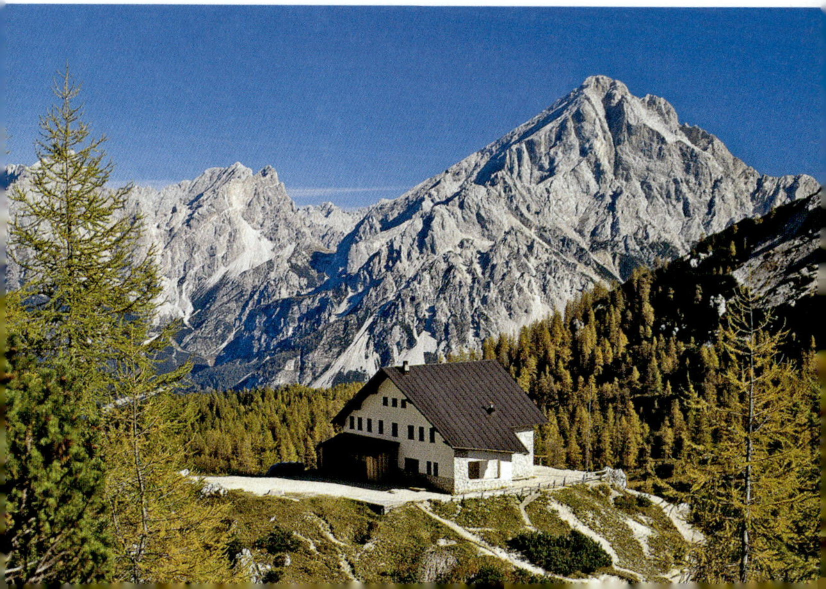

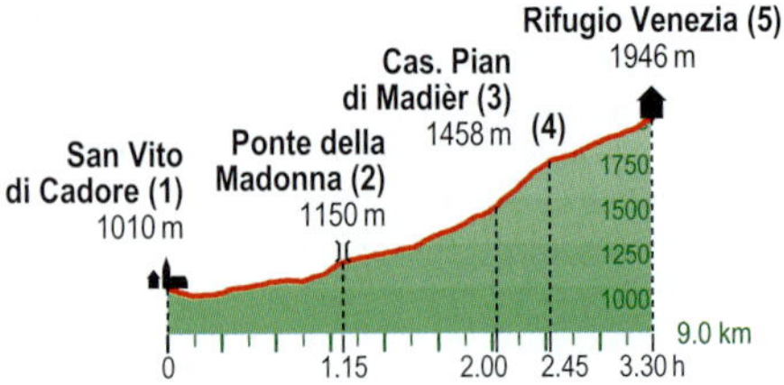

Rifugio Venezia (Rifugio Venezia al Pelmo Alba Maria De Luca), 1946 m

Großes gemauertes Haus des CAI Venezia am Ostfuß des M. Pelmo, 300 m nördlich der begrünten Sella di Rutorto. Besonders tagsüber rege besuchter Stützpunkt. Ausgangspunkt für eine Besteigung des M. Pelmo über die Normalroute. 62 L., bew. vom 15./20. Juni bis 20./25. September. Winterraum (10 L., Tisch, Bänke, Sparherd) mit Eingang an der Nordwestecke des Hauses. Tel. +39/0436/9684 (Hütte) und +39/320/0103872 (mobil), rifugio.venezia@libero.it, rifugiovenezia.it. Anschrift: Rifugio Venezia, I–32040 Borca di Cadore/Belluno. Gb.: M. Pelmo, 3168 m, M. Penna, 2196 m, Col del Fer, 2019 m.

Rundsicht: Von der nahen Sella di Rutorto großartiger Blick nach N über das Val Boite hinweg zu den Ampezzaner Dolomiten mit Cristallo, Sorapiss, Marmarole und Antelao. Im O über dem Piavetal die südlichen Karnischen Alpen (Cridola, Monfalconi). Rechts davor das begrünte Trapez des M. Penna. Im S die Prampèr-Dolomiten mit Spiz di Mezzodi, C. di Prampèr (darüber der M. Schiara), M. Talvena und M. Tàmer. Im SW der Passo Duran und weiter rechts die südliche Moiazzagruppe.

8 Rif. Venezia – Rif. Talamini – Rif. Dolomites

5.30 Std. ↗780 Hm ↘540 Hm

Vom Rif. Venezia nach Longarone führt unsere Höhenroute zunächst durch das großteils bewaldete Mittelgebirge des M. Rite, später durch die felsgewaltige Bosconerogruppe, deren Durchquerung auf Wanderwegen noch vor nicht allzu langer Zeit unmöglich war. Der vorliegende Abschnitt 8 leitet durch ein weitgehend unberührtes Wald- und Wiesengebiet an der Nordseite des M. Penna zum Standort des am Fuß des Col Duro (M. Rite) gelegenen Rif. Talamini, danach in einem etwas beschwerlichen Steilanstieg zum Rif. Dolomites am M. Rite. Langer, aussichtsreicher, nicht immer optimal markierter Übergang mit vielen prächtigen Bergbildern (M. Pelmo!), bei herbstlicher Verfärbung eine Sinfonie der Farben. Bei schlechtem Wetter (Nässe) lohnt im ersten Wegabschnitt die Begehung von Variante 8a auf Fahrwegen südlich um den M. Penna herum, im zweiten (ab Forc. di Val Inferna) die eine Etappe sparende Variante 8b direkt zum Passo Cibiana, wobei allerdings der M. Rite – ein Glanzpunkt dieser Alta Via – nicht berührt wird.

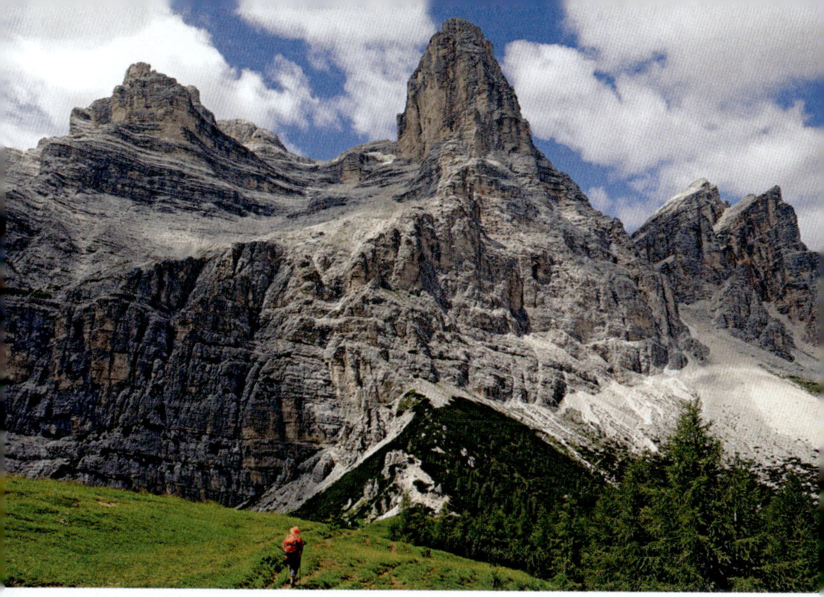

Der M. Pelmo von Osten, aus der Sella di Rutorto.

Vom **Rif. Venezia (1)** südwärts hinüber zur weiten Sella di Rutorto, 1950 m, 5 Min. Links auf Weg Nr. 475 über den breiten Wiesenrücken gegen den M. Penna nach Osten aufwärts zu einer Anhöhe, 1960 m (Verzweigung; geradeaus in Richtung M. Penna). Links weiterhin auf dem Weg Nr. 475 durch lichten Baumbewuchs und Latschen nach Nordosten abwärts in den Sattel vor dem Col del Fer (15 Min.). Rechts haltend hinab in die weite Wiesenmulde zwischen M. Penna und Col del Fer. An ihrem linken Rand (Antelaoblick!) nach Nordosten abwärts zu den Mauerresten der Cas. di Naiaron, 1776 m, und links an ihnen vorbei hinab zum unteren Wiesenrand (Waldrand) mit Verzweigung bei einem Felsblock (30 Min.).

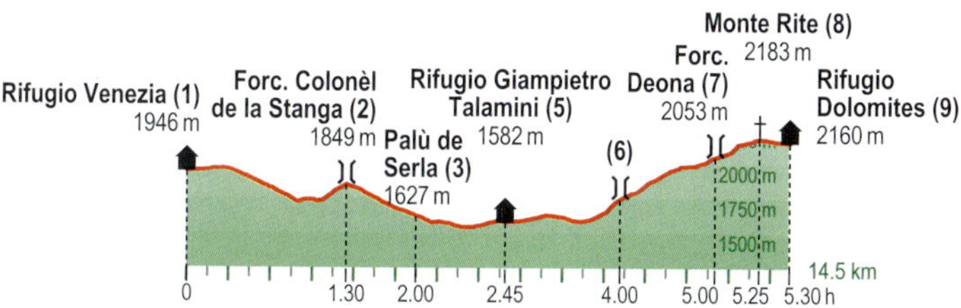

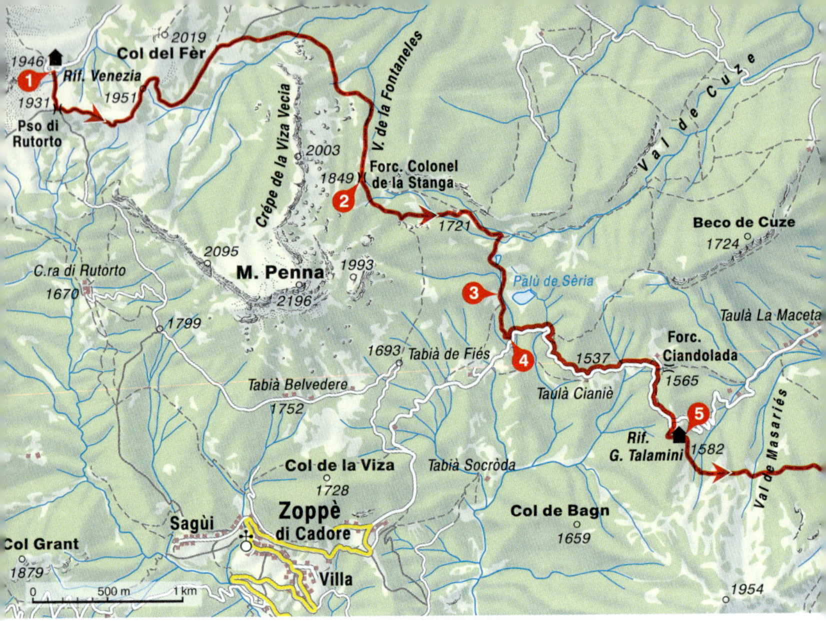

Rechts auf Weg Nr. 456 und 493 in Richtung Rif. Talamini durch lichten Wald steil nach Osten hinab in den wilden Graben des Ru de Assola und dort (Felsblöcke) über den Bach. Jenseits im Rechtsbogen um die Crepe della Vizza Vecchia herum nach Süden in die Wiesenmulde des Val delle Fontanelle mit mehreren Quellen (50 Min.). Über eine lang gestreckte Wiesenzunge (Rückblick in das innere Boitetal und auf die Ampezzaner Dolomiten) nach Süden hoch, dann im Wald (alter Lärchenbestand!) sanft aufwärts in den Wiesensattel der **Forc. Colonèl de la Stanga (2)**, 1849 m (auch »Ciampestrin«), zwischen M. Penna und Crepe di Serla, 1.30 Std. Rückblick auf Sorapiss und Marmarole, überraschende Schau nach Südosten zur Bosconerogruppe!

Nicht jenseits bergab (!), sondern am Sattel durch Wiesen eben nach links (Osten) und über einen Waldrücken in den nächsten Wiesensattel, wo sich der Weg nach rechts wendet. Auf gut bez., aber verwachsenem Steig durch unübersichtliches, reich gegliedertes Gelände durch Wiesen und lichten Wald nach Südosten abwärts zur Blockhütte Cason de Serla, 1722 m (Unterstandshütte mit Feuerstelle und Sitzgelegenheit) am Oberand einer felsdurchsetzten Wiese (1.30 Std.). Den bez. Weg am linken Wiesenrand sanft nach Südosten abwärts zu einer Teilung (Tafeln, geradeaus die Nr. 493 nach Vodo di Cadore). Rechts auf schlecht bez. Weg über Wiesen in südlicher Richtung abwärts, dann nach rechts in den Wald und dort durch park-

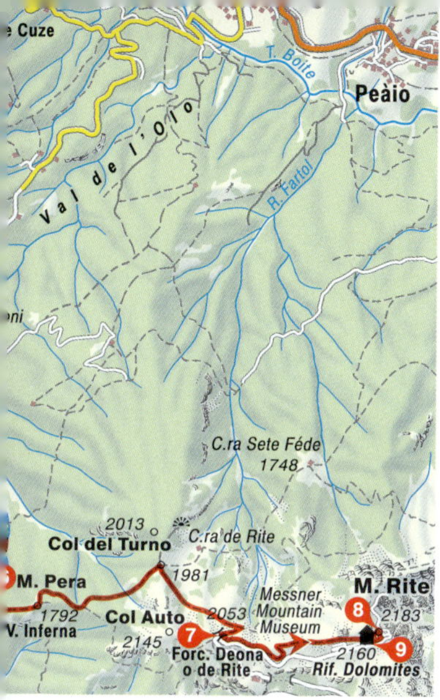

ähnliches Gelände, an Lichtungen und an einer Quelle vorüber, nach Süden hinunter bis zum Sumpfbiotop **Palù de Serla (3)**, 1627 m (kleine Lacke, Tafeln, Sitzgarnitur), 2 Std.
Nun auf bez. Karrenweg an der linken Seite eines wasserführenden Waldgrabens nach Süden bergab, später (Brücke) rechts vom Bach weiter zur querenden Naturstraße mit Weg Nr. 456 **(4)**, 2.15 Std. Auf ihr links haltend, an den Waldhängen eben nach Osten zur Linksabzweigung eines Weges gegen die nahe Forc. Ciandolada, danach rechts (westlich) um den Col Botèi herum im Auf und Ab in die Forc. del Col Botèi, 1575 m, südlich von ihm, wo die Straße den Waldrücken nach links (Norden) gegen das Valle d'Oglio verlässt. Hier (Tafel) auf breitem Weg geradeaus, südostwärts, zur Lichtung beim (2.45 Std.) **Rifugio Giampietro Talamini (5)**.

Das Rif. Talamini an der Forc. del Col Botèi mit dem mächtigen Antelao jenseits des Boitetales.

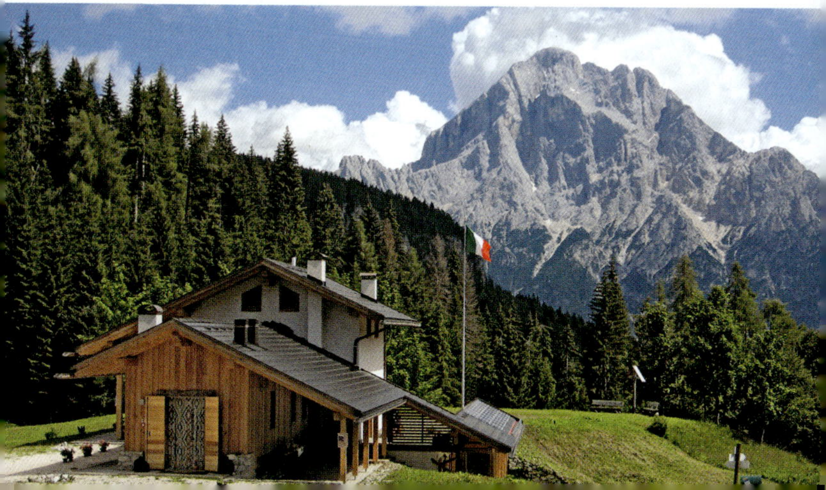

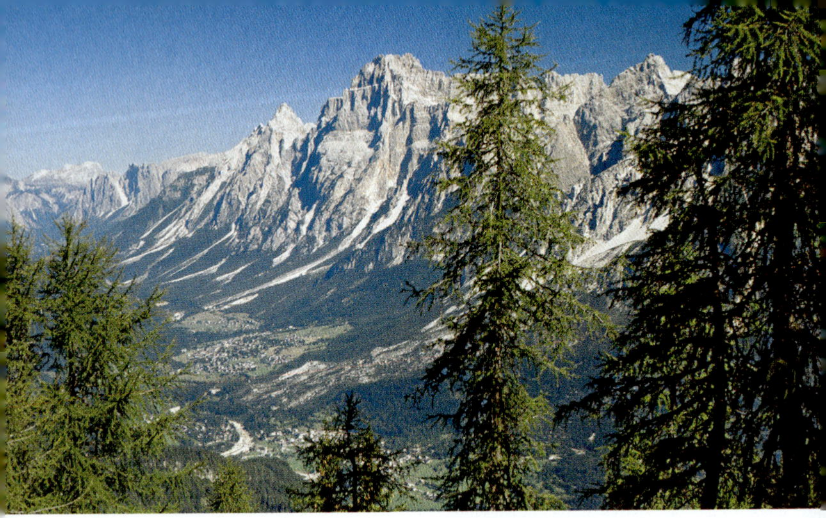

Im Anstieg auf den M. Rite. Blick über das Val Boite hinweg zur Sorapissgruppe.

Rifugio Giampietro Talamini, 1582 m: Am Nordfuß des Col Duro (Ritemassiv) auf idyllischer Waldblöße stehende, neu errichtete Schutzhütte der Gemeinde Vodo di Cadore. 16 B., 2 L.; ganzjährig bewirtschaftet, in der Nachsaison Mo. und Di. Ruhetag. Tel. +39/380/9081496 (mobil), riftalamini@gmail.com, rifugiotalamini.com. Anschrift: Rif. Talamini, I-32040 Vodo di Cadore/Belluno. Gb.: M. Rite, 2183 m, Col Duro, 2033 m. Zufahrtsmöglichkeit auf steiler schmaler Asphaltstraße von Vodo di Cadore (Boitetal).
Rundsicht: Im N die mächtige Pyramide des Antelao, jenseits des Val Boite. Im WNW der begrünte M. Penna, links von ihm der Civetta-Moiazza-Zug, rechts hinter ihm der großartige M. Pelmo. Im S der nahe, bewaldete Col Duro mit dem nach links (SO) über den M. Pera gegen den M. Rite ansteigenden Kamm.
Auf dem etwas verwachsenen Weg Nr. 494 ostwärts wieder in den Wald. Dort eben an der Nordflanke des Col Duro entlang, über mehrere Wasser führende Gräben hinweg zum Querweg Nr. 478 (Tafeln), 3.30 Std. Auf ihm geradeaus und durch den wilden Sträucherdschungel steiler aufwärts, später nach rechts in einen stark überwucherten Graben. Durch ihn neben dem Bachbett nach S aufwärts, dann durch einen steinigen Hohlweg in weiten Windungen empor zur **Forc. di Val Inferna (6)**, 1748 m, zwischen Coll'Alto (M. Rite) links und Col Duro rechts, 4 Std. Überraschender Ausblick nach S auf die nahe gerückten mächtigen Felsbauten der Bosconerogruppe mit (von links) Sforniói Nord, Sasso di Bosconero, Sasso di Toanella und Rocchetta Alta. Weiter rechts in der Ferne die Schiaragruppe, im SW davor die Prampèr-Dolomiten. Nach N ist die Sicht durch Wald verdeckt.

Von der Forc. auf Weg Nr. 478 den bewaldeten Westrücken des Coll'Alto nach links empor zur baumfreien Schulter des M. Pera, 1792 m. Am steilen Waldrücken in Kehren weiter aufwärts, später quer durch die licht bewaldete Nordwestflanke des Berges nach links hinauf zum unkotierten Sattel zwischen Coll'Alto rechts und P 2013 links. Jenseits auf begrünter, breiter Wegtrasse (alte Kriegsstraße) rechts haltend in die Nordostflanke des Coll'Alto hinein und dort durch Buschwerk eben weiter, schließlich über einen steilen schuttigen Hang nach rechts in südlicher Richtung empor zur **Forc. Deona (7)**, 2053 m, zwischen Coll'Alto im W und M. Rite im O (Tafel), am Westrücken des M. Rite, 5 Std.

Rundsicht: Großartiger Rundblick. Im N der mächtige Antelao jenseits des Boitetales. Weiter rechts die Südabstürze der Marmarolegruppe und rechts dahinter die Karnische Hauptkette mit Brentonigruppe davor. Links vom Antelao der Sorapiss. Im S die fantastische Bosconerogruppe, weiter rechts die Senke Val Zoldana/Val Piave mit der Schiaragruppe rechts darüber. Im SW die Prampèr-Dolomiten.

Von der Forcella auf querender Naturstraße in der Südseite des begrünten Rückens nach links (Osten) aufwärts, später links ab und auf Fußweg (Nr. 478) direkt über den Kamm zum alten Sperrfort (mit dem »Mountain Museum Dolomites«) und weiter zum Gipfel des seiner besonderen stategischen Lage und des einmaligen Panoramas wegen gerühmten **Monte Rite (8)**, 2183 m (5.25 Std.).

Ein Ausschnitt aus dem Monte-Rite-Panorama: Die Ostseite der Civetta, ganz rechts die Marmolada.

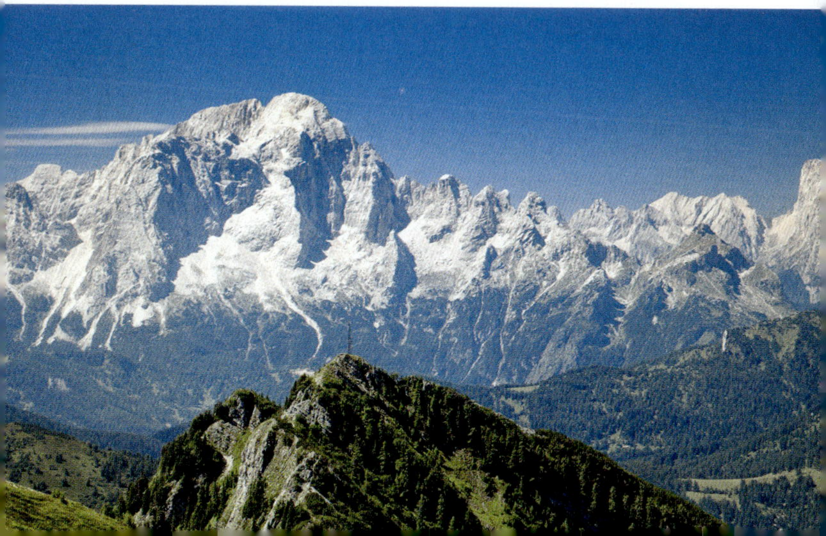

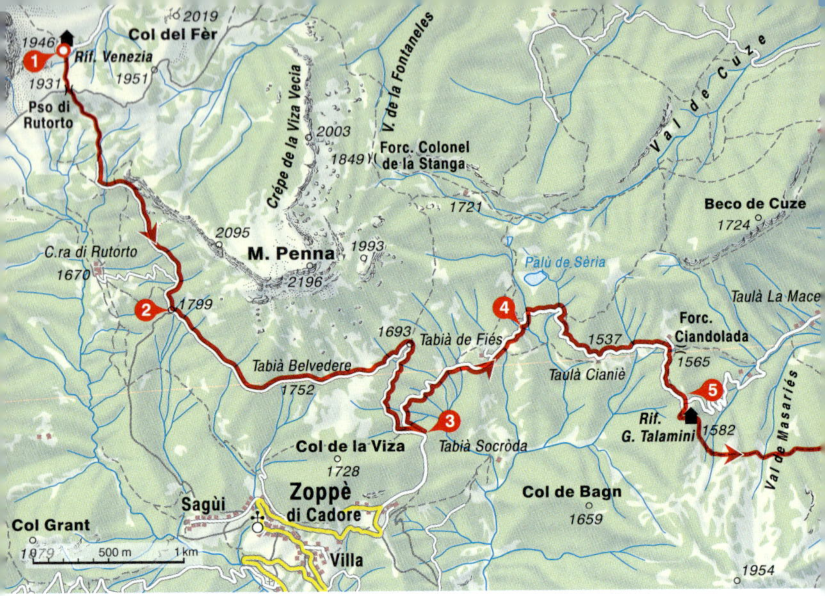

Rundsicht: Unvergleichliches 360-Grad-Panorama. Im N das mächtige Dreieck des Antelao, rechts hinter ihm die Marmarolegruppe. Rechts dahinter die Karnische Hauptkette, davor Brentonigruppe und Pesariner Dolomiten. Im O, jenseits des Piavetales, die südlichen Karnischen Alpen mit Cridola, Monfalconi, Spalti di Toro, Cima dei Preti und M. Duranno. Im S und SO die Bosconerogruppe (Sassolungo di Cibiana, Sforniói, Sasso di Toanella, Rocchetta Alta). Rechts dahinter die Venetianischen Voralpen, davor die Schiara. Weiter rechts die Prampèr-Dolomiten mit Talvena, Prampèr und Tàmergruppe (dahinter die Feltriner Dolomiten). Im SW die Palagruppe, rechts davor das Civetta-Moiazza-Massiv. Zwischen Civetta links und Pelmo rechts die Marmolada. Rechts hinter dem Pelmo Nuvolau, Croda da Lago- und Rocchettagruppe, darüber die Tofanen. Rechts hinter ihnen die Fanesgruppe, davor das breite Sorapiss-Massiv.

Vom Gipfel des **M. Rite** auf Fahrweg kurz nach Süden hinab zum **Rif. Dolomites (9)**.

Rifugio Dolomites, 2160 m

In einem aus dem Ersten Weltkrieg stammenden, 1918 von den Österreichern gesprengten Sperrfort integriertes privates Schutzhaus in herrlicher Lage. 30 B., ganzj. bewirtschaftet, vom 25. Mai/1. Juni bis 30. Sept. durchgehend, sonst an den Wochenenden und Feiertagen; Tel. +39/348/5658675 (mobil); info@rifugiomonterite.it, rifugiomonterite.it. Ebenfalls im Sperrfort

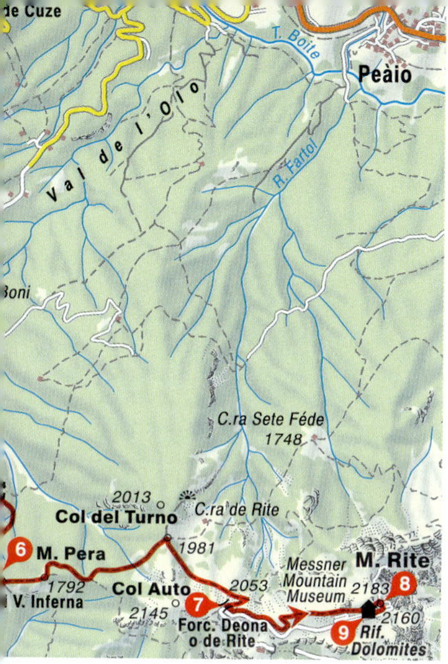

untergebracht ist das 2002 eröffnete, von Reinhold Messner konzipierte »Mountain Museum Dolomites« (auch »Museum in den Wolken«; vom 1. Juni bis 30. Sept. 10–17 Uhr geöffnet, Dienstag Ruhetag), in dem die Geschichte und Erschließung der Dolomiten in 20 Räumen dokumentiert wird, Tel. +39/338/1568007, messner-mountain-museum.it. Vom südlich gelegenen Passo Cibiana über eine 7 km lange Schotterstraße mit dem von 9 bis 18 Uhr verkehrenden Shuttlebus (für den öffentlichen Verkehr gesperrt!) oder zu Fuß auf einem weiter westlich verlaufenden Steig in 2 Std. zu erreichen.

V8a Rif. Venezia – Tabia di Fiès – Rif. Dolomites

5.15 Std. ↗640 Hm ↘400 Hm

Bei schlechtem Wetter (Nässe) zu empfehlende etwas kürzere Alternative zur Hauptroute Et. 8 auf bequemen Fahrwegen südlich um den M. Penna herum. Im ersten Abschnitt prachtvoller Rückblick auf den gewaltigen Pelmo-Stock!

Vom **Rif. Venezia (1)** südwärts hinüber zur weiten Sella di Rutorto, 1950 m (Linksabzweigung der Hauptroute Et. 8), 5 Min. Jenseits wenige Meter hinab zu einem deutlich erkennbaren begrünten Karrenweg (Nr. 471), der nach links in die Südwest- und Südflanke des M. Penna hineinführt. Auf ihm in Windungen über herrliche Lärchenwiesen (überwältigender Aufblick gegen die kolossalen Ostabstürze des M. Pelmo!) nach SO abwärts zu querender schmaler Naturstraße und diese links haltend in langer Hangquerung zur Rechtsabzweigung **(2)** von Weg Nr. 471 nach Zoppe di Cadore. Das Sträßchen (jetzt mit Nr. 493) an licht bewaldeten Hängen entlang geradeaus weiter und abwärts zu schöner Lärchenwiese, danach zu einer Rechtskehre, 1 Std. Unterwegs Rückblick auf den großartigen M. Pelmo, ferner prachtvolle Schau auf Civetta-Moiazza (SW), Pramper-Dolomiten (S) und Bosconerogruppe mit dem M. Rite links davor (SO). Erst ganz zuletzt wird im NO über der weiten Forc. Ciandolada auch das riesige Felsdreieck des Antelao sichtbar.
Nun im dichter werdenden Wald in Richtung Zoppe di Cadore nach S hinunter zu querender Naturstraße **(3)**, (Kruzifix, Tafeln), 1.15 Std. Auf ihr (Weg Nr. 456)

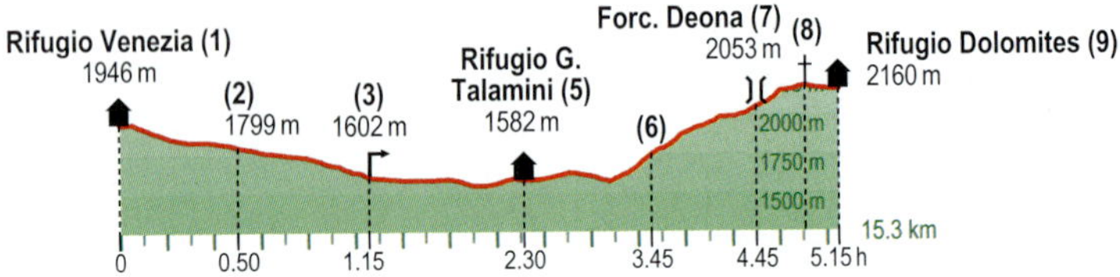

nach links und im weiten Rechtsbogen nordostwärts eben hinaus zu den Lärchenwiesen um die **Tabia di Fiès**, 1583 m (unterwegs schöner Fernblick nach S zu den-Pramper-Dolomiten). Die Naturstraße gegen den quer laufenden Waldkamm M. Penna – M. Rite nun in Südostrichtung sanft aufwärts zur Linkseinmündung **(4)** von Hauptroute Et. 8, 1.30 Std. An den Waldhängen in Ostrichtung zur Linksabzweigung eines Weges gegen die nahe Forc. Ciandolada. Weiter auf der Straße nun rechts um den Col Botèi herum im Auf und Ab

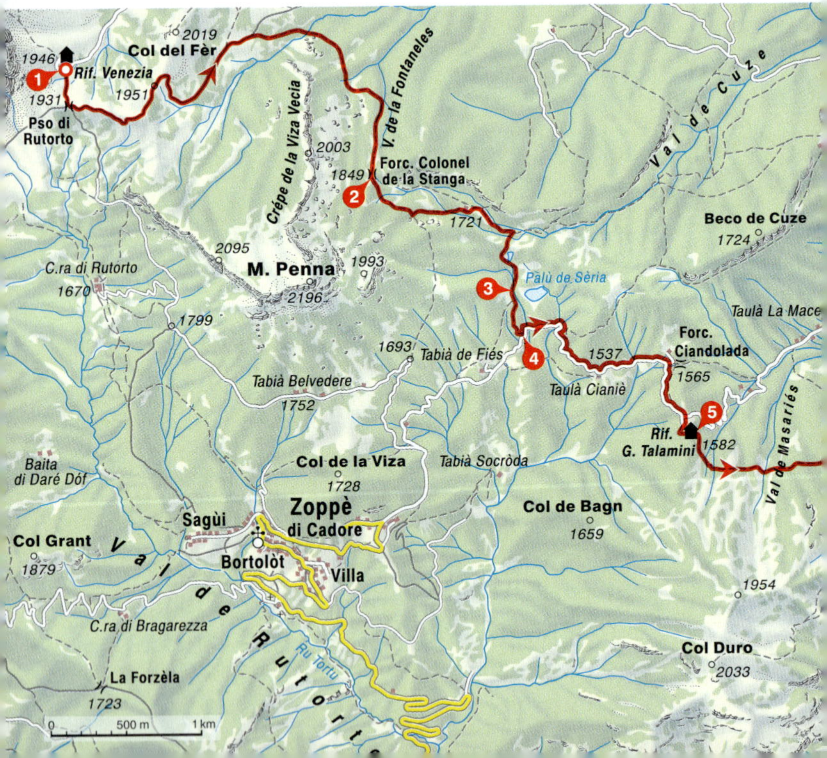

zur Forc. del Col Botèi, 1575 m, südlich von ihm. Dort rechts von der Straße ab (Tafel) und kurz hoch zum **Rif. Giampietro Talamini (5)**, 1582 m, 2.30 Std. Weiter wie bei Hauptroute Et. 8 zum **Rif. Dolomites (9)**.

V8b Rif. Venezia – Rif. Talamini – Passo Cibiana

5 Std. ↗280 Hm ↘700 Hm

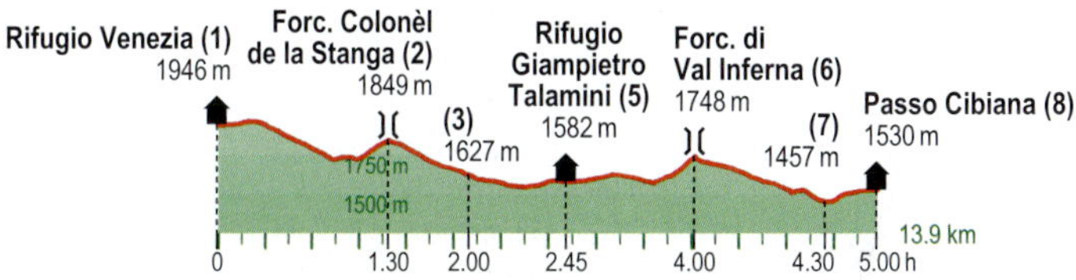

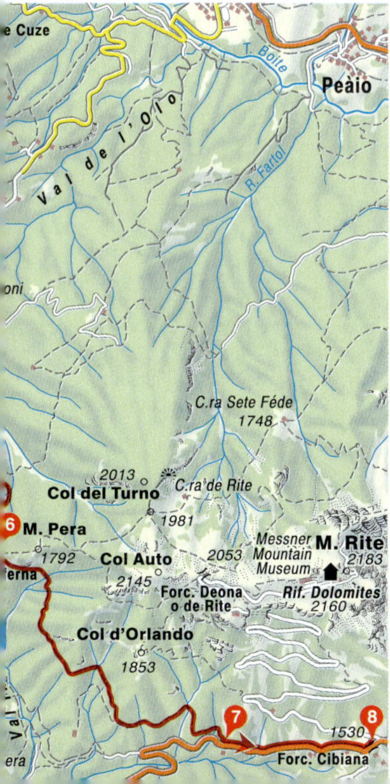

Eine Etappe sparende direkte Verbindungsvariante vom Rif. Venezia zum Passo Cibiana, auf der ein landschaftlicher Höhenpunkt von Route Nr. 3, der M. Rite, allerings nicht berührt wird. Eine Gehstunde kürzer, aber auch weniger eindrucksvoll als Hauptroute Et. 8. Bei schlechtem Wetter oder dann anzuraten, wenn man möglichst rasch zum Passo Cibiana möchte. Unschwierig.

Vom **Rif. Venezia (1)** entlang der Hauptroute Et. 8 zur **Forcella di Val Inferna (6)**, 1748 m, 4 Std. Jenseits über eine Wiese gegen das Val Inferna hinunter zu einem begrünten Karrenweg. Diesen (alte Kriegsstraße, Weg Nr. 494) nach links (SO) an den steilen Südwesthängen des Coll'Alto entlang zunächst durch Wald, später über Lärchenwiesen (Prachtblick nach SO auf den mächtigen Sassolungo di Cibiana!) abwärts zur Cibiana-Passstraße, die bei der Örtlichkeit »**Quattro Tabià**« **(7)**, 1423 m, erreicht wird, 4.45 Std. Die Asphaltstraße durch schönen Lärchenwald etwa 1,5 km nach links (O) aufwärts zum **Passo Cibiana (8)** (Etappe 9).

9 Rif. Dolomites – Col d'Orlando – Passo Cibiana

1.15 Std. ↘650 Hm

Kurzer Abstieg über die steilen Südflanken des Monte Rite zum Cibianapass mit ständiger Schau gegen die wild zerklüftete Bosconerogruppe im Süden. Die Strecke kann alternativ auch entlang der weniger schönen, 7 km langen Monte-Rite-Schotterstraße sowie mit dem mehrmals täglich verkehrenden Shuttlebus (Tel. +39/348/5658675 und +39/348/2339466) zurückgelegt werden.

Vom **Rif. Dolomites (1)** entlang der alten Kriegsstraße zurück in die **Forc. Deona (2)**, 2053 m, mit Linkskehre der Straße. Rechts ab und auf dem Weg Nr. 479 (»Sentiero Col d'Orlando«) über Wiesen in Kehren steil nach Süden hinab in den Wald. Dort in langer Hangquerung, mehrere Gräben und Rinnen ausgehend, nach Südwesten abwärts zur Wiesenschulter des **Col d'Orlando (3)**, 1853 m (40 Min.). Prachtblick nach S zur Bosconerogruppe mit dem ausgeprägten Sassolungo di Cibiana links!
An den steilen Waldhängen in vielen Kehren nach Südosten bergab, später, mehrere Gräben querend, weiter zur untersten Kehre der Monte-Rite-Straße. Entlang der teilweise staubfreien Straße im Wald nach Osten abwärts zum **Passo Cibiana (4)** mit dem Rif. Remauro gleich links an der Passstraße.

Passo Cibiana, 1530 m

Einer der weniger frequentierten Dolomitenpässe zwischen dem Pelmo-Rite-Gebiet im N und der Bosconerogruppe im S. Über den Pass führt die Straße Nr. 347 aus dem Valle di Zoldo (W) in das Val Boite (N). Kein Busverkehr! An der Passhöhe liegen zwei Gastbetriebe, das Rifugio Remauro und die Baita Deona.
Rifugio Remauro: Privates, hotelartig geführtes Haus direkt an der Passstraße. 35 B; im November und April geschlossen, sonst immer geöffnet; vom 1. Juni bis 30. Sept. kein, sonst Donnerstag Ruhetag; Tel. +39/348/6906457, info@rifugioremauro.it, rifugioremauro.it, Anschrift: Rifugio Remauro, Passo Cibiana, I-32100 Cibiana di Cadore/Belluno. Herrliche Lärchenwiesen in der Umgebung! Gb.: M. Rite, 2183 m, Sassolungo di Cibiana, 2413 m, Sforniói Nord, 2392 m.

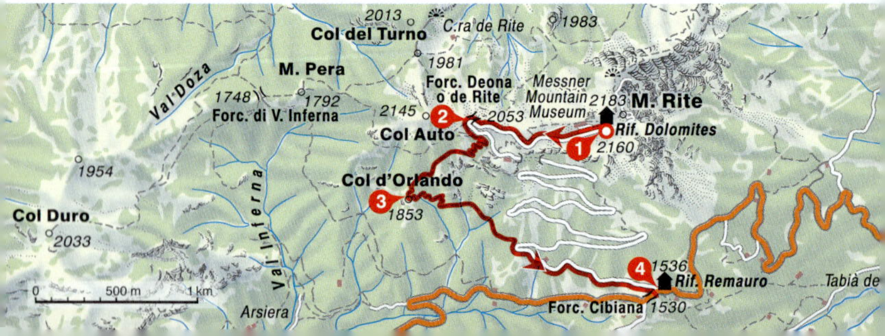

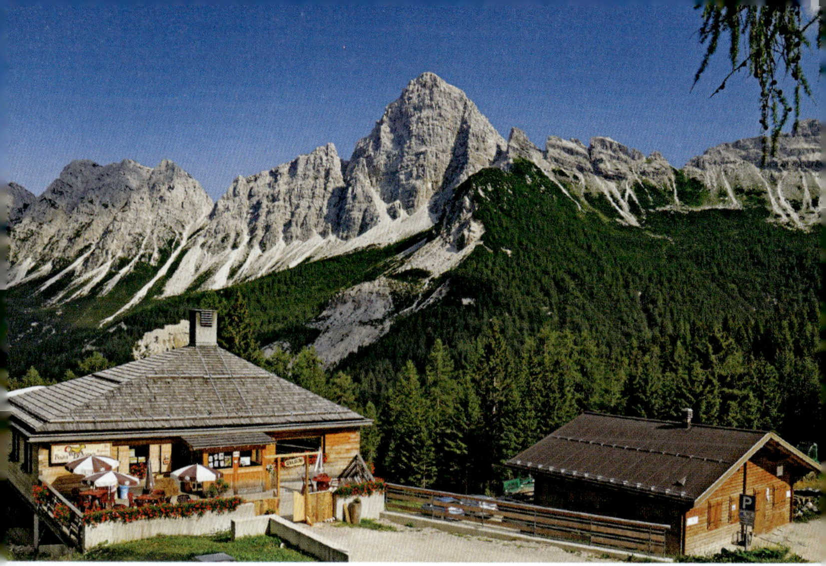

Die Baita Deona am Cibianapass, darüber der Sassolungo di Cibiana (Bosconoerogruppe).

Baìta Deona: Aus Holz gefertigtes Bar-Restaurant in schöner Lage etwas südlich abseits der Passstraße (Parkplatz). 8 B. verteilt auf vier Zimmer im Untergeschoss mit Bad und WC; ganzjährig geöffnet, außer im Juli und August Montag Ruhetag. Tel. +39/0435/540169 und +39/347/1678538 (mobil), baitadeona.it. Anschrift: Baita Deona, Passo Cibiana, I-32100 Cibiana di Cadore/Belluno.

Rundsicht: Im N der begrünte M. Rite, im S die beeindruckenden Felsbauten der nördlichen Bosconerogruppe mit Sassolungo di Cibiana links und Sforniói Nord rechts. Im O, jenseits des Piavetales, die südlichen Karnischen Alpen (Cridola, Monfalconi). Im W links die Tàmergruppe (Prampèr-Dolomiten), dann der Passo Duran mit dem M. Agner (Pala) dahinter und ganz rechts die Moiazzagruppe.

Anmerkung: Fühlt man sich der langen und anstrengenden Strecke Et. 11 nicht gewachsen oder hat man Pech mit dem Wetter, so kann vom Passo Cibiana weg auch die wesentlich einfachere, ebenfalls sehr lohnende Variante 10 über das Biv. Campestrin nach Ospitale di Cadore und Longarone gewählt werden!

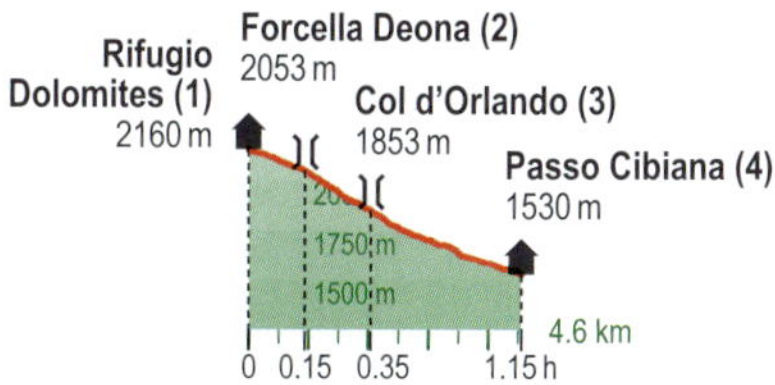

10 Passo Cibiana – Forc. Ciavazole – Rif. Bosconero

2.30 Std. ↗460 Hm ↘540 Hm

Kurzer, landschaftlich sehr eindrucksvoller Übergang mit großartigen Hochgebirgsszenerien. Bei dem etwas beschwerlichen Abstieg durch die steile Geröllrinne »Giaròn de la Grava« im S der Forc. Ciavazole ist vor allem im oberen Abschnitt erhöhte Vorsicht geboten (im Frühsommer bei Schneelage u. U. Pickel und Steigeisen nötig!).

Vom **Rif. Remauro (1)** die Passstraße 50 m südwestwärts in Richtung Forno di Zoldo zur Abzweigung einer Naturstraße nach links (Bildstock, Wegweiser). Auf dieser, an der Baìta Deona (Parkplatz) vorbei, durch Lärchenwiesen zunächst südwärts, dann im Rechtsbogen zur Straßenteilung »Tabià Deona« (Tafeln). Hier links (Weg Nr. 483) und im Wald 100 m nach S aufwärts, dann rechts haltend empor zu einem Umkehrplatz (Tafel), 10 Min. Auf dem gut bez. Weg durch Mischwald und Gesträuch in Südrichtung gegen den Spiz de Copada weiter bergauf zu einer Wegteilung (Tafel), 20 Min. Rechts im lichter werdenden Bergnadelwald, am Ostabhang des Spiz de Copada entlang (die Cas. Copada Alta bleibt links unterhalb!), mäßig steil empor zu einer wichtigen **Verzweigung (2)**, 1873 m, (Tafeln), 1 Std. Geradeaus (südwärts) führt Weg Nr. 483 zum Biv. Campestrin (Variante 6), halb rechts jener zur Forc. de le Ciavazole und nach rechts (W) Weg Nr. 485 zur Forc. Le Calades. Den mittleren Steig (Nr. 482 und 485) über eine Lärchenwiese kurz nach SW hoch, dann links, in südlicher Richtung, einen latschenbewachsenen Hang in steilen Kehren empor in ein angegrüntes gerölliges Hochtal. Durch dieses bei abnehmender Steilheit nach S hinauf zur **Forc. de le Ciavazole (3)**, 1994 m, zwischen C. Pala Anziana rechts und Sforniói Nord links, 1.30 Std.

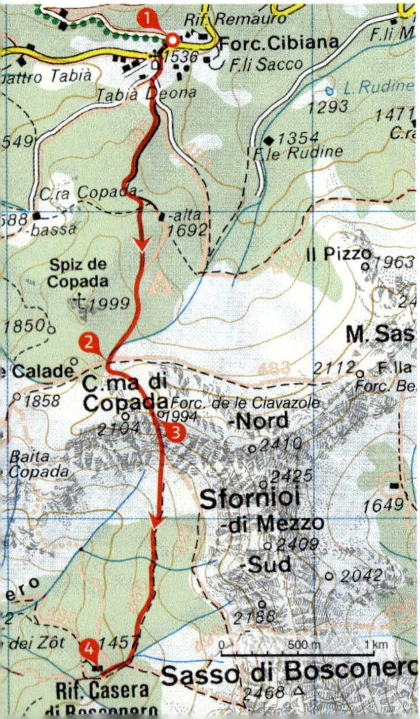

Die von N einem riesigen Felstor gleichende Scharte fällt nach S in einer von Wänden flankierten steilen Geröllrinne gegen das Val Bosconero ab. Über diesem Ausschnitt präsentieren sich Sasso di Toanella und

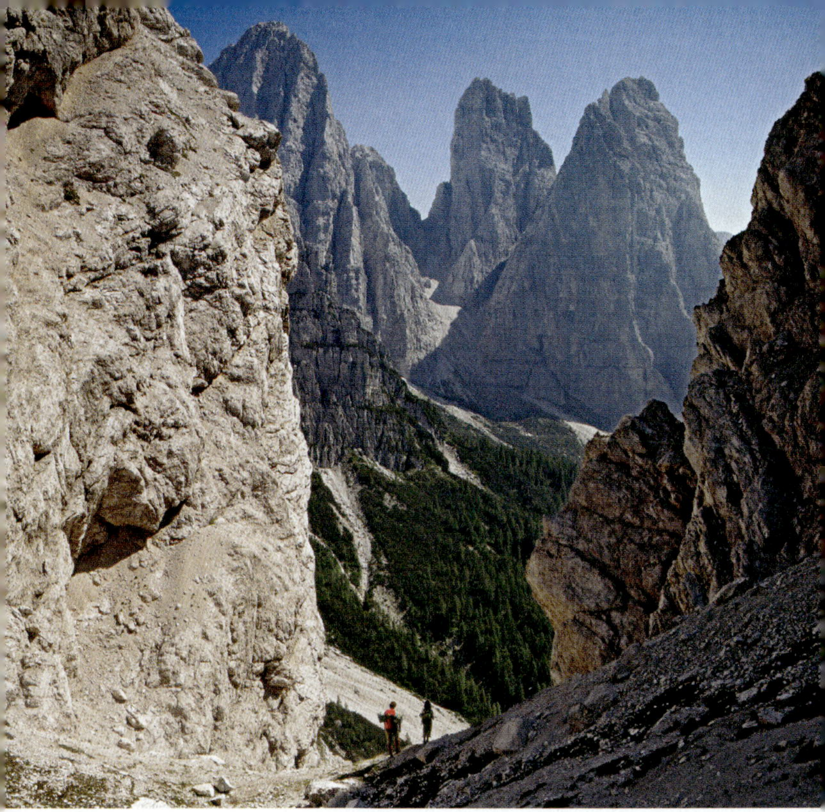

Sasso di Bosconero, Sasso di Toanella und Rocchetta Alta von der Forc. de le Ciavazole.

Rocchetta Alta in beispielloser Großartigkeit – ein kaum bekannter Glanzpunkt der Dolomiten! Im NW die grandiose Felsburg des M. Pelmo, rechts von ihr die begrünten Höhen des M. Penna und des Col Duro. Dahinter rechts die Zackenreihe des Croda da Lago und der Rocchette. Darüber die mächtigen Pyramiden der Tofanen mit dem nahen, kreuzgeschmückten Spiz de Copada davor. Im N der breite M. Rite, dahinter Sorapiss (links) und Antelao (rechts).

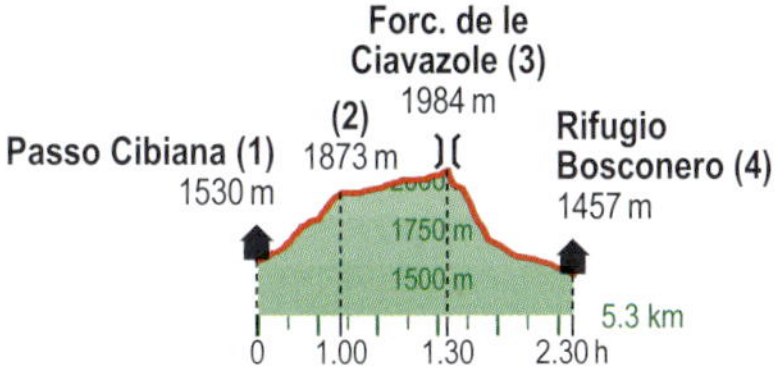

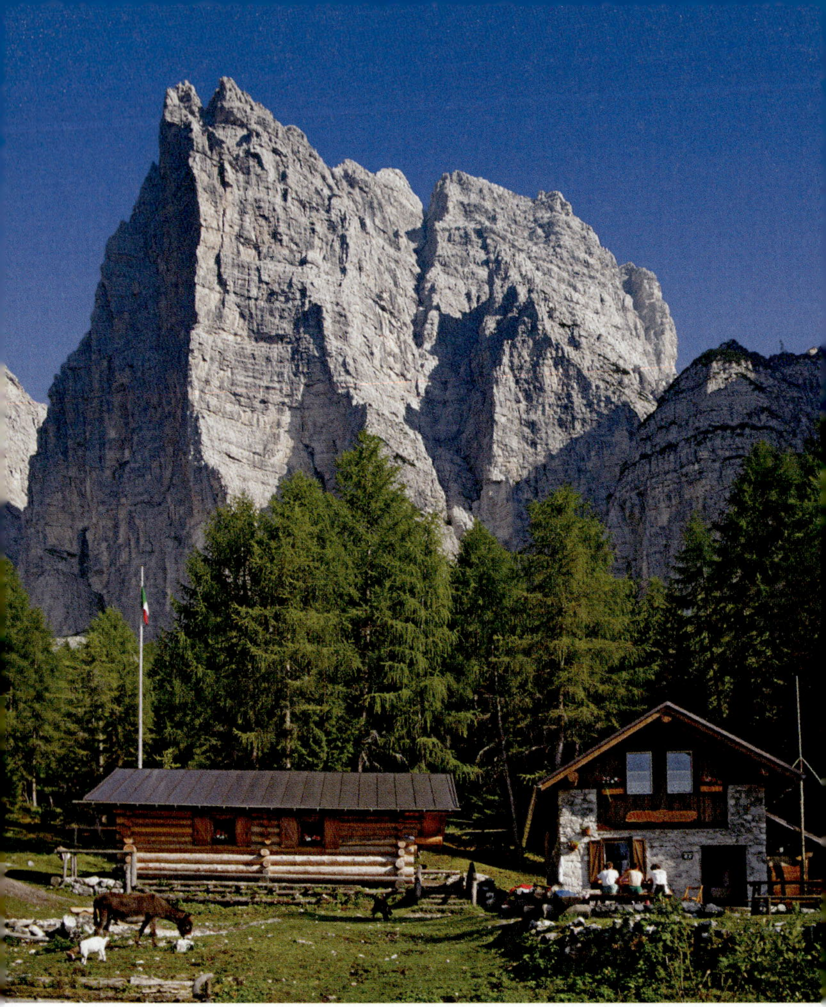

Das Rif. Bosconero samt Schlafhaus, überragt von der gewaltigen Rocchetta Alta.

Jenseits der Forcella hinunter in eine Mulde mit großem Felsblock (Aufschrift) und nun durch die sehr steile, nur spärlich markierte Geröllschlucht »Giaròn de la Grava« anfangs an ihrer rechten Seite im gefährlichen sandigen Gelände (Vorsicht!), später entlang der linken Begrenzungswand über lockeres Geröll hinab zu einer Wegteilung am unteren Ende der Schlucht. Geradeaus führt Weg Nr. 482 in gleicher Höhe südwärts gegen einen Felssporn hinüber und – ohne das Rif. Bosconero zu berühren – unter den Sforniói-Wänden weiter in die Toanella-Rinne (Et. 11). Wir aber folgen Weg Nr. 485 über Steilschutt noch ein Stück nach rechts (SW) hinunter, bis der nun gut erkennbare Steig unterhalb des erwähnten Felssporns durch Latschen nach links führt, 1.45 Std. Südwärts in fast ebener Querung durch Latschengassen zu einem breiten Geröllhang. Über diesen entlang der Markierung (auch Steinmänner) bei einem Höhenverlust von etwa 100 m schräg nach links hinunter gegen seine jenseitige Begrenzung. Es wird bis zu einem engen Graben (Tobel) abgestiegen und dieser zum gegenüberliegenden Waldrand traversiert (deutliche rote Markierungszeichen an Bäumen!), 2 Std. An steilen Waldhängen entlang südwärts im Auf und Ab zu einer Quelle (Aufblick zur imposanten Nordwand der Rocchetta Alta!). Nun auf gutem Weg steil hinab zu einem Wiesenboden und durch Wald weiter abwärts zum **Rifugio Casera di Bosconero (4)**.

Rifugio Casera di Bosconero, 1457 m

Auf einer ebenen Waldblöße im oberen Val Bosconero gelegenes, aus den Mauern der ehemaligen Cas. Bosconero errichtetes Rifugio mit separatem Schlafhaus. CAI Valzoldana. 24 B., 10 L.; bew. vom letzten Wochenende im Mai bis 15./20. September, je nach Schneelage und Wetter auch früher oder später. Winterraum im westlichen Anbau des Haupthauses (Lager und Decken für 4 Personen, keine Heizung!). Tel. +39 329 8363177 und +39 377 3155796 (mobil), rifugiobosconero.it, rifugiobosconero@gmail.com. Anschrift: Rifugio Bosconero, I–32012 Forno di Zoldo/Belluno. Gb.: Sasso di Bosconero, 2468 m, Sasso di Toanella, 2430 m, Rocchetta Alta, 2412 m.

Rundsicht: Im SO über der Hütte die ungeheuer glatte und kompakte Nordwestwand der Rocchetta Alta mit der Felspyramide des Sasso di Bosconero links dahinter. Im O die tief eingeschnittene Forc. del Matt, an welche links die breite getürmte Mauer der Sforniói anschließt. Im N die begrünten Erhebungen des Col S. Piero und der C. Pala Anziana. Im W über dem Val Zoldana die Prampèr-Dolomiten, weiter rechts Passo Duran, Moiazza- und Civettagruppe (darunter Forno di Zoldo).

Anmerkungen: Wer sich dem nun folgenden, sehr anstrengenden Abschnitt Et. 11 nicht gewachsen fühlt oder ihn nicht begehen will, möge von hier auf Weg Nr. 485 in das Valle di Zoldo absteigen, dort auf Staatsstraße Nr. 251 etwa 3 km talaus nach Ospitale wandern und mit Bus (verkehrt mehrmals täglich) nach Longarone fahren!

Der Brunnen am folgenden Etappenstützpunkt (Biv. Tovanella) spendet nicht zuverlässig Wasser. Es wird daher empfohlen, sich am Rif. Bosconero mit einem Wasservorrat für zwei Tage einzudecken!

V10 Passo Cibiana – Biv. Campestrin – Longarone

5.30 Std. Gehzeit bis Ospitale di Cadore ↗580 Hm ↘1570 Hm
Unschwierige, wegen des 1600-Meter-Abstiegs in das Piavetal aber anstrengende Abkürzungsvariante zur Hauptroute (Et. 10 bis Et. 12), durch deren Benützung man einen Tag einsparen kann. Der Übergang führt durch ein wildromantisches Berggebiet an der Ostseite der Bosconerogruppe, kommt aber nicht ganz an die Schönheiten des Hauptweges heran.

Vom **Passo Cibiana (1)** auf Hauptroute Et. 10 zur dreifachen Verzweigung **(2)** (Tafeln) unterhalb der Forc. de le Ciavazole, 1 Std. Auf Weg Nr. 483 geradeaus anfangs kurz südwärts, dann durch Latschen und lichten Nadel-

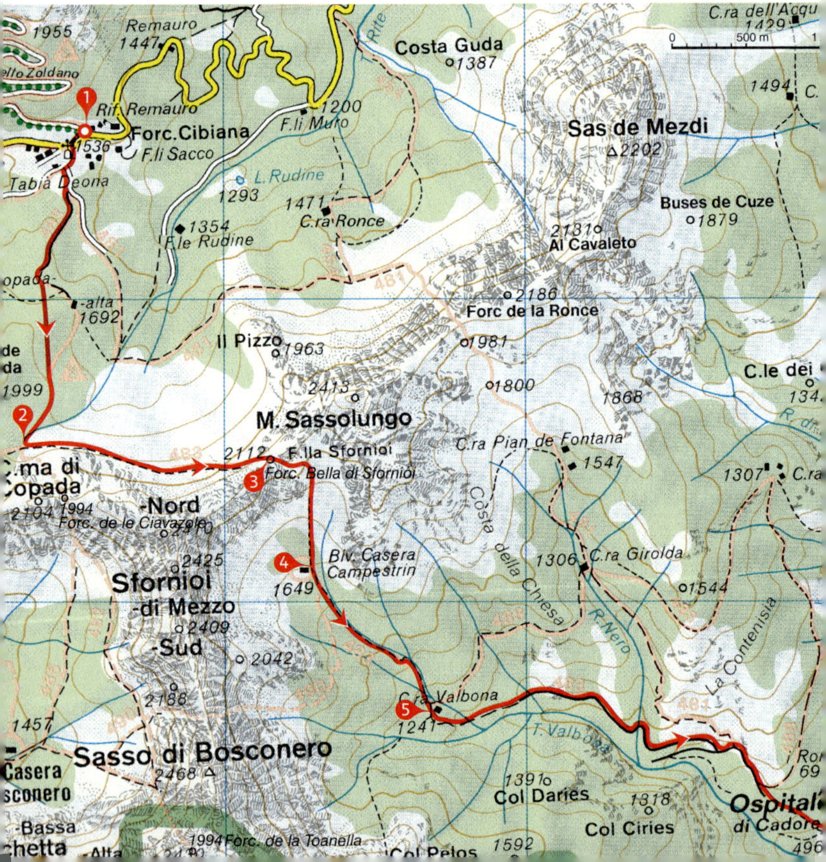

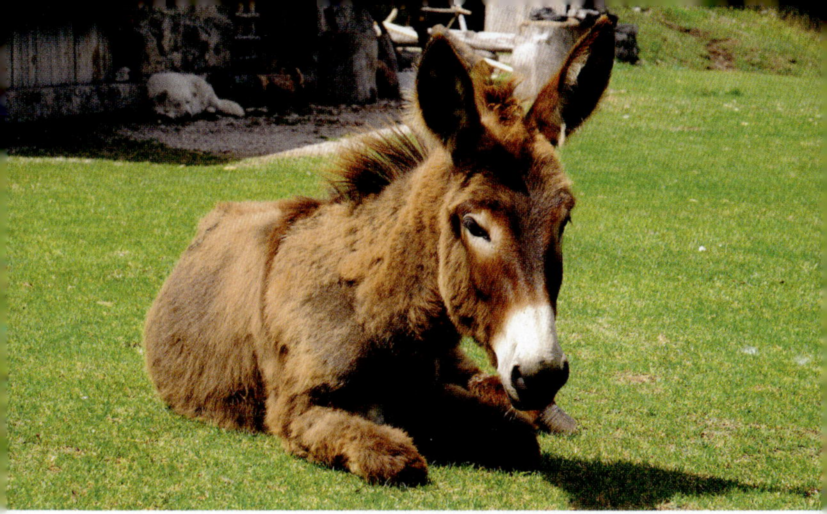

»Freundlichen« Eseln wie diesem wird man bei Almen und Hütten des Öfteren begegnen.

wald nach links (O) hinaus zu den steilen begrünten Geröllhalden unter den Nordwänden des Sforniói Nord und des Torre di Campestrin. Über diese in langer Querung ostwärts hinauf (vor uns der mächtige pultförmige Sassolungo di Cibiana), später steiler aufwärts zur Scharte, 2078 m, im NO des Torre di Campestrin. Die Scharte wird nicht überschritten! Der Weg verbleibt in der Nordseite (Pfeil) und führt hier unter den Felsen in Ostrichtung steil empor zur **Forc. Bella di Sforniói (3)**, 2112 m, 2.15 Std. vom Passo Cibiana.
Rundsicht: Im N das mächtige Felsdreieck des Antelao mit Sorapissgruppe links und Marmarole rechts. Im NW der majestätische Pelmo, rechts hinter

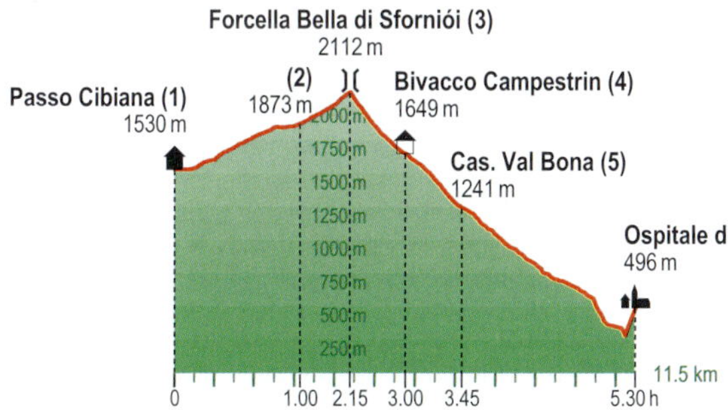

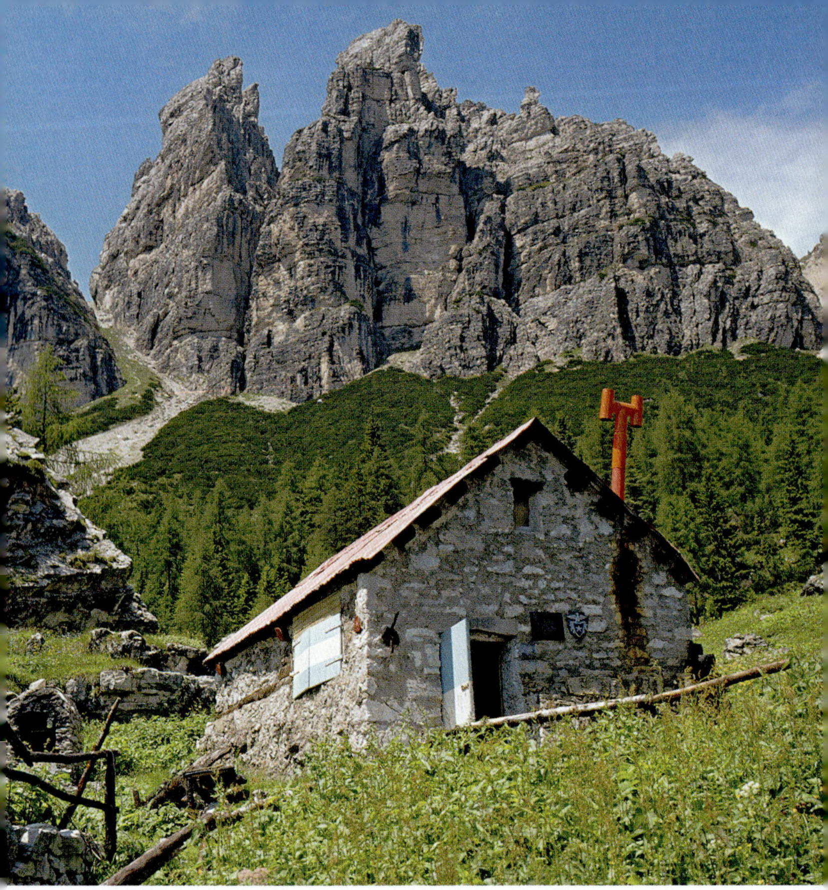

Das Biv. Campestrin an der Ostseite der Bosconerogruppe, überragt von den Torri di Campestrin.

ihm die Tofanen. Links vor dem Antelao der M. Rite und ihm zu Füßen der Passo Cibiana. Im W Moiazza und Civetta mit Marmolada rechts dahinter. Jenseits der Scharte durch eine steile begrünte Rinne auf Steig in Kehren nach SO hinab zu einem Absatz im Kar zwischen Sassolungo di Cibiana (O) und Denti del Sassolungo (W). Nun südwärts erst steil durch dichten Latschenbewuchs, dann bei abnehmender Steilheit im lichten Nadelwald hinunter zum (3 Std. vom Passo Cibiana) **Bivacco Casera di Campestrin (4)**.

Bivacco Casera di Campestrin, 1649 m: Im oberen Val Campestrin unter den Ostabstürzen des Sforniói-Massivs auf einer Lärchenwiese idyllisch gelegenes Biwak des CAI San Donà di Piave. 12 L. (davon 8 L. im Dachgeschoss), mit Sparherd. Stets geöffnet, jedoch nicht bewirtschaftet. Die durch einen vom Sassolungo di Cibiana herabstürzenden Bach gespeiste Wasserleitung ist nicht immer in Betrieb; dann Anstieg zur Wasserstelle nötig (15 Min.; unbez. Steig entlang der Schlauchleitung). Gb.: Sassolungo di Cibiana, 2413 m, Sforniói Sud, 2401 m.
Vom **Bivacco** (Tafel) auf Weg Nr. 483 zuerst über eine Wiese, dann durch lichten Wald zur Rechten eines trockenen Bachbettes nach SO sanft abwärts zum Steilabfall des Val Campestrin gegen das Val Bona. Dort über Rücken durch Gesträuch und Laubwald in Kehren hinunter, zuletzt über zwei Bäche nach rechts zur **Cas. Val Bona (5)**, 1241 m, 3.45 Std. vom Passo Cibiana.
Noch ein Stück über den Rücken abwärts, dann durch Wald nach rechts in die Talsohle des Val Bona. An der linken Talseite zunächst über Geröllhalden, dann auf breitem Weg durch Latschen und Gesträuch in Ostrichtung sanft abwärts. Bald verengt sich das Tal zu einer großartigen, von hohen Wänden flankierten Schlucht. Hier verbreitert sich der Weg zu einer Naturstraße, die schließlich um eine Bergkante herum nach links hinaus in das Piavetal führt.
In fallender Querung zur Abzweigung eines Steiges nach rechts. Auf diesem südwärts hinunter nach **Ospitale di Cadore (6)**, 496 m, und durch den Ort hinab zur Piavetal-Straße (Staatsstraße Nr. 51). Weiter mit Bus nach Longarone (Et. 12).

11 Rif. Bosconero – Biv. Tovanella

5.30 Std. ↗950 Hm ↘740 Hm
Lange, anstrengende und auch technisch anspruchsvolle Etappe mit beträchtlichen Höhenunterschieden. Auf einer Strecke von rund 6 km (Luftlinie) wird dabei die gesamte südliche Bosconerogruppe durchquert. Landschaftlich bietet dieser meist an steilen Berglehnen hoch über Tälern und Schluchten entlangführende Übergang einen überaus instruktiven Einblick in den wilden und großartigen Aufbau der südlichen Dolomitengruppen. Kein Wasser am ganzen Weg! Trittsicherheit und Schwindelfreiheit sowie Kletterkönnen (Schwierigkeitsgrad I) unbedingt erforderlich! Für den Steilanstieg durch die Geröllrinne im N der Forc. Toanella sind im Frühsommer (Schneereste!) Pickel und Steigeisen empfehlenswert. Bei Schlechtwettereinbruch oder sonstigen Zwischenfällen auf keinen Fall den höchst unsicheren Abstieg in das Valle di Zoldo oder Val Piave riskieren!

Zunächst zum Verzweigungspunkt bei allein stehender Lärche wenig nordöstlich des Schlafhauses **(1)**. Dort auf bez. Steig (Weg Nr. 490) in Richtung Rocchetta Alta zuerst durch Lärchenwald, dann durch Latschen mäßig steil aufwärts zur Baumgrenze. An den Geröllhängen direkt unter der Nordwand der Rocchetta ostwärts (in Richtung Sasso di Bosconero) auf Steigspuren

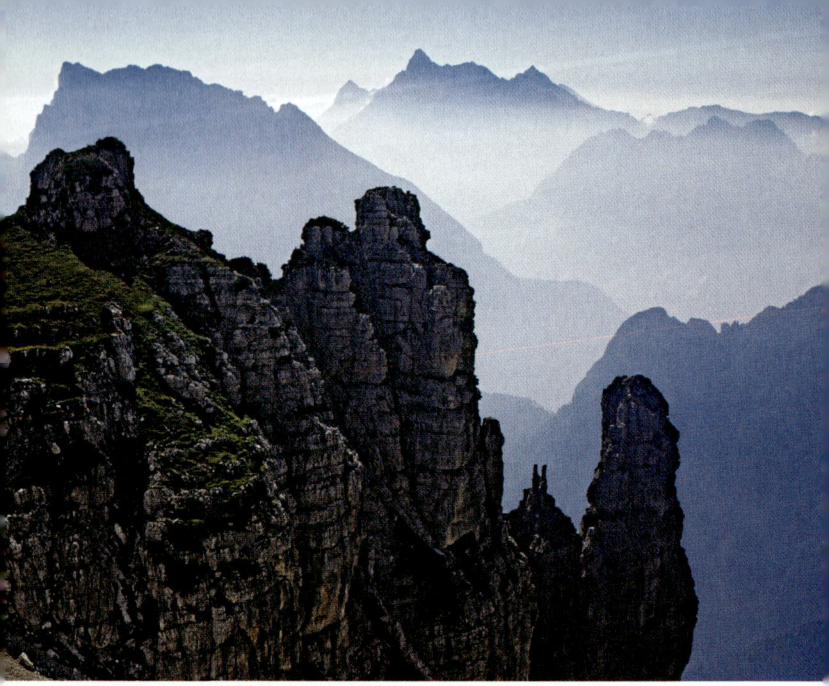

Blick aus der Dito-di-Toanella-Ostflanke über die Torri dei Noni und das Piavetal hinweg gegen den Col Nudo.

ziemlich steil empor, später über einen Moränenrücken im weiten Rechtsbogen in die steile Geröllrinne zwischen Rocchetta Alta (rechts) und Sasso di Bosconero (links) mit dem querenden Weg Nr. 482, 45 Min. Überraschender Aufblick zum kühnen Sasso di Toanella im S! Unterwegs schöner Tiefblick in das Valle di Zoldo mit seinen Dörfern. Darüber Prampèr-Dolomiten, Moiazza, Civetta und M. Pelmo.

Durch die erwähnte Rinne auf gut bez. Steigspuren (Weg Nr. 482) südwärts hinauf zur Gabelung durch den Sasso di Toanella. Wir folgen dem linken Ast und gelangen nach ziemlich mühsamem Anstieg zur **Forc. de la Toanella (2)**, 2150 m, zwischen Sasso di Toanella rechts und Sasso di Bosconero links, 2 Std.

Rundsicht: Tiefblick nach S in das begrünte Val Toanella und zu den Torri dei Noni (mit zwei hasenohrenähnlichen Türmchen). Dahinter, im Bereich der südlichen Karnischen Alpen, die Gruppe des Col Nudo mit dem Erdrutsch am M. Toc (Vajont-Katastrophe). Weiter links (im SO) über den Südausläufern der Durannogruppe das Massiv des M. Raut-Resettum. Rechts

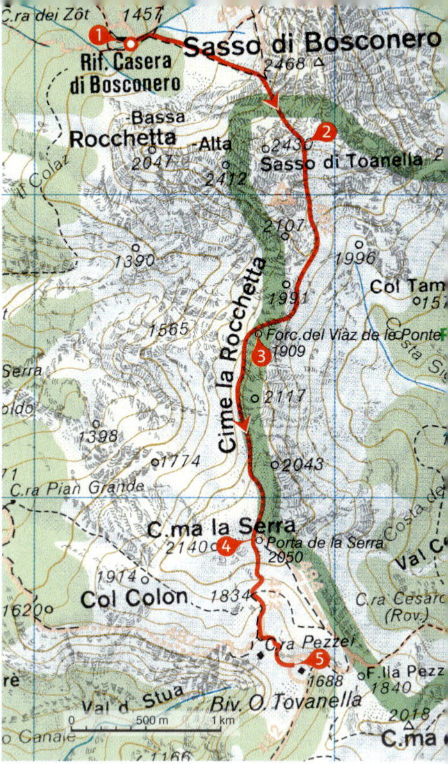

über dem Ausschnitt des Val Toanella der Col Visentin (Venetianische Voralpen), davor die begrünte C. dell' Albero (südliche Bosconerogruppe). Rückblick nach NW gegen den M. Pelmo. Weiter rechts die Tofanen mit Croda da Lago und Rocchette-Gruppe davor. Es folgen die Berge von Fanes-Sennes und weiter rechts über der Forc. de le Ciavazole die Sorapissgruppe.
Jenseits der Scharte, zur Rechten der gegen Val Tovanella abfallenden Geröllhalden, über einen steilen begrünten Hang auf bez. Steigspuren (Weg Nr. 482) 150 Höhenmeter abwärts unter die gelben Wände des Dito di Toanella (rechts über uns), 10 Min. ab Forc. de la Toanella. Durch eine schrofige Rinne 50 m nach rechts empor (!) zu einem schönen abschüssigen Grasband unter schwarzgelber Wand. Auf dem Band (Steigspuren; Abrutschgefahr!) in eindrucksvoller Querung der Ostflanken des Dito di Toanella nach links (S), bis der Steig zu fallen beginnt. Hier wird im Süden der lange Gratzug der Rocchette de la Serra (südliche Bosconerogruppe) mit der auffallenden, schlanken Felsgestalt der C. Alta de la Nisia sichtbar.
In der Ostseite der C. dei Busa durch Latschengassen und über Felsabsätze nach S zunächst steiler abwärts, dann am Ostabhang ihres Südgrates in lan-

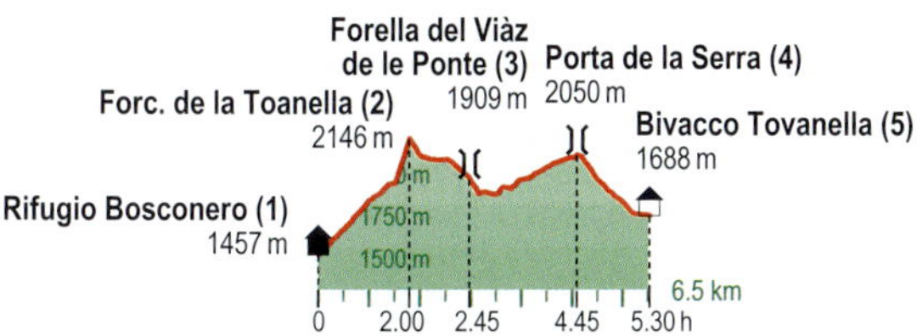

ger, fallender Querung zur engen **Forc. del Viàz de le Ponte (3)**, 1909 m, der tiefsten Senke vor der C. Alta de la Nisia im S, 2.45 Std. Nach W fällt die Scharte in sehr steiler Rinne gegen das Valle di Zoldo ab. Durch sie über Schrofen und Geröll hinunter zu einem Steilabbruch (Vorsicht!). Über eine 5 m hohe Wand (Drahtseil) und durch den anschließenden 10 m hohen Kamin (Kette) hinab zur Fortsetzung der wieder gut gangbaren Rinne. Unter der linken Begrenzungswand abwärts zu ihrem Ende, wo sich der Steig scharf nach links in die Westseite der Rocchette de la Serra wendet, 3 Std. Es folgt eines der großartigsten, aber auch anstrengendsten Teilstücke dieses Überganges, die lange Querung unter den senkrechten Wänden der Rocchette. Unterwegs ergibt sich besonders eindrucksvoller Rückblick auf die überdimensionalen Türme der Rocchetta Alta und des Sasso di Toanella!

Unterwegs zur Forc. del Viàz de le Ponte. Blick zu den Friulaner Dolomiten mit dem M. Duranno.

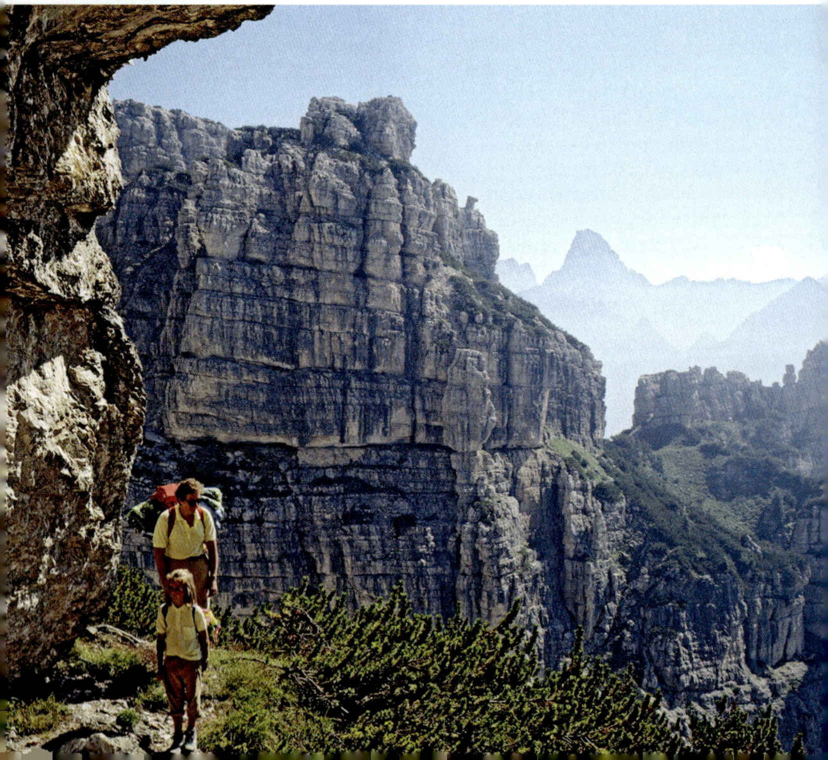

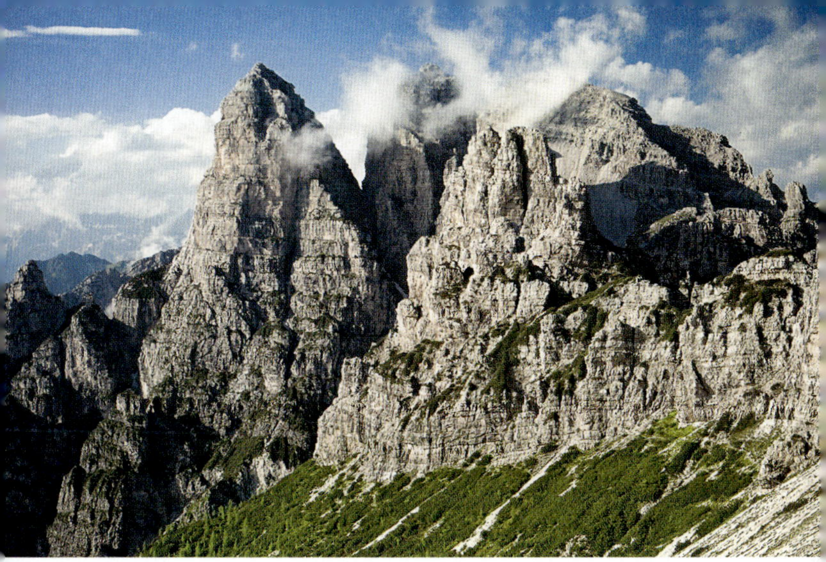

Im Anstieg zur Porta de la Serra mit Rückblick auf Rocchetta Alta, Sasso di Toanella und Sasso di Bosconero.

Den bez. Steig Nr. 482 unter den Wänden der C. Alta de la Nisia südwärts zu einer Felsrinne, deren Steilkante am Beginn auf überdachtem gesichertem Band (Rucksack hinderlich!) bewältigt wird. In kurzem Anstieg gelangt man zu einer zweiten plattigen Rinne, die in leichter Kletterei (I) traversiert wird. Nach Querung einer weiteren Schlucht führt der Steig steil nach links (O) empor zu einer Schulter. Einblick in das südlich gelegene Kar »Vant de la Serra«. Darüber rechts die C. de la Serra, links der Spiz Vant de la Serra. Unter den Wänden der Rocchette, am Oberrand des erwähnten Kars, durch Latschen und Geröll, an der Rechtsabzweigung von Weg Nr. 487A vorbei, vorerst eben, dann steil und mühsam empor zu kleiner Scharte, die ein nach rechts vorspringender Felssporn mit den Wänden links bildet, 4.30 Std.
Rundsicht: Herrlicher Rückblick gegen die grandiosen Felstürme der zentralen Bosconerogruppe. Links dahinter die Gruppe des Sorapiss, dann die Senke von Cortina (nicht einsehbar!). Über dieser die Tofanen mit Croda da Lago davor. Im NW der gewaltige M. Pelmo, der nach links zum Passo Staulanza (darüber die Sellagruppe) abfällt. Im W die das Val Zoldana abriegelnde Mauer der Civetta-Moiazza-Gruppe. Links davor die Prampèr-Dolomiten mit Forno di Zoldo in der Tiefe.
Auf gutem Steig im weiten Rechtsbogen quer über die angegrünten Geröllhänge unter dem Spiz Vant de la Serra in Südrichtung sanft aufwärts in eine

Felsrinne. Durch sie kurz nach links empor zur **Porta de la Serra (4)**, 2050 m, zwischen Spiz Vant und C. de la Serra, 4.45 Std. Hier endet der anspruchsvolle hochalpine Teil der Überschreitung!
Rundsicht: Eindrucksvoller Fernblick nach S: Ganz rechts der M. Pizzocco (Feltriner Dolomiten), links davor die Schiaragruppe. Im S über dem Piavetal der Col Visentin bei Belluno (Venetianische Voralpen) und links von ihm der Lago di Santa Croce. Weiter links die südlichen Karnischen Alpen mit Col-Nudo-Gruppe und M. Cavallo.
Jenseits der Porta auf bez. Steigspuren (Weg Nr. 482; Bronze-Gedenktafeln für die aus Belluno stammenden Initiatoren der Dolomiten-Höhenroute Nr. 3, Mario Brovelli und Bruno Tolòt) unter den Felsen nach links queren, dann durch Latschengassen in Windungen südwärts ziemlich steil hinab zum Unterrand der Latschenzone und zu einer Wegtrasse. Auf ihr durch Wiesen schräg nach rechts (SW) hinunter zu den verfallenen Hütten der Cas. Laresèi, 1834 m. Südwärts, an der rechten Seite des zur Pezzèi-Mulde (Val de la Stua) abfallenden Tälchens, über Wiese hinab zu einem verfallenen Karrenweg. Auf diesem in Kehren abwärts, dann über das Tälchen und um eine Bergkante herum nach links (O) in die weite, grüne Mulde von Pezzèi. Dort, an Stallungen vorbei, zu dem inmitten großteils verfallener Almhütten gelegenen **Bivacco Osvaldo Tovanella (5)**.

Bivacco Osvaldo Tovanella, 1688 m

Am Nordrand der nach W geöffneten Pezzèi-Wiesenmulde (Val de la Stua) gelegene, aus dem gemauerten Hauptgebäude der Cas. Pezzèi errichtete Unterkunft des CAI Longarone. Einziger Stützpunkt in der Hochregion der südlichen Bosconerogruppe. Biwakhütte mit Aufenthaltsraum, Sparherd und offenem Kamin. Der Schlafraum für etwa 8 Personen (einige Bettengestelle, wenige Matratzen, keine Lager; Nächtigung nur mit Schlafsack und mitzubringender Isomatte) befindet sich im Dachgeschoss. Ganzjährig geöffnet, jedoch nicht bewirtschaftet. Brunnen (nicht immer Wasser!) 50 m westlich des Hauses. Gb.: C. de la Serra, 2140 m, C. dell'Albero, 2018 m.
Rundsicht: Schöner Blick nach SW über das Val Zoldana hinweg zur Schiaragruppe. Weiter rechts die Prampèr-Dolomiten mit dem massigen Stock des M. Talvena links und der felsigen Prampèrgruppe rechts.

12 Biv. Tovanella – Longarone

3 Std. ↗180 Hm ↘1380 Hm
Aussichtsreicher, schöner Abstieg in das Piavetal. Stets gut bez. Weg, im letzten Abschnitt etwas steil.

Vom **Biwak (1)** den anfangs unbez., schlecht erkennbaren, begrünten Weg Nr. 482 in weiter Rechtsschleife südwärts eben hinüber an die jenseitige Begrenzungsflanke der Pezzèi-Mulde. Dort auf dem nun guten Weg durch Wie-

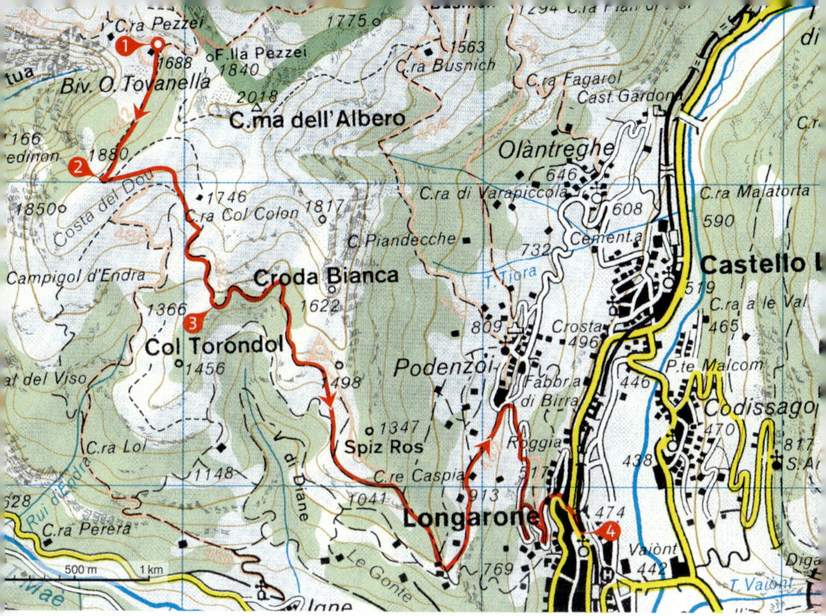

sen und Lärchenwald schräg nach rechts empor zur aussichtsreichen Wiesenschulter der **Costa del Dou (2)**, 1850 m, 30 Min.

Rundsicht: Letzter umfassender Rundblick an dieser Höhenroute! Im N das innere Valle di Zoldo mit dem majestätischen M. Pelmo darüber. Weiter links die Civetta mit den Prampèr-Dolomiten links davor. Im W die Talvenagruppe, im SW die Schiara. Tiefblick nach S in das äußere Valle di Zoldo und in das Piavetal. Rechts darüber der Col Visentin (Venetianische Voralpen). Weiter links im SO, jenseits des Piavetales, der Col Nudo (südliche Karnische Alpen). Jenseits der Costa del Dou beginnt nun der lange Abstieg durch die riesige Südwestflanke der C. dell'Albero nach Longarone. Auf Weg Nr. 482 über

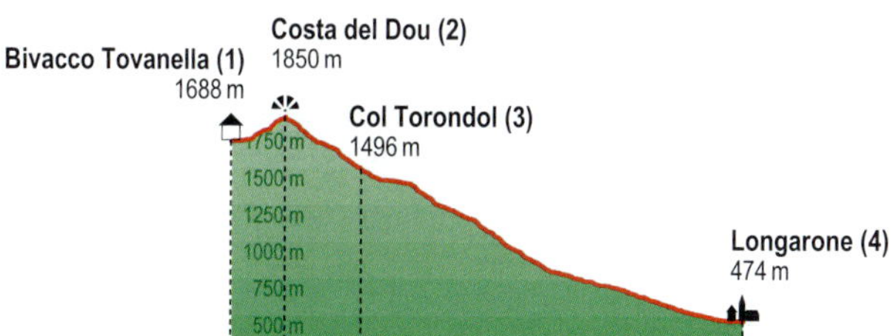

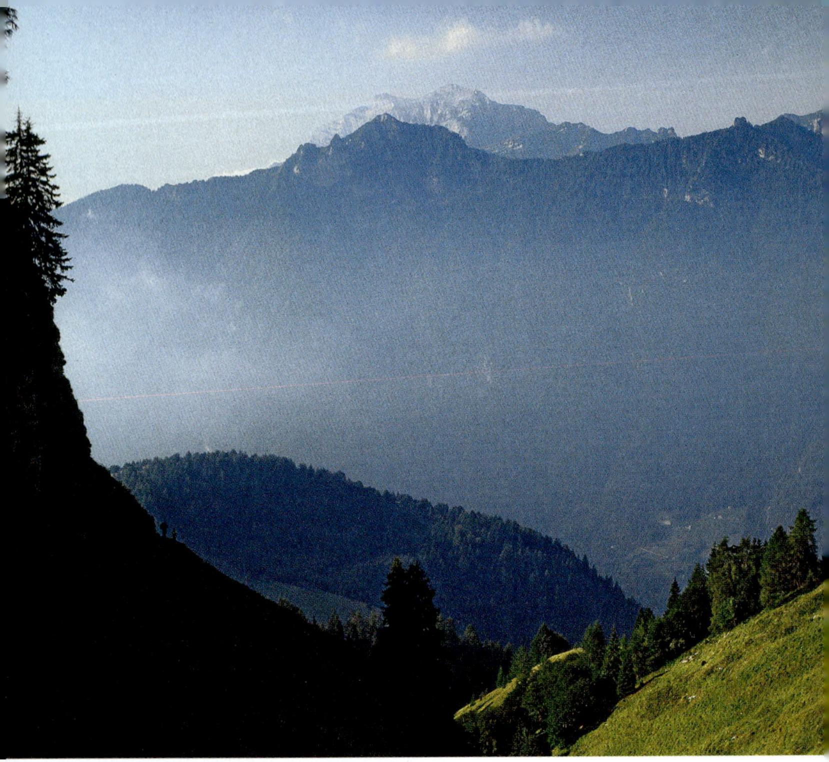

Im Abstieg nach Longarone: Blick von der Costa del Dou über das Zoldotal hinweg zu den Ausläufern der Schiaragruppe.

Wiesen nach links (O) hinab in ein Tälchen (interessante Felsformationen; links oben der Steinbau der Cas. Colòn), das im Rechtsbogen ausgegangen wird. An steilen Grashängen entlang, dann durch Laubwald und Gesträuch nach S hinab zur schönen **Wiesenschulter (3)** des Col Torondol, 1496 m, 1 Std. Nun in Südostrichtung, eine Talmulde ausgehend, an steilen Waldhängen entlang abwärts, später eben hinüber zur nächsten Schulter, 1383 m (Col da Luni). Durch Wiesen und Buschwerk, unterhalb der würfelförmigen Croda Bianca einen Graben querend, nach S abwärts zur aussichtsreichen Schulter des Pian da Costa, zuletzt, unter dem Spiz Ros durch, über Wiesen nach O abwärts an den Grasrücken des Col da Lol (sinkt rechts zur Talgabel Val Piave / Valle di Zoldo ab) mit Schmiedeeisenkreuz, Bildstock und Sitzgarnitur, 1.30–1.45 Std. Blick nach O zur Vajont-Staumauer jenseits des Piavetales.

50 m nach links (N) in die Ostseite der C. del Albero hinein. Dort rechts ab und auf bez. Weg den Südrücken des Col da Lol durch Laubwald und Gesträuch abwärts zu einer Verzweigung (Pfeile), 1.45–2 Std. Linksabzweigung von Weg Nr. 482 in Richtung Podenzoi. Geradeaus auf verfallenem, aber bez. Weg durch Buschwerk nach NO hinunter, später in Kehren über einen steilen Waldhang hinab zur Straße Longarone – Podenzoi, 2.30 Std. Die Straße in Kehren abwärts, zuletzt nach rechts (S) in das Ortszentrum von **Longarone (4)**.

Longarone, 474 m

Durch die furchtbare Vajont-Katastrophe im Jahre 1963 weltbekannt gewordener Ort im Piavetal. An Stelle der alten, völlig zerstörten Siedlung steht heute ein modernes Industriezentrum. Wegen ihrer eigenwilligen Architektur berühmt gewordene, ausschließlich aus Beton errichtete Gedenkkirche im Zentrum. Endstation der Dolomiten-Höhenroute Nr. 3. Mehrere Bars, Restaurants und Hotels. Auskünfte und touristische Informationen beim Ufficio Turistico/Associazione Pro Loco (Piazza Gonzaga 1, I–32013 Longarone; Tel. +39/0437/770119; info@prolocolongarone.it, prolocolongarone.it; Öffnungszeiten während der sommerlichen Hochsaison (ab 1. April) Dienstag bis Sonntag 10–12.30 und 15–18 Uhr, Montag geschlossen. Bus- und Bahnverbindung zur nahen Provinzhauptstadt Belluno (18 km). Lohnende Ausflüge zum Vajont-Staudamm und weiter nach Erto, Cimolais und Claut sowie in das wunderschöne Valle di Zoldo.

Rückreise nach Toblach bzw. Niederdorf

Von Longarone mit Bus durch das Piavetal bis Tai di Cadore und weiter durch das Boitetal (San Vito) nach Cortina. Dort umsteigen in den direkten Bus nach Toblach und Niederdorf. Man kann von Longarone bis Calalzo auch mit der Bahn fahren und danach den Bus über Tai di Cadore nach Toblach benutzen.

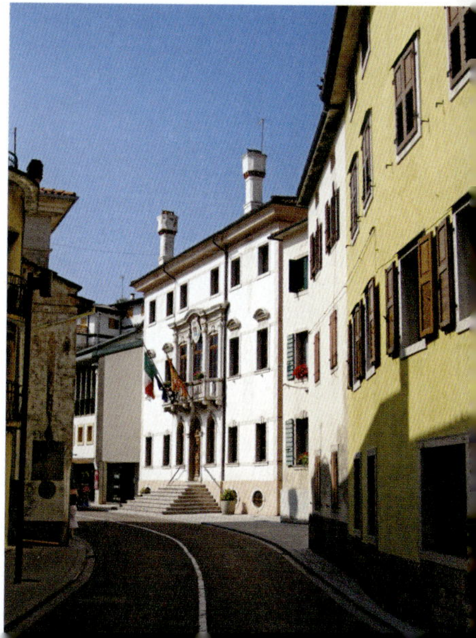

Der Palazzo Mazzolà, das heutige Rathaus von Longarone, blieb während der Überflutung 1963 verschont.

Stichwortverzeichnis

W

Z

Die zehn Dolomiten-Höhenwege

△1 Der Klassische Weg (vom Pragser Wildsee nach Belluno)
Östliche Dolomiten, 150 km, 13 Tage; ein Klettersteig, sonst unschwierig; kurze Etappen.

△2 Weg der Sagen und Legenden (von Brixen nach Feltre)
Westliche Dolomiten, 185 km, 15 Tage; einfache Kletterstellen (I) sowie einige lange, anspruchsvolle Etappen, sonst unschwierig.

△3 Weg der Gämsen (von Toblach bzw. Niederdorf nach Longarone)
Östliche Dolomiten, 120 km, 10 Tage; mehrere freie Kletterpassagen (II), ein Klettersteig; lange Etappen.

△4 Grohmann-Höhenweg (von Innichen nach Pieve di Cadore)
Östliche Dolomiten, 90 km, 8 Tage; mehrere Klettersteige sowie freie Kletterpassagen (II).

△5 Tizian-Höhenweg (von Sexten nach Pieve di Cadore)
Östliche Dolomiten, 100 km, 10 Tage; anstrengend, mehrere Klettersteige, freie Kletterpassagen (II), Nächtigung z. T. in Biwakhütten.

△6 Weg der Stille (von Sappada nach Vittorio Veneto)
Karnische Alpen, 190 km, 14 Tage; sehr anstrengend, unberührtes Bergland; als Folge von Bergstürzen und Murenabgängen ist die Höhenroute zwischen Passo della Mauria und Cimolais in ihrer ursprünglichen direkten Linie derzeit nicht zu begehen, sodass auf unschwierige Umgehungsvarianten ausgewichen werden muss. In ihrem derzeitigen Zustand zwar anspruchsvolle, aber technisch einfache Wanderung. Zum Teil lange, beschwerliche Etappen mit beachtlichen Höhenunterschieden.

△7 Auf den Spuren Lothar Pateras (von Pieve nach Tambre d'Alpago)
Karnische Alpen, 36 km, 6 Tage; kurzer Höhenweg, jedoch außerordentlich anspruchsvoll, einsamstes Bergland; einige extrem lange Etappen, ein Klettersteig, zahlreiche freie Kletterpassagen (II), Nächtigung z. T. in primitiven Biwakhütten. Entlang der Hauptroute zudem ein Freibiwak. Hauptproblem im Hochsommer: Wasserknappheit.

△8 Weg der Panoramen (von Brixen nach Salurn)
Westliche Dolomiten, 160 km, 13 Tage; ein Klettersteig, sonst unschwierig; kurze Etappen.

△9 Transversale (von Bozen nach Santo Stefano)
Westliche und Östliche Dolomiten, 180 km, 14 Tage; ein Klettersteig, sonst unschwierig; kurze Etappen.

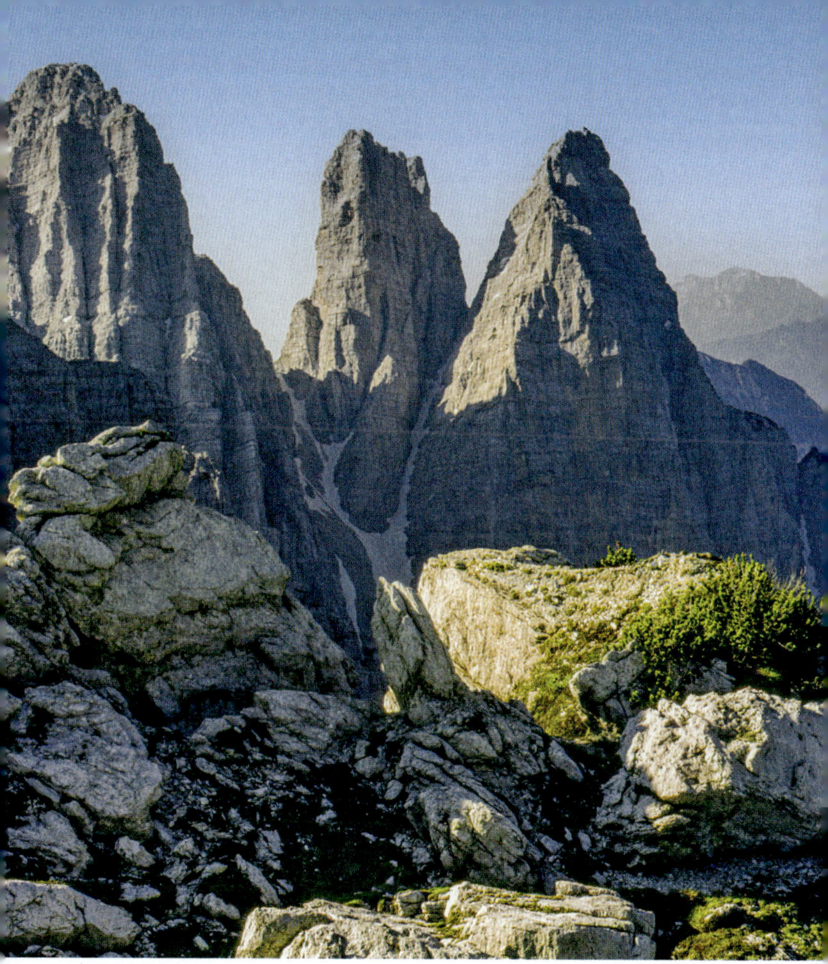

Dolomiten-Höhenweg 3: Sasso di Bosconero, Sasso di Toanella und Rocchetta Alta von Norden betrachtet.

(10) Judikarien-Höhenweg (von Bozen zum Gardasee)

Nonsberger Alpen, Brentagruppe, Gardaseeberge, 200 km, 18 Tage; drei Klettersteige, sonst unschwierig; z. T. lange und anstrengende Etappen.

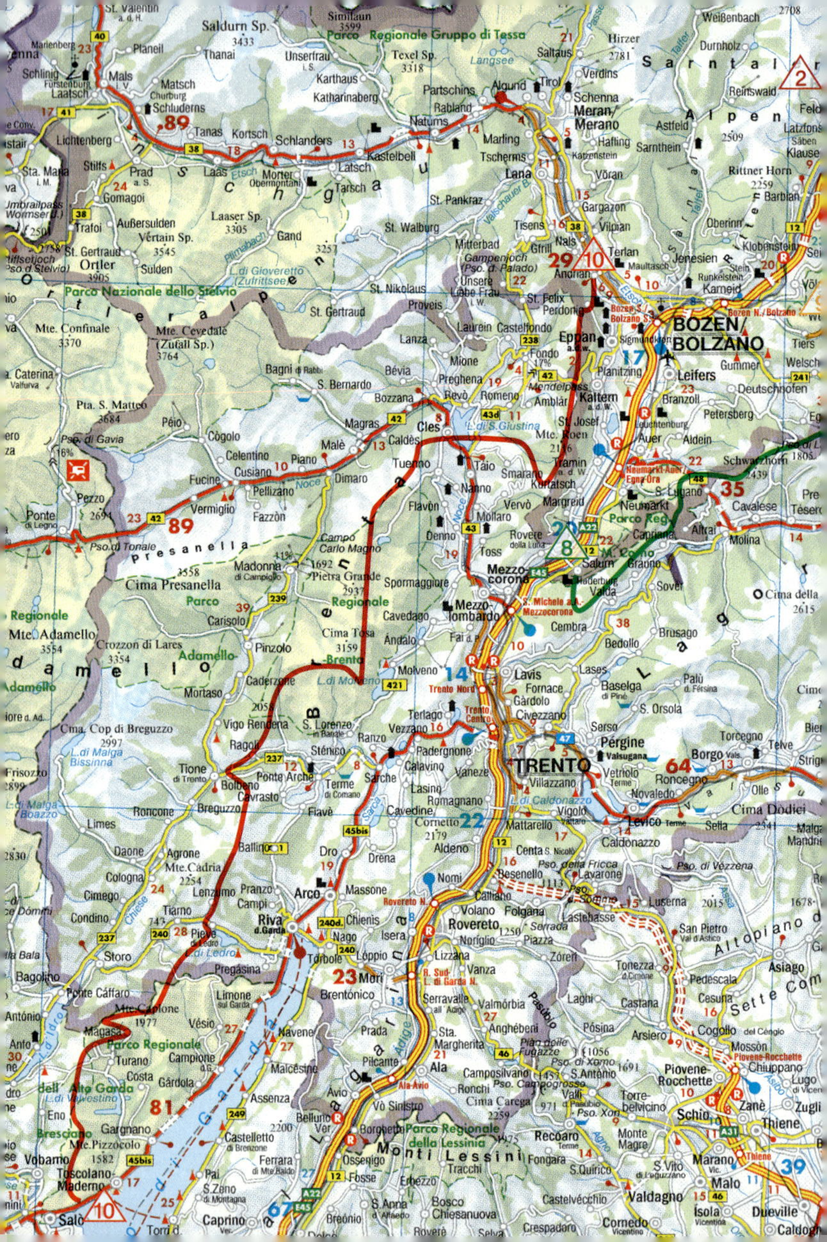

St. Valentin a. d. H.
Salurn Sp.
Similaun 3599
Parco Regionale Gruppo di Tessa
Planeil
Thanai
Unserfrau
Texel Sp. 3318
Langsee
Saltaus
Hirzer 2781
Weißenbach
Durnholz
Sarntal
Schlinig
Mals
Matsch
Karthaus
Katharinaberg
Partschins
Algund
Tirol
Verdins
Schenna
Meran/ Merano
Reinswald
Laatsch
Schluderns
Rabland
Naturns
Marling
Tscherms
Hafling
Avelengo
Astfeld
Sarnthein
Alpen
Lichtenberg
Tanas
Kortsch
Schlanders
Kastelbell
Latsch
Tarsch
Lana
Vöran
Sta. Maria
Stilfs
Prad
Laas
Morter
Gomagoi
St. Pankraz
Gargazon
Rittner Horn 2259
Barbian
Umbrailpass
Trafoi
Außersulden
Laaser Sp. 3305
Vertain Sp. 3545
Gand
St. Walburg
Tisens
Vilpian
Oberinn
Klobenstein
Ortler 3905
Sulden
St. Gertraud
Mitterbad
Gampenjoch
Nals
Terlan
Jenesien
Andrian
Maultasch
Kampid
L. di Gioveretto
Parco Nazionale dello Stelvio
St. Nikolaus
Proveis
Unsere Liebe Frau
St. Felix
Ortleralpen
Laurein
Castelfondo
Perdonig
Eppan
Mte. Confinale 3370
Mte. Cevedale 3764
Lanza
Sigmundskron
BOZEN/ BOLZANO
Gummer
a. Caterina Valfurva
Bagni di Rabbi
S. Bernardo
Bevia
Mione
Preghena
Fondo
Planitzing
Leifers
Welschn.
Revò
Romeno
Mendelpass
Kaltern
Deutschnofen
Bozzana
Amblar
Branzoll
Pta. S. Matteo 3684
Pejo
Magras
Cles
L. di S. Giustina
St. Josef
Petersberg
Cogolo
Celentino
Malè
Caldes
Mte. Roen
Auer
Aldein
Pso. di Gavia
Cusiano
Piano
Tuenno
Taio
Tramin
Schwarzhorn 2439
Fucine
Dimaro
Nanno
Smarano
Kurtatsch
Neumarkt
Pellizzano
Noce
Vervò
Margreid
Cavalese
Ponte di Legno
Pezzo
Vermiglio
Fazzon
Flavon
Mollaro
Parco Reg.
Molina
Tesero
Pso. del Tonale
Presanella
Campo Carlo Magno
Denno
Toss
Rovere della Luna
Salurn
Capriana
Grauno
Madonna di Campiglio
Pietra Grande
Mezzocorona
Valda
Sover
Cima Presanella
Spormaggiore
Mezzolombardo
Cima della 2615
Parco
Regionale
Cavedago
Cembra
Carisolo
Mte. Adamello 3554
Crozzon di Lares 3354
Cima Tosa 3159
Andalo
Fai d. P.
Brusago
Adamello
Adamello-Brenta
Pinzolo
Bedollo
Lases
Palù d. Fersina
Molveno
Lavis
Baselga di Pinè
Caderzone
L. di Molveno
Trento Nord
Fornace
Gardolo
S. Orsola
Mortaso
Civezzano
Vigo Rendena
S. Lorenzo in Banale
Terlago
Serso
Cima Cop di Breguzzo 2997
Vezzano
Pergine Valsugana
Torcegno
Telve
L. di Malga Bissina
Ragoli
Ranzo
Padergnone
TRENTO
Borgo Valsugana
Stenico
Calavino
Vaneze
Villazzano
Vetriolo Terme
Roncegno
Tione di Trento
Ponte Arche
Terme di Comano
Sarche
Lasino
Novaledo
Bolbeno
Cavrasto
Romagnano
L. di Caldonazzo
Olle
Breguzzo
Vigolo Vattaro
Levico Terme
Sella
Cima Dodici
Roncone
Fiavè
Cavedine
Cornetto 2179
Mattarello
Caldonazzo
Limes
Ballino
Aldeno
Centa S. Nicolò
Pso. della Fricca
Pso. di Vezzena
Daone
Agrone
Mte. Cadria 2254
Dro
Drena
Besenello
Lavarone
Cologna
Lenzumo
Pranzo
Campi
Arco
Massone
Nomi
Pso. Sommo
Luserna
Cimego
Rovereto N.
Calliano
Folgaria
Lastebasse
Tiarno
Riva d. Garda
Chienis
Volano
Rovereto
Condino
Pieve di Ledro
L. di Ledro
Nago
Isera
Serrada
San Pietro Val d'Astico
Altopiano di Asiago
Storo
Torbole
Loppio
Noriglio
Piazza
Bagolino
Pregasina
Mori
Lizzana
Zoreff
Tonezza d. Cimone
Pedescala
Asiago
R. Sud-L. di Garda N.
Vanza
Ponte Caffaro
Limone sul Garda
Brentonico
Serravalle all'Adige
Valmorbia
Laghi
Castana
Cesuna
Mte. Caplone 1977
Vesio
Pasubio
Posina
Sette Comuni
Anfo
Magasa
Navene
Prada
Anghebeni
Arsiero
Cogollo del Cengio
Parco Regionale
Sta. Margherita
Pian delle Fugazze
Mosson
Turano
Campione d. G.
Malcesine
Pilcante
Ala
Pso. di Xomo
S. Antonio
Piovene-Rocchette
Chiuppano
Costa
Gardola
Ala-Avio
Camposilvano
Pso. Campogrosso
Valli del Pasubio
Lugo di Vicenza
Alto Garda
L. di Valvestino
Assenza
Avio
Ronchi
Cima Carega 2259
Torrebelvicino
Zanè
Zugliano
Bresciano
Eno
Gargnano
Vò Sinistro
Pso. Xon
Schio
Thiene
Mte. Pizzocolo 1582
Castelletto di Brenzone
Belluno Ver.
Borghetto
Parco Regionale della Lessinia
Recoaro Terme
Monte Magrè
Vobarno
Toscolano-Maderno
Ferrara di Mte Baldo
Ossenigo
Monti Lessini
Fongara
Marano Vic.
Tracchi
S. Quirico
S. Vito di Leguzzano
Pai
Fosse
Erbezzo
Malo
Salò
S. Zeno di Montagna
S. Anna d'Alfaedo
Bosco Chiesanuova
Castelvecchio
Valdagno
Isola Vicentina
Dueville
Caprino Ver.
Torri d.
Breonio
Crespadoro
Cornedo Vicentino
Caldogno
Lago di Garda

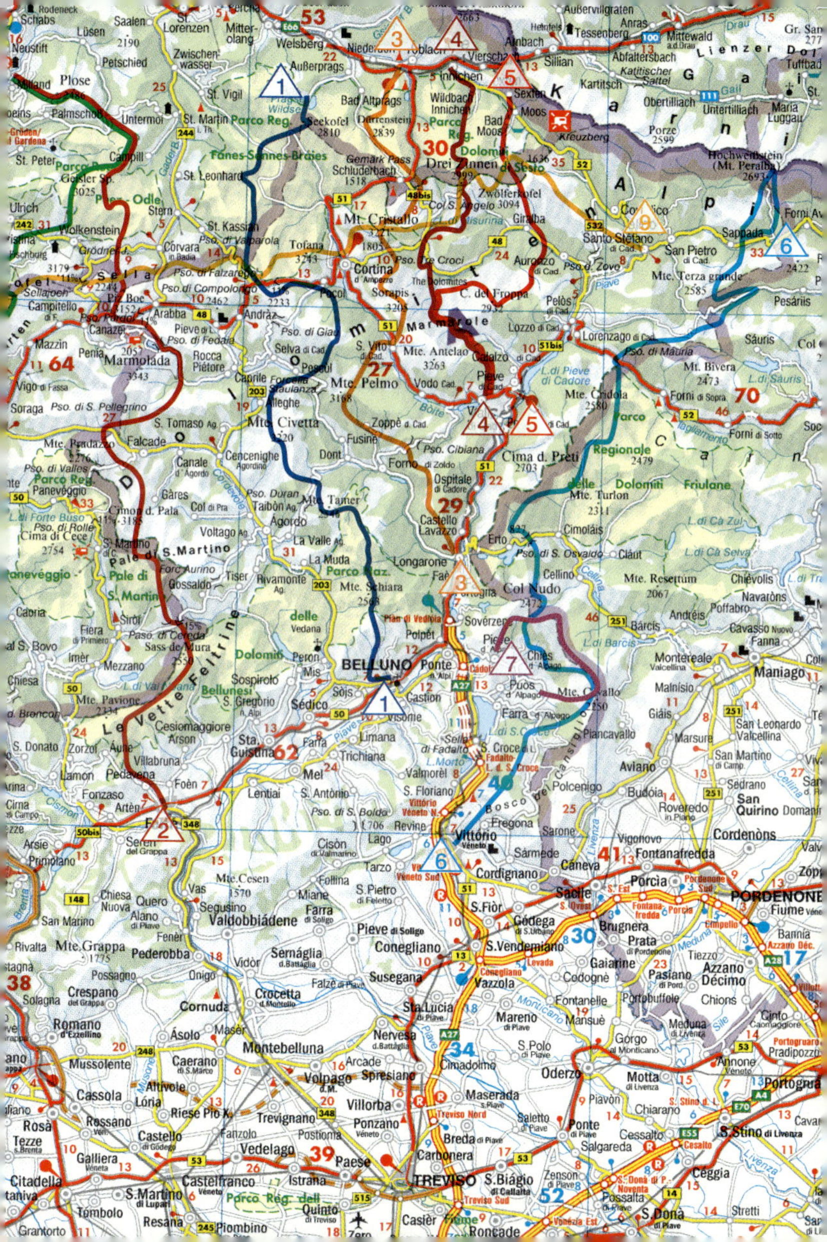

Welsberg
Niederdorf
Toblach
Innichen
Sexten
Sillian
Lienzer Dolomiten
Karnische Alpen
Bad Altprags
Dürrenstein
Drei Zinnen
Parco Reg. Dolomiti di Sesto
Plose
St. Martin
Parco Reg. Fanes-Sennes-Braies
Seekofel
St. Leonhard
St. Kassian
Corvara
Pso. di Valparola
Tofana
Mt. Cristallo
Cortina d'Ampezzo
Pso. Tre Croci
Sorapis
Sella
Pso. di Falzarego
Pso. di Campolongo
Arabba
Andraz
Canazei
Marmolada
Pso. di Giau
Pso. di Fedaia
Selva di Cad.
Rocca Piétore
Mte. Antelao
Mte. Pelmo
Marmarole
Calalzo
Pieve di Cad.
Auronzo di Cad.
Santo Stefano
San Pietro di Cad.
Mte. Terza grande
Sappada
Pso. di Mauria
Lorenzago di Cad.
Forni di Sopra
Forni di Sotto
Mt. Bivera
L. di Sauris
Parco Regionale delle Dolomiti Friulane
Cima d. Preti
Mte. Turlon
Cimolais
Erto
Pso. di S. Osvaldo
Claut
Mte. Resettum
Cellino
Col Nudo
Andreis
Barcis
L. di Barcis
Montereale Valcellina
Maniago
Malnisio
Giais
Aviano
Budoia
Polcenigo
Roveredo in Piano
San Quirino
Cordenòns
Fontanafredda
Porcia
PORDENONE
Sacile
Caneva
Brugnera
Prata di Pordenone
Pasiano di Pord.
Azzano Décimo
Chions
Tiezzo
Fiume Veneto
Gaiarine
Codognè
Fontanelle
Mansuè
Portobuffolè
Meduna di Livenza
Gorgo al Monticano
Motta di Livenza
Oderzo
Annone Veneto
Pravisdomini
Cinto Caomaggiore
Portogruaro
S. Stino di Livenza
Cessalto
Ceggia
Chiarano
S. Donà di Piave
Noventa di Piave
Salgareda
Ponte di Piave
Zenson di Piave
Vittorio Veneto
Fregona
Sarmede
Cordignano
Godega di S. Urbano
S. Fior
Conegliano
S. Vendemiano
Vazzola
Susegana
Mareno di Piave
S. Polo di Piave
Cimadolmo
Maserada s. Piave
Breda di Piave
Carbonera
TREVISO
S. Biágio di Callalta
Roncade
Casier
Silea
Paese
Ponzano Veneto
Villorba
Spresiano
Arcade
Nervesa d. Battaglia
Volpago d. M.
Montebelluna
Crocetta d. Montello
Trevignano
Vedelago
Istrana
Castelfranco Veneto
S. Martino di Lupari
Tombolo
Resana
Piombino
Quinto di Treviso
Castello di Godego
Loria
Riese Pio X.
Caerano di S. Marco
Cornuda
Asolo
Maser
Altivole
Cassola
Rossano Veneto
Rosà
Tezze s. Brenta
Galliera Veneta
Cittadella
Mussolente
Romano d'Ezzelino
Crespano del Grappa
Possagno
Onigo
Pederobba
Mte. Grappa
Valdobbiádene
Segusino
Vidor
Sernáglia d. Battaglia
Falzè di Piave
Pieve di Soligo
Farra di Soligo
Follina
S. Pietro di Feletto
Cison di Valmarino
Tarzo
Revine Lago
Mel
Lentiai
Trichiana
Limana
Sedico
Sospirolo
Mis
BELLUNO
Ponte n. Alpi
Puos d'Alpago
Farra d'Alpago
Chies d'Alpago
Mte. Cavallo
Piancavallo
L. di S. Croce
Bosco del Cansiglio
S. Croce d. L.
Fadalto
Valmorel
S. Floriano
Longarone
Castello Lavazzo
Ospitale di Cadore
Forno di Zoldo
Pso. Cibiana
Zoppè di Cad.
Fusine
Dont
Mte. Tamer
Mte. Schiara
Parco Naz. delle Dolomiti Bellunesi
La Muda
La Valle Ag.
Agordo
Taibòn Ag.
Pso. Duran
Col di Pra
Voltago Ag.
Rivamonte Ag.
Tiser
Gosaldo
Forc. Aurine
Sass de Mura
Pso. di Cereda
Mte. Civetta
Alleghe
Caprile
Forcella Staulanza
Cencenighe Agordino
Canale d'Agordo
Falcade
S. Tomaso Ag.
Pso. di S. Pellegrino
Soraga
Vigo di Fassa
Mazzin
Penia
Pso. Pordoi
Campitello di F.
Gröden
Wolkenstein
St. Ulrich
Puez-Odle
Mte. Pradazzo
Pso. di Valles
Parco Reg. Paneveggio Pale di S. Martino
Cimon d. Pala
Pso. di Rolle
Cima di Cece
S. Martino
Pale di S. Martino
Le Vette Feltrine
Fiera di Primiero
Imèr
Mezzano
Sirói
Mte. Pavione
Cesiomaggiore
Arson
Sta. Giustina
Farra
Pedavena
Villabruna
Feltre
Foèn
Lamon
Fonzaso
Artèn
S. Donato
Zorzoi
Aune
Seren del Grappa
Arsiè
Primolano
Chiesa Nuova
Quero
Alano di Piave
Fenèr
San Marino
Rivalta

Umschlagbild:
Auf Höhenweg Nr. 1, Abschnitt 8, unterwegs vom Rifugio Nuvolau zum Rifugio Cinque Torri. Die kleinräumige Felsgruppe der Cinque Torri mit Torre Quinta (Torre Inglese), Torre Quarta (Torre Andrea), Torre Terza (Torre Latina), Torre Seconda (Torre Romana, Torre del Barancio) und dem massigen Torre Grande rechts.

Bild im Innentitel:
Am Dolomiten-Höhenweg Nr. 2, Etappe 8 (»Bindelweg«) unterwegs vom Pordoijoch zum Pian Fedaia. Im Hintergrund die Marmolada.

Alle 114 Fotos stammen vom Autor.

Kartografie:
Karten HW 2 Etappe 20, HW 3 Etappe 8, HW 3 Etappe 9, HW 3 Variante 3 und HW 3 Variante 4 im Maßstab 1:50.000
© Bergverlag Rother GmbH, München
(gezeichnet von Gerhard und Angelika Tourneau, München);
alle übrigen Etappenkarten im Maßstab 1:50.000
sowie zwei Übersichtskarten im Maßstab 1:800.000
© Freytag & Berndt, Wien

Werk-Nr.: 3103

Die Ausarbeitung aller in diesem Buch beschriebenen Übergänge und Routen erfolgte nach bestem Wissen und Gewissen des Autors. Die Benutzung dieses Führers geschieht auf eigenes Risiko. Soweit gesetzlich zulässig, wird eine Haftung für etwaige Unfälle und Schäden jeder Art aus keinem Rechtsgrund übernommen.

16., aktualisierte Auflage 2024

ISBN 978-3-7633-3103-1

FSC www.fsc.org MIX Papier | Fördert gute Waldnutzung FSC® C147178

Wir freuen uns über jeden Korrekturhinweis zu diesem Wanderführer!
Bitte per E-Mail an: leserzuschrift@rother.de

ROTHER BERGVERLAG · München
D-82041 Oberhaching · Keltenring 17 · Tel. +49 89 608669-0 · rother.de